经济地理

主　编：蒋　伟　乔忠学

副主编：乔绪吉

参　编：马　菁

中央民族大学出版社

China Minzu University Press

内容提要

《经济地理》本书的编写立足于理论与实践一体化的学习模式，注重对读者多种能力的培养，充分体现时代的知识性、职业性、实践性和开放性的要求，真正做到教、学、做的结合。本书主要研究经济活动的地域系统，讲授有关经济地理的基础知识，训练读者掌握地理的一般现状，通过本书的读者，不仅可以扩大学生的知识面，更可以为以后从事相关工作打下一定基础。

全书共设置6大模块，25项任务。内容包括：地理概述、我国现代农业地理、我国工业地理、我国交通运输地理、我国商业经济地理、我国旅游经济地理。

本书是为满足新形势下经济地理学习需要而编写的，可作为财经、商贸系统职工的培训用书和自学读物。

图书在版编目（CIP）数据

经济地理/蒋伟，乔忠学主编.—北京：中央民族大学出版社，2018.6

ISBN 978-7-5660-1026-1

Ⅰ.①经… Ⅱ.①蒋…②乔… Ⅲ.①经济地理学

Ⅳ.①F119.9

中国版本图书馆CIP数据核字（2015）第147517号

经济地理

主　编	蒋　伟　乔忠学
责任编辑	李苏幸
出 版 者	中央民族大学出版社
	北京市海淀区中关村南大街27号　邮编：100081
	电话：68472815（发行部）传真：68932751（发行部）
	68472815（总编室）　　　68932751（办公室）
发 行 者	全国各地新华书店
印 刷 厂	北京天正元印务有限公司
开　本	787×1092（毫米）　1/16　印张：19.5
字　数	450千字
版　次	2018年6月第1版　2018年6月第1次印刷
书　号	ISBN 978-7-5660-1026-1
定　价	68.00元

前　言

在中国古代，经济地理学的渊源极早，西汉史学家司马迁所撰《史记》中的《货值列传》，可说是一篇具有开创意义的经济地理专作。此后，历代史书中都有《食货志》和《地理志》内容，包含了重要的经济地理史料。从宋代开始盛行的《地方志》编撰，更是封建时代中国人文、经济地理资料的一大宝库。中国在新中国成立后的50年代，经济地理工作大体按照苏联的模式来进行。苏联关于社会主义生产布局、农业区划、经济区划、地域生产综合体等方面的理论，促使中国经济地理学走上了现代化的道路。

1978年改革开放以来，国际交流加强，又引进了西方国家现代经济地理学的一些理论和方法。由于国家经济建设大规模开展，开拓了经济地理工作者的研究实践道路，同时配合市场经济的发展，中国经济地理的研究内容不再局限于生产布局而日趋丰富，除农业地理、工业地理和运输地理以外，有关城市地理、商业地理和旅游地理等方面的研究迅速展开，从而使经济地理学成为中国地理科学中最为活跃的一个分支，其研究成果也最为丰硕。到了20世纪90年代，随着中国改革开放的深入，中国产业结构与布局也发生了深刻变化。

进入新世纪，中国经济贸易与世界接轨，中国经济发生了新的重大变化，经济地理格局随之也产生了本质的区别。为适应新形势，本书对大纲做了较大的调整，着重探讨中国经济发展中的一些重大的全国性问题。调整中注意中国特色社会主义建设的实际，贯彻可持续发展与中国21世纪的议程精神，强调产业结构与布局的观点，坚持区域经济地理的理论与中国区域发展实际的结合，正确处理继承与革新的关系，调整了篇章结构和区域的划分方案。调整后结构以模块为框架，以任务为基础，辅以模块小结、思考练习、拓展训练。编写时吸收了一些与经济地理紧密相连的新元素、新材料、新事件，丰富了内容，提升了品质。具有前瞻性、新颖性、创新性的特点。

由于时间和水平有限，错误和疏漏在所难免，希望广大读者给予批评和指正。

编者

2015年5月

目 录

模块一

地理概述

【知识目标】

熟悉地理概述的内容。

熟悉我国自然资源的总体环境评价的知识。

熟悉我国物流业的地理布局常识。

【能力目标】

掌握我国自然资源的总体环境评价的基本内容。

掌握我国现代物流的分类方法。

掌握我国区域物流发展规划的主要内容。

【素养目标】

培养学生学习经济地理的兴趣。

【案例导入】

鄂尔多斯集团是目前世界上最大的羊绒制品加工企业，年生产加工羊绒制品500多万件，鄂尔多斯内销现已成功地建起了二级市场配送体系。集团20多家生产企业加工的产品，首先进入内销总公司的储运中心进行分拣，规模庞大的一级自营配送体系按地域、经济、规模原则完成较长距离的配送，将成品直接配送到设在全国省会城市的地区配货中心。各地区配货中心（一般以300公里为半径进行设置最为经济）根据售出信息及时配货，将市场所需产品立即配送到各网点终端，完成二级配送。一二级配送体系完全按照内部市场链机制，与业务系统、财务系统全部实行契约化管理、有偿服务，按合同契约进行内部市场的第三方物流运作。其原料、产品本身的特点及季节性和"寄售业态"的性质决定了二级终端配送的关键。

终端产品条形码技术的成功运用和准确及时的终端售出信息的反馈，使鄂尔多斯内销配送的成功率、准确率位居全国同行业之首，配送速度、配送效率远远高于全国同行业的水平，能够在最短的时间以最快的速度、最低的运费把最准确数量的产品送到最准确的位置，强有力地支撑、支持内销市场的不断扩大和销售的不断提高。

鄂尔多斯内销配送还具有独特的产品调配功能。由于"寄售业态"和客户订货准确率及季节性强等特点，内销的物流配送承担着不同网点、不同地区、不同市场差异性产品的快速调配，一旦发现订货偏差的产品，物流配送系统立即根据市场反馈情况进行各地不同网点的异地调货，确保内销产品的销售及市场占有率的提高。这么强大快速、高效低成本的物流配送是由遍布各网点、各配货中心、各机构的信息网络支撑着的。

鄂尔多斯内销物流配送体系拥有自己的计算机信息网络专业机构，成功开发并运用目前国内服装业最大规模、最经济、最适用的计算机信息系统。高效率低成本支持着鄂尔多斯内销产品20 000多个品种、8000多个颜色、500多种规格、300多种纤维成分的订单处理系统、产品入库系统、出库系统、存货系统、售出系统、分析系统、电子报表系统、综合系统等多系统有机运行，是其内销物流配送系统成功运作的重要部分。

鄂尔多斯内销物流系统成功运作的关键是高效率低成本，其主要经济指标均居全国同行业最低水平，成为其内销最具竞争力的重要因素之一。

任务一　我国的自然地理环境

※ 活动一　地质地貌自然环境

一、概述

地貌是指地球内力和外力相互作用于地球表面物质的结果。由于地质作用形成的各种具有旅游开发价值的地质地貌现象，就是地质地貌旅游资源。我国地貌格局是中生代燕山运动奠基的，而现在的地势差别，主要是喜马拉雅运动的结果。我国是一个多山的国家，山地、高原占绝对优势，同时也有许多山间盆地、低山丘陵和广阔的平原。

地貌成为旅游资源，其原因在于地貌形态本身就可构成各种可供观赏的旅游资源，地貌形态还是构成区域性整体景观的支撑骨架，它提供了其他旅游资源存在的基础。地质地貌还可作为突出的科考型旅游资源，构成科学普及、专业考察活动的主要吸引因素。

地貌按照内外力作用的程度不同，大致可划分成5种基本地貌类型。

(1)平原。指海拔高度在200米以下，内部相对高差在50米以下的地形区。

(2)高原。指海拔高度在500米以上。在我国则是1000米以上，有相对统一的高原面，边缘高差显著大于内部高差的大地形单元。

(3)山地。指海拔高度在500米以上，大体呈锥形，脊状隆起轮廓曲折多变的地貌类型。

(4)丘陵。指海拔高度在500米以下，与外部相对高差在50～500米的隆起地形。

(5)盆地。指四周高、中间低，相对高差一般在500米以上的地貌类型。

二、我国地质地貌自然环境的主要类型

(一)构造地貌景观

我国的构造地貌景观，根据其岩性和具体成因差异可以分为以下几种类型：

1.花岗岩与流纹岩地貌景观

花岗岩和流纹岩是由地下炽热的岩浆冷凝后形成的两种性质相似的酸性岩浆岩(火成岩)，同时也是我国最主要的造景岩浆岩。

花岗岩地貌景观 花岗岩是地表最常见的一种岩浆岩，属于酸性侵入岩。在地壳上升运动中，深藏于地壳中的花岗岩被抬升，形成高大挺拔的花岗岩山地，大多构成山地的核心。花岗岩岩体造型丰富，质地坚硬，岩性较为均一，不易风化。但因其垂直节理发育，在流水、重力崩塌的作用下，易形成挺拔险峻、峭壁耸立的山势，多奇峰、深壑、怪石。表层岩石球状风化显著，可形成各种造型逼真的石蛋(最典型的为风动石)和象形石峰，极具观赏价值。我国花岗岩山地分布广泛，集中分布在云贵高原和燕山山脉以东的第二、三级地形阶梯上，以海拔2500米以下的中低山和丘陵为主。安徽黄山、浙江莫干山、广东罗浮山、天津盘山、辽宁千山、山东泰山、陕西华山、湖南衡山、福建厦门鼓浪屿等风景名山皆由花岗岩山体组成。尤其华山，本身就是一株巨大的花岗岩岩株，登山道路步步奇险，皆因为花岗岩岩性坚硬，不易风化，因此不易形成自然的登山道路。

流纹岩地貌景观 流纹岩是酸性喷出岩。我国流纹岩山地多为中生代火山喷发堆积而成。在其喷出地表后的流动冷凝过程中，形成许多流纹状结构，故称流纹岩。流纹岩质地坚硬，抗风化能力强；垂直节理和裂隙发育，在风化和流水、重力的作用下，容易形成奇峰、异洞、幽谷、峭壁等丰富奇特的造型地貌地形。同时，随着观看者的走动，同一景物从不同角度观看形态多有变化，被称为"变幻造型"。我国流纹岩山地主要分布在浙江、安徽等省。浙江雁荡山、天目山、西湖周围群山为流纹岩构成的风景名山。雁荡山是流纹岩山地风景的典型代表，被称为"造型地貌博物馆"。

2.砂岩与丹霞地貌景观

砂岩和页岩属于沉积岩，是地表层经过风化等外力作用后形成风化碎屑物质，经过长时间的沉积氧化及钙质胶结形成的岩石系统，也叫水成岩。在地壳运动过程中经褶皱、断裂而形成山地。它们耐风化程度强弱不一，且富有垂直与层面的节理和裂隙，在外力的作用下，形成峭壁参差、棱角锋利、变化多姿的绮丽景色。在岩层水平、垂直节理发育的地方还可形成各种造型的柱峰地形。石英砂岩是一种比较坚硬的沉积岩，一般情况下较难被风化侵蚀，不易形成造型地貌。但是，在我国湖南省湘西张家界地区，却由石英砂岩夹薄层砂质页岩构成了类似丹霞地貌，同时又独具神韵，形成了举世罕见的"石英砂岩峰林峡谷地貌"，武陵源风景被举世公认为"自然雕塑博物馆"。

从侏罗纪到早第三纪，我国很多地区发育了富含红色氧化铁，以沙砾岩及页岩交互成层的陆相红色岩系，经过风化、流水、重力崩塌等外力作用，形成奇异多样的山峰。这样的地貌因我国地质工作者于1928年最先研究广东仁化县的丹霞山而得名"丹霞"地貌。我国丹霞地貌分布很广，主要分布在南方，北方间或有所分布。如福建的武夷山、广东的丹霞山、江西的龙虎山、河北承德的棒槌山、甘肃的麦积山都是有名的丹霞地貌旅游资源。由于红色沙砾岩具有较好的整体性，又可以进行雕塑，为凿窟造龛创造了良好条件，我国古人很早就发现了这种开凿佛窟的理想场所，因而我国著名的石窟如云冈、大足、麦积山等都开凿于沙砾岩地区。

3.火山与熔岩地貌景观

火山是地下岩浆及碎屑物喷出地表后堆积而成的山体。熔岩地貌则是指岩浆经火山喷出或地表裂隙溢出，随地形流动，逐渐冷却、凝固，并散失大量气体，最后形成的各种地形。火山和熔岩地貌的岩石性质一般是基性的玄武岩，常呈现为厚大的岩流或岩被，颜色暗黑，具有气孔及杏仁状结构。当熔岩表层已经凝固，而内部仍在随地势流走时，还会形成熔岩洞穴。熔岩洞穴内壁较平滑，只有为数不多的石钟乳和石笋，这是半凝固状态的熔岩由洞顶滴落的结果，它们和喀斯特溶洞中的石钟乳和石笋有着本质的不同，姿态也不如后者千姿百态。玄武岩山地在风化和流水的作用下，可形成各种造型地形，并留下大量流动状态的造型景观，如岩流波纹、石瀑布、石蟒等。火山口有的积水成湖，有的因年久出现"地下森林"，此外，因熔岩溢出，还可形成熔岩台地、熔岩堰塞湖、温泉等景观，是极具吸引力的旅游资源。中国熔岩地貌主要分布在三个地带，环蒙古高原带，如山西大同、黑龙江五大连池；青藏高原带，如云南腾冲火山群；环太平洋带，如吉林长白山、台湾大屯火山群。其中五大连池火山和熔岩景观最为著名。

地质地貌自然环境（张掖丹霞地质地貌公园）

（二）岩溶地貌与峡谷地貌景观

水对地貌形态有着极为深刻的塑形作用，由此形成了特殊的岩溶地貌和峡谷地貌景观。

1.岩溶地貌(喀斯特地貌)

岩溶地貌又称喀斯特地貌。奥地利地理学家于1781年首先在南斯拉夫斯洛文尼亚地区发现了这种地貌。但事实上中国明末的徐霞客即已对此地貌进行了大量、详尽的考察，并对其中某些地质现象做出了解释和命名。其时间早于西方学者100多年，其考察地区远大于西方学者。世界洞穴委员会也承认徐霞客是岩溶地貌研究的鼻祖。因此中国称这种地貌为岩溶地貌。

岩溶地貌是以碳酸岩类岩石(主要是石灰岩)为主的可溶性岩石在以水为主的内外营力作用下形成的地貌。石灰岩是在海洋环境下，由水生物、微生物遗体沉积而形成的岩石系统。其岩性较为均一致密，质地坚硬，抗物理风化性强，但在碳酸盐水的溶蚀下，形成各种造型奇特的峰、柱、石、洞，其形态的多样性和奇异性为其他地貌类型所难以比拟，因此，世界上许多岩溶地区都是旅游胜地。号称"甲天下"的我国桂林山水即是典型代表之一。

(1)岩溶地貌景观类型。岩溶地貌景观最引人入胜。地面有岩溶孤峰和峰林、"刀丛剑树"式的石林及石芽、岩溶洼地、岩溶漏斗、岩溶残丘等。我国一半以上省区都有岩溶地貌发育分布，湿热的南方地区是我国岩溶地貌的主要发育地区。广西、贵州、云南三省区是我国岩溶地貌大面积连片分布的地区，也是世界上最大的岩溶地貌典型发育地区；广东、湖北、湖南西部、四川南部、重庆也有较大面积的分布。在这些地区，最著名的是广西的桂林山水；云南有世界著名的石林、峰林；贵州是孤峰、石林发育区；四川有世界著名的石灰钙华景观——九寨沟和黄龙景区。

(2)喀斯特溶洞景观。岩溶地貌除了地面景观以外，更主要的体现于溶洞风光。喀斯特溶洞风光是世界洞穴风光的主体所在，我国这类岩溶溶洞在南方岩溶地区比较多见，目前还陆续有所发现。溶洞中以钟乳石、石笋、石柱、石幔、石瀑布、边石堤等形式组成造型景观。我国岩溶溶洞中高位旱洞以贵州织金洞、重庆芙蓉洞为典型代表；低位水洞的代表有贵州安顺龙宫和广西柳州万华洞。

2.峡谷地貌景观

峡谷一般指狭而深的河谷，是最富有审美和旅游价值的地貌之一。河流峡谷是由河流穿切山地高原而形成的雄奇景观，多分布于河流的上游地带。我国河流众多，山地高原广布，峡谷地貌广泛发育，峡谷景观在世界上堪称一流。尤其是中南、西南地区，因其高差较大，水汽资源条件好，有多条大江大河在上游经过此地，因此有许多世界闻名的峡谷景观。如长江三峡、金沙江虎跳峡、雅鲁藏布大峡谷等都是举世闻名的大峡谷。此外，长江支流上的大宁河小三峡、乌江峡谷也都是不可多得的旅游资源。

(三)海岸地貌景观

海岸在地质构造运动、海浪与潮汐的冲刷和堆积作用，海流及生物作用以及气候等因素的共同作用下形成的地貌，称为海岸地貌，包括海蚀地貌和海积地貌两大类。

我国海岸线漫长，北起辽宁丹东鸭绿江口，南到广西东兴市北仑河口。大致以杭州湾钱塘江口为界，以北多为平原海岸，这类海岸地平沙细，海浪平缓多浴场，是夏季旅游度假休养的好地点。南方多为山地丘陵海岸，又称为基岩海岸，这类海岸多曲折，沿海有较多岛屿，是旅游观光的好去处。

1.岩石海岸地貌

岩石海岸地貌主要分布在山地、丘陵、海岸，这类海岸因海水对基岩的冲刷，易形成多种多样的海岸地形，如海蚀洞、海蚀崖、海蚀平台等，这些地貌景观都具有较高的观赏价值。如山东烟台庙岛群岛的海蚀崖、浙江普陀山的潮音洞、海南三亚海滨的南天一柱(海蚀柱)等，都是较典型的海蚀地貌。实际上，中国海岸线上，海蚀地貌随处可见，在很多沙砾质海岸，间或能够看到海蚀地貌。如北戴河海滨，是典型的沙砾质海岸，在北戴河海滨，也分布有小型的海蚀地貌。

2.沙砾质海岸地貌

沙砾质海岸地貌主要发育在平整的基岩海岸上，属于海积地貌。其中沙质海岸砂粒细软，海岸平缓，海浪不大，是夏季开展旅游度假的好场所。我国大连金沙滩、秦皇岛北戴河海滨、青岛海滨、浙江舟山群岛朱家尖岛千步沙海滩、福建东山岛沙滩、海南三亚海滩等都是著名的沙质海滩。

3.生物海岸地貌

在热带、亚热带气候条件下，由红树林、珊瑚等生物形成的特殊堆积地貌叫生物海岸地貌。红树林是热带、亚热带海岸特有的木本植物群落，多分布于泥滩上，其生长发育依赖于海水的周期性涨落，红树林既是天然的防浪堤，有防风、抗海潮侵蚀的作用，还为海洋生物和鸟类提供了一个理想的栖息环境，而且以其大量的凋落物为之提供丰富的食物来源。红树林中盘根错节的根系和胎生幼苗不仅能够保持土壤，还极具观赏价值，是很好的游览景观。由珊瑚等浅海生物的石灰质残骸堆积而成的特殊地貌称珊瑚海岸，珊瑚礁是很好的旅游观光景点，珊瑚自古就被视为宝玩，其形态有鹿角状、枝状、板状等，颜色有白色、红色、绿色等，富有观赏价值。珊瑚礁区域往往是鱼类的理想生活环境，因而珊瑚海岸成为价值很高的潜水旅游胜地，主要是从海底观看珊瑚、鱼类的形态。澳大利亚大堡礁是世界上最著名的珊瑚礁旅游观光地。我国福建云霄、广东湛江、广西合浦、海南琼山等地均建有红树林自然保护区。广东雷州半岛、南海诸岛为我国典型的珊瑚海岸。

(四)荒漠地貌与冰川地貌景观

1.荒漠地貌景观

我国的荒漠地貌主要分布在西部地区，主要是西北地区。荒漠地貌主要是由于恶劣的环境、极端的干旱所造成的。降水量远小于蒸发量、人为开采地下水、过度垦荒，都加速了土地荒漠化程度，而土地荒漠化最终导致了荒漠地貌景观。我国现在的某些荒漠地貌地区在隋唐时期还是水草丰美的地带，如新疆有许多荒漠地区最早都是人烟稠密的城市，是土地荒漠化、水源的缺乏使昔日的城市变成了荒漠。新疆的塔克拉玛干大沙漠，是世界上第二大流动性沙漠，是我国最大的荒漠景观。

(1)风积地貌——沙漠与沙丘景观。风积地貌是以风为主要外营力，风化、堆积地面各种物质形成沙丘。在这类地貌中，以会唱歌的鸣沙沙丘最为吸引人。我国著名的三大鸣沙沙丘是宁夏中卫沙坡头、甘肃敦煌鸣沙山、内蒙古银肯响沙湾。其中，宁夏中卫沙坡头治沙站是创造治沙、绿化、旅游三结合的典范。

(2)风蚀地貌——雅丹地形和风蚀城堡。"雅丹"源于维吾尔语，意思是"有陡壁的小丘"。雅丹地形和风蚀城堡地貌系因强大的风力侵蚀和搬运、堆积作用而形成的地貌。常呈现风蚀垄脊、土墩、风蚀沟槽、洼地等形态。此种地貌出现于多大风、干涸的古湖盆或湖积平原和戈壁滩。我国新疆的罗布泊、乌尔禾、将军崖为此种地貌的典型。每当大风刮起时，卷起满天沙尘，日月无光，不辨方向，风声犹如神哭鬼号，完全是一个恐怖世界。大风停息之后，风蚀垄脊、土墩、风蚀沟槽、洼地犹如城堡、街巷等，而当又一场大风之后，一切又将变样，故乌尔禾地区的雅丹地貌被称之为魔鬼城。近年科学家研究证明，瞬时的洪水激流也是此种地貌形成的原因之一。这些地区出现洪流的机会虽然很少，但并非绝对没有。

2.冰川与冰川地貌景观

冰川是地表长期存在并在重力作用下缓慢运动的天然冰体。山岳冰川主要分布在当地雪线以上的山地。我国的现代冰川主要集中在西藏、青海、甘肃、新疆等地的极高山区，是世界上山岳冰川面积最大的国家。

由冰川的侵蚀和堆积作用形成的地貌叫冰川地貌。巨厚的冰川在缓慢运动过程中产生很强的刨蚀作用，在山体雪线以上形成险峻的角峰、刃脊和冰斗。冰川的前缘部分在逐渐消融的过程中，形成冰洞、冰瀑布、冰桌、冰蘑菇等，构成了不同寻常的观光、探险、科考旅游资源。中国西部许多高山都发育有冰川地貌，包括现代冰川。目前已有一些开发为旅游项目，如四川贡嘎山海螺沟冰川，是毗邻经济发达地区最近的冰川。其冰舌前缘已下伸到海拔2850米的高度，成为我国海拔最低的山岳冰川。这里的冰瀑布落差达1080米，仅次于加拿大国家公园1100米的冰瀑布，还有可容纳百人的冰川桥。在欣赏冰川奇观的同时，游人还可以在此洗温泉浴或在露天游泳池里游泳，因此海螺沟在冰川旅游景点中比较有名。甘肃祁连山七一冰川则是亚洲距城市最近的可游览冰川。新疆西部的喀纳斯湖，是一个典型的冰川湖，附近的冰川融水流入湖内，因细小的冰晶未全部融化，致使湖水经常呈现出乳白、半透明甚至不透明的蓝色。

(五)其他地质现象

其他地质现象包括一些地质方面的典型地层剖面，如天津蓟县中、上元古界标准地层剖面，湖南吉首花垣全球地层年表寒武系标准地质剖面，浙江常山全球地层年表奥陶系黄泥塘地质剖面，浙江长兴煤山全球地层年表三叠系地质剖面等。除此之外，还有各种地震遗迹、地质公园、古生物化石点等都可成为有吸引力的旅游资源。

※ 活动二 我国自然资源环境

我国幅员辽阔，自然资源种类多样，其数量、质量和空间分布特征显著。一方面为我国的社会主义现代化建设，为各项经济活动和产业布局在全国各地的展开提供了相当有利的条件。另一方面也包含某些不利的限制性因素。为了便于采取最有效的途径和措施，充分合理地开发利用我国的自然资源，推进我国现代化建设持续、稳定地向前发展，首先应当根据社会生产的发展和产业布局对自然资源的需求，从自然、经济和技术诸方面去综合分析，对我国各种自然资源的开发利用作出科学的评价。

一、中国六大自然资源评价

(一)土地资源

土地是人类赖以生存的物质基础，是人类生产建设和生活的场所。中国作为农业大国，土地资源发挥着更加重要的作用。我国土地资源及其开发利用，有以下几个特点。

1.**绝对量大，人均占有量少。**我国土地总面积9.6亿公顷，仅次于俄罗斯和加拿大，居世界第3位。其中耕地约1.3亿公顷，居世界第4位；林地1.25亿公顷，居世界第8位；草地2.9亿公顷，居世界第2位。各类土地资源的绝对量虽然很大，但我国人口众多，人均占有的土地资源量很少。我国以占全球1/14的土地养活着占全球1/5的人口，人口与土地的矛盾无疑较世界大多数国家更为尖锐。世界人均耕地0.37公顷，我国仅0.1公顷；世界上发达国家每公顷耕地负担1.8人，发展中国家负担4人，我国则需要负担8人。再以人均林地、草地来说，前者世界人均为0.91公顷，我国人均为0.12公顷，仅为世界人均占有林地的1/9。后者世界人均为0.76公顷，我国仅为0.35公顷，不及世界人均占有数的一半。显然，土地资源人均相对量少是我国资源的劣势，与美国、加拿大等国相比，我国土地资源严重不足。这就决定了我国土地利用只能精耕细作，走资源节约型(特别是节地)的农业发展道路。

2.**类型多样，农用地偏少，后备资源不足。**我国自然环境错综复杂，各地热量、降水条件差异较大。山地、高原、丘陵、盆地、平原等各类地形交错分布，形成了复杂多样的土地资源类型，这为我国多样化利用土地资源，农林牧副渔及其他各项生产活动的全面发展提供了有利条件。但土地资源中戈壁(5.8%)、沙漠(6.35%)、冰川与永久积雪(0.5%)、石质裸岩(4.8%)、沙漠化土地(1.8%)、寒漠(1.6%)、沼泽(1.1%)，加上已被居民点、工矿、道路等占用的(7%)土地和内陆水域(2.8%)等，都为目前不能或难以被农林牧业利用的土地，所占比重较大，约31.7%，而主要供大农业利用的耕地和林地等则相对偏小，两者合计只占27%。而且随着经济发展、人口增多，我国人均耕地将逐年减少，土地的人口压力将愈来愈大。再从后备土地资源看，适于种植农作物、人工牧草和经济林果的后备土地资源仅0.33亿公顷左右，其中质量较好的一等地只占3%；后备林地资源约1.6亿公顷，其中实际可用于林业开发的约有1.13亿公顷，以土地利用系数70%计，我国造林面积只有0.8亿公顷的发展潜力，可见，可扩大利用的后备土地资源极为有限。

3.分布不均，区域差异显著。我国土地资源不仅有限，而且分布很不平衡。土地的水、热、肥等因素的组合和土地生产能力，具有明显的地区差异。东部季风区，水热资源丰富，雨热同季，土地自然生产力较高，并且东部集中了全国90%以上的耕地和林地、水域，是我国最主要的农区、林区和淡水渔业分布地域。但由于受季风影响，降水不稳定，旱涝交替，自然灾害比较频繁，冬春尚多低温为害，并且这里还存在相当数量的贫瘠土地，须大力防治，减少自然条件不利影响，充分利用光、热、水等方面的有利因素，进一步发挥土地自然增产潜力，以保证农业稳定高产。西北干旱区，光照充足，热量也较丰富，但干旱少雨，几乎无灌溉即无农业，土地生产力低，农牧业生产不稳定。青藏高原区，大部分海拔在3000米以上，日照虽充足，但热量不足，气候高寒，土地生产力低，而且不易利用。

4.开发利用水平不高，质量下降。我国农耕地的利用，相当部分地区仍存在着广种薄收、过度垦殖、重用轻养、过耗地力、土地生产力日趋降低的现象。对林地的利用存在着过量采伐、乱砍滥伐、重采轻造、造而不管、造林成活率与保存率低的现象。对草地资源的利用则存在着超载放牧、天然植被退化等现象。滥垦、滥伐和滥牧的结果，造成并加剧了水土流失、土地沙化、土壤次生盐碱化、草场退化，土地资源质量的不断下降。还有由于耕作不当、土地污染及各种自然灾害的影响，导致地力下降，使中低产田占耕地总面积的2/3左右。

因此，为了进一步优化我国土地资源的开发利用，今后采取保护和合理利用现有农林牧用地，提高土地生产力，抓紧治理和恢复土地生态平衡，以及积极开发目前尚未充分利用的土地资源等措施，都是很有必要的。

(二)水资源

水是生命的源泉，是工业、农业、航运业生产过程中不可替代的重要资源，是生态环境系统中最活跃、影响最广泛的因素之一。自古以来，在人类与自然界的斗争中，为取得和控制水资源利用的斗争一直占有极为重要的地位。综观我国的水资源及其开发利用，表现出如下一些明显特征。

1.水资源绝对量较大，相对量小。据水利部门最近估算，我国河川径流总量为27115亿立方米，地下水资源量为8288亿立方米(地质部门计算为8700亿立方米)，扣除地表水与地下水的重复量，全国水资源总量为28124亿立方米。以水资源的主体部分河川径流总量来说，次于巴西、苏联、加拿大、美国和印尼，居世界第6位。但是我国人口多，耕地面积大，按人均水资源量计，其相对量只及世界人均量的1/4，耕地单位面积平均水量只及世界平均量的3/4。由于我国所拥有的水资源并不丰富，在世界上处于中等偏下水平，所以节约用水、科学合理用水是我国水资源开发利用的长期方针。

2.水资源时空分布很不均衡。以空间分布而言，全国河川径流总量的96%都集中在占全国总面积64%的外流流域，而占全国总面积36%的西北内陆流域仅占4%。不过因为西北内陆人口少，人均水量尚比东部北方地区要多。外流流域地区南方水多，人口多、耕地少，人均、亩均水量较高；北方耕地占全国58.39%，人口占全国43.2%，水资源量却只占全国14.4%。

我国水资源不仅在空间分布上很不均衡，而且由于受季风气候深刻影响，在时间分配上年内各季节之间和各年之间也有较大变化，供水颇不稳定。冬季河川径流量一般不及年总量的10%；春季除江南丘陵和南岭地区占全年总量的40%左右外，其余大部分地区占10%~12%，西南地区只占5%~10%。夏季大部分地区河川径流量占全年总量的50%~60%。秋季大部分地区的径流量占全年总量的16%~25%，西南地区占30%~35%以上，海南岛则占1/2以上。年际变化方面，在以雨水补给为主的东部季风区域内，径流变差系数的分布是自南向北增大，山区小于平原。长江以南地区变差系数一般为0.2~0.4；长江以北各条河流一般都达0.6~0.8，像徒骇河、马颊河等河流甚至高达1.0。因此，水旱灾害频繁。水灾主要发生在黄河、海河、淮河、长江、珠江、松花江、辽河七大江河的中下游平原，那里受灾面积占全国水灾受灾总面积的3/4以上。受旱面积更广，但70%以上的受旱土地集中在松辽平原、黄淮海平原、黄土高原、四川盆地中部东部和北部，云贵高原和两广丘陵一带，其中尤以黄淮海平原旱灾最为严重，其受灾面积占全国旱灾面积的1/2以上。

3.水利设施不足，供水能力不高。到20世纪80年代初，全国先后建成的大、中、小型水库、塘坝、机井、水闸等水利设施，供水能力达4735亿立方米，但这只占全国水资源总量的17%。其中河川径流利用量占全国河川径流总量的14%，地下水开发量只占全国地下水资源总量的7.3%。我国水资源的开发利用率具有显著的地区差异，一般来说，南方广大富水地区，开发利用率很低，长江流域的河川径流和地下水的开发利用率分别是16%和5.6%，珠江和西南地区各条河流流域，开发利用率更低。与此相反，北方少水地区则开发利用率较高，如海河流域河川径流开发利用率达64.5%，地下水开发利用率高达90%，不少地区因过度开采地下水而出现地下水位呈漏斗状下降现象，下降幅度最大的达15%。其他如黄河流域分别是39.2%和48.6%；松花江流域分别是20.8%和13.3%。这种状况，显然同我国国民经济建设需水量日益增长的情况不相适应。今后，随着我国经济建设的进一步发展，需水量的进一步增加，水资源供需矛盾必将愈益突出。所以，为从根本上缓和北方水资源供需矛盾，兴建南水北调工程——主要把长江流域的水引调到华北地区，实属迫切需要。

(三)气候资源

气候资源是指人类生产和生活中所利用的光能、热量(气温)、降水、风力等自然要素及其不同的组合类型。光、热、水、风等要素组成的气候资源与土地、生物、水资源等在地域上的组合，是发展农业等各种产业活动所必要的环境条件。

1.**光能资源**。我国拥有十分丰富的光能资源，年辐射总量约为$33 \times 10^8 \sim 83 \times 10^8$ J/m²之间。其分布大体是西部大于东部。西部以青藏高原地区最大(70×10^8 J/m²)，特别是雅鲁藏布江中上游河谷和冈底斯山脉一带年辐射量尤大，因而这里虽为高寒地区，但光照充足，日温差大，所种植的小麦、青稞、蔬菜等作物同样能够获得高产。川贵地区常年阴雨多雾，是年辐射量最小的地区(40×10^8 J/m²)，但因气候温暖湿润，所以这里仍能盛产茶叶、烟叶等经济作物。

一个地区的太阳辐射总量由直达辐射和散射辐射两个分量组成。前者是太阳辐射通过大气以平行光线的形式直接投射到地面；后者则是太阳辐射受到大气的散射作用，然后以散射方式从天空射到地面。这两种分量的比例有明显的地区差异。西南地区水汽丰富，云量多，直达辐射在年辐射总量中只占40%；长江流域和东南沿海地区，这两种辐射的比例大体相同；而青藏高原和西北干旱地区，水汽少，云量不多，故直达辐射多而散射辐射少，前者在青藏高原地区要占年辐射总量的70%，在新疆和内蒙古地区也要占60%～65%，这同当地所拥有的光照强度、年辐射量的大小显然是密切相关的。

2.**热量资源**。热量资源主要来源于太阳辐射，通常以温度指标来表示。以活动积温为标准，我国自北而南可以划分为寒温带、中温带、暖温带、亚热带、热带和赤道带6个热量带，以及一个特殊的青藏高寒区。其中寒温带占全国国土总面积的1.2%，分布于黑龙江和内蒙古两省区的最北部，这里冬季严寒，温暖季节短促，是我国农作物生长期最短的地方，只能是一年一熟。中温带占全国国土面积的25.9%，大致在长城以北及新疆准噶尔盆地，这里冬季时间长气温较低，农作物难以越冬，大部分地区只宜一年一熟。暖温带占国土面积18.5%，大致包括长城以南，秦岭、淮河以北的黄河中下游各省市及塔里木盆地，这里较高的夏季气温同南方的亚热带相近，喜温作物可在此良好生长，小麦以冬播为主，农作物大部分可一年两熟或两年三熟。亚热带占国土面积26.1%，包括秦岭、淮河以南的长江、珠江流域及云贵高原的大部分地区，这里是温带与热带之间的过渡地带，夏温较高而冬温较低。其北部称北亚热，气候与暖温带相近，农作物多可一年两熟；其中部叫中亚热带，稻米大多数年份可两熟，再加一茬冬作即可三熟；其南部又称南亚热带，气候接近热带，稻米可一年两至三熟，西部地区还能种植一些热带作物。热带只占国土面积的1.6%，包括雷州半岛、海南岛、南海诸岛，以及台湾、云南两省南部，这里稻米生产年可三熟，甘薯可一年四熟，能种植椰子、橡胶、剑麻、胡椒、可可等热带作物。赤道带包括北纬10度以南的一些岛屿地区，终年高温炎热，热量条件足以保证多数热带作物的生长。至于青藏高寒区，面积占国土面积的26.7%，其纬度位置绝大部分与亚热带、暖温带相当，但因地势高峻，地形复杂，这里热量较少，然而空气透明度大，太阳辐射强烈，光能资源丰富，小麦等作物已突破"高寒禁区"在此种植成功。总的来看，我国国土总面积的72.1%为温带和亚热带地区，都有较优越的热量条件。世界大部分农作物都可在我国种植，夏半年大多数地区均可种植各种喜温作物，从暖温带到热带地区，农作物都可实行复种。

3.降水资源。 水分是动植物生存和发展的先决条件，降水资源与农业生产的关系非常密切。我国降水总量相当丰富，多年平均降水量约为629毫米，全年降水总量超过6万亿立方米。但降水量的地区分布极不平衡。由于我国地处世界上著名的独特季风气候区，季风影响强烈，加上我国绝大部分地区降水的水汽来源于太平洋，所以降水量大体自东南沿海向西北内陆递减。大体上以大兴安岭—张家口—榆林—兰州—玉树—拉萨附近一线(400毫米的年等降水量线)为界，把全国划分为两大部分：即东南部的湿润和半湿润区，那里夏季风盛行，雨量充沛，光、热、水条件配合较好，是我国以种植业为主的主要农业区；西北部的干旱和半干旱区，那里降水量较少，气候干燥，一般以畜牧业为主，是我国主要牧区所在。在东南部中，大致以秦岭、淮河的1000毫米年等降水量线作为湿润区和半湿润区的分界线；在西北部中则以200毫米年等降水量线作为干旱区与半干旱区的分界线。

我国的湿润区约占全国总面积的32.2%；半湿润区约占15.3%；半干旱区占21.7%；干旱区占30.8%。湿润地区和半湿润区合计占国土总面积的46.7%，半干旱区和干旱区合计约占52.5%。

说到降水量，还必须提及降水量的年(或季、月)际变化，因为这关系到水分资源开发利用的有效性。我国年降水变率在10%～50%之间，一般是降水量丰富的地区年变率小，而年降水量少的地区年变率大。长江以南及青藏高原东南部降水年变率多在15%以下，其中滇南仅10%，为全国降水年变率最小的地区。长江以北的黄淮海平原为25%～30%，西北干旱盆地则高达30%～50%。

根据我国降水资源的上述特点，在开发利用时一要注意按各地降水特点，因地因时制宜，合理安排农作物布局；二要大力兴修各种水利工程设施，尽量拦蓄和充分利用各种降水资源；三要掌握各地旱、涝规律，提高抵抗旱、涝灾害的能力。

(四)森林资源

森林是由乔木或灌木组成的绿色植物群体，是全球整个陆地生态系统中的重要组成部分，自然界物质和能量交换的重要枢纽。它不仅能为人类提供各种木材和经济植物，而且还可通过森林自身的生命活动，积极保护并不断改善人类生存的环境，具有十分突出的维护生态环境的功能。

我国的森林资源有以下5个特点。

1.森林资源的类型和树木种类繁多。我国国土辽阔多山，自然条件复杂多样，适宜各种林木生长，因而便有繁多的森林资源类型的树木种类。从其类型看，有占我国森林蓄积量65%的分布广泛的针叶林。其中有分布于我国最北部大兴安岭山地的针叶林，分布于东北小兴安岭和长白山一带的针叶、落叶阔叶混交林。这类针叶林是我国经济用材林的主要来源，同时对保持水土、改善环境也有着重要作用。在我国东半部湿润和半湿润地区，有分布于东北平原以南、秦岭北坡以北的落叶阔叶林。在东达滨海，西迄陕西秦岭南坡至巴山以北的汉水流域，包括淮河以南到长江两岸的广大地区分布着落叶常绿阔叶混交林。还有分布于长江以南、北回归线以北广阔区域和云南高原的常绿阔叶林，以及分布于广东、广西、云南和西藏南部、海南岛和台湾南部的热带雨林、季雨林等。这些多种类型的阔叶林不仅为我们提供珍贵木材，而且林下还富含各种植物资源，有很大的经济利用价值。此外，我国还有华南海滨的红树林，内陆河岸的胡杨林，荒漠沙丘上的梭梭林，高山杜鹃灌丛等各种具有重要防护功能的乔木和灌木林类型，以及世界上完整的温带和亚热带山地垂直带谱，世界分布最北的热带雨林类型，种类最丰富的云杉和冷杉属森林，世界罕见的具有高生产力(每公顷2000多立方米)的云杉林等。

就树木种类而言，全国有乔灌木树种约8000种，其中乔木约2000种，包括1000多种优良用材及特用经济树种。

如此繁多、丰富的森林资源类型和树木种类，为我们提供了各种木材，以及多种多样独特的其他林产品(包括珍贵动植物，不少作物、水果和禽畜的原种等)，尤其还能发挥其保护生态环境的独特功能。我们应当根据我国各种森林资源类型和树木种类所具有的优势和特点，加以合理的开发利用。

2.森林覆盖率低，资源少。我国现有森林面积1.28亿公顷，森林蓄积量108.68亿立方米，林地面积和蓄积量均占世界第七位。从绝对数看，我国森林资源量相当可观。但人均有林地面积和蓄积量分别相当于世界人均数的18%和13%，全国森林覆盖率(12.98%)仅为世界平均数的53.5%。我国森林覆盖率和人均占有林木蓄积量两项指标，在世界160个国家和地区中，分别居于第116位和第121位，所以，我国在世界上属于少林国家。

3.森林资源结构不尽合理。由于我国在过去相当长一段时期内把森林资源只当作生产木材的用材林来经营，没按当地生态环境特点和森林功能进行分类经营，没能充分发挥森林资源的多种效益，致使我国森林资源结构不尽合理。在林种结构方面，用材林占了近3/4，其他如防护林、经济林、薪炭林、竹林、特用林等所占比例都较小，尤其是防护林和经济林比例太小，远不能适应森林的生态环境保护功能及提高林业经营总体经济效益的需要。再从全国森林资源的林龄结构看，虽说比例基本合理，但森林资源中成熟林蓄积量的80%分布于东北和西南边远山区，而南方林区的90%则属于幼、中龄，近期可供采伐的资源明显短缺。另外，由于交通不便，林材自然枯损率高，还有相当一部分森林分布于江河上游，应作为防护林经营，这使得材林中可采伐的成熟林比例减少，只占70%。

4.森林资源空间分布很不均匀。 黑龙江、吉林、内蒙古东部、四川、云南和西藏东部，土地面积占全国1/5，却拥有全国森林面积的1/2，森林覆盖率在30%以上。华北、中原地区的京、津、辽、晋、冀、鲁、豫、苏、皖等10省市，现有森林面积只占全国的2%。西北地区的甘、新、青、宁等4省区及内蒙古中西部、西藏北部等的广大地区，土地面积占全国一半以上，森林面积却只占全国的1/30，森林覆盖率只有0.8%。森林资源空间分布如此不均，显然同当地生态环境保护和经济建设对森林的需求很不相等。

5.生产率低，生长量小。 我国林业生产力较低，在全国林地总面积(2.67亿公顷)中有林地(1.25亿公顷)只占46.8%，远低于林业发达的美、日、芬等国(90%以上)的水平。资源总量中原始林(单位面积林木蓄积量140立方米/公顷)占31.1%，而林木蓄积量每公顷仅40立方米的次生林则占46.2%。单位面积森林蓄积量为85立方米/公顷，用材林更低，平均只有79立方米/公顷，远低于111立方米/公顷的世界平均水平。由于我国林业经营水平较低，多年来重采轻育，致使我国森林每年平均生长量仅为2.7立方米/公顷，低于世界平均水平和亚洲平均水平，我国林地生产力亟待提高。

(五)矿产资源

矿产资源是现代经济，尤其是现代工业发展最重要的物质前提。我国是世界上矿产资源种类较齐全，矿产自给程度较高的少数国家之一。综观我国矿产资源，归纳起来有以下几个特点。

1.矿种多样，储量可观。 世界上目前已有的矿产种类，在我国都已找到，已探明储量的矿产达148种。其中，金属矿产50多种，非金属矿产80多种。另外发现矿床和矿化点20余万处，查明矿产地1.6万多处。我国矿产资源储藏总量规模巨大，45种主要矿产的潜在价值约达10万亿元。

我国所蕴藏的矿产资源中，有许多矿种的储量名列世界前茅。能源矿物中，煤炭保有储量达9500多亿吨，是世界煤炭资源大国之一。石油储量估计有300亿～600亿吨。黑色金属矿产方面，铁矿探明储量约居世界第三位。已探明的二氧化钛储量相当于世界其他各国钛矿探明总储量的两倍以上。钒矿探明储量世界第一。锰矿探明储量居世界第三位。目前世界上已发现的有色金属及稀有金属矿产，我国都有蕴藏，而且大部分储量很大，钨矿和锑矿分别占世界探明总储量的53.6%和44.9%，都居世界首位。锌矿和汞矿的探明储量均居世界第一位。铅、钼矿的探明储量居世界第二位。铜、锡、镍等矿产的探明储量分别居世界第三位。铝、钽、银等矿产也均居世界前列。稀有、稀土和分散元素矿产方面，仅内蒙古白云鄂博巨型稀土矿的探明储量，即相当于国外稀土矿探明总储量的4倍以上。锂矿探明储量亦居世界之首。铌矿探明储量居世界第二。非金属矿产方面，可作为化工原料的硼、重晶石和硫铁矿等的探明储量均居世界首位。磷矿探明储量居世界第二位。石墨探明储量居世界第三位。石膏、膨润土、滑石等矿产探明储量都居世界前列。岩盐、钾盐等盐类资源在我国也异常丰富，如青海省柴达木盆地即有"盐泽"的别称，在24万平方千米的范围内即有盐湖100多个。其中面积1600平方千米的察尔汗盐湖，储有200多亿吨盐类资源，可供全国12亿人口食用七八千年。上述各种矿产资源，大部分都能满足国内经济发展的需要。

2.有相当一部分重要矿种富矿少、贫矿多，另有一些矿种稀缺。例如探明储量居世界第三位的我国铁矿资源，大多为含铁量仅25%～30%的贫矿，平均品位不过34%。而含铁量为40%～50%可直接炼铁的高炉富矿，以及含铁量在50%以上可直接炼钢的平炉富矿，则只占1%左右。另如铜、锰、铝土和锡等许多矿种，亦多是含杂质多、品位低的贫矿。这都给开采运输、分选冶炼带来不少困难，亟需发展和采用烧结等技术，把贫矿制成人工富矿再进行冶炼，并大力加强矿石选、冶技术的试验研究，以利于开发贫矿资源。同时，铬、铂、钴、金刚石和钾等一些重要矿种，我国目前尚较稀缺，或者储量较少，需依赖进口。

3.伴生和共生矿床多。我国地质情况甚为复杂，伴生和共生矿床较多，往往是多种矿物组合在一起。例如，我国钒矿储量虽居世界首位，但以钒为主的钒矿床只占9%，其余91%则分散在其他矿种之中，难以采取，回收率很低。四川攀枝花铁矿即为大型的共生矿床，内含铁、钒、钛、钴、镍、铬等十多种金属元素，其钒、钛的价值比铁矿高出数倍。又如内蒙古白云鄂博铁矿是由十几种主要稀土元素组成的铌稀土铁矿，其中所含的稀土和铌的价值比铁矿高20多倍。

我国矿产资源多为伴生和共生的综合性矿，这一方面增加了矿产资源的经济价值，尤其是一些大型共生矿，一个矿相当于好几个矿。但另一方面，又要求有较高的分选冶炼技术，而有些技术目前尚难达到应有水平，因此影响和制约着综合性矿床回收率的提高，造成矿产资源的严重浪费，并带来环境污染。所以大力发展采、选、冶新技术，抓紧提高矿产综合利用水平，乃是开发利用我国矿产资源、提高经济效益的重要环节。

4.大矿集中，小矿分散，地区分布不均。矿产的生成和分布，是受地壳运动和成矿地质条件制约的。地质构造运动发展的不同时期和不同区域，所形成的矿产亦不尽相同。我国的矿产资源在地区分布上有大矿集中、小矿分散、地区分布不均匀的明显特点。这一方面表现在很多矿产的地区分布有比较集中的一面，例如煤炭，全国总储量的93%集中分布在秦岭—大别山以北的华北、西北和东北地区，江南8省则不到2%；

铁矿，辽宁、冀东和川西集中了全国50%以上的探明储量；铜矿主要分布于长江中下游和西南地区；磷矿探明储量的3/4以上分布在川、滇、黔、鄂、湘等省；钨矿全国一半的储量集中在赣南地区，等等。另一方面，我国矿产资源也有分布广泛的特点，如煤炭，全国60%的县都蕴藏有煤炭资源。

我国矿产资源地区分布上的上述特点，有利亦有弊。大矿的相对集中，便于集中进行大规模开采，为建立全国性的矿产基地，提供了得天独厚的自然前提。但也产生了诸如北煤南运、南磷北调等大宗矿产物资的长途调运等问题，给交通运输带来很大压力。广泛分布、小矿分散，则有利于地方就近开采，可为发展地区性生产提供便利的原料、燃料来源，弥补一部分大矿过分集中所带来的某些不足。

还应指出，尽管我国各种单项矿产资源地区分布并不均匀，但各种矿产资源和其他自然资源在地区分布上却也有一定的区域组合优势。如西南地区是我国少有的多金属成矿带之一，那里蕴藏有丰富多样的有色金属和稀有金属矿产资源，而且那里又集中有全国72%的水能资源，是建立价廉、量大的大型水电基地的理想场所，从而极有利于在当地发展耗能大的有色、稀有金属的开采、冶炼产业。

(六)海洋资源

我国不仅拥有辽阔的陆域，而且作为世界上的海洋大国，还拥有470余万平方千米的辽阔海域。绵延伸展3.2万多千米的海岸线(包括岛屿岸线)，有不少优良港湾，为发展海上运输提供了良好条件。海洋资源极为丰饶，凡世界大洋所有资源，我国近海海域大都具备。综观我国海洋资源，大抵有以下几个特点。

1.种类多、储量大。我国是世界上海洋资源最丰富的国家之一。据初步统计，海洋生物资源方面，沿海水深200米以内的大陆架渔场约有146667万公顷(143万平方海里)。我国近海是太平洋生物生产力的高值区域，拥有海洋生物资源种类2万种以上，浅海滩涂生物约2600种，资源总量达1000万吨，最大持续渔获量和最佳渔业资源可捕量分别约为470万吨和300万吨；海洋鱼类有近2000种，其中包括带鱼、大黄鱼、小黄鱼、乌贼四大海洋经济鱼种在内的经济鱼类有300多种，虾类有几百种，海藻也有数百种，有海参、鲍鱼、扇贝等很多珍贵水产品，以及许多宝贵药材。海洋矿产资源方面，我国海岸线漫长，多淤泥质海岸，滩地广阔，地势平坦，有利于提取海盐；世界上第二大暖流黑潮流经东海，其支流深入黄渤海区，它所带来的高盐水富含碘、钠、锂、锶、铀、铷、镁、溴等多种化学元素，可供开展海水综合利用；在浅海大陆架上的疏松沉积中，还有海面下降时期沉积于河口海岸带的多种金属矿物，如金、铜、铁、锡、钴、锰、金刚石等，总计海滨沙矿种类达60种以上，探明储量为15.25亿吨；在我国大陆架浅海区域分布着一系列面积大、沉积厚的封闭性盆地，共约80万平方千米，蕴藏有相当丰富的油、气资源(石油资源量约451亿吨，天然气资源量约141000亿立方米)，是世界上最有价值的海底油田之一。海洋动力资源方面，我国漫长的海岸曲折多湾，潮差较大，潮汐能蕴藏量可观，据粗略估计，仅黄海海岸所蕴藏的潮汐能就达550万千瓦，东海海岸特别是闽、浙沿海所蕴藏的潮汐能更多。其他如海浪能、海流能、海水温差能等海洋动力资源也很丰富。初步估计，我国海洋能源资源总蕴藏量约为4.31亿千瓦。此外，我国沿海地区人多地少，人地矛盾突出，但潮滩资源数量也较大，位于理论基准面以上的约有199.8万公顷，从理论基准面至水深15米之间的面积则可达1206.7万多公顷，两者合计达1406.5万公顷，这为我国沿海地区展现了向海要田、扩大土地面积的广阔前景。

2.我国海洋资源绝大部分分布在大陆架浅海区。我国近海海域南北水深有所差异。东海和南海最深，平均水深分别为370米和1212米；渤海最浅，平均水深仅18米；黄海平均水深亦仅43米，故渤海、黄海全部属大陆架浅海。东海和南海海域虽然较深，但其海洋资源亦多分布在大陆架浅海范围。我国海洋资源大多分布在浅海区域，便于进行海上捕捞和养殖作业，对于海洋能和海底油气的开发利用来说能减少海上作业难度、降低成本。

3.我国海洋资源地区分布不均，有与陆地资源地区分布呈反相关的明显趋势。我国海洋资源地区分布遍及近海各个海区，但以东海和南海分布更为集中。南海的鱼类品种为黄、渤海区的4倍，有860种之多。分布在东海和南海的海底储油盆地面积占全国近海海底储油盆地总面积的70%以上，其可采油、气储量亦约占全国的3/4。浙、闽两省海岸线曲折，潮差最大，所蕴藏的潮汐能量约占全国潮汐能总量的80%；波浪能大部分分布在东海和南海海域；温差能则几乎全部集中在南海和东海海域。由于我国陆地的石油、煤炭资源分布偏集于北部和西北部，水能资源多集中分布在西南部和南部，而我国工业等主要产业经济活动和人口相对集中的东部区域，却严重缺少能源资源，这同海洋能源的地区分布恰恰呈现出反相关的明显趋势。显然，我国海洋新能源的分布格局，极大地弥补了陆地资源分布上的缺陷。大力开发利用我国海洋资源，对经济发达的东南部沿海地区持续、稳定的发展无疑是十分有利的。

※ 活动三 我国自然资源的总体环境评价

就我国自然资源的总体环境评价而言，大体可归纳为以下几点。

1.资源种类较为齐全。在我国广袤的国土上，各种自然资源几乎是应有尽有，较为齐全。就各种自然资源满足本国经济发展需要的程度来说，我国堪称世界上各种自然资源自给程度较高的国家之一。

2.绝对量大，相对量少。评价自然资源的数量，一国一地区所拥有的自然资源绝对量固然重要，但自然资源的价值主要在于要有人去开发利用，使它的潜在优势变为现实的商品优势。所以，自然资源人均占有的相对量尤为重要。我国幅员辽阔，但又是世界上人口最多的国家，从上述6大自然资源的数量情况看，各项资源几乎无一例外地具有绝对量大、相对量少的突出特点。资源相对量少，说明我国所拥有的各种自然资源并非都是丰富的，要特别倍加珍惜，予以合理的开发利用。

3.**资源质量参差不齐，资源承载能力地区差异明显**。评价自然资源既要看数量，也要看质量。我国所拥有的有些自然资源，绝对数量可观，名列世界前茅，但质量不尽如人意，较有代表性的如我国矿产资源中的铁矿，探明储量位居世界第三，但其含铁量(品位)平均却只有34%，这无疑增加了开发利用的难度，也使贫矿资源的挖掘问题，成为亟待解决的迫切课题。

资源质量参差不齐，反映在开发利用的具体表现就是资源承载能力有明显地区差异。如以生产粮食能力大小承载人口的数量，作为衡量我国各地土地资源生产力高低——承载人口限度的标志，从我国各地土地资源生产粮食的能力大小及其与人口总需求关系而言，便有资源承载力高于人口总需求地区(富裕地区，主要是鄂、湘、鲁、赣、皖、浙、苏、黑、吉9省)，资源承载力接近人口总需求地区(临界地区，包括冀、豫、晋、内蒙古、川、陕、宁、新8省区)，资源承载力低于人口总需求地区(超载地区，主要包括京、津、沪、辽、闽、粤、桂、琼、黔、滇、藏、甘、青13省区)3类不同地区之分。

4.**资源空间分布有利有弊**。我国自然资源的空间分布，主要有3个特点，即：①既广泛又集中；②有一定的地区组合优势；③资源丰度高的地区与产业丰度高的地区并不一致，存在区域二元结构。资源空间分布既广泛又集中，如我国煤炭资源，利弊并存，如前所述。若干相关资源在空间分布上具有一定的地区组合优势，如我国西南地区，同时蕴藏有丰富的水能资源和需消耗大量能源的有色金属与稀有金属矿产资源，这对开发利用显然是相当有利的。区域二元结构的存在，则会导致若干重要资源及工业产品不合理的区际过远运输，增加运输压力，提高成本，对我国现代化经济的发展显然是一种限制性因素。

任务二　我国物流业的地理布局

※ 活动一　我国现代物流及其分类

一、现代物流的定义

假如一件价格为两千多元的品牌服装，在工厂的制作成本只有几十元，消费者知道后会怎么想？也许有人愿意支付这么多钱，是因为看上了这种品牌，认为品牌值这么多钱。事实上，服装流通成本在商品的价格体现中占有相当的部分。现代物流的任务之一就是最大限度地降低物流成本，流通成本降低，消费者往往也能从中获益。

现代物流是应用高科技的计算机技术、信息技术整合运输、包装、装卸搬运、仓储、流通加工、配送及物流信息处理等各种功能而形成的综合性物流活动模式。传统物流一般指产品出厂后的包装、运输、装卸、仓储，而现代物流提出了物流系统化，也称总体物流、综合物流管理的概念，并付诸实施。具体地说，就是使物流向两头延伸并加入新的内涵，使社会物流与企业物流有机结合在一起，从采购物流开始，经过生产物流，再进入销售物流，与此同时，要经过包装、运输、仓储、装卸、加工配送到达用户(消费者)手中，最后还有回收物流。可以这样讲，现代物流包含了产品从"生"到"死"的整个物理性的流通全过程。

二、现代物流的分类

现代物流可以按照物流在企业经营中的作用、物流活动的空间范围和物流系统性质三方面进行分类，具体分类如图1-1所示。

1.按物流在企业经营中的作用分类

(1)**供应物流**。生产领域中，生产活动所需要的原材料、备品备件等物资的采购、供应活动所产生的物流，流通领域中，采购商品交易行为中所发生的物流，这些都可称作供应物流。企业的流动资金大部分由购入的物资材料及半成品所占用，供应物流的严格管理及合理化对于企业的成本有重要影响。

(2)**销售物流**。生产企业、流通企业出售商品时，商品在供方与需方之间的实体流动称为销售物流。销售物流对于生产领域是指售出产品，而对于流通领域则是指交易活动中，从卖方角度出发的交易行为中的物流。

销售物流的成本在产品及商品的最终价格中占有一定的比例。因此销售物流的合理化对于降低成本可以起到立竿见影的效果。

(3)**生产物流**。生产过程中，原材料、在制品、半成品、产成品等在企业内部的实体流动，称为生产物流。原材料、半成品等按照工艺流程在各个工位之间不停顿地移动、储存、流转，形成了生产物流。

生产物流合理化对工厂的生产秩序、生产成本有很大影响。生产物流均衡稳定，可以保证在制品的顺畅流转，缩短生产周期。

(4)**回收物流**。不合格物品的返修、退货以及周转使用的包装容器从需方返回供方所形成的物品实体流动，称为回收物流。在生产及流通活动中有一些资料是要回收并加以利用的，如作为包装容器的纸箱、塑料筐、酒瓶等，建筑行业的脚手架也属于这一类物资。

(5)**废弃物物流**。失去原有使用价值的物品，根据实际需要进行收集、分类、加工、包装、搬运、储存，并分送到专门处理场所时形成的物品实体流动称为废弃物物流。生产和流通系统中所产生的废弃物，如开采矿山时产生的废石，炼钢生产中的钢渣，工业废水以及其他一些无机垃圾等，如果不妥善处理，就会造成环境污染，就地堆放还会占用用地以致妨碍生产。为了更好地保障生活和生产的正常秩序，必须重视对废弃物资的综合利用。

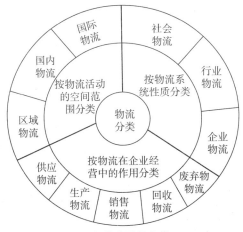

图1-1　现代物流的分类

2.按物流活动空间范围分类

(1)地区物流。地区物流有不同的划分原则。可按行政区域划分，如西南地区、河北地区等；可按经济圈划分，如苏(州)(无)锡常(州)经济区，黑龙江边境贸易区；可按地理位置划分，如长江三角洲地区、河套地区等。地区物流系统对于提高该地区企业物流活动的效率以及保障当地居民的生活福利环境，具有不可缺少的作用。

(2)国内物流。国内物流是指一个国家范围内的物流活动。物流作为一国国民经济的重要支撑系统，为该国国内经济利益服务，其基础设施投资建设规划应纳入国家经济建设的总体规划。国内物流具体内容包括：本国领域、领空、领土内的物流基础设施的合理布局建设；恰当制定各种物流政策法规；颁布与国际接轨的物流技术，如设施、设备的标准化等。

(3)国际物流。指国家与国家之间的物流，是国际贸易的支持基础。企业的生产和销售走向国际化，出现了许多跨国公司，一个企业的经济活动范畴可以遍布几大洲。国家之间、洲际的原材料与产品的流通越来越发达，因此，国际物流的作用日益重要。

3.按物流系统性质分类

(1)社会物流。社会物流一般是指以全社会为范畴，面向所有用户的物流，因此被称之为大物流或宏观物流。社会物流的一个标志是：伴随商业活动的发生，物流过程通过商品的转移，实现商品所有权的转移。社会物资流通网络是国民经济的命脉。

(2)行业物流。同一行业中不同企业的物流活动。同行企业是市场上的竞争对手，但在物流领域也常常互相协作共同促进物流系统的合理化。例如，同一行业的物流活动中，共建运输系统和零部件仓库以实行统一的共同配送；有共同的新旧设备及零部件的流通中心；建立流通技术中心，共同培训操作人员和维修人员；统一建设机械的规格等。又如，在大量消费品方面采用统一商品规格，统一法规政策，统一模数化等。行业物流系统化的结果使参与的企业都得到相应的利益。

(3)**企业物流**。在企业经营范围内由生产或服务活动所形成的物流称为企业物流。企业是为社会提供产品或某些服务的经济实体。一个工厂要购进原材料，经过若干工序的加工，形成产品销售出去。运输公司要按客户要求将货物输送到指定地点。企业物流包括供应物流、生产物流、销售物流、回收物流和废弃物物流。

三、现代物流的特征

现代物流的特征表现在以下几个方面。

(1)**信息化**。物流信息化表现为物流信息的商品化、物流信息收集的数据库化和代码化、物流信息处理的电子化、物流信息传递的标准化和实时化、物流信息存储的数字化等。因此，条码技术、数据库技术、电子订货系统、电子数据交换、快速反应系统及有效的客户反应系统、企业资源计划等技术与观念在我国的物流中将会得到普遍的应用。没有物流的信息化，许多先进的技术设备都不可能应用于物流领域，信息技术及计算机技术在物流中的应用将会彻底改变传统物流的运作模式。

(2)**自动化**。物流自动化的基础是信息化，自动化的核心是机电一体化，自动化可以扩大物流作业能力、提高劳动生产力、减少物流作业的差错等。物流自动化的设施非常多，如条码/语音/射频自动识别系统，自动分拣系统、自动存取系统、自动导向车、货物自动跟踪系统等。这些设施在发达国家已普遍用于物流作业流程中，而我国由于物流业起步晚、发展水平低，自动化技术的应用与发达国家相比还有一定的差距。

(3)**网络化**。物流网络化的基础也是信息化。网络化有两层含义：①物流配送系统的计算机通信网络。物流配送中心与供应商或制造商的联系及与下游顾客之间的联系都要通过计算机网络通信。②组织的网络化。按照客户订单组织生产，生产采取外包形式，即将全世界的资源都利用起来，采取外包的形式进行生产和供销的重新组合，实现网络化经营。

(4)**智能化**。物流智能化是物流自动化、信息化的一种高层次应用。物流作业过程中大量的运筹和决策，如库存水平的确定、运输路线的选择、物流经营管理的决策支持等问题都需要借助于大量的知识才能解决。各种专家系统、机器人等相关技术在国际上已经有比较成熟的研究成果。为了提高物流现代化的水平，物流的智能化已成为电子商务下物流发展的一个新趋势。

(5)**社会化**。物流社会化程度的高低是现代物流配送和传统物流配送的一个重要区别。传统的物流配送中心往往是企业为本企业或本系统提供物流配送服务而建立的。有些配送中心虽然也为社会服务，但同电子商务下的新型物流配送所具备的真正社会性相比有很大的局限性。

(6)**系统化**。物流不是运输、保管等活动的简单叠加，而是通过彼此的内在联系，在共同目下形成的一个系统，构成系统的功能要素之间存在着相互作用的关系。在考虑物流最优化的时候，必须从系统的角度出发，通过物流功能的最佳组合实现物流整体的最优化目标。局部的最优化并不代表物流系统整体的最优化，树立系统化观念是搞好物流管理、开展现代物流活动的重要基础。

(7)柔性化。 随着消费者需求的多样化、个性化，物流需求呈现出小批量、多品种、高频次的特点。订货周期变短，时间性增强，物流需求的不确定性提高。物流柔性化就是要以顾客的物流需求为中心，对顾客的需求作出快速反应，及时调整物流作业，同时可以有效地控制物流成本。

※ 活动二　我国区域物流规划与物流园区

一、区域物流规划

在现代物流概念形成之前，交通运输、仓储、邮政等产业已有了多年的发展，并形成了各自的发展规划，所以物流规划本质上是以协调发展为主要功能的二次规划。而且，由于除铁路等基础设施外，大部分物流园区、物流中心等设施主要为区域经济服务，物流规划的主要制定和实施者是地方政府，在国家宏观规划指导下的区域性物流规划是物流规划的主体。

1.区域物流规划的必要性

首先，物流系统是涉及面很广的复杂系统，没有共同遵循的规划会引起混乱。从物流的范围来说，它涉及了军事、生产、流通、消费及后消费领域，涵盖几乎所有社会产品在社会上和企业中的运动过程，庞大而复杂。就社会物流的共同基础设施来说，我国就有交通、铁道、航空、仓储、外贸、内贸六大领域分兵把口，不用说涉及这些领域的更多行业。可是，这些领域和行业在各自的发展规划中都包含有局部的物流规划，这些规划由于缺乏沟通和协调，更多的是从局部利益考虑，再加上局部资源有限，往往破坏了物流大系统的健康，妨碍它的良性发展。

其次，物流过程长且环节众多，如果没有共同的规划可以遵循、制约，各个环节各自发展，就可能出现"效益背反"的现象。物流领域进入门槛比较低，而发展的门槛却比较高，很容易易进难出，陷入低水平的重复建设。在配送中心，一般物流中心和小型物流结点可能更有突出的表现。

最后，从投资和发展的角度来说，物流领域的建设一般投资规模巨大，更需要有规划地引导。我国物流系统建设刚刚起步，与发达国家有几十年的差距，如要迅速追赶，缺乏规划引导和制约，必定会有相当多的地区和企业重复低水平发展，白白消耗资源和时间。

2.区域物流发展规划的主要内容

(1)物流基础设施的规划和建设。 近十几年来，国家加大了对交通基础设施的投资，投资主体多元化的格局已经形成。以道路、铁路、港口、空港等为对象的物流基础设施建设进展迅速。运输线路特别是高等级道路和电气化铁路的通车里程大幅提高，综合运输网络正在逐步得到改善。但是，在重视线路建设的同时，应该加强物流结点设施建设。现有的结点设施功能需要扩充，以适应开展现代物流的需要。物流活动的形态包括线路部分的活动和结点部分的活动，大部分的物流功能是要通过结点设施发挥的。只有将线路功能与结点功能有机结合起来，才能满足物流合理化的要求。物流设施建设需要大量资金投入，但同时由于公共物流设施具有一定的公益性，收益性较差，投资回报期长，因此，需要政府在土地使用、融资、税收等方面予以支持。

(2)创造现代物流发展的宏观环境。政府主管部门在发展现代物流的问题上首先要有一个明确的战略发展思路，建立健全各项政策，协调物流相关行业和部门的行动。

(3)培育和发展物流市场，鼓励竞争，支持企业联合。竞争是搞活物流市场、提高物流企业经营水平最为有效的方式。但同时也应该看到，物流市场的准入条件较低，物流服务产品的技术含量较低，企业之间容易产生过度竞争。因此，适当提高市场准入条件，严格行业服务标准，有利于维持正常的市场秩序。要重点培育一批具有一定资金实力和技术实力，业已形成比较广泛的物流网络的现代物流企业，使它们成为我国发展现代物流事业的旗手，推动我国现代物流事业水平的提高。此外，通过合资的方式，引进国外先进物流企业的管理经验和运作模式也是提高我国物流企业经营水平的有效途径。

(4)解决好物流与环境和城市发展的矛盾。物流作业活动的核心是货物运输，随着消费需求的多样化、个性化，物流需求也朝着高度化方向发展，现代物流呈现出多品种、小批量、高频次的特点，卡车运输成为实现物流目的的主要运输手段。区域内、城市内商品运输配送活动的频繁发生给环境和城市交通带来一定的负面影响，交通环境的恶化反过来也会影响到物流效率的提高。因此，必须搞好物流结点设施的规划，将其作为城市规划的一部分充分加以重视，通过物流结点设施的合理布局，将干线运输和支持末端配送有机结合起来，在保证物流效率的同时，减轻物流对城市功能的负面影响以及对环境的破坏。

此外，政府的物流规划中还需要有物流信息的发展规划、物流人才培养、物流学术研究等方面的内容以支撑整个区域内的物流发展。

二、物流园区

1.物流园区的定义

物流园区是多家专业从事物流服务的企业和物流密集型工商企业在空间上集中布局的场所，是具有一定规模和综合服务功能的物流结点。它依托经济发达地区的中心城市，位于大型交通枢纽附近，一般与两种或两种以上的交通运输方式相连接。物流园区在社会属性上既有别于企业自用型的物流中心，又有别于公路、铁路、港口等非竞争性基础设施，是具有经济开发性质的物流功能区域，与科技园区、工业园区有相似之处。

过去，在城市建设方面一般未考虑到物流因素。20世纪五六十年代经济高速发展以后，商品物流量大大增加，尤其是在西方发达国家的大城市，城市里外星星点点散布着各种产业的大量批发商、经销商，商流和物流融为一体，成为造成交通混杂、车辆空驶率高、城市功能混乱的最大原因。为解决这一世界性难题，各国政府和企业研究了种种对策，其中，建设物流园区是常见的方法。

2.物流园区的功能

(1)基本功能

①集约功能 物流园区首先要有量上的集约，要有一批物流企业在此集中经营。从这个意义上讲，物流园区可以被视为一个物流业的开发区。当然，量上的集约并不意味着经营项目上的趋同，而要注重业内的分工细化。在这方面可以借鉴日本物流团体的经验：搞仓储的不搞运输，跑长途的不做市内配送；千方百计把本企业的专业特色显示出来，把本企业的专业运作成本降下来，把规范服务搞上去，以此来增强企业的市场竞争能力。非本企业专长的业务，其运作成本肯定比专业公司高，应该转让给专业公司去做，以实现优势互补，形成集合优势。此外，园区在技术、设备、规模管理上也应该有非常强的集约功能。

②综合运作与具有转运衔接功能 物流园区在实现集约功能的同时，还应该体现综合的功能，如深圳平湖物流园区的功能定位就是五位一体，即市场信息、现代仓储、专业配送、多式联运和市场展示及交易，以实现产业运作的配套化和系统化。物流园区的综合功能还应该体现在发挥有效衔接作用上，主要表现在要实现公路、铁路、河运、海运等多种不同运输形式的有效衔接上。

综合功能的另一方面是商流与物流的统一。由于我国目前对物流的认识与西方发达国家还有差距，物流企业的利润较低，提供的服务中增值部分少。因此，在建设园区的同时，应该增加其中的商业设施、会展中心、大型批发市场等，利用市场的"造市"功能来拉动物流需求，带动物流业的发展。

③辐射、拉动功能 物流园区的服务区域不能仅仅按行政区域来划分，而应该考虑自身的辐射、拉动半径，这个半径很可能不再局限于某个行政区域，而是一个经济区域。

④其他功能 作为一种公共事业，物流园区除了承担以上功能之外，还应该在软件建设、物流平台开发等方面发挥应有的创新作用。比如，信息系统的构筑、专业人才的培养培训、产业政策的研究制定、物流理论的研究探讨，等等。

(2)拓展功能

①整合现有资源，引入现代产业培育机制 通过引进"第三方物流"的产业组织形式，建立现代物流企业，以及将传统的储运企业转变为现代物流企业，即，从整合现有物流资源入手建设物流园区有利于促进现代物流业的形成，提高物流社会化程度，为企业优化物流系统提供市场环境。对中小工业企业来说，"第三方物流"能够规避自身在物流上的劣势，充分发挥在生产制造方面的优势。对于物流企业来说，应提高现有设施、设备条件，树立新型物流意识，进行专业化、现代化的物流运作，降低物流成本。在工业园区的规划中，可通过入驻典型物流企业发挥园区物流系统的作

用，吸引优秀工业企业入园。

②通过物流园区，带动产业链的发展　物流园区的一个重要功能是集聚效应，通过集聚扩大企业的商圈，增加交易的机会。同时，通过物流园区将零散的资源进行优化整合，将产业发展链条中的采购、供应、会展、销售、客户服务以及交易结算、物流、信息反馈等各项功能集中在一起，充分发挥经济集聚作用，降低流通成本，提高经营效率，不仅使本企业的综合竞争力得以提升，还能够带动产业链条上的相关企业降低成本、提高竞争力。物流园区的建设对整合流通产业链、提升流通业整体水平、促进产业快速发展起着重要作用。

③创造良好的投资环境　从以往工业园区的实践经验看，吸引企业和资金入园，提供优惠政策是一方面；提供适合企业发展的优良园区环境(基础设施、物流系统)是更为重要的另一方面。完备的基础设施和物流系统的支持能够使入园企业降低运营成本、增加企业效益，这会给企业带来实实在在的好处，使企业获得更强的综合竞争能力。因此，在园区的规划中，基础设施和物流系统建设规划是极为重要的部分。

④改善城市环境　通过优化整合现有零散资源，发挥园区系统、集散、整合的优势，采用统一发展的模式，以利于生产、方便生活、优化交通、改善环境、满足城市功能发展的需要，有利于提高城市形象，成为城市功能的重要组成部分。

从各国、各城市的实践来看，在现代化的过程中，城市规划的重要性将越来越清楚地显现出来，并且规划的先进程度将直接影响城市的进一步发展。随着我国经济环境的不断改善，物流作为城市功能的重要组成部分已被大多数人所接受。因此，可以充分利用园区的建设，政府统一规划，将分散的工业及物流设施整合进园区内，重新定位城市功能，改善城市环境，树立一个全新的城市形象。

※　活动三　我国物流经济地理布局

物流经济区划，是产业布局的基础，因而受到各界广泛关注。中国经济地理学界和经济学界，都十分重视经济区划研究。20世纪五六十年代以来，学术界曾先后对中国经济区划提出多种方案，有所谓"三分法""五分法""六分法""七分法""八分法"及"十分法"等。不过多数方案只作为一种学术见解，并没有付诸实施。而真正由政府公布、在实践中加以运用的主要有三种，现分别阐述如下。

一、物流经济协作区

新中国成立初期，由于全国各地解放的时间有先有后、情况复杂，中心任务也不完全一致，为了便于在中央统一领导下因地制宜地开展工作，因此在省之上曾一度设置六大行政区。各大区相应设置国家权力机构——人民政府或军政委员会，并且有权根据中央的政策、法令精神来制定大区内部的政治、经济和文化等各方面具体措施。原六大行政区的管辖范围如下：

东北行政区，管辖辽东、辽西、吉林、黑龙江、热河、松江等省以及沈阳、鞍山、本溪、抚顺、旅大等市(1953年又增加长春、哈尔滨二市)。

华北行政区，管辖河北、山西、绥远、察哈尔、平原等省以及北京、天津二市。

西北行政区，管辖陕西、甘肃、宁夏、青海、新疆等省和西安市。

华东行政区，管辖山东、浙江和福建省以及苏南、苏北、皖南、皖北行署和上海、南京二市。

中南行政区，管辖河南、湖南、湖北、江西、广东、广西等省以及武汉、广州二市。

西南行政区，管辖川东、川西、川南、川北四行署以及云南、贵州、西康三省和重庆市。

到1952年年底，大区人民政府或军政委员会一律改为行政委员会，改变了他们原来作为一级政权机关的性质，成为代表中央领导与监督地方政府的代理机构，1954年根据中央的决定和形势的发展全部予以撤销。

当我国进入有计划的大规模经济建设之后，为了逐步改变我国生产力布局的不平衡和不合理状态，充分合理地利用各地区人力、物力资源，在全国建立完整工业体系的同时，在地方上也建立不同水平、各具特点的工业体系。国家计划部门于1958年，在六大行政区的基础上，曾将全国划分为七大经济协作区。到1961年，将华中、华南两个经济协作区合并，从而形成六大经济协作区。这六大经济协作区是：东北经济协作区(辽、吉、黑三省)；华北经济协作区(北京、天津二市和晋、冀、内蒙古三省区)；华东经济协作区(上海市和鲁、苏、皖、浙、闽、赣六省)；中南经济协作区(豫、鄂、湘、粤、桂五省)；西南经济协作区(川、滇、黔和西藏四省、区)；西北经济协作区(陕、甘、青、宁、新五省、区)。各大区曾设置中央局和大区计委，用以协调各省、市、自治区的关系。十年动乱期间大区一级组织机构相继撤销。

中国的经济协作区方案，作为全国经济区划的尝试和实践，取得了一定的成绩，为后来的经济区划工作积累了经验；同时，它们在一定程度上起了经济区的作用，为未来的区划方案奠定了一定基础。但由于各大经济协作区基本上是在40年代末、50年代初行政区的基础上划分而成，实际上是一种行政区划，原来应是一个经济区的冀、鲁、豫三省，被分别划入华北、华东和中南三个经济协作区，割裂了三省之间的传统经济联系。划分和建立经济协作区的指导思想，带有经济发展"均衡论"倾向，主观企求尽快实现全国各地区的均衡发展，客观上却使原来先进的省、市的发展受到抑制，对一些后进省、区实行拔苗助长，结果是欲速则不达，延误了全国经济发展的进程。

二、三个物流经济地带

1978年以后，我国实行改革开放政策，经济建设迈进一个新阶段，亟需采取有力措施对国民经济发展加强宏观调控。如何从经济发展战略上采取分区分类指导、因地制宜发展的方针，很快又被摆上议事日程。1984年4月，经我国第六届全国人民代表大会第四次会议原则批准，随后公布的"七五"计划，把全国划分为东、中、西部三大经济地带。划分的依据是：经济技术发展水平和地理位置相结合，以经济技术发展水平为主；亦即以省、直辖市、自治区为组合单位，把经济技术发展水平大体相似，地理位置又比较一致的省、市、区划分为一个经济地带。总的看来，三大经济地带的划分基本上能比较科学地反映全国各地区经济和社会发展的态势，有助于确定正确的地区经济发展战略，加强对全国经济发展的宏观指导，促进地区经济布局的合理化，大体符合我国目前经济发展的状况。

但是，也必须指出，这三大经济地带还不是综合经济区，而只是一种典型的类型经济区，它仅仅是按某些相似的特征划在一起，既没有统一的经济中心，同一地带内也缺少紧密的内在联系。因而，从严格的科学意义上说，它还不能真正地起到作为综合经济区的作用，还必须根据对全国经济发展实施宏观调控的需要，按照地区经济协调发展方针的要求，依据划分综合经济区的原则，进一步研究、制订我国新的经济区划方案。我国三大经济地带的概况如下：

1.**东部沿海地带**。包括辽宁、河北、天津、北京、山东、江苏、上海、浙江、福建、广东和广西11个省、市、自治区。土地面积约为130万平方千米，占全国13.5%；人口4.25亿，占全国41.2%，1995年工农业总产值占全国58.29%。

东部沿海地带经济发展的重点是加强传统工业和现有企业的技术改造，大力开拓新兴产业，发展知识技术密集型产业和高档消费品工业，使产品向高、精、尖、新方向发展。加快经济特区、沿海开放城市和经济开放区的建设，使这一地带逐步成为我国对外贸易的基地，培养和向全国输送高级技术和管理人才的基地，向全国传送新技术、提供咨询和信息的基地。

这一地带的主要任务是：提高现有工业企业技术水平，实现产品升级换代；加强能源建设，完善运输网络，逐步缓和能源、交通紧张状况；大力发展农业生产，调整农村产业结构；大力发展为生产和生活服务的第三产业，特别是大力开展咨询服务，积极发展金融、保险、信息等事业，建立日用工业品、农副产品贸易中心，生产资料交易中心，进出口商品交易中心，积极发展旅游业。

所应采取的主要对策措施是：加快现有企业技术改造步伐。重点改造上海、天津、沈阳、大连等老工业城市和老工业基地。同时，积极利用各种外资、侨资，引进先进适用技术和必要的关键设备；更好地运用国家给予优惠的特殊政策，有重点、有步骤地建设和开发经济特区、沿海开放城市和经济开放地区；限制耗能高、用料多、运量大、"三废"污染严重的产业和产品的发展，逐步把一般产品转移到能源、原材料资源充裕的地区生产。发展出口创汇能力高的产品的生产；做好引进先进技术的消化、吸收、创新和国产化工作。

2.**中部地带**。包括黑龙江、吉林、内蒙古、山西、河南、湖北、湖南、安徽、江西等9个省、区。土地面积约为288万平方千米，占全国的30%；人口3.68亿，占全国35.5%；1995年工农业总产值占全国27.7%。

中部地带经济发展目标是加快电力、煤炭、石油、有色金属、磷矿、建筑材料的开发和建设。在经济发展水平比较高的城市和地区，积极发展知识技术密集型产业。大力发展农业，促进粮食和其他经济作物稳定增长。

这一地带的主要任务是：加快能源、原材料工业建设，加强对现有机械工业企业的技术改造，使它们的技术水平和生产能力都有较大的提高。充分发挥农业生产潜力，建立几个粮、豆、油料和糖料等作物的商品生产基地。大力造林育林，积极发展畜牧业和畜牧产品的加工业。加快长江中游沿岸地区的开发，使之成为推动我国经济布局由东向西逐步转移的重要纽带。

所应采取的主要对策措施是：适当增加中部地带能源、原材料工业建设的投资。积极吸收、消化国外的先进技术和管理经验，大力发展同东部、西部地带的横向经济联系。有计划地接收从东部地带转移过来的消耗能源、原材料多的产业和产品。积极扶持地方采矿业发展。加强由西向东的运输通道建设。

3.西部地带。 包括新疆、西藏、宁夏、陕西、甘肃、青海、四川、云南、贵州等9个省、区，土地面积约为537.6万平方千米，占全国56.5%；人口2.4亿，占全国23.3%。1995年工农业总产值占全国的14.1%左右。

西部地带经济发展目标是：大力发展农林牧业、交通运输业，有步骤有重点地开发能源、矿产资源，因地制宜地发展加工工业；在经济技术基础比较好的城市和地区，积极对现有企业进行改造，提高技术水平。

这一地带的主要任务是：稳定粮食播种面积，提高单产，逐年减少粮食调入量。加强草原、牧区建设，种树种草，改善生态环境，发展畜牧业。加快对现有铁路干线的电气化改造，建设与中部、东部沿海地带联系的铁路干线，大力抓好公路建设，在地广人稀的地区发展地方民用航空事业。充分发挥国防工业的生产能力和技术优势，加速军用技术向民用工业的转移和扩散。建立黄河中上游、长江上游能源、矿产资源开发区。建设川、滇、黔交界地区，使之逐步成为一个主要的能源、原材料的生产基地。建设新疆乌鲁木齐—克拉玛依地区，使之逐步成为新疆的重要工业枢纽地带。

所应采取的主要对策措施是：大力提高各族人民的科学文化水平，为进一步开发建设做好人才准备。加强地质普查和勘探工作，提供可供开发建设的矿产资源，提供大型工程建设所需的水文地质和工程地质资料。加强与东部、中部地带的合作与联合，加强西部地带内部各地区之间的横向交流。加快陆地边境口岸建设，积极发展边境与对外贸易。国家对西部地带要继续实行各项优惠政策，同时对发展交通、能源、采矿、教育事业等方面要实行新的扶持措施。

三、七大物流经济区划的划分

(一)七大经济区域的由来与特性

1996年3月，第八届全国人民代表大会第四次会议通过的我国国民经济和社会发展"九五"计划和2010年远景目标中，提出要把坚持区域经济协调发展、逐步缩小地区发展差距，作为今后15年我国国民经济和社会发展的一条重要方针，为此，提出要以省、市、区为基础，按照培育和发展全国统一大市场的要求，本着联合打通对外开放通道，扩大区域市场和加强跨地区经济联合的思路，在全国范围内组建七大经济区域，即：①东北地区；②环渤海地区；⑧长江三角洲及沿江地区；④东南沿海地区；⑤中部地区；⑥西南和华南部分省区；⑦西北地区。还要求对这七大经济区域实施统筹规划、合理分工、加强协同、共同发展。

这七大经济区域的划分，是1985年"七五"计划把我国划分为东、中、西三大经济地带以后我国经济区划的又一项重大举措。是根据我国复杂的经济发展地区差异和经济发展所处的特殊阶段而采取的一项特殊措施，是我国经济区划的又一次重要实践。

从经济区划的形态上看，这七大经济区域的划分比起三大经济地带的划分来，确实前进了一步。这是因为划分七大经济区域所遵循的原则，乃是按照市场经济规律和区域经济内在联系，以及自然地理特点，突破行政区域界限，在已有经济布局基础上，以中心城市和交通要道为依托，其中无疑体现了内在联系原则、中心城市原则和交通要道等原则，这都是属于综合经济区划的重要原则，因而这就使所划分出来的七大经济区域具有了综合经济区的显著特征。

另一方面，在七大经济区域中，有些经济区域之间存在某些地域上的重叠，如环渤海地区与东北地区之间的重叠，长江三角洲及沿江地区与中部五省地区之间的重叠等。而地域重叠现象只会出现在类型经济区(如产粮区、产棉区之类)之间，故而它们还带有类型经济区划的明显烙印。而"七五"计划规定，这七大经济区域还有待"逐步形成"，显然表明它们还不是典型的现状经济区域，而是带有远景经济区域的性质。这都说明这七大经济区域是一种兼有远景经济区特性和类型经济区特性的综合经济区域。应当指出，这七大经济区域方案除有些经济区域之间存在着某些地域上的重叠外，还存在另一方面的问题即不覆盖全国，有的地区名称和所包括范围又不相符合(如西北地区包括西藏，环渤海地区包括山西和内蒙古中部等)。看来这个七大经济区域方案在定性和划分原则上还缺乏系统性，还有待进一步商讨和完善。

(二)七大物流经济区域的区域差异

总的看来，这七大经济区域无论在成熟程度，或是在经济发展水平上，相互之间是存在着显著的区域差异的：

1.东北地区。 作为我国第一个重工业基地，东北地区的基础工业和基础设施都有相当实力。同时，东北地区受到旧体制束缚，改革任务艰巨。沈阳和哈尔滨是本区的正副中心。开放后大连地位上升，向原有的中心提出新的挑战。方向是发挥交通发达、重化工业体系完整、土地和能源资源丰富的优势，加快老工业基地改造，搞好图们江地区开放开发，综合开发农业资源，发展深加工，形成全国重要的重化工基地和农业基地。

2.环渤海地区。 与长江三角洲及沿江地区、东南沿海地区一样，环渤海地区也东邻大海。然而，环渤海地区的发育程度与前两区有相当差距。从1978年到1995年只有山东省的增长速度超过全国平均水平。北京应该是本区的第一中心城市。按经济实力，北京与香港、上海有相当差距。方向是发挥交通发达、大中城市密集、科技人才集中、铁矿、石油等资源丰富的优势，以支柱产业发展、能源基地和运输通道建设成为动力，依托沿海大中城市，形成以辽东半岛、山东半岛、京津冀为主的综合经济圈。

3.长江三角洲及沿江地区。自唐以来，这里一直是全国经济精华所在。1995年国民生产总值在全国的比重大体超过四分之一。本区的中心城市是上海。方向是发挥通江达海以及农业发达、工业基础雄厚的优势，以三峡建设为契机，依托沿江大中城市，逐步形成一条横贯东西，连接南北的综合经济带。

4.东南沿海地区。与长江三角洲及沿江地区一样，东南沿海地区也是一个发展水平较高的经济区域。香港是本区的潜在中心城市。方向是发挥毗邻香港、澳门、台湾和对外开放程度高、规模较大的优势，以珠江三角洲和闽东南地区为主，进一步发展资金技术密集的外资企业和高附加值的创汇农业，形成外向型经济发达的经济区。

5.中部地区。由于距离衰减规律的作用，中部五省东可借长江三角洲就近辐射，南可作依托东南沿海地区生产力要素的就近转移，又有中原全国铁路运输枢纽的优势。除沿海地区以外，中部五省地区的整体经济区位是最优异的。河南和安徽两省的国内生产总值年平均增长速度超过全国水准是优势的具体反映。武汉理应成为中部五省地区的第一中心城市。方向是发挥农业发达、工业基础较好、交通便利的优势，以陇海、京九、京广等铁路干线为纽带，形成重要的农业基地、原材料基地、机械工业基地和新的经济带。

6.西南和华南部分省区。这里所指"华南部分省区"，实际上即是指广西壮族自治区一个自治区。广西和西南共同组成经济区域是开放后地域经济联系的新动向。广西的北海、防城、钦州是西南地区最近便的走向世界的门户。本区经济今后发展的方向是发挥沿海、沿江、沿边和农林水、矿产、旅游资源丰富的优势，以对外通道建设、水电和矿产资源开发为基础，依托国防工业的技术力量，形成全国重要的能源基地、有色金属和磷硫生产基地、热带亚热带农作物基地、旅游基地。

7.西北地区。西北地区占全国四成面积，只占全国总入口的1/14，1/20的国内生产总值。巨大的反差既说明了开发本地区的紧迫性，也说明了开发的可能性。西安是目前西北的第一中心城市。发展方向是发挥连接东亚和中亚的区位优势，农牧业、能源、矿产资源丰富和军工企业的优势，以亚欧大陆桥为纽带，加快水利、交通建设和资源开发，形成全国重要的棉花和畜产品基地、石油化工基地、能源基地和有色金属基地。西北地区的上述优势在新疆有集中的反映。新疆与云南一北一南，互相呼应，成为陆地边境线上两个高于全国经济平均速度增长的地区。

为适应我国经济建设快速发展的需要，本版教材对我国各个经济区域的经济地理阐述，所采用的全国经济区划方案即是尝试沿用这七大经济区域方案，但在实际运用中对此方案所划分的各个经济区域所包括的区域范围也作了某些修正。

模块小结

本模块地理概述，共设置两大任务，六个活动的内容。通过学习我国的自然地理环境，了解地质地貌自然环境和自然资源环境；学习我国物流业的地理布局，了解我国现代区域物流规划与物流园区及我国物流经济的地理布局状况。从总体上熟悉、了解、掌握能力目标，提升自身素养，确立正确的学习方向。

思考练习

【名词解释】

地貌 平原 高原 山地 丘陵 盆地 风积地貌 风蚀地貌 土地资源 气候资源 东部沿海地带 中部地带 西部地带 现代物流 国内物流 国际物流 物流基地

【问答题】

1.按照内外力作用的程度不同，基本地貌类型有哪些？

2.我国地质地貌旅游资源的主要类型有哪些？

3.我国有哪些自然资源评价标准？

4.我国的森林资源都有哪些特点？

5.现代物流的分类怎样划分？

6.现代物流的特征是什么？

7.区域物流发展规划的主要内容是什么？

8.什么叫物流园区？它有哪些功能？

【思考题】

1.简析我国三大经济地带划分的长处和不足。

2.试对我国七大经济区域的划分作一综合评述。

【填空题】

1.峡谷一般指（　　　　）的河谷，是最富有（　　　　）和（　　　　）的地貌之一。

2.我国以占全球（　　　　）的土地养活着占全球（　　　　）的人口，人口与土地的（　　　　）无疑较世界大多数国家（　　　　）。

3.在企业经营范围内由（　　　　）或（　　　　）所形成的物流称为（　　　　）。

4.物流规划的主要制定和（　　　　）是地方政府，在国家（　　　　）指导下的（　　　　）物流规划是物流规划的（　　　　）。

模块二
我国现代农业地理

【知识目标】

了解我国的农业概况。

了解我国粮食作物生产分布的情况。

了解我国经济作物生产分布的情况。

【能力目标】

掌握我国农业发展与布局的特点。

掌握我国主要粮食作物生产与布局的结构形式。

掌握我国主要经济作物生产与布局的结构形式。

【素养目标】

培养学生学习农业地理的兴趣，了解我国农业可持续发展战略的相关政策，做好学习规划，通过能力目标的实施，确立正确的学习方向，为我国粮食商品生产基地建设与发展出谋划策。

【案例导入】

全国农村青年致富带头人——田丽丽

2015年1月27日，共青团中央、农业部联合发文，表彰了第九届"全国农村青年致富带头人"，高青县桂杰农业开发有限公司董事长田丽丽榜上有名，一个90后女孩是如何取得这么大的成就的呢？让我们来一起倾听她的奋斗故事吧！

90后女老板的致富经

提到90后，人们第一反映往往是"非主流"、"不靠谱"、"个性张扬但不够成熟"等印象，然而随着时间推移，很多90后已然通过自己的努力奋斗，成为各行各业的佼佼者。去年底刚满24岁的高青县桂杰农业开发有限公司董事长田丽丽就是一个成功的90后女老板。

1990年11月，田丽丽出生在高青县一个普通的农民家庭，父亲从她5岁时开始养奶牛，那些"黑白花"的形象自幼便刻在了田丽丽的脑海里，这或许成为她日后"女承父业"的一个原因。2010年，田丽丽放弃了出国留学的机会，回到家里的养殖场做起了会计，精明能干的她把账目管理得井井有条。喜欢挑战自我的田丽丽不甘心一直做财务工作，半年后，她自荐接管了效益一直不好的饲料厂，第一次当上了"老板"。开方子得先找准"症候"，田丽丽认真盘点饲料销路不畅的原因——主要是原料在进货渠道、保存等方面出了问题，再就是配方比较陈旧，通过与采购、保管人员的核对，她及时更换了原材料、改良了配方，并且改进了厂里的管理方式，对工人进行量化考核，经过一系列雷厉风行的"组合拳"，田丽丽彻底盘活了饲料厂，年轻的"田老板"首战告捷。

通过一系列精彩的表现，展露做生意天赋的田丽丽赢得了父亲的信任，2010年，年仅20岁的她正式成为了高青县桂杰农业开发公司的董事长。"90后"女老板没有固守于父亲坚持了一辈子的传统养殖道路，她要走出一条属于自己的新路。对接三产服务业，开发观光农业旅游项目，在城市铺设网点，对VIP牛奶客户实现点对点配送……一个个富有创意的经验理念在田丽丽的努力下变成了现实，她一步一个脚印，把公司带上了更加科学良性的发展之路。当然，田丽丽始终牢记，对于食品企业来说质量就是生命，她毫不放松地把牢质量关，2012年4月，经国家乳制品质量监督检验中心测定，桂杰公司生产的牛奶中硒的含量是普通牛奶的5倍。

2013年，依托于绿色富硒牛奶食品安全工程开发推广项目，田丽丽在高青县城开设了三家直销网点，在张店、滨州等地的网点也同步铺开。公司的产品种类也进一步丰富，横向依托当地富硒农产品生产绿色硒牛奶、富硒蛋黄乳等，纵向依靠科技的力量分离生产含硒氨基酸、有机硒有机钙天然复合物等高科技产品，这些都是药品、保健品的重要原料。田丽丽注重加强公司管理和人才培养，先后投入35万元用于员工学习先进管理知识和养殖技术。公司完全采用生态循环的现代农业运营模式，牛粪通过发酵技术可以生产生物有机肥、规模种植青贮玉米饲喂奶牛，所有项目均实现了生产过程清洁化、废物利用资源化、环境影响无害化。

在田丽丽带领下，桂杰公司获得快速发展，提供就业岗位200余个，带动周边500余户村民走上了致富道路。年纪轻轻就做出这么好的成绩，"90后"女老板没有得意忘形，而始终保持着一颗平常心。致富后的田老板热心公益活动，到校园举办"分享创业梦"公益讲座，为贫困学生提供生活保障金，去养老院照顾老人，并多次参与公益捐款，累计捐赠牛奶、物品和现金近10万元，她也先后荣获"省巾帼增收带头人"、"淄博市农村青年致富带头人标兵"等多项荣誉。

任务一　我国现代农业建设综述

※　活动一　现代农业的内涵与基本特征

现代农业是相对于传统农业而言的。现代农业是广泛应用先进科学技术、现代工业提供的生产资料及现代科学管理方法，实施以专业化、社会化、商品化生产为主要特征的农业。

现代农业的基本特征可以概括为：

1.品种良种化。多年来的生产实践证明，良种对粮食增产的贡献率为54%。因此，要发展现代农业，必须不断进行良种研究与繁育，提高良种覆盖率，促进粮食增产。

2.布局区域化。即把优良品种安排在最适宜的地区集中栽培，发挥其最大的潜力和比较优势，形成优势农产品主产区和产业带，提升农业规模效益和产业竞争力。

3.发展规模化。一般来说，生产经营规模越大，效益越好——规模经济效益。而且还有利于打开市场销路，提高销售效益。发展现代农业，应高度重视生产的规模化问题。

4.操作机械化。农业机械化是提高农业科技和装备水平的重要载体，是农业现代化的重要标志。

5.生产标准化。实施农业标准化是保障农产品质量安全的基础条件，是增强农产品市场竞争力的重要举措，是向现代农业转变的重要环节。

6.产品品牌化。农产品品牌是农产品拥有的无形资产，是产品走向市场的通行证。好品牌能提升产品的附加值和经济效益，从而促进农业增效、农民增收。建立和培育农产品品牌是我国农产品生产经营者提升市场竞争力的必然选择，成为我国农业产业化和现代化进程中不能回避的重要环节。

7.经营产业化。农业产业化是以市场为导向，以效益为中心，依靠龙头带动和科技进步，对农业和农村经济实行区域化布局，专业化生产、一体化经营、社会化服务和企业化管理，形成贸工农一体化、产加销一条龙的农村经济的经营方式和产业组织形式。实践表明：推进农业产业化是实现农业现代化的重要途径。

8.服务社会化。农业产业化越发展，农业与市场的联系越紧密，对产前、产中、产后各方面的服务要求越高。因此，农业社会化服务是农业生产力发展的结果。

9.营销国际化。要实现现代农业，就要开阔视野，实现国内农业生产、农产品流通、消费与国际对接，增强农业的国际竞争力。

10.农民知识化。现代农业的发展，最终取决于科技进步与劳动者素质的提高。加速农民知识化的进程，培养更多的知识型农民，是加快实现农业现代化的必由之路。

※ 活动二　现代农业的类型

绿色农业　将农业与环境协调起来，促进可持续发展，增加农户收入，保护环境，同时保证农产品安全性的农业。绿色农业是灵活利用生态环境的物质循环系统，实践农药安全管理技术、营养物综合管理技术、生物学技术和轮耕等技术，保护农业环境的一种整体性概念。绿色农业大体上分为有机农业和低投入农业。

物理农业　物理农业是物理技术和农业生产的有机结合，是利用具有生物效应的电、磁、声、光、热、核等物理因子操控动植物的生长发育及其生活环境，促使传统农业逐步摆脱对肥料、农药、抗生素等化学品的依赖以及自然环境的束缚，最终获取高产、优质、无毒农产品的环境调控型农业。物理农业属于高投入高产出的设备型、设施型、工艺型的农业产业，是一个新的生产技术体系。它要求技术、设备、动植物三者高度相关，并以生物物理因子作为操控对象，最大限度地提高产量和杜绝使用农药及其他有害于人类的化学品。物理农业的核心是环境安全型农业，如环境安全型温室、环境安全型畜禽舍、环境安全型菇房。

休闲农业 休闲农业是一种综合性的休闲农业区。游客不仅可以观光、采果、体验农作、了解农民生活、享受乡间情趣，而且可以住宿、度假、游乐。休闲农业的基本概念是利用农村的设备与空间、农业生产场地、农业自然环境、农业人文资源等，经过规划设计，以发挥农业与农村休闲旅游功能，提升旅游品质，并提高农民收入，促进农村发展的一种新型农业。

工厂化农业 工厂化是设计农业的高级层次。综合运用现代高科技、新设备和管理方法而发展起来的一种全面机械化、自动化技术(资金)高度密集型生产，能够在人工创造的环境中进行全过程的连续作业，从而摆脱自然界的制约。

特色农业 特色农业就是将区域内独特的农业资源(地理、气候、资源、产业基础)开发区域内特有的名优产品，使之转化为特色商品的现代农业。特色农业的"特色"在于其产品能够得到消费者的青睐，在本地市场上具有不可替代的地位，在外地市场上具有绝对优势，在国际市场上具有相对优势甚至绝对优势。

观光农业 观光农业又称旅游农业或绿色旅游业，是一种以农业和农村为载体的新型生态旅游业。农民利用当地有利的自然条件开辟活动场所，提供设施，招揽游客，以增加收入。旅游活动内容除了游览风景外，还有林间狩猎、水面垂钓、采摘果实等农事活动。有的国家以此作为农业综合发展的一项措施。

立体农业 着重于开发利用垂直空间资源的一种农业形式。立体农业的模式是以其定义为出发点，合理利用自然资源、生物资源和人类生产技能，实现由物种、层次、能量循环、物质转化和技术等要素组成的立体模式的优化。

订单农业 订单农业又称合同农业、契约农业，是近年来出现的一种新型农业生产经营模式。所谓订单农业，是指农户根据其本身或其所在的乡村组织同农产品的购买者之间所签订的订单，组织安排农产品生产的一种农业产销模式。订单农业很好地适应了市场需要，避免了盲目生产。

※ 活动三 现代农业建设综述

党的十六大报告指出："统筹城乡经济社会发展，建设现代农业，发展农村经济，增加农民收入，是全面建设小康社会的重大任务。"2006年颁布的"十一五"规划《纲要》更是把"发展现代农业"单列一章。本次中央农村工作会议明确提出，推进新农村建设，首要任务是建设现代农业。建设现代农业的过程，就是改造传统农业、不断发展农村生产力的过程，就是转变农业增长方式、促进农业又好又快发展的过程。专家指出，现代农业的核心是科学化，特征是商品化，方向是集约化，目标是产业化。与传统农业相比，它具有四大特点：

一、突破了传统农业仅仅或主要从事初级农产品原料生产的局限性，实现了种养加、产供销、贸工农一体化生产，使得农工商的结合更加紧密。

二、突破了传统农业远离城市或城乡界限明显的局限性，实现了城乡经济社会一元化发展、城市中有农业、农村中有工业的协调布局，科学合理地进行资源的优势互补，有利于城乡生产要素的合理流动和组合。

三、突破了传统农业部门分割、管理交叉、服务落后的局限性，实现了按照市场经济体制和农村生产力发展要求，建立一个全方位的、权责一致、上下贯通的管理和服务体系。

四、突破了传统农业封闭低效、自给半自给的局限性，发挥资源优势和区位优势，实现了农产品优势区域布局、农产品贸易国内外流通。

1.现代农业的科学内涵

现代农业是继原始农业、传统农业之后的一个农业发展新阶段。从世界范围看，传统农业向现代农业的转变，是在封建土地制度废除、资本主义商品经济和现代工业有了较大发展的基础上逐步实现的。

现代农业以科学技术为强大支柱。现代农业是伴随着科学技术的发展而发展的，并随着现代农业科学技术的创新与突破而产生新的飞跃。19世纪30年代，细胞学说的提出使农业科学实验进入了细胞水平，突破传统农业单纯依赖人们经验与直观描述的阶段。40年代，植物矿质营养学说的创立，有力推动了化学肥料的广泛应用与化肥工业的蓬勃发展，标志着现代农业科学的一个新起点。50年代，生物进化论的问世，揭示了生物遗传变异、选择的规律，奠定了生物遗传学与育种学的理论基础。20世纪初，杂交优势理论的应用，带来玉米杂交种的产生与大面积推广。信息技术的发展和应用，加快了现代农业发展的节奏，信息技术尤其对科学技术的传播、市场供求的对接等起到了革命性的推动作用。

现代农业以现代工业装备为物质条件。传统农业单纯依靠农业内部物质循环，而现代农业是依靠增加大量现代工业装备和现代物质投入的、开放的高效农业系统。

现代农业以产业化为基本途径。现代农业是伴随着市场经济的发展而发展的。在发达国家，不论农业经营规模大小，家庭农场作为农业的基本单位，都是通过社会化服务实现了小生产与大市场的连接。在市场经济迅速发展、市场竞争十分激烈的情况下，家庭经营通过多种形式联合起来，实现产业化生产、一体化经营，使农业生产呈现专业化、规模化、科学化和商品化趋势，已成为现代农业发展的基本途径。当前，我国农业产业化发展迅速，农村专业技术合作组织蓬勃兴起，农业企业不断壮大，共同推进了现代农业的进程。

经过多年的发展积累，我国农业的内在基础正逐渐强化。目前，农业科技进步率已达到48%，农业生产条件和基础设施不断改善，物质装备支撑能力明显增强。农业部负责人表示，在政策、投入、体制、机制以及发展基础等方面，我国已具备了加快发展现代农业的条件。当前和今后相当长一个时期，各级领导要把发展现代农业作为着力点，使新农村建设方向更加明确，重点更加突出，把大家的注意力集中到发展生产上来，把大家的积极性引导到夯实新农村建设的产业基础上来。

2.现代农业的特点

与传统农业相比，现代农业有以下几方面的特点：

一是现代农业的内涵更为丰富。何谓现代农业？我国原国家科学技术委员会发布的中国农业科学技术政策，对现代农业的内涵分为三个领域来表述：产前领域，包括农业机械、化肥、水利、农药、地膜等领域；产中领域，包括种植业(含种子产业)、林业、畜牧业(含饲料生产)和水产业；产后领域，包括农产品产后加工、储藏、运输、营销及进出口贸易技术等。从上述界定可以看出，现代农业不再局限于传统的种植业、养殖业等农业部门，而是包括了生产资料工业、食品加工业等第二产业和交通运输、技术和信息服务等第三产业的内容，原有的第一产业扩大到第二产业和第三产业。现代农业成为一个与发展农业相关、为发展农业服务的产业群体。这个围绕着农业生产而形成的庞大的产业群，在市场机制的作用下，与农业生产形成稳定的相互依赖、相互促进的利益共同体。

二是现代农业是技术密集型产业。传统农业主要依赖资源的投入，而现代农业则日益依赖不断发展的新技术投入，新技术是现代农业的先导和发展动力。这包括生物技术、信息技术、耕作技术、节水灌溉技术等农业高新技术，这些技术使现代农业成为技术高度密集的产业。这些科学技术的应用，一是可以提高单位农产品产量；二是可以改善农产品品质；三是可以减轻劳动强度；四是可以节约能耗和改善生态环境。新技术的应用，使现代农业的增长方式由单纯地依靠资源的外延开发，转到主要依靠提高资源利用率和持续发展能力的方向上来。另外，传统农业对自然资源的过度依赖使其具有典型的弱质产业的特征，现代农业由于科技成果的广泛应用已不再是投资大、回收慢、效益低的产业。相反，由于全球性的资源短缺问题日益突出，作为资源性的农产品将日益显得格外重要，从而使农业有可能成为效益最好、最有前途的产业之一。

三是现代农业具有多种功能和多样形式。相对于传统农业，现代农业正在向观赏、休闲、美化等方向扩延，假日农业、休闲农业、观光农业、旅游农业等新型农业形态也迅速发展成为与产品生产农业并驾齐驱的重要产业。传统农业的主要功能主要是农产品的供给，而现代农业的主要功能除了农产品供给以外，还具有生活休闲、生态保护、旅游度假、文明传承、教育等功能，满足人们的精神需求，成为人们的精神家园。生活休闲的功能是指从事农业不再是传统农民的一种谋生手段，而是一种现代人选择的生活方式；旅游度假的功能是指出现在都市的郊区，以满足城市居民节假日在农村进行采摘、餐饮休闲的需要；生态保护的功能是指农业在保护环境、美化环境等方面具有不可替代的作用；文化传承则是指农业还是我国5000年农耕文明的承载者，在教育孩子、弘扬传统等方面可以发挥重要的作用。

四是现代农业以市场为导向。与传统农业以自给为主的取向和相对封闭的环境相比，现代农业使农民的大部分经济活动被纳入市场交易，农产品的商品率很高，用一些剩余农产品向市场提供商品供应已不再是农户的基本目的。完全商业化的"利润"成了评价经营成败的准则,生产完全是为了满足市场的需要。市场取向是现代农民采用新的农业技术、发展农业新的功能的动力源泉。从发达国家的情况看，无论是种植经济向畜牧经济转化，还是分散的农户经济向合作化、产业化方向转化，以及新的农业技术的使用和推广，都是在市场的拉动或挤压下自发产生的，政府并无过多干预。

五是现代农业重视生态环保。现代农业在突出现代高新技术的先导性、农工科贸的一体性、产业开发的多元性和综合性的基础上，还强调资源节约、环境零损害的绿色性。现代农业因而也是生态农业，是资源节约和可持续发展的绿色产业，担负着维护与改善人类生活质量和生存环境的使命。目前可持续发展已成为一种国际性的理念和行为，在土、水、气、生物多样性和食物安全等资源和环境方面均有严格的环境标准，这些环境标准，既包括产品本身，又包括产品的生产和加工过程；既包括对某地某国的地方环境影响，也包括对相邻国家和相邻地区以及全球的区域环境影响和全球环境影响。

六是现代农业的组织形式是产业化组织。传统农业是以土地为基本生产资料，以农户为基本生产单元的一种小生产。在现代农业中，农户广泛地参与到专业化生产和社会化分工中，要加入到各种专业化合作组织中，农业经营活动实行产业化经营。这些合作组织包括专业协会、专业委员会、生产合作社、供销合作社、公司加农户等各种形式，它们活动在生产、流通、消费、信贷等各个领域。

3.加快发展现代农业

稳定发展粮食生产。落实最严格的耕地保护制度，切实保护好基本农田，稳定粮食播种面积。据有关部门统计截止到2010年，我国耕地面积稳定在18亿亩以上，基本农田面积稳定在16亿亩以上，粮食播种面积稳定在15.5亿亩以上。加强农田水利基础设施建设，着力改善耕地质量，培育和推广粮食新品种，重点抓好粮食主产区生产能力建设。截止到2010年，全国粮食综合生产能力达到5亿吨。

调整优化农业结构。按照高产、优质、高效、生态、安全的要求，调整优化农业结构。积极发展优质专用农产品生产，加快建设优势农产品产业带，优化农业区域布局。按照"稳定牧区、发展农区、合理开发南方草山草坡"的总格局，大力发展畜牧业，力争畜牧业产值占农业总产值的比重达到39%；积极发展水产业，保护和合理利用渔业资源，提高渔业可持续发展水平。

切实转变农业增长方式。加快推进科技进步，促进农业科技成果产业化，加大农作物优良品种和先进实用生产技术的推广力度，科技对农业增长的贡献率提高到50%以上。按照建设资源节约型、环境友好型社会的要求，大力开展节地、节水、节种、节肥、节药活动，发展农业循环经济。农业灌溉用水有效利用系数提高0.5%，化肥、农药利用效率提高5个百分点以上，农村各类用地的利用率明显提高。提高农业物质装备水平，农机装备总动力达到8亿千瓦。

健全农业服务体系。按照强化公益性职能、放活经营性服务、建立综合性农业服务站（所）的思路和要求，健全和完善农业社会化服务体系，提高农业社会化服务水平。实施种养业良种工程，建立健全良种繁育推广体系。加强农技推广服务网络建设，构建多元化农技推广体系。加强和完善农产品质量标准、质量检验检测和农产品认证体系建设，健全农产品质量安全体系。加快监测预警、预防控制和检疫监督等系统建设,健全动物防疫体系和植物保护体系。开发和整合涉农信息资源，加强大型农产品批发市场和农产品集贸市场建设，健全农业信息体系和农产品市场体系。

4.政策措施

建设现代农业需要相关政策的配套和支持，推进农村经济体制的市场化改革是发展现代农业的体制基础，但仅此显然是远远不够的。为切实推进现代农业建设，参考发达国家的现代农业发展经验，结合我国各地的实际情况，笔者认为我国建设现代农业还应出台和完善以下几方面的政策：

——支持和保护农民的合作经济组织。农民依靠各种合作组织参与市场竞争，这是发达市场经济国家的共同经验。这些年我国在开发式扶贫、农业结构调整、农业综合开发、农业产业化经营方面投入了大量的资金，做了大量工作。但是，从各地的实际看，有些地方并没有取得预期的效果，反而是农民负了债、政府失了信、金融机构增加了风险。究其原因，是分散经营的小农在市场交易中没有平等的交易地位，只能被动地承受各种风险。要改变这种状况，只有使农民组织起来，发展农民在各个经济领域，如生产、流通、消费、农产品加工、金融等领域的合作组织，提高农民的交易地位和议价权力，使分散的农民不必直接面对市场，而是以这些合作组织作为中介。

——加大政府对农业的资金投入。现代农业不仅具有提供农副产品、旅游休闲等经济功能，还具有保障食物安全、保护生态环境、保存传统文明的社会功能和文化功能，这使现代农业具有了公共物品的性质。这就要求政府扩大对现代农业的资金投入。这些资金投入的方向：一是农村职业教育和义务教育，培养现代农民。建设现代农业也须以人为本，没有高素质的农民，就没有现代农业。二是建立农业科技创新体系和农业技术推广体系。现代农业是技术密集性农业，没有技术创新和技术投入，农业就没有竞争力，也不能成为现代农业。现有的农业技术研发体系和农业科技推广体系存在很多问题，需要改革和创新。三是建立动植物防病检疫体系和农副产品及其加工制成品的标准体系，提高农副产品及其加工制成品的安全标准和质量标准。四是农民社会和医疗保障体系，避免使农民陷入绝对贫困的境地。五是农业救灾防灾体系，降低农业的自然风险。我国是一个自然灾害多发的国家，这方面的建设还需不断加强。六是农村水、电、路、环境等基础设施和公共设施建设，改变农村的落后面貌。

——利用优惠政策引导城市资金投向现代农业。根据我国经济和社会发展的趋势和国际经验，我国在建设现代农业方面需要发展的：一是畜牧业。随着人民生活水平的提高，肉、蛋、奶的消费比例越来越大，因此，在现代农业中，传统种植业的比重会越来越低，畜牧业的比重会越来越高。二是特色种植业，如有机农业、生态农业等，以满足人们日益提高的对食品的营养、健康、无公害、环保等要求。三是发展农副产品加工业等第二产业，实现农产品的加工增值。四是发展农产品运输、农村金融和保险、农业信息和技术服务等第三产业，提高农村经济的现代化水平。五是有条件的地方逐步发展旅游农业、休闲农业等农业形态，通过这类农业形态实现城乡互动，尤其是在东部发达地区，休闲农业和观光农业可以成为城市人休闲度假的乐园，甚至成为城市人的退休社区。城市资金通过投资这些产业，实现城市对农村的反哺。这些产业的发展，一方面可以通过农副产品的转化、加工和服务增值提高农民的收入，另一方面可以通过这些产业的发展转移农业剩余劳动力，提高农业的劳动生产率。

※ 活动四 我国农业现代化发展现状分析

农业现代化是一个国家和地区现代化的重要内容，没有农业的现代化就没有中国特色的社会主义现代化。农业现代化是传统农业向现代农业发展的进程，是指在一定时期内，与社会进步、生产力发展相适应的，具有良好环境条件，运用先进装备和技术，实行科学管理的、高效率、高效益的农业生产方式。

党的十八大提出"坚持走中国特色新型工业化、信息化、城镇化、农业现代化道路""促进工业化、信息化、城镇化、农业现代化同步发展"。促进四化同步发展，是党和国家在科学把握现代化发展规律的基础上做出的重大战略部署。近年来，我国工业化、信息化得到长足发展，城镇化也进入快速发展时期，而农业现代化发展相对滞后。农业现代化是新型工业化、信息化和城镇化发展的重要基础，农业现代化如果跟不上工业化、城镇化的发展步伐，必然导致工业化、城镇化陷入停滞，进而影响整个现代化进程。因此，必须高度重视农业现代化在"四化"同步中的基础地位，在工业化、城镇化、信息化快速发展的同时，着力推进农业现代化，加快现代农业发展步伐。

1.当前我国农业现代化进程中存在的主要问题

党和国家历来高度重视"三农"工作，高度重视农业现代化问题，坚持走中国特色农业现代化道路。1954年9月，周恩来在《政府工作报告》中就提出建设"现代化农业"的构想。1964年，《政府工作报告》明确提出"要实现农业现代化、工业现代化和国防现代化"，把农业现代化作为"四化"建设的内容之一。改革开放后，我国农业现代化建设进入全面发展的新时期，农村经济迅速发展，科学技术全面应用到农业生产中，大力推进了农业现代化进程。但是长期以来的城乡二元结构，分散经营的农业生产体系，相对滞后的农业产业政策，在一定程度上制约了我国农业现代化进程。在进入新世纪的今天，农业生产的外部条件及农业现代化的内涵都发生了深刻变化，使得我国农业生产中存在的问题更加明显。

（1）农业产业政策相对滞后。长期以来，我国虽然不断出台农业产业有关条例和文件，但政策扶持相对偏弱，信息导向不足，影响了农业产业从业者的积极性，进而影响其他产业从业者、社会资本对农业的涉足。

（2）农业生产机制滞后。我国长期以来实行分散经营的农业生产经营体系，与以规模化、产业化、集约化为特征的现代农业生产不相适应，增加了发展现代农业的难度。

（3）农业从业人口整体素质亟待提高。我国当前农业产业从业人口知识结构单一，整体教育水平偏低，难以满足农业现代化发展的需要。

2.加快推进农业现代化进程的路径

（1）完善农业产业政策，推动农业生产经营体制机制改革。进一步完善强农惠农政策框架体系，加大"三农"投入力度。要强化农业基础设施建设的财政支持，将农业基础建设资金列入财政预算，健全专项资金管理机制，确保投入产出效益；健全农业生产经营社会保障政策体系，降低农业产业经营风险；健全完善农业产业化政策扶持体系，在财政、税收、用地、用电等方面制定扶持政策；建立健全与现代农业生产经营相适应的生产经营体系，加快土地流转进程，促进农业生产的规模化、产业化、集约化。

（2）加快农业科技进步，提升农业生产科技质量。农业科技是农业现代化的重要支撑。要大力实施科教兴农战略，强化农业科技体制机制创新，逐步建立与我国国情相适应的农业生产经营科技创新体系；加大农业科技投入，找准农业科技创新的着力点，通过科技创新，降低农业生产成本，促进农业产出增效；完善农业科技人才发展战略，加强农业科技人才队伍建设与储备；提升农业技术装备水平，完善农业技术装备产品质量标准，切实发挥现代科学技术对现代农业发展的支撑作用。

（3）积极推进农业现代化与工业化的融合，提升农业生产工业化水平。要坚持用现代工业理念发展现代农业，用工业生产方式组织农业生产经营，把市场、质量、标准化、品牌等现代工业理念贯穿农业生产与经营的全过程，以新型工业化带动和提升农业现代化；推动现代工业企业与农业深度结合，建立工农一体化的产业集群；积极探索工业、农业、服务业高度融合的现代新型产业发展路径，把农业生产、销售、市场运营、产品消费服务融为一体，改造提升传统农业、加快农业现代化步伐。

（4）加快推进信息化与农业现代化的深度融合，强化农业生产经营领域的信息技术集成应用，以信息化推动农业现代化。要完善农业信息化政策、法规建设，为农业信息化提供政策制度保障；加强农业信息化基础设施建设，强力推进农业基础设施、装备与信息技术的全面融合；推进农业电子政务建设，不断提升农业行政管理信息化应用水平；运用现代信息技术，打造农业科技创新信息化平台，构建现代农业科研信息体系；完善农业综合信息服务体系，强化综合信息服务平台建设，推进信息技术在农业生产、流通、消费中的应用，提升农业生产的经营网络化水平。

（5）坚持以人为本，着力提升农业从业人员整体素质。现代化首先是人的现代化，推进农业现代化进程必须着力提升农业从业人员整体素质。要通过政策制定、环境打造，吸引现代工业、商业、服务业参与农业产业发展，使具有现代市场意识的人才融入农业生产经营之中；强化农业人才政策扶持体系，通过政策倾斜，推进高素质人才向农业生产经营领域流动；制定专门育农政策，加强农业生产经营人员的培训与再教育，将新型农民培育纳入现代农业建设整体规划；加强农业后备人才队伍建设，着力提升农业科研院校的数量与质量，为现代农业储备后继人才队伍。

（6）统筹城乡发展，推动农业人口的转移分流。要进一步推进土地流转制度改革，健全土地流转的有形市场和网络市场，健全相关法规建设，切实维护参与土地流转各方权益；加大土地流转政策扶持力度，设立土地流转专项扶持资金，调动社会各方参与流转土地的积极性；加快推进城乡基本公共服务均等化，加强农业转移人口社会保障力度，规范农业人口有序转移；着力提升村镇规划水平，强化农村宅基地管理，逐步消灭空心村、撤并零星村，推动农业人口不断向城镇聚集，减少农村建设用地总量，为节约集约用地创造条件，有效提高农业集约化、专业化、组织化、社会化程度。

（7）加强对农业现代化的理论研究和政策宣传。要加强对农业现代化的理论研究，科学总结中国农业发展的实践经验，结合国外发展经验，形成具有中国特色的现代农业发展理论成果，为加快农业现代化进程提供理论支撑；加大农业现代化的政策宣传、成果宣传，科学准确地传达国家大力扶持农业发展、推动农业规模化、集约化经营的政策制度，使人们充分认识到加快农业现代化进程的必要性、重要性，形成良好的政策导向、信息导向、舆论导向，激发社会公众参与现代农业经营的积极性。

任务二　我国农业可持续发展战略

农业是我国国民经济的基础。农业与农村的可持续发展，是我国可持续发展的根本保证和优先领域。

※ 活动一　我国农业现代化发展历程

一、农业现代化问题的提出

中国传统农业阶段，持续了近3000年，直到20世纪初期，由于工业制成品及其技术设施开始大量向农业输入，中国的农业开始进入由传统农业向现代农业的转化时期。尤其是19世纪后期到20世纪30年代左右，由于国际资本在中国农业经济中的渗透，再加上铁路迅速修建，进一步推进了中国农产品的商品化。但是具体而言，当时农业整体生产工具落后，经营方式落后，加上技术、种子、肥料、水利基本建设等基本要素低劣；各地江河水患频发，旱、涝、蝗灾害每年不断；农业生产主要靠的是人力（肩挑手抬）和少量的畜力，全国90%的耕地不能灌溉，盐碱、涝洼地和荒坡成片。农民完全是"靠天吃饭"；农业产量极低，亩产一般只有二、三百斤。农民吃糠咽菜和逃荒要饭、卖儿鬻女的现象相当普遍。因此，如何迅速发展农业生产力，大量增加粮食和农产品产量、改善人民群众生活就成为当时中国农业发展、并向现代农业进军所面临的一个迫切问题。早在30年代，当时著名的农学家钱天鹤提出了"农业与教育、科研、工业、商业、金融、贸易一体化发展的思想"，限于当时的政治环境，未能有较大的发展。此后，如何发展农业的问题就成了新中国成立前中共领袖思考的重大问题。

1944年8月，毛泽东在与美国人谢伟思谈话时指出："中国农民的问题对于中国的前途来说是一个基本问题，不解决农业问题，中国的工业化就不能成功。"1945年4月24日，毛泽东在中共七大上又指出，"中国工人阶级的任务，不但是为着建立新民主主义的国家而斗争，而且是为着中国的工业化和农业近代化而斗争"。此后,1949年3月,在党的七届二中全会上，毛泽东指出："占国民经济总产值百分之九十的分散的个体的农业经济和手工业经济，是可能和必须谨慎、逐步而又积极地引导它们向着现代化和集体化的方向发展的，任其自流的观点是错误的。"紧接着，在6月30日的《论人民民主专政》中又指出："没有农业社会化，就没有全部的巩固的社会主义。农业社会化的步骤，必须和以国有企业为主体的强大的工业的发展相适应。"

二、我国农业现代化的具体实施

20世纪50年代，毛泽东指出，以重工业为中心，优先发展重工业，这一条毫无问题，毫不动摇。但是在这个条件下，必须实现工业和农业同时并举，逐步建立现代化的工业和现代化的农业。过去我们经常讲把我国建成一个工业国，其实也包括了农业的现代化。

1961年3月20日，周恩来在广州中央工作会议上指出，必须各方面支持农业，有步骤地实现农业机械化、农业化学化、农业水利化、农业电气化。这是第一次将此"四化"作为农业现代化的内涵。

但是，在具体实施上，中央领导层对此有过争论。

以毛泽东为代表的第一代领导集体在考察苏联经验和研究中国国情的基础上，提出了"先合作化，后机械化"的模式。刘少奇则认为，"今天我们对农业合作社不能有过高的要求，只有在有了农业机械时，生产合作社才可能发展和巩固"。他批评当时山西省委所树立的长治集体化典型，认为这是"空想的农业社会主义思想"，"只有在重工业大大发展并能生产大批农业机器之后，才能在乡村中向富农经济实行社会主义的进攻，实行农业集体化"。

1958年后，我国进入了人民公社化时期。基于当时集体化的问题已解决，1959年4月，毛泽东提出"农业的根本的出路在于机械化"，要求农业机械化"四年内小解决，七年内中解决，十年内大解决"。此后一段时间，农业机械化几乎成为农业现代化的同义语。

1971年12月，我国召开全国农业机械化会议，讨论和拟定了1980年基本实现农业机械化的目标，即"使我国农、林、牧、副、渔的主要作业机械化水平达到70%以上。全国农用拖拉机拥有量达到80万台左右，手扶拖拉机达到150万台左右，排灌动力达到6000万马力左右，平均每亩施化肥80市斤左右。"

70年代初，中国国民经济面临许多问题，其中影响面最大的仍是8.7亿人的吃饭、穿衣问题。在毛泽东支持下，主持中央工作的周恩来，及时地抓住机会，力图打开经济工作的新局面。这时国内的棉布供应已持续紧张多年，农业生产急需的化肥也面临巨大缺口，而六十年代建设的一些化肥厂已是供不应求。

1972年2月5日，中共中央批准了国家计委等部门共同提出的引进43亿美元成套设备和单机的方案《关于进口成套化纤、化肥技术设备的报告》（即四三方案）。

1977年底，"四三方案"中引进的13套大化肥生产设备，已有7套投产，截至1978年

6月，累计生产尿素361万吨。如果进口同样数量的尿素，按当时国际市场价格计算，要用外汇5.2亿美元，超过这7套化肥装置引进所用外汇的1倍。至1982年全部投产，据我们匡算，大致可促进粮食增产1000亿公斤，增产效果十分显著。中国农业增产，以全世界不到10%的耕地解决了占世界22%人口的吃饭问题，引进化肥项目的作用功不可没，"四三方案"引进的技术设备功不可没。

同时，1966—1976年，国家对农林水气系统的基建保持在10%左右，其中64%用于水利建设。农民对大片农田进行平整规划，兴修水利，工程配套，扩大高产稳产农田。1975年与1957年相比，农用排灌动力机械增加55倍，小型水电站从55座增加到68158座，机灌面积增加60%。这个时期农业生产的发展不但为独立完整的国民经济体系的建立奠定了坚实的基础，农田水利基本建设也为后来整个农业生产的发展提供了较好的基础设施。

到1979年，我国农业生产的物质技术条件已有较大改善。和1952年相比，化肥施用量由30万吨增加到5248万吨，农机动力由25万马力增加到18191万马力，农村用电由0.5亿度增加到283亿度，农田有效灌溉面积由3亿亩增加到6.7亿亩。

党的十一届三中全会以来，随着改革的深入，我国的经济发展战略也实现了历史性的转变。1979年9月28日，党的十一届四中全会通过了《关于加快农业发展若干问题的决定》，提出要从我国国情和时代特点出发，建设"适合我国国情的农业现代化道路"的概念。

此后，随着新技术革命的兴起，邓小平指出，"农业现代化不单单是机械化，还包括应用和发展科学技术"。"农业问题的出路，最终要由生物工程来解决，要靠尖端技术"。农业问题"最终可能是科学解决"。

从1982年至1986年中央连续发了5个一号文件，对农业现代化发挥了重要的推动作用。特别是乡镇企业的异军突起，农村城镇化水平的不断提高，也为农业现代化建设提供了重要的物质基础。

当时，我国的粮食生产出现了高潮，粮食产量由1978年的30477亿公斤，增加到1990年的44624.3亿公斤，年均增长3.3%，高于前26年1.6个百分点，近1.7倍，1985年粮食由"买难"变为"卖难"。这一时期的开创与实践成为中国农业现代化的新起点。

进入90年代后，尤其是1992年我国社会主义市场经济体制确立后，农业现代化建设进入到一个新的发展阶段。

1994年，农业部首次提出了旨在推进我国农业信息化建设的"金农工程"，拉开农业信息化的序幕；1996年第一次全国农村经济信息工作会议明确了农业信息化建设方向。

1996年初，江泽民同志提出，我国要"进行一次新的农业科技革命"。为此，国务院制订、发布了《农业科技发展纲要》（2001—2010年）。

此后,我国农业加大了新科技的研究、引进,农业科技水平进入了农业新科技示范、开发的阶段。此期间,随着"高产优质高效农业"的推进,"星火计划""丰收计划"的全面开展,"农业综合开发""商品粮基地建设""农业产业化经营"的发展,乡镇企业的"改制""改造","农业科技园区"的建立,以及农业结构的战略调整等新举措的实行,农业的高新技术不断得到应用和推广,在优质高产作物新品种选育、畜禽特殊性状培育、农作物病虫害和畜禽疫病防治、农用设施工业、节水新技术、克隆技术、精确农业(试点)、改善生态环保、防沙治沙技术、生物技术培育动植物、农业生物制品、农业信息系统、农产品加工新工艺等等方面都取得显著成绩。这为我国下一步进行新的农业科技革命做了准备。

与此同时,针对90年代初在我国沿海发达地区迅速兴起的一种新经济现象——农业产业化,1997年党的十五大提出:"积极发展农业产业化经营,形成生产、加工、销售有机结合和相互促进的机制,推动农业向商品化、专业化、现代化转变。"

20世纪90年代后期,人口流动加大,沿海发达地区城市化得到较大发展,农业也有了长足的进步。1998年党的十五届三中全会通过的《中共中央关于农业和农村工作若干重大问题的决定》指出,"东部沿海和大中城市郊区,有条件的地区要率先基本实现农业现代化"。

进入新世纪后,随着农业在国民经济中所占比重下降,加之加入WTO后国内国际农产品市场竞争压力的增强,我国加速了农业现代化进程。尤其是党的十六大以来,中央连续出台了7个中央一号文件,基本形成了新时期的"三农"政策体系、制度框架和长效机制,这一系列重大政策举措,从城乡工农协调发展的角度深化了对农业现代化的认识,加快了农业现代化步伐。

2007年10月15日,中共十七大提出,要"走中国特色农业现代化道路,建立以工促农、以城带乡长效机制,形成城乡经济社会发展一体化新格局"。

2009年1月23日,胡锦涛在中共中央政治局第十一次集体学习时指出,"走中国特色农业现代化道路,是顺应世界农业发展普遍规律、立足我国国情的必然选择,是统筹城乡发展、协调推进工业化和城镇化的必然要求,是建设社会主义新农村、促进农业可持续发展的必由之路。"

2010年十七届五中全会指出,"在工业化和城镇化深入发展中同步推进农业现代化,是十二五时期的一项重大任务。"

党在这一时期的积极探索,减轻了农民负担,增加了农民收入,调动了农民生产的积极性,促进了现代农业的大发展。从1978—2010年,我国粮食产量由3047.5亿公斤增加至5464亿公斤,比1978年增长79.3%,人均粮食占有量达到408公斤,增长27.9%;粮食亩产由1978年的168公斤提高到2010年的332公斤,增长96.8%。与此同时,各类农产品的产量均获得大幅度提升，油料、蔬菜、水果、肉类、禽蛋和水产品等产量连续多年居世界第一，成功地解决了13亿人的吃饭问题，创造了用世界9%左右耕地养活世界20%左右人口的奇迹。2010年与1978年相比，棉花增长175%、油料增长519%、糖料增长404%、茶叶增长450%、烟叶增长142%、水果增长32倍多、肉类增长9倍多、水产品增长11倍多。整个第一产业国内生产总值30多年来不断增长，1978年为1027.5亿元，2010年达到40497.0亿元

我国农业综合生产力的不断提高，农产品产量不断增长，化肥、机械和灌溉的作用功不可没。1978年我国化肥施用量是884.0万吨，2010年达到5561.7万吨，增长529.2%，年均增长率达到5.9%；1978年我国农用机械总动力为11749.9万千瓦，2010年增加到92786万千瓦，增长6.9倍；1978年，我国农田有效灌溉面积为44965.0千公顷，2010年增加到90000千公顷左右，居世界首位。

中国由传统农业向现代农业的转变已不可逆转。当然，实现中国特色的农业现代化，是前无古人的时代课题，其艰巨性挑战性可想而知,仍需继续探索。

※ 活动二 我国农业现代化的基本经验

回顾我国农业现代化的历程，党和政府为实现农业现代化进行了不懈的努力和积极的探索。从建国前夕的党的七届二中全会以来几十年的发展历程可以看出，我们党对农业现代化的理论认识在不断深化。

(一)20世纪五六十年代，以毛泽东为首的第一代领导集体借鉴苏联经验,以"四化"即机械化、电气化、水利化和化肥化来概括农业现代化的内涵，从农业技术和生产方式变革的角度理解农业现代化，实际上是农业生产现代化或农业生产过程现代化。

(二)20世纪70年代末至80年代中期,即改革开放的初、中期，以邓小平为代表的第二代中央领导集体在打破计划经济坚冰、引入市场经济体制的基础上，逐步突破了农业现代化的传统观念，农业现代化的基本内涵有了发展，延伸至经营管理现代化，认为农业现代化的本质是科学化，而不仅仅是农业机械化。即应把农业的生产和管理逐步建立在生态科学、系统科学、生物科学、经济科学和社会科学的基础上。

(三)20世纪九十年代，以江泽民为代表的第三代中央领导集体，把实现农业现代化的进程逐步纳入到市场化、产业化、国际化和开放化的轨道上来。

(四)跨入21世纪以来，随着农业在国民经济中所占比重的下降，加入WTO后国内、国际农产品市场竞争压力的增强，以胡锦涛为总书记的新一代领导集体，则强调从可持续发展的角度来看待农业，跳出农业，立足整体国民经济，从人口、生态、环境、资源的角度来研究农业现代化，适应经济全球化的要求，从世界经济的角度研究我国的农业现代化问题。

如果说以改革开放为分水岭。从运行的外部环境和宏观体制来看，又体现为两种不

同的农业现代化探索模式。

一是1978年之前的农业现代化探索，是服务于赶超型工业化战略需要而在一个较为封闭的计划经济体制内自上而下进行的，较多地体现出从主观上提升生产关系的特征，从而带有明显的理想主义色彩。

二是1978年之后的农业现代化探索，是立足于社会生产力的提高，逐步引入市场竞争机制和价格机制，在一个逐步开放的市场经济框架内自下而上进行的，更多地释放出基层农民的活力和农业组织的效力，从而表现出较多的务实精神。

同时，实践经验也在不断丰富，我国农业现代化进程取得了重要进展。比如，农业基础设施不断加强，农业现代要素投入水平明显提高，农业科技创新能力不断增强，农业生产结构优化升级，土地产出率、资源利用率和劳动生产率稳步提升，农业产业化经营快速推进，农业组织化程度逐步提高。特别是改革开放30多年来，我国农业农村经济发展取得了巨大成就，农业农村经济发生了翻天覆地的巨大变化。

通过60多年我国对农业现代化目标的探索历程，可以看出，中国作为世界第一人口大国，在中国发展农业现代化，必须要立足国情特色和产业特点，必须面对现实的基础和条件，不能脱离国情，不能照搬照套。

其经验可归纳为：

一是必须始终把发展农业放在各项经济工作的首位。马克思曾指出，"农业劳动是其他一切劳动得以独立存在的自然基础和前提。"随着工业化、城镇化的推进，农业创造的产值在国内生产总值中的比重逐步下降，这是经济发展的必然规律，但这并不能改变农业始终应是国民经济基础的现实。经验表明，因忽视农业而导致农业衰退进而拖累整个国民经济的教训，使我们付出了沉重的代价。典型的如1985年后，由于忽视了农业，造成了农产品减产和徘徊的严重局面。农业是安天下的产业，必须加强农业的基础地位，把解决好十几亿人口吃饭问题作为治国安邦的头等大事。

二是必须结合国情。实现农业现代化，是一个涉及自然资源、经济发展、人口素质和社会制度等广泛领域的综合作用过程，必须从我国国情出发，从农业区域广阔、各地农业资源禀赋差异巨大、人多地少、农业资源紧缺、农业基础薄弱、生产力落后的实际出发，不能盲目照搬西方发达国家实现农业现代化的经验，要因地制宜，多元选择，坚定不移地走中国特色农业现代化道路。

三是必须重视科技和现代综合要素在农业现代化中的作用。纵观农业发展历史，技术变革和科技进步始终是农业农村发展的主要动力源泉。从传统农业、近代农业到现代农业的演变过程，同时也是一部农业走向产业化发展道路的历史。每一个阶段无不以技术变革为动力、以技术进步为标志；农业机械、良种、化肥、农药、灌溉等技术的突破和广泛应用，又带动了农业生产。很明显的一个事实是，当前粮食产量连年增产，增产的60%都是依靠科技和现代要素的投入来支撑的，而不是土地、传统的农业技术支撑的。可以说，发展现代农业的核心是科学化，特征是商品化，方向是集约化。无论是科学化，还是商品化、集约化，都离不开科技进步。建设具有中国特色的社会主义现代农业，紧密依靠科技进步是必由之路。

四是必须使生产力与生产关系相适应。马克思主义关于生产关系一定要适应生产力发展水平的原理表明，我们必须以生产力与生产关系相适应，来推进农业现代化，不能超越生产力的发展阶段，寻求生产关系的盲目变革，或者是来求公、求大、求变，这是发展问题上的"空想论"，那样会事与愿违的。

五是重视发挥市场的作用。农业作为一个产业，应该按照产业的特性来发展，即以市场为导向，以资源优势为基础。与传统农业以自给为主的取向和相对封闭的环境相比，现代农业的生产在很大程度上是为了满足市场的需要，农民的大部分经济活动被纳入市场交易，农产品的商品率很高。市场取向是现代农民采用新技术、发展农业新功能的动力源泉。

六是农业现代化是不断变化着的一个动态的范畴，在不同的发展时期和不同的发展阶段表现出不同的内涵，因此必须从合乎实际的逻辑出发，适时推进农业现代化建设。在推进和实施过程中，必须坚持分地区、分阶段，差别前进，多种模式，分类指导的原则。

七是农业现代化建设是一个动态的、渐进的、阶段性的发展过程，是随着农业生产力水平的提高和农业经济的发展而由低级到高级逐步演进的。根据我国人口多，资源相对不足，资金并不充裕和区域差异较大的情况，要在全国实现农业现代化，不可能一蹴而成，也不能孤立地追求单一指标，必然有一个较长的发展现代农业的过程。

八是保护农民的权益，充分发挥农民的积极性、创造性和主体作用，是实现农业现代化的根本保证。什么时候在保障农民物质利益、维护农民民主权利方面做得好，什么时候农民的积极性就高；什么时候农民主体作用和首创精神发挥得好，什么时候农村发展活力就强、形势就好，农业就发展得好。

九是必须重视土地制度的创新是发展现代农业的前提和基础。何种土地制度，直接对农业劳动生产率有重大影响。因此，改革和完善土地制度，解除制度因素对农业的束缚也就成为发展现代农业的前提条件。我国需要尽快完善土地要素的市场化体制，保障农民的土地权益，在农村劳动力大量转移的同时促进土地的合理流动和适度的规模经营，提高农业劳动生产率。

十是我们对农业现代化本质规律的认识仅仅局限于农业生产部门的现代化。最初，我们对农业现代化目标的制定明显教条化、理想化、简单化，认为只要实现了机械化、化学化、水利化和电气化就实现了农业现代化。后来，农业现代化又被认为是农业的科学化、集约化、社会化和商品化。今天，农业现代化则被认为是产业化、标准化、专业化、规模化和企业化。正是基于这样的认识，在研究和推进农业现代化时，经常是根据对几"化"的理解，热衷于制定一个庞大的指标体系来衡量现代农业的目标，缺乏农村经济社会协调发展的合理安排，局限于农业生产部门的现代化。

※ 活动三 我国农业持续发展的战略选择

综观当今世界，农业的可持续发展正从一种构想转向实践，并呈现出明显的区域特点，出现了许多不同经济、社会和自然资源条件下的农业可持续发展模式。它为各国和各地区根据各自的特点和农业发展趋势，结合世界农业先进适用技术和高新技术发展动态，选择自己的发展道路，提供了许多有益的思路和借鉴。

我国农业可持续发展的基本目标是：保持农业生产率稳定增长，提高食物生产和保障食物安全，发展农村经济增加农民收入，改变农村贫困落后面貌，保护和改善农业生态环境，合理、持续地利用自然资源，特别是生物资源和可再生资源，以满足逐年增长的国民经济发展和人民生活的需要。

目前我国农业发展所面临的主要问题是：第一，人均耕地少，农业自然资源短缺，人均占有量仍逐年下降，90年代以来耕地每年减少60多万公顷，人均耕地已只有0.078公顷，人均粮食占有量低，不足400千克。第二，近十多年来，农村经济发展虽然很快，但总体水平仍然很低。1995年，农民的平均纯收入还只有1578元／人，农业仍然要承担剩余劳动力的"蓄水池"作用。第三，农业综合生产能力总体呈增长趋势，但农业抗灾能力仍较差，主要农产品产量和农业生产率常有较大的波动。第四，农业经济结构不合理，农业投入效益不高，农业投资形成固定资产的比率一般只有65%，化肥和灌溉水利用率一般只有35%～40%；农业生产资料价格上涨快于农产品价格上涨，生产成本急剧上升，效益降低，一定程度上又制约着农业投入的增长。第五，农业生态系统总体生产能力明显提高，但农业环境污染也日益严重，全国受污染的耕地已近2000万公顷，约占总耕地的1/5；由于采取不恰当的耕作方式与措施，耕地中缺磷面积占59.1%，缺钾面积达22.9%；农业自然灾害呈加重趋势，年均受灾面积已由70年代的3800万公顷，上升到90年代的4500万公顷。第六，就农业整体情况而言，区域发展不平衡，东、中、西部之间的差距拉大，全国仍有相当部分的低产贫困区。

从我国的基本国情出发，面对着我国农业发展的情况和问题，为实现农业可持续发展的基本目标，采取的相应战略是：建设有中国特色的现代化、集约化和可持续发展的农业生产体系。

中国现代集约可持续农业的内涵：

现代集约可持续农业是我国农业现代化发展的一个历史阶段和过程，它将随着科学技术和农村工业化过程不断发展而逐步完善。现代集约可持续农业的基本概念是：在实现社会主义市场经济和农业现代化的过程中，调整结构，优化产业和产品构成；

增加投入，提高农业综合生产能力；依靠科技进步增加资源产出率；防治污染，保持农业生态平衡；增加收入，走向共同富裕；逐步建设成为资源节约型、经营集约化、生产商品化的现代农业。其所包含的具体内容是：

第一，在持续利用多种食物资源基础上，继续调整食物和营养结构，提高人民身体素质。全面发展食物生产，推进多层次食品加工和市场流通体制，严格控制食物环境的污染，引导人民的食物消费，有计划地发展食物国际贸易，逐步建立起一个可靠的食物安全预警系统。

第二，进一步依靠科技进步，以继承和发扬我国传统农业技术精华与吸收现代高新技术相结合；以生物技术与工程技术互相补充为基础，建立起人、技、物相匹配，科技、推广、生产、消费环环紧扣的良性运行机制，把各种农业持续性要素系统地组合为一个整体的综合网络体系。

第三，目前仍以技术密集与劳动力密集相结合为主，逐步发展技术、资金密集型的生产体系。综合开发与不断增加农业投入相结合，平面开发与立体开发相结合，从而形成各种物质投入和土、水、光、气、热能资源的科学配置，高效利用的集约化生产系统，使种、养、加和农林牧渔相结合，从而充分利用平面与立体，时间与空间，实行资源全方位集约开发，达到投入少，产出多和持续增长的目的。

第四，大力改善农业生态环境。农业生态系统，以至整个生态系统整体，都必须在现代科学技术的催化中走向综合化，从而协调生物与环境，人类与环境以及生物之间的关系，建立起可持续的资源再循环系统，达到农村资源环境与农业生产的整体良性循环。

第五，发展农业经济，并使传统农业向现代农业转变，必须从根本上提高农业劳动者素质。同时，我国是有五千多年农业文化的文明古国，农业文化的精华和长期形成的多样性，一旦与提高农民素质相结合，就会充分反映出具有中国特色的价值观，从而促进农民素质不断提高和对农业持续稳定发展起到积极作用。

第六，现代集约持续农业的建设是一个资本积累过程，而资本积累和投入的主体是农民，只有保证农民收入持续稳定增长，积累和投入才会有可靠的保障。为此，要把"现代集约持续农业"的固有内涵"高产、优质、高效、低耗"纳入社会主义市场经济的轨道，以市场为导向，遵循价值规律，依靠科技进步，不断调整产业、产品和品种结构，使农产品品种多样化，品质优良化，形成高效发展优势，从而不断促进农民增加收入，保持农村社会在共同富裕基础上不断繁荣昌盛。

第七，由于我国幅员辽阔，自然环境的地区差异很大，经济发展也不平衡，所以要发展多种经营方式、多种生产类型、多层次的农业经济结构和发展模式。因此，"现代集约持续农业"将呈现类型多样化的格局。

第八，从现代农业的要求上看，要在决不放松粮食生产与积极发展多种经营的基础上，从不同层次上优化农业和农村经济结构，促进乡镇企业与农林牧渔、种养加、贸工农相结合，把农业与农村发展联系在一起，从而促进农业向专业化、社会化、商品化生产发展，逐步实现农业现代化，农村工业化，农村城镇化，农村文明化和城乡一体化的高层次结合。

中国现代集约可持续农业的重点发展领域：

"现代集约可持续农业"是一个历史的渐进过程，不可能一蹴而就，需要长期不懈的努力。当前，为了推进现代集约可持续农业的发展，需要优先重点发展的领域是：

(1)建立农业可持续发展的科学管理体系。按照可持续发展的框架，评估和适当调整农业中长期发展规划、各项有关政策和法规；制订管理细则，建立和完善高效的农业信息系统，提高可持续发展的管理水平。

(2)建立食物安全和预警系统。贯彻实施《九十年代食物结构改革和发展纲要》，建立食物安全和预警的信息系统和模拟系统，制订配套的食物安全政策，确保我国人民的食物供应。

(3)建立实施"种植业三元结构工程"规程。有重点分区域地进行试点和示范，制定不同地区的三元结构工程体系，并对资源开发，作物种植制度，养殖体系，加工体系，销售体系进行一体化的规划和建设。

(4)建立资源开发利用监测体系。对农业自然资源分类，分区进行评估和核算，纳入国民经济核算体系，制定相应的资源管理政策和法规。

(5)建立农业生态工程和环境保护体系。对农业生态环境进行分类和分区评估，制定农业生态环境信息系统和模拟运行系统以及动态监测系统。

(6)建立持续农业科学技术的推广体系。对现有农业技术进行可持续性评估，制订和推广提高农业投入物质利用效率的技术，如化肥、农药施用规程，以及节水，培养地力和多途径开发利用农村能源的措施等。

(7)建立可持续农业知识和技术培训体系。鼓励农民自觉地参与现代集约可持续农业的示范推广活动，通过多种途径，提高农民的科学技术水平。

任务三 我国粮食作物生产分布

※ 活动一 我国粮食生产特点与区域产销平衡

一、粮食生产发展的基本特点

粮食在我国国民经济和社会发展中始终处于十分重要的战略地位。1949年以来，党和政府对于粮食生产给予极大的关注和重视，并充分调动亿万农民的粮食生产积极性，从而使我国的粮食生产获得举世瞩目的成就。具体表现如下：

1.粮食总产及单产大幅度提高。

1949年我国粮食总播种而积为10995万公顷，粮食总产量为11318万吨，其后47年间粮食总播种面积的波动幅度不大，粮食总产及单产则呈波浪状向上攀升。1995年全国粮食总播种面积为11006万公顷，仅比1949年增加0.1%，粮食总产46661.8万吨，创历史最高水平，比1949年增长312.3%，年平均递增2.5%；粮食产量单产也由1949年的每公顷1035千克，提高到1995年的4240千克，增长310%。我国粮食总产和单产的持续增长速率，在世界各国中均是十分罕见的。

2.人均粮食占有量上升，人民温饱问题基本解决。

1957年至1977年间，我国粮食总产的增长速度相对较缓慢，粮食总产只增加了45%。同期总人口却增长了46%。人均粮食占有量长期徘徊在300千克左右。1978年以来，粮食生产发展速度加快，其间虽有波动和曲折，但总体的增长速度较前20年有很大提高。并超过了人口增长速度，人均粮食占有量也逐步提高到1995年的385.3千克。达到了世界各国的平均水平。我国以占世界7%左右的耕地，基本解决了占世界21.3%人口的温饱问题。

3.适时调整粮食作物生产结构。

我国领土广大，自然条件复杂，社会经济技术条件在各地区之间也很不相同，为多种粮食作物的生长提供了条件，实际生产中粮食作物种类繁多。解放初，我国粮食作物大体上以稻谷、小麦、玉米、高粱、谷子为主，其次为薯类与大豆，至1952年稻谷、小麦、玉米的播种面积分别占粮食总播种面积的22.9%、20.0%和10.1%；总产量分别占粮食总产的41.7%、11.1%和10.3%。随着农业生产条件的改善，为能迅速提高粮食总产和改善人民主食口粮的质量，逐步调整了粮食作物生产结构。其中，稻谷播种面积稳中略有增长，小麦和玉米的播种面积大幅度增加，谷子、高粱等粗杂粮面积大量减少；至1995年稻谷小麦和玉米的播种而积分别占粮食总播种面积的29.1%、27.1%和18.9%，总产分别占粮食总产的42.4%、22.0%和21.7%，按我国粮食消费结构，稻谷和小麦总产已可满足对主食口粮的消费需求。

随着我国人民生活水平的提高，对主食口粮的消费趋于稳中有降，而对肉类副食品需求急剧增长，导致饲料粮需求攀升；同时对豆类和部分小杂粮需求也有所增加。所以，进入90年代以来，稻谷和小麦的播种面积趋于稳中略有降，玉米种植面积则持续增长，以大豆为主体的豆类作物也有较大幅度增加。粮食生产结构的这种适时调整，充分表明我国粮食生产与国民经济发展和市场需求的结合度大为提高。

二、粮食产销的区域平衡与演变

由于种种因素的综合作用，我国的粮食生产与消费在地区之间存在着较大的不平衡性，而且这种不平衡性随着各地区之间粮食生产、人口增长、消费需求的不平衡发展而发生相应的变化。70年代以前，在相当长的时期内，我国粮食产销的总体趋势是南粮北调，东粮西调。进入80年代以来，在农村经济体制改革的推动下，我国粮食生产进入大幅度增长期，先后登上4亿吨和4.5亿吨大关。同期，我国粮食增产的重心点显著向北移动，其次由东向西移动。1981–1995年间，在全国粮食总产中比重明显上升的有东北三省、北京、天津、河北、河南、山东、安徽、贵州以及西北的陕西、甘肃、宁夏和新疆等15个省市区；而上海、江苏、浙江、福建、江西、湖北、广东、海南、广西、四川、云南等南方12个省市区，粮食总产占全国的比重由53.1%下降到1995年的46.3%，加上东部及东南沿海地区粮食消费水平增长较快，全国区际的粮食供求关系发生了重大转折。重要余粮区由南方转移到东北和黄淮地区，由东向西调运的粮食也明显减少。若将人均占有粮食400千克以上作为余粮区，人均350～400千克为基本自给区，人均低于350千克为缺粮区，根据90年代平均的粮食生产状况计算，粮食有剩余的省区主要有吉林、黑龙江、内蒙古、江苏、安徽、山东、江西、湖北、湖南、宁夏和新疆等11个省区，粮食基本自给的有河北、辽宁、浙江、河南、四川等5个省份，其余各省区则为缺粮地区。若从全国九大农业区的角度来看，目前余粮较多并有大量调出的是东北区和黄淮海区，其次是甘新区亦有一定量调出；长江中下游区作为我国商品粮基地的地位已发生变化，调出量日趋减少，粮食生产已转向自给而略有余；内蒙古及长城沿线区和青藏区粮食生产水平较低，因总人口相对较少而缺粮不多；缺粮较多而需大量调入的是华南和西南两大区，其次是黄土高原区。

目前，我国粮食跨省区流动的总体流向是：东北区余粮较多，以部分品种调剂和饲料粮形式南下华东和华南沿海地区，部分流入华北；黄淮海区余粮在满足华北地区需求的基础上，主要以品种调剂形式供给华东和中南地区，少量进入黄土高原区；长江中下游地区在接受北方饲料粮基础上，其富余粮食则主要流向华南沿海和西南地区；甘新区余粮则以接济青藏和内蒙古及长城沿线地区为主。

从各大农区的自然条件、资源情况、粮食生产潜力和国家重点投入的综合分析来看，我国粮食生产发展总的区域态势是：重点建设东北区、黄淮海区和甘新区的商品粮基地，努力提高这三大农区的粮食综合生产能力；继续挖掘长江中下游区的粮食生产潜力，确保该区粮食生产自给有余；稳步提高西南、华南区的粮食产量；不断改善内蒙古及长城沿线区和黄土高原区的生产条件，调整土地利用方式，因地制宜发展当地的粮食生产，逐步建立青藏区粮食生产基地。预期21世纪内粮食增产较多的将是东北区、黄淮海区和长江中下游区，新增粮食产量合计约占全国新增产量的7%以上。因此，现时全国粮食产销的区域格局将会得到进一步增强。

※ 活动二 我国主要粮食作物生产与布局

我国粮食作物种类繁多，由于各种粮食作物对自然条件和技术、经济条件的要求不同，其生产布局也各具特点。现将主要粮食作物的生产布局简介如下：

一、水稻

水稻是我国首要的粮食作物，新中国成立以来水稻年播种面积保持在3000万公顷以上，最多年份达3442万公顷，稻谷年产量占粮食年产量比重则保持在41%～45%之间，播种面积和产量始终占粮食作物的第一位。因此，稻谷生产在我国粮食生产中占有特别重要的地位。水稻生产在我国布局很广，除少数高寒或水源缺乏的干旱区以外都有分布，但具有南方多而集中，北方少而分散的特点。水稻生产在全国的分区大致如下：

1.南方稻谷集中产区。

在秦岭、淮河一线以南的长江流域和华南各省，稻谷播种面积合计约占全国的90%以上。其中长江流域是我国水稻的最大产区，以长江三角洲、里下河、皖中沿江平原、鄱阳湖和洞庭湖、江汉平原和成都平原等生产最为集中。本区20世纪80年代以前双季稻种植曾有很大发展，近年随着消费市场对稻谷品质要求的提高，单季晚粳稻增加较多，早中稻仍以籼稻为主。华南各省水稻的主要产区以珠江三角洲、韩江三角洲、闽江和九龙江下游，广西的西江两岸，台湾西部平原最为集中。

2.北方稻谷分散产区。

近年来北方地区稻谷播种面积增长较快，1995年已占全国稻谷总播种面积的9%左右，较80年代中期上升了4个百分点。北方稻谷生产具有大分散，小集中的特点，一般分布在水源较好的地区。

(1)华北单季稻产区。主要零散分布在渤海沿岸的海河下游低洼地区；河南的沙、汝、颍、洪四河沿岸洼地；山东济宁、菏泽地区的滨湖洼地和临沂地区；山西太原、榆次河谷盆地；苏皖淮北地区等地。这些地区的水稻田绝大部分位于沿河湖洼地、盐碱地和低产土地区，种植水稻对于改良当地土壤，提高粮食产量十分有利。

(2)东北早熟粳稻区。主要分布在辽宁省的辽河中下游平原，吉林省的东部山间盆地，黑龙江省牡丹江半山区谷地平原及三江平原等地。东北地区近年来水稻种植面积增加较多，1995年总播种面积已达174万公顷，占全国水稻种植总面积的5.65%。这里生长季节短，均为一熟早粳，实行夏稻冬闲制。

(3)西北干旱稻作区。主要包括宁夏银川平原、甘肃河西走廊张掖一带、新疆的乌鲁木齐、玛纳斯、阿克苏、喀什、库车、莎车等绿洲灌区。本区栽培水稻全靠灌溉，所以水稻以抗旱品种为主。

二、小麦

我国栽培的小麦绝大部分是冬小麦，它与水稻、玉米、甘薯、棉花等秋收作物配合，可以提高复种指数，增加粮食总产。我国小麦栽培遍及全国，大体上可分成三个不同生产区域：

1.春小麦区。

主要分布在长城以北，岷山、大雪山以西地区。这些地区大部分处在高寒或干冷地带，冬季严寒，冬小麦不能安全越冬，故种植春小麦；因无霜期大多在200天以内，栽培制度绝大部分为一年一熟。近年来，我国北方地区培育了一批抗逆性强，适应性广，丰产性高的春小麦良种，现已显著增产，对改变小麦低产的作用很大。

2.北方冬小麦区。

主要在长城以南，六盘山以东，秦岭、淮河以北的地区。这里是我国最大的小麦集中产区和消费区，小麦播种面积和产量均占全国2/3左右。本区大多实行一年两熟或两年三熟耕作制度，冬小麦是越冬作物，与其他粮食作物矛盾较少，种植冬小麦可以减少冬闲面积，扩大夏种面积，增加粮食总产。因此，本区冬小麦播种面积仍稳中有增。

3.南方冬小麦区。

本区位于秦岭、淮河以南，折多山以东，播种面积和总产近全国的30%。本区人民多以稻米为主要口粮，因此，小麦的商品率较高，是我国商品小麦的重要产区。

三、玉米

玉米是我国北方旱作地区及南方丘陵山区的主要粮食作物之一。其籽粒实用价值较高，也是优良的精饲料。绿色茎叶是最有价值的青贮饲料，穗轴可作为猪的精饲料。随着我国对饲料粮需求的增长，玉米总播种面积和产量也节节攀升。1995年玉米总播种面积达到2277.6万公顷，总产1.12亿吨，均创下历史最高纪录。玉米晚熟品种需150天成熟，早熟品种80天即可成熟，所以在生产期短促的高纬度和高海拔地区也可栽培。我国玉米栽培分布很广，但主要产区则集中在东北、华北和西南山区。1995年东北三省玉米产量占全国的31.4%，华北的鲁、冀、豫三省占32.9%，西南的川、云、贵三省占10.8%。从播种面积的密度分布来看，我国玉米产地大致集中分布在黑龙江大兴安岭—辽南，冀北—晋东南—陕南，鄂北，豫西—四川盆地四周—黔桂西部—滇西南一带，呈东北西南走向的斜弧形分布。这一分布特点主要是由于大部分平原地区多种水稻和经济作物；在年雨量超过1500毫米的东南丘陵地区，玉米产量一般不如水稻、甘薯高稳；西北地区除灌溉条件较好的川坝河谷地区外，玉米在大部分地区不如春小麦、谷子、糜子等稳产保收。

任务四　我国经济作物生产分布

※　活动一　我国经济作物生产发展与区域组合

一、经济作物的生产特点

经济作物是除粮食作物、饲料作物和绿肥作物以外的其他各种农作物。按其用途大体可分为纤维原料作物、油料作物、糖料作物、饮料作物、蔬菜作物、药用作物、香料作物、花卉园艺作物等大类，其中每一类又包括若干种经济作物。经济作物产品大多需经过一定的工业加工后才进入消费领域，所以其又有工业原料作物之称。其产量、质量和分布与轻纺工业的发展和布局之间有着较为密切的联系。特别是某些经济作物如甘蔗和甜菜，体积大，含水量多，不宜久贮远运，其生产布局与制糖工业更需相互接近，互相配合。

经济作物的商品性较强，因而价值规律对它的影响要比对粮食作物大得多，市场价格的高低，经济收益的多少，往往很快影响其种植面积的大小。例如近年来，由于烤烟及其制品的经济收益相对较高，其种植面积由20世纪80年代中期的90万公顷，已扩大到1995年的131万公顷，种植范围也由少数省区扩大到全国近80%的省区。

种植经济作物大多比种植其他作物需要较高的技术，较多的劳动力，也需要较多的化肥、农药、农膜、农机等生产资料投入，因此，生产资料的供应状况和供应价格、劳动力的技术经验等，往往也影响着经济作物的生产发展和布局。例如，近十年中，棉花收购价格和生产资料价格频繁波动，引起棉花生产比较效益的大幅度起落，棉花总播种面积也跟着剧烈波动。

各种不同的经济作物往往都有其特殊的植物生理性状，对自然条件有较强的选择性，其突出表现在对光、热、水、土等各自然要素有特殊的要求。只有在比较适宜的自然环境条件下，经济作物生产才能获得较好的产量和品质，因而经济作物的生产布局往往较为集中在特定的区域内，地域性较强，如我国的棉产区、茶产区、蔗产区等即是。农业生产要求实行区域化、专业化，也主要是针对经济作物生产而言。

二、我国经济作物生产发展概述

经济作物是我国仅次于粮食作物的农作物。70年代以前，由于过于强调粮食生产，经济作物生产受到较大抑制，播种面积长期维持在农作物总播种面积的8%～9%左右，生产布局较为分散，产量和商品量都较低。党的十一届三中全会以后，一方面我国粮食单产有较大提高，总产大幅度增加，在种植面积上有了一定的松动余地；另一方面，为了繁荣农村经济，以利于农民的休养生息和农业生态平衡；也为了能够繁荣农副产品市场，以利于改善人民生活；逐步合理调整农作物结构，经济作物生产得到较大发展。1995年全国经济作物总播种面积约2350万公顷，比70年代增长80%左右；占农作物总播种面积比重达到15.7%左右，也提高了7～8个百分点。

我国经济作物生产以油料作物为主，品种多，播种面积和比重均持续上升；棉花生产居其次，近年来播种面积稳中略有波动，但所占比重缓慢下降。1995年两者播种面积分别占经济作物总播种面积的55.7%和23.1%，糖料作物和烟草种植面积年际波动较大，1995年分别占经济作物总播种面积的7.7%和6.3%，居第三和第四位。其他各种经济作物的总播种面积有所增加，但比重相对稳定。此外，未列入经济作物生产统计的蔬菜生产，播种面积持续大幅增长，1995年已达952万公顷，比1985年增加1倍。然而，我国耕地逐年减少，可耕地后备资源不多，而人口总量持续增长，粮食生产压力持续加大。根据我国耕地资源，人口及消费水平和消费结构，粮食和经济作物的生产水平和单产增长潜力等相关分析表明，我国目前粮食和经济作物的总体比例结构是比较合理的，不宜再减少粮田以增加经济作物种植面积。今后经济作物的生产发展要根据单产增长和市场供求变化趋势，在稳定总面积基础上调节内部的生产结构；同时，要根据"因地制宜、适当集中"的原则，合理调整经济作物的生产布局，建立和建设各级和各类商品生产基地，以利于不断改善经济作物生产条件，提高单位面积产量和增加总产，提高商品率和增加市场的有效供给。

※ 活动二　我国主要经济作物生产与布局

一、纤维类原料作物生产与布局

纤维类原料作物是纺织工业的主要原料来源之一，主要包括棉花，麻类作物和养蚕业。

1.棉花。

我国是世界主要产棉国之一。从公元13世纪开始，棉花种植一方面从南方推进到长江流域，另一方面又从新疆经河西走廊入渭河谷地，推进到黄河流域。明代后期，我国棉花栽培和纺织棉布的轻纺工业已有相当基础，然而鸦片战争以后至1949年，棉花生产长期停滞不前，甚至下降，1949年总产原棉仅44万吨。

新中国成立以后，前期棉花生产发展较快，1957年棉花总产已达164万吨，以后经短暂回落，1965年回升并发展到年产209.8万吨。党的十一届三中全会以后，国家为了摆脱大量进口原棉的负荷，大力促进棉花生产。一方面制定和落实"超购棉花奖励化肥、柴油和粮食"的政策，比较合理调整了棉花生产布局，培育和推广优良品种，单产水平也逐年提高。至1984年，棉花种植面积达到692万公顷，总产625.8万吨，均达到历史巅峰。然而，近10年来，由于植棉奖励政策，植棉的经济收益，粮棉的比价等剧烈波动，加上市场供求变化等其他因素的综合影响，棉花种植面积和总产量均呈宽幅震荡，最大落差达58.7%和60.2%。1995年，棉花种植面积542.2万公顷，接近10年平均值；总产476.8万吨，高于10年平均10%，原棉供求基本平衡。今后应保持棉花生产的稳定发展，总产500万吨左右。

棉花原产亚热带，是喜温、好光、生长期长的农作物；需水量为450～500毫米，其中从开花到成熟期需水量约占50%～60%；棉花是深根作物，要求土壤深厚疏松、保水、保肥的耕层，酸碱度呈中性至微碱性，质地以中壤、轻壤和沙壤土最适合。我国的棉花生产分布很广，相对集中的棉花生产则集中在黄河中下游棉区，长江流域棉区和西北内陆棉区。

(1)**黄河中下游棉区**。本区是我国最大的棉区。这里植棉的热量充足，降水适中，地下水丰富，土壤多为冲积潮土，沙壤土和沙土，平原地区地势平坦，光、热、水、土等条件都适合植棉，特别是光照充足，有利于棉花生长，棉花生产历史悠久，基础好，棉田面积广，多半为一年一熟。

本区历史上棉花种植较多，冀中南、鲁西北、豫西北的黄河两岸平原，汾渭谷地等地区棉田比重都较大，六七十年代，本区粮棉生产矛盾突出，棉田缩减，产量下降。80年代以来，经多年调整，以鲁、豫、冀三省为主，棉田面积大幅度增加，单产水平也有重大突破，1995年鲁、豫、冀、晋、陕、京、津棉花总播种面积258.74万公顷，总产175.6万吨，分别占全国的47.7%和36.8%。此外，苏北、皖北、鲁西南、豫东的黄淮平原地区，经10多年的综合治理，农业生产条件大为改善，发展棉花生产的条件良好，随着长江流域棉田减少，本区的棉花面积逐步增加，现已成为我国新的棉花集中产区。

(2)**长江流域棉区**。本区现为我国第二大棉区，热量、水分充足，棉花与粮食套种一年两熟，人多地少，精耕细作，单产水平较高，以江苏、湖北两省最为主要。本区棉花单产水平虽较高，但主要棉产区大多数是人多地少复种指数较高的地区，随着区域经济发展和耕地减少，粮棉矛盾比较突出，其中尤以长江下游和四川盆地较为严重；此外，洪涝、干旱、阴雨等自然灾害对棉花生产也有影响，80年代以来，棉花生产规模已明显缩减。1980年全区棉田占全国的46.7%，1995年全区棉田总面积为204万公顷(包括淮河以北的苏皖北部)，只占全国的37.6%，总产197万吨，占全国的41.3%。作为全国主要的高产棉区，稳定本区的棉田面积对全国棉花生产有着重要的经济意义。今后，要在合理解决粮棉争地矛盾基础上，稳定棉田基本面积，加强棉田基本建设，改善生产条件；因地制宜改进耕作制度，使用地与养地相结合；进一步改良品种，推广良种，提高单位面积产量。

(3)**西北内陆棉区**。本区包括新疆棉区和河西走廊棉区，1980年全区棉田和总产分别只占全国的3.8%和3%。80年代以来，本区随着荒地开垦和粮食总产的增长，棉田也急剧增加，1995年，全区棉花种植面积已达76.1万公顷，占全国的14%；总产高达102万吨，占全国总产的21.3%。新疆的棉田主要分布在南疆的喀什地区、阿克苏地区和巴音郭勒州北部，占全疆棉田的大部分；北疆棉田则集中在玛纳斯河流域，其余分布在吐鲁番盆地。河西走廊的棉田主要分布在敦煌、安西一带。

西北内陆棉区的热量、光照条件优越，有地下水可资灌溉，棉花品质好，是我国的优质棉产区，总体上西北内陆棉区人少地多，可垦荒地资源丰富，今后要在稳步提高棉花单产的基础上，加快以新疆为主的西北内陆棉区的开发建设，逐步形成我国黄河流域，长江流域和西北内陆棉区的三足鼎立之势。同时，应充分利用南疆和吐鲁番盆地等地的优越光热条件，重点发展长绒棉，使之成为我国主要的长绒棉生产基地。

2.蚕丝。

我国蚕丝生产包括桑蚕丝和柞蚕丝，以桑蚕丝为主，约占总产95%左右。1949年我国桑园面积尚不足20万公顷，总产桑蚕茧3.1万吨，柞蚕茧很少。新中国成立以后，我国养蚕业有了很大发展，至1980年，桑园面积达28万多公顷。总产蚕茧32.6万吨，其中桑蚕茧25万吨，创下了历史最高产量。80年代以来，随着人民生活水平提高和对外开放，内外销丝纺织品市场需求强劲，养蚕业也保持着强劲的发展势头。1995年，全国蚕茧总产已达80万吨，其中桑蚕茧76万吨，占总产95%。

80年代以前，我国桑蚕生产仍以四川盆地、太湖平原和珠江三角洲为集中产区，1980年川、浙、苏、粤四省产茧量占全国的84.7%。近年来，苏皖北部地区，山东的潍坊、临沂、烟台地区，湖北黄冈、南阳地区，陕西安康地区及广西等地，生产发展迅速；1995年山东、安徽、湖北、广西四省区合计产桑蚕茧13.44万吨，已占全国总产的17.7%。川、浙、苏三省继续保持生产优势，但在全国的比重则明显下降，1995年，三省区共占全国的67.3%；广东的优势地位明显削弱，1995年总产3.3万吨，只占全国的4.37%。

我国共有柞林资源700多万公顷，目前仅利用1/10左右，1995年产柞蚕茧4万多吨，发展潜力很大。今后，除以辽东半岛为主，并巩固胶东半岛，豫西山地老柞蚕区以外，还应积极开辟新的柞蚕生产区。

二、油料作物生产与布局

我国农业统计上的"油料作物"指草本油料作物，并不包括大豆，50年代初期，我国油料作物生产曾有较大发展，总产由1949年的256万吨增长到1956年的508.5万吨。在以后的20多年中，由于粮食生产挤压等多种原因，总产在波动中长期徘徊不前，1978年总产521.8万吨，与1956年持平。党的十一届三中全会以后，全国农业生产形势大为好转，油料作物总播种面积和总产量大幅度攀升，1985年总播种面积达1130万公顷，总产1578.4万吨，分别比1978年增长89.65%和202.5%，创下历史新高。以后历经5年的缓慢回落，90年代初在市场需求和价格放开的驱动下，播种面积和总产又持续增长，1995年总播种面积达到1310万公顷，总产2250.3万吨，双双再创历史新高。油料播种面积仍以油菜籽为主，花生为其次，分别占总面积的52.7%和29.1%；总产则以花生为主，油菜籽为其次，分别占总产的45.5%和43.4%；其他主要有芝麻、向日葵、胡麻等。

现将主要油料作物的生产布局特征概述如下：

(1)花生。花生是喜温耐瘠作物，对热量要求较高，而对土壤要求不严，除盐碱地外，都可种植，以排水良好的沙质土为最宜。花生根系强大，吸收力强，根瘤菌有固氮作用，因此，又是一种养地作物，宜与其他作物轮作。

花生原是我国种植面积最大、单产最高、总产最多的油料作物，1956年总产为333.6

万吨，占全国油料作物总产的65.6%。在以后的20多年里，由于全国粮棉生产压力很大，花生种植面积被迫缩减，产区从平原向丘陵地区转移，单产下降，尤其是北方地区生产萎缩很大，1978年，全国花生总播种面积为176.8万公顷，总产237.7万吨，比1956年减少28.7%。而在近十多年来，花生生产恢复和发展快，其中尤以山东、河南、河北和苏皖北部等北方地区扩大较多；在1995年花生总产中，山东占30.2%，河南占22.8%，河北占9.3%，江苏占4.7%，安徽占4.2%；南方地区则以广东、广西、四川和福建为主，占全国总比重在6.8%～2.1%；花生生产仍以北方为主，山东半岛，鲁中南丘陵，冀东滦河下游，豫东黄泛区以及苏皖的淮北地区是目前我国花生的重点产区。

(2)油菜。油菜是十字花科芸苔属，一年生或越年生草本植物；对热量要求不高，对土壤的要求也不严，酸、碱、中性土壤均能种植；因品种类型多，适应性强，而具有地区上广泛分布的可能性，在我国燕山以南的大部分地区，油菜是越冬作物，与粮棉争地矛盾小，在粮棉生产任务重而人多地少，耕地安排较紧张地区，扩大油菜种植较其他作物更为容易。

近年来，随着我国人民生活水平的提高，食用植物油需求不断增长，油菜的播种面积已由1978年的260万公顷，扩大到1995年的691万公顷，增长165.8%；总产由186.8万吨增加到977.7万吨，增长423.3%；对我国食用植物油的供需平衡发挥了重要作用。油菜的地区分布也相应扩大，尤其是原来很少种植油菜的豫、陕、甘、青等省的局部地区，也已逐步种植，形成新的油菜产区。

目前，我国油菜生产仍主要集中在长江流域各省，约占全国总播种面积的82%左右。在南方各省中，油菜生产遍布各地，而以广大的冲积平原、山间盆地及附近的低山丘陵区最为集中，其中长江三角洲、皖中沿江平原、鄱阳湖平原和洞庭湖流域平原、江汉平原、汉中盆地、川西平原及川中浅丘地区、贵州中部及西北部地区、云南中部及东部地区等都是主要集中产区。南方地区油菜生产无论是种植面积还是单产，潜力都很大。

(3)芝麻、向日葵和胡麻。芝麻是优质油料作物，含油率达53%，远高于其他油料作物。芝麻是喜温怕涝作物，生产期较短而热量要求较高，不耐低温，也不耐长期干旱，更不能抗涝；一般宜种芝麻的土地也宜种粮棉，并在季节上有冲突；加以芝麻单产水平长期低而不稳，收益往往不如其他秋熟经济作物，故未受应有的重视。80年代末期以来，我国芝麻生产处于回升发展期，1995年总产58.3万吨，占油料作物总产的2.6%，仍未达到1985年69.7万吨的历史最高纪录。由于芝麻生育期短，藤茬早，有利于后季小麦增产；也可与其他作物间作、套种，可以利用零星地种植，因此应鼓励有条件地区适当扩大芝麻生产。

我国芝麻生产的地域分布范围很广，以湖北襄阳盆地、河南的洪河与汝河流域和南阳盆地及安徽淮北平原为主产区，1995年鄂、豫、皖三省芝麻合计产量占全国总产量的74.1%，此外，江西与河北两省略多，其余皆为分散零星生产。

向日葵是我国新兴的油料作物，它耐寒、耐瘠薄、耐盐碱，适应性广，已由过去的小油料发展成我国五大油料作物之一，种植面积不断扩大，1995年总产已达1万吨，位居五大油料作物的第三位。目前，我国的向日葵产地主要分布在东北、西北、华北一些劳力较少的地区。这些地区至今仍有大片盐碱地没有利用，今后可选择其中盐碱较轻，地多人少的地方，如辽宁西北部及北疆部分地区增加种植，建设生产基地。

胡麻耐寒耐旱，对热量要求不高，生长期短，但光照要充足，我国长城以北生长期较短但光照充足的地区均宜种植胡麻。目前主要分布在河北坝上地区，内蒙古东南部，山西北部及六盘山两侧地区。因种植分散，经营粗放，单产太低，商品率不高。今后应努力改变生产条件，增加产量，就近供应当地需要。

三、糖料作物的生产与布局

我国的糖料作物主要是甘蔗和甜菜。按照热量，光照和水分条件，我国南部适种甘蔗，北部适种甜菜。1995年，我国糖料作物总播种面积为182万公顷，其中甘蔗112.5万公顷，甜菜69.5万公顷，甘蔗总产6541.7万吨，甜菜总产1398.4万吨。80年代以来，我国糖料作物生产总体有很大发展，1995年与80年代初相比，种植面积与总产均已翻倍，但受多种因素的综合影响，生产发展仍很不稳定，短周期的上下波动仍然很大。

1995年，我国食糖总产558.6万吨，人均4.6千克，供需间仍有较大缺口。为能立足国内，进一步解决食糖自给问题，今后应在进一步理顺粮食作物和糖料作物比价关系，合理调整收购价格，确保基本收益基础上，以稳定种植面积，增加投入，提高单产为主，推动糖料作物生产再上一个新台阶。同时，要根据"因地制宜、适当集中"的原则，进一步合理调整布局，逐步建立比较集中的糖料作物生产基地，以利持续稳定发展。

(1)甘蔗。甘蔗是热带、亚热带作物，具有喜高温，需水量大，吸肥多，生长期长的特点。我国南方中亚热带、南亚热带和热带水热条件较好的河谷平原、三角洲，是最适宜种植甘蔗的地区。1995年，我国共有18个省、市、区种植甘蔗，但种植面积在5万公顷以上的仅广西、广东、云南和海南四省区，合计占全国甘蔗种植总面积的82.8%；江西、福建、四川和湖南四省则分别种植2万～4万公顷。

福建东南沿海平原、广东韩江三角洲及珠江三角洲等地，原是我国甘蔗高产集中产区，糖厂加工能力也有一定基础，近年来，这些地区经济发展很快，耕地有较大幅度减少，加以各种热带、亚热带水果增加较多，而粮食生产压力日益加重，比较效益较低的甘蔗生产明显压缩。1995年粤闽两省甘蔗产量占全国比重已降至28.1%。与此同时，桂、滇两省区甘蔗生产规模迅速扩大，1995年总产增至3612万吨，占全国的55.2%。广西甘蔗主要种植在北纬24度以南地区，今后应以郁江流域为主，选择自然生态条件优越，粮食比较充裕，土地潜力较大的地区，建设布局更为集中的甘蔗生产基地。云南省以南盘江河谷地区栽培甘蔗最多，单产水平也高；其他低热河谷地区，热量条件较好，但旱季雨量少，许多蔗区沿河谷成带状或串珠状分布，不能大面积集中生产，在加工和运输上有一定困难，今后宜以稳定面积提高单产为主，海南岛热量充足，更宜发展橡胶等热带作物和热带珍贵林木为主，以及反季节瓜菜等，适当控制甘蔗面积，以提高单产为主。

四川盆地中部的沱江中游一带是老蔗区，因人多地少粮食生产任务重，扩种潜力已很小。湘、赣两省南部种植甘蔗有一定基础，单产水平较低，若能进一步改善生产条件，选育早熟抗寒品种，仍可适量发展。

(2)甜菜。甜菜具有耐旱、耐寒、耐盐碱特性，喜温凉气候，生长繁茂期和成熟期需充足日照。按其生态适应性，我国长城以北地区是甜菜适宜种植。以前我国甜菜生产主要分布在长江以北地区，云、贵、藏则有零星生产；集中的商品生产则以黑龙江、新疆、内蒙古、甘肃和吉林五省区为主，1995年全国甜菜总产1398万吨，其中上述五省区合计占88.9%；此外，辽宁、宁夏、山西、河北等省区也有种植。

黑龙江省是我国最重要的甜菜产区，近年来种植面积不断扩大，1995年播种面积已达32.9万公顷，总产501万吨，分别占全国的47.3%和35.85%。产区集中在松花江、嫩江和三江平原地区，布局较为分散，单产水平也较低，不及新疆的40%，增产潜力很大。今后应在适当集中布局基础上，积极改善生产条件，提高单产。

甘新和内蒙古地区则是我国甜菜生产发展最快的地区，1995年合计播种面积24.1万公顷，总产658.6万吨，分别占全国的34.6%和47.1%。本区甜菜主要分布于新疆石河子地区、甘肃河西走廊和内蒙古后套平原、土默特川地区及阴山前山区。本区土地资源丰富，尤其是可利用的盐碱地很多，适当增加投入发展灌溉设施，扩大甜菜生产的潜力很大。吉林中部和西部铁路、公路沿线地区，辽宁的辽河中上游地区，宁夏银川平原，山西大同盆地等地区，常与粮食生产产生矛盾。其中吉林西部还有较多的宜农地和撂荒地，如能解决春旱防范问题，适当增加投入，甜菜生产仍有发展前途。

四、热带经济作物生产与布局

我国的热带经济作物主要包括橡胶、椰子、油棕、腰果、剑麻、香茅、咖啡、可可、胡椒、槟榔、奎宁等，属多年生作物。它们适宜生长在热带、南亚热带地区，一般要求有高温、高湿、阳光充足、多静风的生态环境。广东、广西、云南、海南、福建和台湾各省的部分地区，适宜种植多种价值很高的热带经济作物。特别是海南岛海拔400米以下和云南西双版纳海拔800米以下地区，常年基本不见霜雪，适宜种植橡胶、椰子等典型热带经济作物，是我国最宝贵的热带经济作物适宜生长地区。

橡胶是我国最主要的热带经济作物，近10多年来，生产发展很快，1978年我国干胶总产10.16万吨，1995年已达到42.4万吨，比1978年增长了317.3%。目前橡胶生产以海南岛为主，滇南为其次，1995年海南和云南两省干胶产量分别占全国的61.4%和30.9%；广东橡胶生产占7.0%，广西和福建则有零星生产。椰子生产主要分布在海南、滇南和雷州半岛等地，其中海南岛是东南亚椰子最好的产区之一。其他热带经济作物，如油棕、咖啡、胡椒、热带香料、南药等，则主要分布在海南岛和滇南地区；雷州半岛、广西和闽南的大片亚热带地区也有一定的分散性生产。

五、烟、茶生产与布局

烟草属嗜好作物，茶属饮料作物，这两种作物都受到世界各国人民的喜好，所以在经济作物生产中历来都占有一定的地位。

(1)烟草。种植烟草对气候和土壤有较为严格的要求。烟草生长期长，又是高温作物，生长期日平均气温一般不应低于20℃；需水分也多，土壤质地要求疏松、通风良好、土层深厚、排水良好、并富含有机质。栽培烟草要有合理的轮作制度；制作烤烟费工多，劳动力要充足，还需消耗大量燃料。

烟草由于调制不同，一般分为晒烟和烤烟两种。我国栽培晒烟的历史悠久，烤烟的栽培较迟。1995年我国烟叶总产231.4万吨，其中烤烟207.2万吨，占总产的89.5%。我国烤烟生产的地域分布很广，3/4的省区都有种植，以云、贵、豫三省为主产区，分别占全烤烟总量的36.7%、16.2%和10.5%；黑龙江、四川、山东、湖南、湖北、陕西、福建等省亦占一定比重。就烤烟的产量和品质而言，以云南玉溪、曲靖地区，贵州的遵义、黔南地区，河南的许昌地区，山东的潍坊市为好；今后应以这些地区为主体，比较集中地建设烤烟生产基地，为国内生产高档烟和出口换汇创造条件。要适当控制分散产区的生产规模，对于单产不高和质量不好的分散产区，则应逐步减少种植面积。晒烟主要是农民的自用烟，所以分布很散，商品性也较小；生产量相对较多的有四川、湖北、广东、广西和黑龙江等省。

(2)茶叶。茶树是亚热带、热带多年生常绿树，越冬不耐低温，生长期内要求相对湿度在80%左右，多云雾；宜于土壤深厚肥沃、排水良好的酸性沙壤土，不能在碱性土壤中生长。我国是茶树的原产地，远在唐宋年间，茶叶生产已达到相当规模，饮茶习惯已遍及全国。明清时我国茶叶已成为大宗出口物资，长期在世界市场上占有重要地位。

20世纪初至1949年，我国茶叶生产受到严重摧残，茶园荒芜，产量急剧下降，1949年茶叶总产仅4.1万吨，出口量降为0.75万吨。1949年以后，茶叶生产恢复发展很快。1995年全国茶园面积已达111.5万公顷，总产58.86万吨，比1949增长13.4倍；出口16.67万吨，比1949年增长21.2倍。

我国茶树栽培主要分布于秦岭淮河以南大约200万平方千米的丘陵山区，目前产量以浙、闽两省为主，云南、湖南、四川和安徽居次，1995年这6省茶叶合计产量占全国总产的72.9%。近年来，湖北、广东、江西、广西、贵州、江苏等省茶园增加较多，产量在全国所占比重有所上升。

我国茶叶品种丰富，根据加工方法的不同，主要分为红茶、绿茶、边茶、花茶、乌龙茶五大类。绿茶供内销和外销，产量最多，产区分布也广，浙、皖、赣等省以产绿茶为主；红茶生产以出口为主，产区以华南和西南各省为主；边茶又称砖茶，主要供销兄弟民族地区，以湘、鄂、川为主产地；花茶以内销为主，产量较少，以浙闽和四川所产较多；乌龙茶则主要销往南洋一带，产量也不多，闽粤为主要产地。

六、其他粮食作物

我国薯类种植主要是甘薯和马铃薯，1995年总播种面积为951.9万公顷，总产3263万吨，其中甘薯占80%左右。甘薯和马铃薯的块根中含有丰富的淀粉和维生素A、B，但蛋白质含量较低，除作为粮食外，还是制造淀粉、酒精和糖浆的原料，甘薯茎叶是家畜的良好青贮饲料。甘薯在我国的栽培制度极为复杂：春薯以黄河中下游各省及南方山区较多，夏薯以江淮地区较多，长江以南无霜期长的地区，甘薯栽插可推迟到立秋处暑，至晚冬收获。两广、福建等终年无霜地区，除可栽培春薯、秋薯以外，还有越冬薯的栽培，至翌年3、4月收获。我国甘薯生产分布甚广，主要集中在四川、山东、河南、河北以及安徽、江苏的淮北地区，其次为广东、广西、福建及长江中游的一些丘陵山区。马铃薯不耐高温，生长期短，成熟快，早熟品种70～90天即成熟。我国马铃薯栽培目前以东北北部、内蒙古西部、晋北、冀北、川西北等地势较高的地方比较集中。

大豆含蛋白质达40%左右，含油脂20%。因而它既是粮食作物，又是油料作物，同时也是重要的副食品原料。大豆是喜温作物，夏季宜有高温，适于我国北方温带地区栽培。我国过去是世界上种植大豆最早和产量最多的国家，在过去的国际市场上，大豆的出口常为我国所独占。20世纪50年代我国大豆播种面积最高的一年为1275万公顷，以后由于多种因素的影响，大豆生产被压缩，至1978年仅为714万公顷，后来种植面积又有较大恢复，1995年已近850万公顷，总产1350万吨。就地区分布而言，大豆生产几乎遍及全国，而以东北松辽平原和华北平原最为集中。在松辽平原大豆多半与春小麦轮作，也有和玉米间作、混作的。1995年东三省大豆约占全国总产的42%。这里的大豆品种优良，商品率高，是我国最大的商品大豆生产基地。黄淮平原大豆生产主要集中在淮河以北、石德铁路以南、京广铁路以东的平原地区，一般与冬小麦轮作换茬。

秦岭淮河以南、长江中下游和华南各省，大豆多半夏播或秋播，基本上是分散性生产区。这些地区油料作物以油菜籽、花生为主，大豆仅为补充性作物，一般经营较粗放，产量也较低。

※ 活动三   我国粮食商品生产基地建设与发展

建设发展以生产粮食为中心任务的商品粮基地，是促进我国粮食生产，提高粮食商品率，以满足国民经济发展需要的一条有效途径。有了适度规模的商品粮基地，国家的粮食生产任务就有了可靠的基础，国家粮食储备和人民生活也有了可靠的保证，不但对平衡季节供应和丰歉、调剂品种带来方便，而且通过商品粮基地在全国的合理布局，可以大大缩短远距离的不合理粮食运输，减少运输负担，节约社会劳力。商品粮基地的农业经营方针应以粮食为主，同时也要因地制宜，根据需要和可能，合理安排经济作物、林牧渔和工副业生产，避免农业和农村经济发展的极端片面化、单一化。根据我国各商品粮基地的经营历史，粮食生产的现状、增产潜力和发展需要，今后应分期分批重点加强下列三种不同类型基地的建设。

一、增产潜力大，商品率稳步提高，具跨世纪意义的全国性商品粮基地

主要是指东北平原，黄淮平原和甘新地区的商品粮基地。其中东北和甘新地区经多年开垦，粮食耕地增加较多，加上国家已投入大量人力、物力和财力，粮食生产的集约化水平大幅度提高；黄淮平原经过十多年的农业综合开发和治理工作，农业生产条件已明显改善。这三大区域的粮食综合生产能力均有大幅度增长，现已成为我国最重要的商品粮基地。预期至20世纪末这三大区域拥有2400万吨的粮食增产潜力。

在上述基地区域内，东北区的重点是继续合理调整粮食作物种植布局，逐步增加旱改水面积；争取选育一批耐冷早熟高产的小麦品种推广种植，努力提高玉米单产；继续增加投入，提高粮食生产集约化水平，使粮食单产总体能跃上一个新台阶；适当开垦荒地，增加耕地面积，力争能扩大粮食播种面积50万公顷。黄淮平原地区要进一步治理旱涝碱灾，改善农业基本条件；广辟肥源，坚持用养结合，培养地力，确保粮食持续增产；重点改造中低产田，扩大有效灌溉面积，提高农田单位面积产量。甘新地区要在积极兴建调蓄水库和输配水工程、合理开发利用地下水资源、扩大灌溉面积的基础上，发展节水农业，平整耕地，建设防渗渠道，改善灌溉技术，提高水的利用率，加强荒地资源的开垦力度，不断增加粮食总播种面积。

二、生产水平较高，仍有增产潜力的老商品粮基地

主要是指我国南方各大江、河的三角洲和长江中下游湖盆平原。这些地区人口稠密、水土条件好、耕作精细、粮食单产水平高，历史上很早就能提供余粮，特别是稻米，是我国的主要粮仓。如太湖平原，江西鄱阳湖平原，湖南洞庭湖平原，湖北江汉平原，四川成都平原，广东珠江三角洲等。目前这些地区仍是我国最主要的粮食产区，但由于这些地区人口增长，消费水平提高，粮食就地消费增加；加上耕地被占用

量大，经济作物发展较快，粮食播种面积减少，能提供的商品粮数量逐渐减少。

然而，这些老基地通过兴修水利，加强农田基本建设，改造中低产田地，扩大高产稳产面积，培育和推广高产良种，改进生产措施，增加生产资料投入，提高集约化生产水平，从而提高单产、增加总产的潜力仍很大。而且这些老基地具有生产基础好、投资少、见效快的特点，应当进一步巩固、提高和发展。特别是具有全国意义的长江中下游洞庭湖平原、鄱阳湖平原、江汉平原目前还是中产区，如能加强建设，粮食单产和总产可望在短期内有较大提高。

三、缺粮地区有潜力的区域性商品粮基地

目前我国的主要缺粮区域是西南、华南和黄土高原地区，距主要余粮区路途遥远，运输相当困难且运费很高。而这些缺粮区域仍不乏生产条件较好的地区，例如黄土高原区的汾渭谷地等。因此，除了要加强全国性商品粮基地的建设，还应抓紧缺粮区域内区域性和省内的商品粮基地的建设发展，全力保护这些地区的现有耕地，增加农业投入，完善保护粮食生产的法规和政策，提高农民的种粮积极性，不断提高区域的粮食自给水平。

※ 活动四　中国农业分区

我国发展农业生产的自然与社会经济条件具有明显的地域差异，从而形成各地区不同的农业生产特点。为能因地制宜指导和规划农业生产，必须从实际情况出发，以地区为单元，对农业生产的发展进行综合研究。

综观我国农业生产地域分异的大势，可以看出，在我国土地上，最大的农业地域差异首先是东部和西部。东部地区热、水、土条件的配合较好，农业发展历史悠久，人口稠密，是我国绝大部分耕地、农作物和林业、畜牧业、渔业的集中地区。西部地区则气候比较干旱，热、水、土条件的配合上有较大缺陷，绝大部分是少数民族聚居区，交通不便，农业发展历史较晚，人口稀少，农耕地小而分散，大部分地区以放牧业为主。在东部和西部，又可各分为南、北两大部分。在东部，秦岭淮河以北的北方地区，以旱地作为耕地的基本形态，发展了一整套旱地农业生产制度，是我国旱粮作物和棉花、花生、大豆、甜菜和温带水果的主产区；秦岭淮河以南的南方地区，以水田作为耕地的基本形态，发展了一整套水田农业生产制度，是水稻以及油菜和甘蔗、桑、茶、柑橘等各种亚热带、热带经济作物的生产区。在西部祁连山以北的甘新地区是广大的干旱气候区，种植业完全依赖于灌溉，荒漠及山地放牧业较发达；祁连山以南的青藏高寒地区，是以放牧业为主的地区，除极少数河谷地带外，牲畜、农作物都带有高寒地区的特点。

以上四大地区虽然可以概略地反映我国国土上农业的重大地域差异，但毕竟过于粗略，尤其是东部地区是我国农业生产的主要地区，内部复杂多样，必须做进一步的

分区。《中国综合农业区划》将东部的北方地区分成4个农业区，南方地区则分成3个农业区，再另将海域部分列为海洋水产区，这样就将全国分成10个一级农业区。现将全国一级农业区(海洋水产区从略）分别概述如下:

一、东北区

本区包括黑龙江、吉林、辽宁(除朝阳地区外)三省及内蒙古东北部大兴安岭地区。本区农垦历史较晚，人均耕地较多，是向全国提供大量商品粮、大豆、木材等农林产品的重要生产基地。

本区农业自然条件的主要特点是:土地、水、森林资源比较丰富，而热量资源不够充足。中部的松嫩平原土层深厚，自然肥力较高，对发展农业机械化也极为有利。区内尚拥有较多的宜农荒地，主要分布在黑龙江省及内蒙古呼伦贝尔市东部地区。本区东北部及北部气候比较湿润，平原上地表水和地下水均较丰富，宜于引灌。大、小兴安岭和长白山地是我国最大的天然用材林区。本区纬度较高，冬季严寒而寒冷期长，作物生长期短，积温不高，大部分地区冬小麦不能越冬，只能一年一熟。北部地区农作物生长期内常出现低温冷害，影响水稻、玉米、高粱、大豆等作物的正常成熟，易于造成大幅度减产，尤以三江平原及松花江中、下游地区低温冷害出现的频率高。

本区是1949年以来我国开荒扩耕的重点地区，历年开垦面积已占现有耕地的1/3，并在此基础上建设了一大批机械化国有农场，使昔日的"北大荒"变成了"北大仓"。本区玉米、大豆、甜菜等农产品生产在全国占有重要地位，黑、吉两省已能每年向国家提供大量的商品粮和大豆，是我国目前最大的商品粮基地。木材生产在全国也比较重要。

近年来本区不断增加对农业的投入，改善农业生产条件，耕地单产水平稳步提高，其中粮田单产已由1985年的2692千克/公顷，提高到1995年的4580千克/公顷以上。为能进一步挖掘农业生产潜力，今后还须重点做好农业基本建设，积极改造中低产农田，同时，扎扎实实地组织农业综合开发，逐步开发宜农、宜林、宜牧荒山和荒地，进一步建设好以松嫩平原与三江平原为主体的商品粮生产基地。合理调整农作物种植结构，适当增加旱改水面积;争取选育一批耐冷早熟品种，抗御冷害，提高单产;合理开发利用森林资源，采伐与营林、造林相结合;重视资源的综合利用。本区是全国重工业基地，工矿城市人口多，需大力发展养殖业，建设城郊副食品生产基地。此外，要扬长避短，发挥优势，建设松嫩平原甜菜、辽西北向日葵及辽东半岛苹果、海水养殖等若干生产基地。

二、内蒙古及长城沿线区

本区包括内蒙古自治区包头以东地区、辽宁朝阳地区、河北北部、晋北及晋西北地区、陕北榆林地区。本区处于由东部平原向内蒙古高原、由半湿润地区向半干旱及干旱地区过渡地带，农牧兼营，在全国牧业生产中占有重要地位。

本区自然条件总的特点是水、热条件不足，雨量少而变率大，西北部许多地区地表径流贫乏，南部和东南部除黄河、西辽河等河流沿岸的局部平原和山间盆地外，多丘陵山地，灌溉条件也较差，农作物只能一年一熟。但本区草原辽阔，牧业条件优于种植业；东部的呼伦贝尔市和锡林郭勒盟东部是草甸草原，草层覆盖度65%~80%，每公顷产鲜草4000~4500千克，是我国最好的草原，向西则过渡到干草原和荒漠草原。

本区北部为牧业地带，中部为半农半牧地带，南部为农业地带。农耕业主要种植春小麦、玉米和耐旱杂粮，以及耐寒的胡麻、春油菜、向日葵，甜菜生产也占较大比重；人均拥有耕地较多，耕作经营粗放，单产水平比较低；牧业主要放养绵羊、山羊、牛，马等牲畜，这些牲畜生产在全国均占有重要地位。

本区农牧业生产的主要问题是农牧业长期粗放经营，多为低产状态，近年虽有所改善，但仍未能根本解决。为了进一步发展本区农牧业生产，今后宜着重解决以下问题：第一，要因地制宜调整农业结构，实行以牧为主，草田轮作，改变广种薄收，粗放经营的局面。第二，在本区南部若干水土条件较好的平原和盆地，大搞农田基本建设，实行科学种田，建立稳定的粮油生产基地，不宜过多毁草开垦扩大耕地面积，切实保护好草原，避免草原沙化进一步扩大。第三，要合理利用和建设草原，并在此基础上，因地制宜地建设各种良种牲畜生产基地，提高牲畜出栏率，控制纯增率，开展肥羔生产，在牧区就近建立屠宰冷冻及畜产品初步加工企业，着力提高畜产品商品率。

三、黄淮海区

本区位于长城以南、淮河以北、太行山及豫西山地以东，包括北京市大部、天津市、河北省大部、河南省大部、山东省、安徽与江苏的淮北地区。本区平原广阔，总耕地多达2100多万公顷，是各大农区中耕地最多的一个区，也是全国最主要的粮、棉商品生产区。本区地势平旷，土层深厚，有利于大范围机械化耕作；全区属暖温带气候，可以两年三熟到一年两熟，棉花、花生等喜温作物都可以种植；广大平原上普遍有发展水利灌溉的条件。

对本区农业影响最大的不利自然条件是旱、涝、碱灾害。本区降水和地表径流年际变率大，季节分配不均，春季易旱，加上蒸发强烈，表土极易泛盐。夏季多暴雨，常带来河水暴涨，平地沥涝成灾。广大冲积平原中部多浅平洼地，排水困难，更加重了沥涝威胁。春旱、夏涝常在年内交替出现，而土壤盐碱化则广泛出现于许多低洼平地。总体上，西部山麓地带受害较轻，平原中东部受害较重，南部洪涝大于北部，北部干旱与盐碱重于南部。然而，经过近十多年的大规模综合治理，生产条件显著改善，受灾面积、频率和程度都有较大下降。

　　本区属我国古文化中心，农耕历史悠久，平原地区垦殖指数大多高达60%以上，山东丘陵地区也达40%左右。本区是我国小麦、棉花、花生、芝麻、烤烟等的主要产地，特别是经近十多年的大规模综合治理，农业生产水平提高很快，成为我国最主要的商品粮棉产区；本区温带水果中的苹果、梨、柿产量也居全国首位。由于粮食的大幅度增产和秸秆的开发利用，畜牧业较以前有较大增长，肉牛生产已居全国之首；林业生产较为薄弱，森林覆盖率约8%左右。

　　为发掘本区的增产潜力，宜重点解决以下问题：继续大力兴修水利，改良土壤，植树造林，综合治理旱、涝、碱灾害，进一步改善农业生产基本条件；以冀鲁豫低洼平原和黄淮平原为重点，加强中低产田改造，集中连片建设国家级商品粮棉基地；发展胶东、鲁中南及苏皖北部的花生基地与山东半岛的苹果基地；要坚持用养结合，培养地力，促进可持续发展；要充分利用各种资源条件，大力发展多样化畜牧业，要利用沿海滩涂，进一步建设海水养殖基地，养捕结合，努力增加水产品总产。

四、黄土高原区

　　本区位于太行山以西，青海日月山及秦岭以北，长城以南，包括河北西部少数县、山西大部、河南西部、陕西中北部、甘肃中东部、宁夏南部及青海东北部。是一个大部分为黄土高原，以旱杂粮生产为主，水土流失严重，产量不稳不高，亟待综合治理的地区。区内的山间盆地及河谷平原，尤其是晋、陕中部的汾渭谷地等，地势平坦，土壤肥沃，地表水和地下水资源丰富，是良好的农耕区。但全区大部属黄土高原，近70%的地面覆盖着深厚的黄土层，在地面缺乏植被的情况下，极易受侵蚀；加以本区夏雨集中且多暴雨，在长期的流水侵蚀下地面被分割得支离破碎，形成塬、梁、峁和沟壑交错分布的地形。较平的塬、梁、峁顶部和较大沟谷的川坪地，是较好的耕地，但总面积不及10%，绝大部耕地分布在坡度为10°～35°的梁、峁斜坡上，地块狭小而分散，极不利于水利化和机械化。

　　由于长期滥垦陡坡，盲目扩大耕地，引起严重的水土流失，地力迅速衰退；为了增产粮食，便进一步开荒扩种，形成了"越垦越穷，越穷越垦"的恶性循环。近年来，滥垦现象已得到抑止。国家和地方政府采取各种措施鼓励把山坡地退耕，造林植草，也已取得一定的成效，但严重的水土流失现象仍未得到有效控制。

　　本区关中、晋南和豫西等地是我国古文化的摇篮，农垦历史悠久，人口稠密，是区内主要的农业基地，也是我国小麦、棉花的重要产区之一。黄土高原则大部分为坡耕地，除小麦外，抗旱耐瘠的旱杂粮生产比重高；由于雨量变率大，经常受旱，产量低而不稳，广种薄收，是我国单产水平最低，农民收入最少的地区之一。

　　为根本改变本区落后面貌，发展本区农业生产，必须千方百计控制水土流失，并特别着重解决以下问题：第一，要因地制宜确定合理的土地利用方式，改变单搞粮食生产的局面，大搞种草植树，提高畜牧业比重，实行农林牧综合发展，积极发展乡镇企业，尽快改变多灾低产贫穷落后的面貌。第二，以水土保持为中心大力建设基本农田，变广种薄收为少种高产多收；应下大力气把汾渭谷地建成全区的商品粮基地，把黄土高原上100多万公顷水田、梯田和坝地逐步建成保收、稳产农田，促成现有坡耕地的绝大部分能逐步退耕，造林种草。第三，工程措施与生物措施相结合，按流域综合治理水土流失。

五、长江中下游区

本区位于淮河—伏牛山以南，福州、英德、梧州一线以北，鄂西山地、雪峰山以东。包括河南南部，江苏、安徽、湖北、湖南大部，上海、浙江、江西全部，福建、广西、广东北部，是一个人多地少，水热资源丰富，农林牧渔比较发达，农业生产水平较高的地区。

全区属北亚热带和中亚热带气候，温暖湿润，除少数山地外，农作物可一年两熟至三熟，大部分地区可以种植双季稻和茶树，柑橘、油茶、油桐、毛竹等亚热带多年生经济作物和林木。全区平原约占1/4，丘陵山地占3/4；平原大部属河流沿岸冲积平原，土地平坦肥沃，水网密布，湖泊众多，淡水水域约占全国一半，是我国主要的农耕区和淡水水产区；丘陵山地中，大部分为缓丘低山与山间盆地，山冲谷地相间分布，有利于农林业综合发展。

本区粮食、经济作物，经济林业，畜禽饲养，淡水渔业等生产均在全国占有突出的重要地位。全区粮食总产量占全国粮食总产量的28%～30%；其中稻谷产量占50%；油菜籽、茶叶、桑蚕茧、淡水产品等产量也都占全国半数以上，是全国首要的生产基地。本区农业生产的集约化程度比较高，绝大部分耕地实行一年两熟，粮食等主要农作物单产水平，以及畜禽和淡水养殖业生产水平，在全国各大农区中也是最高的。

本区的农业生产仍然存在一些薄弱环节，如土地和水域利用仍不尽合理，自然灾害的威胁还未根本解除，生产水平在地区上还很不平衡，生产潜力还有待发挥。特别近10年来，本区农村乡镇企业发展迅速，耕地资源大幅度减少；对农业投入的增长缓慢，农业基础设施老化失修。

为能进一步利用本区优越的农业生产条件，发掘生产潜力，把本区建成为全国高产稳产的粮食和经济作物、林业、水产和多种经营基地，应努力解决好以下主要问题：首先要严格控制非农业建设对农业生产用地的征用量，建立农田保护区，确保农业生产的土地资源基础。

第二，要切实增加对农业基础设施建设的投入，加强水利建设，根治洪涝渍灾害，大力改造中低产田，挖掘潜力，提高单产。第三，合理调整耕作制度，适当提高复种指数，重视用地与养地的结合；重点建设洞庭湖平原、鄱阳湖平原、江汉平原、苏皖江淮地区的全国商品粮基地，以及苏、鄂两省为主的棉花基地，抓好油菜生产。第四，合理利用丘陵山地，大力发展林牧副业，建设速生用材林及茶叶、柑橘等生产基地。第五，要充分利用本区淡水水域广阔，滩涂资源丰富的优势，以养殖为主，建设海、淡水养殖基地，促进水产业的更快发展。

六、西南区

本区位于秦岭以南，百色—新平—盈江一线以北，宜昌—滁浦一线以西，川西高原以东。包括陕西南部、甘肃东南部、四川云南两省大部、贵州全部、湖北和湖南两省西部及广西北部。本区地处亚热带，以山地丘陵占优势，为我国重要的农林生产基地。

全区近95％的面积是丘陵山地和高原，河谷平原和山间盆地面积只占5％；最大的成都平原仅7500平方千米，数千个小块的河谷平原和山间盆地散布全区，成为区内的主要农耕区；由于平地少，全区垦殖指数仅12.3％左右，人均耕地不足0.066公顷。全区属亚热带，一般水热条件较好而光照条件较差，除少数高山外，普遍可以一年两熟，低海拔平原有发展双季稻的条件，可以广泛种植亚热带多年生植物。黔西及云南高原海拔较高，夏季高温不足，不适于棉花和双季稻种植；川黔地区则多云雾阴雨，日照时数较少，对棉花等喜光照作物不利。全区大部地区雨量充沛，但季节分配不均，春旱、伏旱、秋旱可在不同地区出现，农业生产仍受旱灾的威胁。

本区是我国粮食、油菜籽、甘蔗、烤烟、茶叶、柑橘、桑蚕茧的重要产区之一；也是我国主要的用材林、经济林和畜产品生产基地之一，生猪、油桐籽、生漆、乌桕籽等产量居全国各区的前列；其他山林土特产、药材等，也在全国占重要地位。本区生产潜力远未充分发挥，复种指数低，耕地单产水平不高，这同本区优越的自然条件很不相称。广大丘陵山区的经济林、用材林及宜牧草坡，有的遭受严重破坏，有的则任其荒芜；人多地少，坡耕地多，粮食单产水平低，各省边缘地区缺粮较多，为我国主要的低产贫困地区之一。区内地形复杂，少数民族众多，农业生产地域类型复杂多样，发展极不平衡。各地农业生产水平一般是平原坝区高于丘陵山区，内地高于省境边缘山区，四川盆地高于云贵高原及其他地区。

为能充分利用本区有利的自然条件，大力发掘生产潜力，把本区建成为稳定的粮食、经济作物、经济林木、用材林和畜产品产区，必须着重解决以下问题：第一，要大力发展农田水利和灌溉设施，改变靠天吃饭的局面。第二，大力改造中低产田，对占耕地70％～80％的坡耕地要进行"坡改梯"，建设必要的基本农田；同时，合理改进耕作制度，适当提高复种指数，努力提高耕地单产，增加粮食自给率。第三，坚决退耕陡坡地，退耕还林，积极发展林牧副业生产，重点建设柑橘、茶叶等经济林木生产基地，改变山区贫困落后面貌。

七、华南区

本区位于福州—大埔—英德—百色—新平—盈江一线以南，包括福建东南部、台湾省、广东中部及南部、海南省、广西南部及云南南部。全区地处南亚热带及热带。是我国唯一适宜发展热带作物的地区。

本区高温多雨，为全国水热资源最丰富的地区。生物生长快，四季常青，粮食作物一年可三熟；南部可以种植各种亚热带作物、热带水果和热带经济作物；但北中部大部地区，常受冬季寒潮低温影响，对抗寒性差的热带作物易造成寒害，北部地区的晚稻也会受到低温影响。大部分地区年雨量在1500~2000毫米，但季节分配不均，降水强度大，易引起山区水土流失和谷地平原洪涝成灾；而旱季仍感缺水，冬春干旱显著影响作物生产发育。夏秋季节沿海地带易受台风侵袭，对农业生产危害较大。

本区丘陵山地约占总面积的90%，宜农耕的平原盆地有限，多数丘陵山地也较陡峻，因而耕地面积有限，是各大区中人均耕地最少的区。珠江三角洲、潮汕平原及闽南沿海小平原，人均耕地0.033~0.053公顷。丘陵山地生物资源很丰富，种属繁多，有不少珍贵的热带、亚热带用材林、经济林和动物。本区森林覆盖率在30%以上，农、林、水产业均在全国占有重要地位。本区是全国最大的甘蔗生产基地，总产约占全国的70%左右，也是热带和亚热带水果香蕉、菠萝、荔枝、龙眼和柑橘等的主产区，更是橡胶等热带经济作物的唯一产区。珠江三角洲是全国著名的甘蔗、蚕桑、淡水水产品的生产基地。80年代中期以来，华南区耕地减少较多，热带水果、瓜菜发展很快，导致粮食耕地大量减少，加以粮食单产水平增长缓慢，区域内粮食总量缺口日益增大。

本区农业生产水平的地区差异很大，很多地区自然生产潜力远未充分发挥，如本区西部和南部的滇南、桂西、雷州半岛、海南岛等地区，还有大面积单造田，复种指数和单产都很低，优越的自然条件未得到充分利用。

为充分发挥本区的自然资源优势，加速农业生产发展，还应注意解决好以下主要问题：第一，大力改善水利、肥料条件；丘陵地区要推行旱坡地改梯田，防止水土流失；加强农田基本建设，提高复种指数和单产；建立区内粮食生产基地，提高粮食自给率。第二，正确处理粮食和其他作物生产关系，从全局出发，合理安排作物布局，建设好主要作物的商品生产基地。第三，合理开发丘陵山区，大力发展林业、果树和多种经营，建设好亚热带水果生产基地。第四，要充分发挥有利的区位优势，根据外贸出口需要，积极发展多样化创汇农业。

八、甘新区

本区位于包头—盐池—天祝一线以西，祁连山、阿尔金山以北，包括新疆全部、河西走廊、宁夏中北部及内蒙古西部地区。是一个气候干旱，地广人稀，少数民族聚居，以依靠灌溉的绿洲农业和荒漠放牧业为主的地区。

本区深处内陆，海洋季风影响微弱，绝大部分属干旱荒漠气候。光能资源丰富，大部分地区热量条件较好；晴天多，辐射强，日照时间长，生长期气温日差较大，有利于植物的光热积累；因此，作物产量高，瓜果、甜菜等糖分含量高。年降水量普遍小于250毫米，干燥度在2.5以上；其中一半以上地区降水小于100毫米，干燥度在4以上；降水量不能满足农作物生长的最低限度水分需要。但本区高山和盆地相间分布，在海拔3500米以上高山区，降水较丰富，广泛分布着永久积雪和冰川，夏季部分消融，补给河流，成为山麓地带农田灌溉的主要水源。

本区土地广阔，高平原占绝对优势，山麓平原和土质戈壁只要有水灌溉，即可开发成良好的耕地。由于气候干旱，多为大面积的沙漠和戈壁，风沙危害比较普遍；蒸发强烈，土壤容易积盐，土壤次生盐渍化现象也非常普遍；大部分地表植被稀疏，土壤有机质贫乏，大部牧场载畜量低。

本区农耕历史较久，但农区普遍呈分散小块，分布于有灌溉水源的山麓平原以及有黄河过境的宁夏与内蒙古的河套平原。农作物种类相对较少，种植较为单一；粮食作物以小麦为主，内蒙古后套平原、宁夏银川、卫宁平原、甘肃河西走廊、新疆伊犁地区是重要的粮食基地；南疆地区是重要的长绒棉基地；内蒙古后套平原、新疆石河子地区是重要的甜菜基地。近10多年来，甘新地区农业发展很快，粮、棉、瓜果等播种面积、单产和总产均有较大幅度增长，棉花总产占全国的比重已提高到21.3%。

本区现有耕地近340万公顷，尚不足土地总面积的2%，95%以上地区是荒漠、半荒漠和山地，绝大部分被用作牧场，经营荒漠放牧业。多数地区平原(盆地)牧场与山地牧场相结合，实行季节轮牧；夏季牧放于凉爽的高山、亚高山草甸，冬季牧放于背风向阳的山麓谷地荒漠草原，春秋牧放于其间的疏林地带的山前平原和荒漠。少数地区缺乏山地牧场，只有平原荒漠和半荒漠牧场，无明显季节牧场划分，放牧的家畜也主要为反映荒漠特色的裘皮绵羊、绒用山羊及骆驼等。目前本区放牧业仍以"靠天养畜"为主，草原建设缓慢，季节牧场不平衡，抗灾能力仍不强。为充分发掘本区的生产潜力，进一步发展农牧业生产，应注重解决以下主要问题：第一，合理开发和节约利用水源，走节水型农业的道路；继续抓好盐碱地改良和中低产田改造；适度加强荒地资源的开垦力度，扩大粮食播种面积；使甘新区能成为大西北主要的商品粮生产基地；同时，重点建设好南疆优质棉和长绒棉生产基地，北疆石河子地区及河套平原的甜菜生产基地，积极发展瓜果生产。第二，加强草原建设，发展草田轮作，实行农牧结合，扩大定居放牧，大力发展畜牧业。第三，广泛建林种草，防风固沙，改善生态环境。

九、青藏区

本区包括西藏自治区全境，青海省大部，甘肃省甘南自治州及天祝、肃南县，四川省西部，云南省西北部，是我国重要的牧区和林区之一。高寒是本区主要的自然特点。本区海拔3000米以下地段只限于东部及南部的少数河谷地，不足总面积的1％。由于地势高，大部分地区热量不足。海拔4500米以上地区约占2/3的面积，最热月平均温度低于10℃，无绝对无霜期，谷类作物难以成熟，只宜放牧；东部及南部海拔4000米以下地区可种植耐寒喜凉作物；最南部边缘地势较低的河谷地带，可以种植玉米，水稻等喜温作物。本区牧场广阔，天然草场约有13300多万公顷，约占全区土地面积的60％。

其中，东部和东南部半湿润地区以草甸为主，产草量高，为优良牧场；西北部半干旱和干旱地区属草原和荒漠草原，覆盖度较低，耐牧性也较差。本区东南部及东部有广阔的天然森林，是我国主要林区之一。

本区农牧林业生产都具有高寒地区的特点，牲畜以耐高寒的牦牛、藏系绵羊、藏系山羊为三大主要畜种，农作物以青稞、小麦、豌豆、马铃薯、油菜籽等耐寒性强的作物为主，森林则多为以云杉、冷杉为主的针叶林。在东南部地势较低的河谷地区，则有较暖条件下的生物种类，如牲畜中的黄牛、猪，作物中的玉米、水稻，森林中的阔叶林比重也有增加。

本区地广人稀，农牧林业生产发展水平相对较低；耕作粗放，单产低，粮食自给仍有一定缺口。从本区自然条件、资源特点、现有生产基础和国家需要来看，生产发展方向应以牧业为主，农牧林并举，重点建设全国性的牧业和林业生产基地，发展区内自给性的粮食生产。主要措施是：第一，逐步发展人工和围栏草场，建设巩固的草料生产基地，摆脱靠天养畜状态，增强载畜和抗灾能力。第二，改良牲畜品种，提高牲畜质量，调整畜群结构，缩短畜群周转期。第三，综合开发"一江两河"(雅鲁藏布江及年楚河、拉萨河)地区，积极发展种植业，建设区内粮食生产基地，提高粮食自给水平。第四，在加强保护的基础上，合理开发利用森林资源。

任务五　全国现代农业发展规划

※ 活动一　2013年我国农业现代化发展水平分析

虽然我国农业经济发展迅速，但与发达国家相比，我国农业无论是在规模还是效益上，都与世界现代农业有着很大的差距，农业现代化远未完成。

一、农业劳动力素质

由于城市化进程和乡镇企业的迅速发展，我国已经有接近一半的农村强壮劳动力投入到非农产业中，而把农业生产留给了妇女、儿童和老人。且我国主要劳动力受教育程度低，劳动力素质差，受过系统的、正规的农业技术教育和职业培训的人员极少。我国农村技术推广人员与农业人口之比为1:1200，而发达国家为1:100，我国每万人仅有农业科技人员5人，而以色列为140人，美国为80人，日本为75人。

二、生产能力

1980—2012年农村平均每个劳动力负担人口见下图：

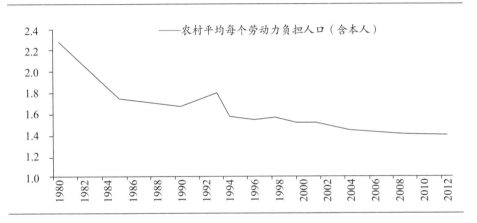

无论是从农业人均产出角度还是粮食单产角度，我国均落后于世界先进水平。以农业最核心、最基本的生产资料种子为例，除了水稻杂交优势等少数成果居于世界领先地位外，其他均缺乏总体优势。2011年我国玉米、大豆、棉花亩产分别为472.2公斤、146.3公斤。而同期美国的数据分别为147.2蒲式耳/英亩、41.9蒲式耳/英亩；我国一个农业人员可以养活不足2人，而德国、以色列一个农业人员分别可以养活130、90人。

三、机械化水平

自2004年我国农机购置补贴政策实施以来，全国补贴购置各类农机具2272.6万台（套），农机总动力已达10亿千瓦，农机化水平加快。我国小麦基本实现全过程机械化，水稻机械种植水平由2005年的7.1%提高到30%以上，玉米机收割水平提高到40%，至2012年我国农作物耕种综合机械化水平达到57%。不过即便如此，我国农业机械化水平与发达国家相比仍有不小差距，尤其是经济作物机收率较低，花生不到20%，油菜、棉花不到10%。

我国农作物耕种收综合机械化率：%

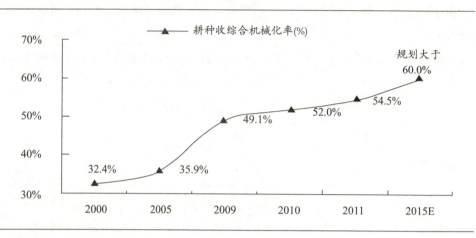

四、科技化水平

近年来我国对农业科技的支持不断增强，用于农业科研的预算不断增加，但我国农业科技仍然有很多的不足。一是创新成果不足，农业科技总体水平不高，低水平甚至是重复性研究比较多（例如玉米种子的研发）。我国50%以上的生猪、肉鸡蛋鸡、奶牛良种以及90%以上的高端蔬菜种子需要进口。另外我国农业科技推广服务不足，推广能力落后于生产和农民的需要，专业化和社会化服务组织发展相对滞后。

※ 活动二　全国现代农业发展规划

在工业化、城镇化深入发展中同步推进农业现代化，是"十二五"时期的一项重大任务。加快发展现代农业，既是转变经济发展方式，全面建设小康社会的重要内容，也是提高农业综合生产能力、增加农民收入、建设社会主义新农村的必然要求。为贯彻落实《中华人民共和国国民经济和社会发展第十二五个规划纲要》精神，指导全国"十二五"现代农业建设和发展，本书编制了详细规划。

一、发展形势

"十二五"是全面建设小康社会的关键时期，是深化改革开放、加快转变经济发展方式的攻坚时期，是加快发展现代农业的重要机遇期。

（一）发展现代农业的基础更加坚实。党的十六大以来，中央坚持把解决好"三农"问题作为全部工作的重中之重，不断深化改革，完善强农惠农富农政策，大幅增加农业投入。有力推动了传统农业向现代农业加速转变。农业综合生产能力明显增强，粮食连续八年增产、产量连续五年稳定在5亿吨以上，棉、油、糖生产稳步发展，"菜篮子"产品供应充足，农产品质量不断提高。农业结构不断优化，优势农产品区域布局初步形成。物质装备条件显著改善,科技支撑能力稳步提高。经营体制机制不断创新,农业产业化经营水平大幅提高。对外开放迈出新步伐,农业"走出去"取得新进展。农民收入大幅提高,连续八年增幅超过6%。经过多年努力,我国农业发展取得了长足进步,农业现代化水平显著提升,为满足国内需求、保持国民经济平稳较快发展做出了突出贡献,为应对各种风险挑战、维护改革发展稳定大局发挥了重要作用。

(二)发展现代农业的条件更加有利。"十二五"时期,加快发展现代农业机遇难得。一是工业化、城镇化的引领推动作用将更加明显。工业化快速发展,信息化水平不断提高,为改造传统农业提供了现代生产要素和管理手段;城镇化加速推进,农村劳动力大量转移,为农业实现规模化生产、集约化经营创造了有利时机;城市人口增加和生活水平不断提高,以及扩大内需战略的实施,为扩大农产品消费需求、拓展农业功能提供了更为广阔的空间。二是政策支持将更加强化。随着我国综合国力和财政实力不断增强,强农惠农富农政策力度将进一步加大,支持现代农业发展的物质基础更加牢固。三是科技支撑将更加有力。科技创新孕育新突破,全球绿色经济、低碳技术正在兴起,生物、信息、新材料、新能源、先进装备制造等高新技术广泛应用于农业领域,现代农业发展的动力更加强劲。四是外部环境将更加优化。全党全社会关心农业、关注农村、关爱农民的氛围更加浓厚,形成合力推进现代农业发展的新局面,广大农民的积极性、创造性将得到进一步激发和释放。

(三)发展现代农业的要求更加迫切。国外经验表明,在工业化、城镇化快速推进时期,农业面临着容易被忽视或削弱的风险,必须倍加重视农业现代化与工业化、城镇化的同步推进和协调发展。当前,我国工业化、城镇化快速发展,但农业现代化明显滞后,面临着一系列严峻挑战。自然灾害多发重发,农业基础设施薄弱,抗灾减灾能力低的问题更加凸显;农业生产成本不断上升,产业化水平低,比较效益偏低的矛盾较为突出;农产品市场需求刚性增长,资源环境约束加剧,保障主要农产品供求平衡难度加大;农业劳动力素质有待提高,科技创新和推广应用能力不强,转变农业发展方式的任务极为艰巨;农户生产经营规模小,农业社会化服务体系不健全,组织化程度较低,小生产与大市场的矛盾依然明显;全球粮食能源化、金融化趋势明显,国际农产品市场投机炒作及传导影响加深,我国现代农业发展面临更多的外部不确定性。

"十二五"时期,必须珍惜、抓住、用好难得的历史机遇,坚持用现代物质条件装备农业,用现代科学技术改造农业,用现代产业体系提升农业,用现代经营方式推进农业,用现代发展理念引领农业,用培养新型农民发展农业,着力突破瓶颈制约,努力探索出一条具有中国特色的农业现代化道路。

二、指导思想、基本原则与发展目标

（一）指导思想

以邓小平理论和"三个代表"重要思想为指导，深入贯彻落实科学发展观，全面贯彻党的十八大精神，按照在工业化、城镇化深入发展中同步推进农业现代化的要求，坚持走中国特色农业现代化道路，以转变农业发展方式为主线，以保障主要农产品有效供给和促进农民持续较快增收为主要目标，以提高农业综合生产能力、抗风险能力和市场竞争能力为主攻方向，着力促进农业生产经营专业化、标准化、规模化、集约化，着力强化政策、科技、设施装备、人才和体制支撑，着力完善现代农业产业体系，提高农业现代化水平、农民生活水平和新农村建设水平，为全面建设小康社会和国家现代化建设提供具有决定性意义的基础支撑。

（二）基本原则

——坚持确保国家粮食安全。坚持立足国内实现粮食基本自给的方针，实行最严格的耕地保护和节约用地制度，加强农业基础设施建设，着力提高粮食综合生产能力，加快构建供给稳定、储备充足、调控有力、运转高效的粮食安全保障体系。

——坚持和完善农村基本经营制度。在保持农村土地承包关系稳定并长久不变的前提下，推进农业经营体制机制创新，坚决防止以发展现代农业为名强迫农民流转土地承包经营权、改变土地农业用途，切实尊重农民意愿，维护农民利益。

——坚持科教兴农和人才强农。加快农业科技自主创新和农业农村人才培养，加快农业科技成果转化与推广应用，提高农业物质技术装备水平，推动农业发展向主要依靠科技进步、劳动者素质提高和管理创新转变。

——坚持政府支持、农民主体、社会参与。强化政府支持作用，加大强农惠农富农力度，充分发挥农民的主体作用和首创精神，引导和鼓励社会资本投入农业，凝聚各方力量，合力推进现代农业发展。

——坚持分类指导、重点突破、梯次推进。进一步优化农业生产力布局，因地制宜地采取有选择、差别化扶持政策，支持主要农产品优势产区建设，鼓励有条件地区率先实现农业现代化，推动其他地区加快发展，全面提高农业现代化水平。

（三）发展目标

到2015年，现代农业建设取得明显进展。粮食等主要农产品供给得到有效保障，农业结构更加合理，物质装备水平明显提高，科技支撑能力显著增强，生产经营方式不断优化，农业产业体系更趋完善，土地产出率、劳动生产率、资源利用率显著提高，东部沿海、大城市郊区和大型垦区等条件较好区域率先基本实现农业现代化。

展望2020年，现代农业建设取得突破性进展，基本形成技术装备先进、组织方式优化、产业体系完善、供给保障有力、综合效益明显的新格局，主要农产品优势区基本实现农业现代化。

三、重点任务

从加快转变农业发展方式的关键环节入手，重点加强建设事关现代农业发展全局、影响长远的八个方面。

（一）完善现代农业产业体系

稳定发展粮食和棉油糖生产。稳定粮食播种面积，优化品种结构，提高单产和品质，加强生产能力建设，确保国家粮食安全。实施全国新增千亿斤粮食生产能力规划，将粮食生产核心区和非主产区产粮大县建设成为高产稳产商品粮生产基地。积极推进南方稻区"单改双"，扩大东北优势区粳稻种植面积，稳步推进江淮等粳稻生产适宜区"籼改粳"。稳定小麦面积，发展优质专用品种。稳定增加玉米播种面积，积极恢复和稳定大豆种植面积，着力提高单产水平。积极开发和选育马铃薯优质专用高产品种，提高脱毒种薯供给能力。继续加强优质棉花生产基地建设，稳定发展油糖生产，多油并举稳定食用植物油自给率，基本满足国内棉花消费需求，实现糖料基本自给。

积极发展"菜篮子"产品生产。加强蔬菜水果、肉蛋奶、水产品等产品的优势产区建设，扩大大中城市郊区"菜篮子"产品生产基地规模，建设海南冬季瓜菜生产基地等国家南菜北运重点生产基地。推动苹果、柑橘等优势园艺产品生产，稳定发展生猪和蛋禽，加快发展肉禽和奶牛，稳定增加水产品养殖总量，扶持和壮大远洋渔业。

大力发展农产品加工和流通业。加强主要农产品优势产区加工基地建设，引导农产品加工业向种养业优势区域和城市郊区集中。启动实施农产品加工提升工程，推广产后贮藏、保鲜等初加工技术与装备；大力发展精深加工，提高生产流通组织化程度，培育一批产值过百亿元的大型加工和流通企业集团。强化流通基础设施建设和产销信息引导，升级改造农产品批发市场，支持优势产区现代化鲜活农产品批发市场建设，大力发展冷链体系和生鲜农产品配送。发展新型流通业态，推进订单生产和"农超对接"，落实鲜活农产品运输"绿色通道"政策，降低农产品流通成本。规范和完善农产品期货市场。

（二）强化农业科技和人才支撑

增强农业科技自主创新能力。明确农业科技的公共性、基础性、社会性地位，加强基础性、前沿性、公益性重大农业科学技术研究，强化技术集成配套，着力解决一批影响现代农业发展全局的重大科技问题。加快农业技术引进消化吸收再创新步伐，加强农业科技领域国际合作。改善农业科研条件，调整优化农业科研布局，加强农业科研基地和重点实验室建设，完善农业科技创新体系和现代农业产业技术体系，启动实施农业科技创新能力建设工程。组建一批产业技术创新战略联盟和国家农业科技园区。完善农业科技评价机制，激发农业科技创新活力。

大力发展现代农作物种业。整合种业资源，培育一批具有重大应用前景和自主知识产权的突破性优良品种，建设一批标准化、规模化、集约化、机械化的良种繁育和生产基地，打造一批育种能力强、生产加工技术先进、市场营销网络健全、技术服务到位的现代种业集团。构建以产业为主导、企业为主体、基地为依托、产学研相结合、育繁推一体化的现代种业体系，提升种业科技创新能力、企业竞争能力、供种保障能力和市场监管能力。实施好转基因生物新品种培育重大专项，加快发展生物育种战略性新兴产业。

加快农业新品种新技术转化应用。加快优质超级稻、专用小麦、高油大豆、耐密玉米、双低油菜、杂交棉花、高产高糖甘蔗等新品种推广，加强小麦"一喷三防"（喷施叶面肥，防病虫害、防早衰、防干热风）、水稻大棚和工厂化育秧、玉米地膜覆盖、棉花轻简育苗移栽、甘蔗健康种苗、机械化深松整地、膜下滴灌、水肥一体化、测土配方施肥、耕地改良培肥、农作物病虫害专业化统防统治、秸秆综合利用、快速诊断检测等稳产增产和抗灾减灾关键技术的集成应用。推进联合育种，加快畜禽水产遗传改良进程。创新农业技术推广机制，大规模开展高产创建，在有条件地区实行整乡整县（场）推进，力争实现优势产区和主要品种全覆盖。大力推动精准作业、智能控制、远程诊断、遥感监测、灾害预警、地理信息服务及物联网等现代信息技术在农业农村的应用。

壮大农业农村人才队伍。以实施现代农业人才支撑计划为抓手，大力培养农业科研领军人才、农业技术推广骨干人才、农村实用人才带头人和农村生产型、经营型、技能服务型人才。围绕农业生产服务、农村社会管理和涉农企业用工等需求，加大农村劳动力培训阳光工程实施力度。大力发展农业职业教育，加快技能型人才培养，培育一批种养业能手、农机作业能手、科技带头人等新型农民。支持高校毕业生和各类优秀人才投身现代农业建设，鼓励外出务工农民带技术、带资金回乡创业。

（三）改善农业基础设施和装备条件

大规模开展高标准农田建设。按照统筹规划、分工协作、集中投入、连片推进的思路，拓宽资金渠道，加大投入力度，大规模改造中低产田，建设旱涝保收高标准农田。加快大中型灌区、排灌泵站配套改造，新建一批灌区，大力开展小型农田水利建设，增加农田有效灌溉面积。加强新增千亿斤粮食生产能力规划的田间工程建设，开展农田整治，完善机耕道、农田防护林等设施，推广土壤有机质提升、测土配方施肥等培肥地力技术。完善高标准农田建后管护支持政策和制度，延长各类设施使用年限，确保农田综合生产能力长期持续稳定提升。

改善养殖业生产条件。加速培育一大批设施完备、技术先进、质量安全、环境友好的现代化养殖场。加快实施畜禽良种工程，支持畜禽规模化养殖场（小区）开展标准化改造和建设。加大内蒙古、青海、甘肃、新疆、西藏和川西北等牧区草原畜牧业生产建设投入，加快草原围栏、棚圈和牧区水利建设，配套发展节水高效灌溉饲草基地。健全水产原良种体系，开展池塘标准化改造，建设水产健康养殖示范场。加强渔港和渔政执法能力建设。

加快农业机械化。全面落实农机具购置补贴各项管理制度和规定，加强先进适用、安全可靠、节能减排、生产急需的农业机械研发推广，优化农机装备结构。加快推进水稻栽插收获和玉米收获机械化，重点突破棉花、油菜、甘蔗收获机械化瓶颈，大力发展高效植保机械，积极推进养殖业、园艺业、农产品初加工机械化，发展农用航空。加快实施保护性耕作工程。大力发展设施农业。支持农用工业发展，提高大型农机具和农药、化肥、农膜等农资生产水平。

加强农业防灾减灾能力建设。加快构建监测预警、应变防灾、灾后恢复等防灾减灾体系。建设一批规模合理、标准适度的防洪和抗旱应急水源工程，提高防汛抗旱减灾能力。开展应对与适应气候变化、气候资源高效利用等重大技术研发应用，强化气象灾害、草原火灾监测预警预报和信息发布系统建设，加快国家人工影响天气综合基地和重点地区人工增雨抗旱防雹工程建设。加强种子、饲草料等应急救灾物资储备调运条件建设，推广相应的生产技术和防灾减灾措施，提高应对自然灾害和重大突发事件的能力。

（四）增强农产品质量安全保障能力

大力推进农业标准化。以农兽药残留标准为重点，加快健全农业标准体系。以园艺产品、畜产品、水产品等为重点，推行统一的标准、操作规程和技术规范。集中创建一批园艺作物标准园、畜禽养殖标准化示范场和水产健康养殖示范场，加强国家级农业标准化整建制推进示范县（场）建设。加快发展无公害农产品、绿色食品、有机农产品和地理标志农产品。

加强农产品质量安全监管。健全国家、省、市（地）、县（场）四级投入品和农产品质量安全监管体系。完善投入品登记、生产、经营、使用和市场监督等管理制度，完善农产品质量安全风险评估、产地准出、市场准入、质量追溯、退市销毁等监管制度，健全检验检测体系。建立协调配合、检打联动、联防联控、应急处置机制。实行农产品产地安全分级管理。推动农产品生产、加工和流通企业建立诚信制度。

（五）提高农业产业化和规模化经营水平

推进农业产业化经营跨越式发展。制定扶持农业产业化龙头企业发展的综合性政策，启动实施农业产业化经营跨越发展行动。按照扶优、扶大、扶强的原则，选择一批经营水平高、经济效益高、辐射带动能力强的龙头企业予以重点扶持。依托农产品加工、物流等各类农业园区，选建一批农业产业化示范基地，推进龙头企业集群发展。引导龙头企业采取兼并、重组、参股、收购等方式，组建大型企业集团，支持龙头企业跨区域经营，提升产品研发、精深加工技术水平和装备能力。鼓励龙头企业采取参股、合作等方式，与农户建立紧密型利益联结关系。

强化农民专业合作社组织带动能力。广泛开展示范社建设行动，加强规范化管理，开展标准化生产，实施品牌化经营。加大合作社经营管理人员培训培养力度，加强合作社辅导员队伍建设。支持农民专业合作社参加农产品展示展销活动，与批发市场、大型连锁超市以及学校、酒店、大企业等直接对接，建立稳定的产销关系。鼓励农民专业合作社开展信用合作，在自愿基础上组建联合社，提高生产经营和市场开拓能力。扶持合作社建设农产品仓储、冷藏、初加工等设施。

发展多种形式的适度规模经营。在依法自愿有偿和加强服务基础上，完善土地承包经营权流转市场，发展多种形式的规模化、专业化生产经营。引导土地承包经营权向生产和经营能手集中，大力培育和发展种养大户、家庭农（牧）场。严格规范管理，支持农民专业合作社及农业产业化龙头企业建立规模化生产基地。实施"一村一品"强村富民工程。

（六）大力发展农业社会化服务

增强农业公益性服务能力。加快基层农技推广体系改革和建设，改善工作条件，保障工作经费，创新运行机制，健全公益性农业技术推广服务体系。加强农业有害生物监测预警和防控能力建设，大力推行专业化统防统治，力争在粮食主产区、农作物病虫害重灾区和源头区实现全覆盖。加强动物防疫体系建设，完善国家动物疫病防控网络和应急处理机制，强化执法能力建设，切实控制重大动物疫情，努力减轻人畜共患病危害。

大力发展农业经营性服务。培育壮大专业服务公司、专业技术协会、农民经纪人、龙头企业等各类社会化服务主体，提升农机作业、技术培训、农资配送、产品营销等专业化服务能力。加强农业社会化服务市场管理，规范服务行为，维护服务组织和农户的合法权益。

（七）加强农业资源和生态环境保护

加强农业资源保护。继续实行最严格的耕地保护制度，加强耕地质量建设，确保耕地保有量保持在18.18亿亩，基本农田不低于15.6亿亩。科学保护和合理利用水资源，大力发展节水增效农业，继续建设国家级旱作农业示范区。坚持基本草原保护制度，推行禁牧、休牧和划区轮牧，实施草原保护重大工程。加大水生生物资源养护力度，扩大增殖放流规模，强化水生生态修复和建设。加强畜禽遗传资源和农业野生植物资源保护。

加强农业生态环境治理。鼓励使用生物农药、高效低毒低残留农药和有机肥料，回收再利用农膜和农药包装物，加快规模养殖场粪污处理利用，治理和控制农业面源污染。加快开发以农作物秸秆等为主要原料的肥料、饲料、工业原料和生物质燃料，培育门类丰富、层次齐全的综合利用产业，建立秸秆禁烧和综合利用的长效机制。继续实施农村沼气工程，大力推进农村清洁工程建设，清洁水源、田园和家园。

大力推进农业节能减排。树立绿色、低碳发展理念，积极发展资源节约型和环境友好型农业，大力推广节地、节水、节种、节肥、节药、节能和循环农业技术，淘汰报废高耗能老旧农业机械，加快老旧渔船更新改造，推进形成"资源—产品—废弃物—再生资源"的循环农业方式，不断增强农业可持续发展能力。

（八）创建国家现代农业示范区

加大示范区建设力度。高标准、高起点、高水平创建300个左右国家现代农业示范区。以粮棉油糖、畜禽、水产、蔬菜等大宗农产品及部分地区特色农产品生产为重点，加大示范项目建设投入力度，着力培育主导产业，创新经营体制机制，强化物质装备，培养新型农民，推广良种良法，加快农机农艺融合，大力促进农业生产经营专业化、标准化、规模化和集约化，努力打造现代农业发展的典型和样板。

发挥示范区引领作用。积极探索具有区域特色、顺应现代农业发展规律的建设模式。通过产业拉动、技术辐射和人员培训等，带动周边地区现代农业加快发展。引导各地借鉴示范区发展现代农业的好做法和好经验，推动创建不同层次、特色鲜明的现代农业示范区，扩大示范带动范围，形成各级各类示范区互为借鉴、互相补充、竞相发展的良好格局。

四、重点区域

综合考虑各地自然资源条件、经济社会发展水平和农业发展基础等因素，按照分类指导、突出重点、梯次推进的思路，以"七区二十三带"农业战略格局为核心，着力建设重点推进、率先实现和稳步发展三类区域，引领全国现代农业加快发展。

（一）重点推进区域。包括东北平原、黄淮海平原、长江流域、汾渭平原、河套灌区、华南、甘肃、新疆等"七区二十三带"的主要区域。该区域地势平坦，水土资源匹配，农业生产技术较为成熟，农业生产条件具有良好基础，是我国粮食生产核心区和棉油糖、畜禽、水产、蔬菜、水果、蚕茧等其他农产品主产区，承担着主要农产品供给保障的主体功能。加快推进该区域现代农业建设，事关全国农业现代化进程和国家粮食安全大局。

——粮食生产核心区。主要指《全国新增500亿公斤粮食生产能力规划（2009—2020年）》确定的24个省（区、市）800个粮食生产大县（市、区、场）。"十二五"期间，继续发挥该区域粮食安全基础保障作用，调动各方发展粮食生产积极性，以建设小麦、玉米、水稻、大豆优势产业带为重点，深入开展粮食稳定增产行动，加强农田水利和高标准农田建设，提高农机装备和作业水平，大力开展高产创建和科技指导服务，推广防灾减灾增产关键技术，加快选育应用优良品种，大幅度提升粮食综合生产能力和现代化生产水平。大力发展粮食精深加工及仓储物流业，完善粮食仓储运输设施，引导龙头企业向优势产区集聚，促进就地加工转化，提高粮食生产综合效益。

——其他主要农产品优势区。主要指《全国优势农产品区域布局规划（2008—2015年）》确定的棉花、油菜、甘蔗、天然橡胶、苹果、柑橘、马铃薯、生猪、奶牛、肉牛、肉羊、出口水产品等12种农产品优势区，以及蔬菜、蚕茧等农产品生产的主体区域。"十二五"期间，以建设区域内各类农产品优势产业带为重点，推动规模化种养、标准化生产、产业化经营、品牌化销售，强化质量安全监管，提高资源利用率和加工转化率。继续巩固棉油糖、水果和蔬菜等产品供给保障地位，着力强化技术装备支撑，突破瓶颈制约，提高现代化生产水平。继续巩固生猪、牛奶等大宗畜产品供给保障区的主体地位，强化出口水产品生产基地功能，加快现代养殖业发展。

（二）率先实现区域。包括环渤海、长江三角洲、珠江三角洲地区和海峡西岸经济区等发达地区，以及沿海地区以外的直辖市、省会城市等大城市郊区和大型集团化垦区。该区域交通、区位、市场和人力资源优势明显，资本、技术等现代化生产要素集约化程度高，是我国集约化农业、规模化农业和多功能农业发展较好地区。加快该区域现代农业建设，对于引领全国现代农业加快发展具有重要意义。

——东部沿海先导农业区。主要指环渤海、长江三角洲、珠江三角洲地区和海峡西岸经济区等发达地区。"十二五"期间，大力发展资本、技术密集型农业，保持耕地面积不减少，稳定发展粮食生产，加快发展以园艺产品、畜产品、水产品为重点的高效农业、精品农业、外向型农业和生态休闲农业，探索企业化、集团化发展模式，大力推进标准化生产和集约化经营，提高信息化、优质化和品牌化水平，提升产品的科技含量和附加值。

——大城市郊区多功能农业区。主要指沿海地区以外的直辖市、省会城市等大城市郊区。"十二五"期间，统筹推进新一轮"菜篮子"工程建设，合理确定大城市郊区"菜篮子"产品生产用地保有数量，大力发展蔬菜、水果、花卉等高效园艺产业和畜禽水产业，提高大城市"菜篮子"产品的自给率。在稳定城市副食品供应保障能力的基础上，进一步挖掘农业的生态涵养、观光休闲和文化传承等多种功能，提高农业效益，增加农民收入。

——农垦规模化农业区。主要指新疆生产建设兵团和黑龙江农垦、广东农垦等19个大型集团化垦区。"十二五"期间，继续发挥规模优势，全面推进机械化、标准化、品牌化、产业化发展，加快农田基础设施和现代农业装备建设，着力建设国家商品粮供给重点保障区，建设天然橡胶、棉花、糖料、牛奶、种子等大型农产品商品生产基地，提升垦区现代农业发展水平，示范带动周边地区发展，并在农业"走出去"方面发挥重要作用。

（三）稳步发展区域。主要指草原生态经济区，包括北方干旱半干旱草原地区和青藏高原草原地区，涉及内蒙古、四川、西藏、甘肃、青海、新疆等13个省（区）。加快该区域现代农业建设，对于保障全国生态安全具有不可替代的战略作用。

"十二五"期间，牢固树立生产生态有机结合、生态优先的基本方针，加强草原生态环境保护和建设，稳步推进退牧还草和游牧民定居工程，加强以节水灌溉饲草地为重点的牧区水利建设，建立草原增加碳汇和生态补偿机制。转变畜牧业发展方式，优化生产布局和畜群结构，提高科学饲养和经营水平，加强农牧互补、牧养结合，促进草畜平衡，发展生态畜牧业。

五、重大工程

围绕重点建设任务，以最急需、最关键、最薄弱的环节和领域为重点，组织实施一批重大工程，全面夯实现代农业发展的物质基础。

（一）旱涝保收高标准农田建设工程。完善田间灌排沟渠及机井、节水、小型集雨蓄水、积肥设施、机耕道路及桥涵、农田林网等方面的基础设施。开展土地平整，落实土壤改良、地力培肥等措施，加快先进适用耕作技术推广应用，新建旱涝保收高标准农田4亿亩。

（二）新增千亿斤粮食生产能力建设工程。在全国800个产粮大县（市、区、场）统筹实施水源和渠系工程、田间工程、良种繁育、防灾减灾、仓储物流和粮食加工等工程，逐步建设成为田间设施齐备、服务体系健全、仓储条件配套、区域化、规模化、集中连片的国家级商品粮生产基地。

（三）棉油糖生产基地建设工程。加强新疆、黄淮海地区、长江流域棉花生产基地建设，强化长江流域"双低油菜"和黄淮海地区花生生产基地建设，支持南方甘蔗和北方甜菜生产基地建设，着力改善田间基础设施、良种科研繁育设施等生产条件。

（四）新一轮"菜篮子"建设工程。加强园艺作物标准园建设，扩大畜禽标准化规模养殖场（小区）和水产健康养殖示范场规模，强化质量安全措施。建设一批国家级重点大型批发市场和区域性产地批发市场，引导建设优质农产品物流配送中心，发展农产品电子商务。

（五）现代种业工程。健全农作物种质资源和畜禽遗传资源保存体系，建设动植物基因信息库，研发生物育种技术，建立转基因生物安全保障体系。建设国家级农作物育制种基地，完善农作物品种试验和种子检测设施条件。支持畜禽育种场、原良种场、种公畜站、新品种培育场建设。建设水产遗传育种中心和原良种场。

（六）渔政渔港建设工程。改扩建或新建一批沿海中心渔港、一级渔港、二级渔港、避风锚地和内陆重点渔港，建设一批大型渔政船，加强渔政基地和管理信息系统建设，提高渔政执法能力。

（七）动植物保护工程。健全六级动物疫病防控体系，健全兽药质量安全监管和动物防疫技术支撑体系。建设四级农作物病虫疫情监测防控体系，完善监测、防控、监管等设施设备。

（八）**农产品质量安全检验检测能力建设工程**。改扩建检验检测实验室，建设部级水产品质量安全研究中心，补充建设一批部级专业质检中心，全方位建设市（地）级综合质检中心和县（场）级综合质检站，构建全国农产品质量安全监测信息预警平台。

（九）**乡镇农业公共服务能力建设工程**。在健全乡镇或区域性农业技术推广、动植物疫病防控和农产品质量安全监管等公共服务机构基础上，按照整合资源、注重实效、填平补齐、因地制宜、标准适当原则，改善农业技术推广、病虫害防控、农产品检验检测、农民培训等设施设备条件。

（十）**农业机械化推进工程**。重点支持农民、农民专业合作社购置大型复式和高性能农机具，加大对秸秆机械化还田和收集打捆机具配套的支持力度，改善农机化技术推广、农机安全监理、农机试验鉴定等公共服务机构条件，完善农业、气象等方面的航空站和作业起降点基础设施，扶持农机服务组织发展。

（十一）**农业信息化建设工程**。建设一批农业生产经营信息化示范基地和农业综合信息服务平台，建立共享化农业信息综合数据库和网络化信息服务支持系统，开展农业物联网应用示范。

（十二）**农村沼气工程**。加快户用沼气、养殖小区和联户沼气、大中型沼气工程建设，完善沼气服务和科技支撑体系。

（十三）**草原保护与建设工程**。加大天然草原退牧还草工程实施力度，加强京津风沙源区草地治理，继续加强三江源等地区草原生态建设，开展草原自然保护区建设和南方草地综合治理，加快实施游牧民定居工程。改良草原3亿亩，人工种草1.5亿亩。

（十四）**新型农村人才培养工程**。改善农业广播电视学校、农业职业院校、农业技术推广机构、农村实用人才培训基地、农业职业技能鉴定机构的设施条件，提高培训服务能力。加强对农民专业合作社、农业龙头企业、农产品加工企业中的经营和管理骨干、农民经纪人、农产品营销大户的经营管理培训，加强对种养能手、农机手、农民信息员和涉农企业从业人员的技术培训。

六、保护措施

在工业化、城镇化深入发展中同步推进农业现代化任务十分艰巨，必须从我国国情和农业发展实际出发，突出重点，加大投入，强化措施，综合施策，建立健全以工促农、以城带乡的长效机制，为现代农业建设取得明显进展提供有力保障。

（一）**建立农业投入稳定增长机制**。继续加大投入力度。按照总量持续增加、比例稳步提高的要求，不断增加"三农"投入。中央和县级以上地方财政每年对农业的总投入增长幅度应当高于其财政经常性收入增长幅度。预算内固定资产投资要向重大农业农村建设项目倾斜。耕地占用税税率提高后，新增收入全部用于农业。严格按照有关规定计提和使用用于农业土地开发的土地出让收入，严格执行新增建设用地土地有偿使用费全部用于耕地开发和土地整理的规定。积极推动土地出让收益用于高标准农田建设。继续增加现代农业生产发展资金和农业综合开发资金规模，充分发挥中国农业产业发展基金的引导作用。

改善农村金融服务。加快农村金融组织、产品和服务创新，推动发展村镇银行等农村中小金融机构。进一步完善县域内法人银行业金融机构新吸收存款主要用于当地发放贷款政策，落实和完善涉农贷款税收优惠、农村金融机构定向费用补贴和县域金融机构涉农贷款增量奖励等政策。引导金融机构发放农业中长期贷款，加强考核评价。完善农民专业合作社管理办法，支持其开展信用合作，落实农民专业合作社和农村金融有关税收优惠政策。扶持农业信贷担保组织发展，扩大农村担保品范围。加快发展农业保险，完善农业保险保费补贴政策。健全农业再保险体系，探索完善财政支持下的农业大灾风险分散机制。

引导社会资本投入农业。各部门要主动服务"三农"，在制定规划、安排项目、增加资金时切实向农业农村倾斜。积极推动建立城乡要素平等交换关系，鼓励和促进工业与城市资源要素向农业农村配置。进一步加大村级公益事业建设"一事一议"财政奖补力度，调动农民参与农业农村基础设施建设的积极性。通过组织动员和政策引导等多种途径，鼓励各种社会力量与乡村结对帮扶，参与农村产业发展和公共设施建设，努力形成多元化投入新格局。

（二）加大农业支持保护力度。坚持和完善农业补贴政策。强化农业补贴对调动农民积极性、稳定农业生产的导向作用，建立农业补贴政策后评估机制，完善补贴办法，增强补贴实效。继续实施种粮直补。落实农资综合补贴动态调整机制。研究逐步扩大良种补贴品种和范围，扩大马铃薯原种和花生良种繁育补贴规模；扩大生猪、奶牛、肉牛、牦牛、绵羊、山羊等良种补贴规模。扩大农机具购置补贴规模，加大农机化薄弱环节生产机械补贴力度。加大动物强制免疫补贴力度，研究将布鲁氏菌病、狂犬病和包虫病等人畜共患病纳入免疫补助范围。逐步完善农业生产关键技术应用与服务支持政策，大幅度增加农业防灾减灾稳产增产关键技术良法补助。坚持和完善渔用柴油补贴政策。继续实施农业种子种苗种畜种禽免税进口优惠政策。

建立完善农业生产奖补制度。完善主产区利益补偿机制，提高中央财政对粮食、油料生产大县转移支付水平，继续加大对产粮大县、生猪调出大县的奖励力度，规范粮食主产县涉农投资项目地方资金配套，全面取消主产区粮食风险基金地方资金配套。稳步提高粮食主产区县级人均财力水平。全面实施和完善草原生态保护补助奖励政策。扩大草原生态保护、面源污染防控生态奖补范围和规模，探索实施生物农药、低毒农药使用补助政策。研究建立高耗能老旧农业机械报废回收制度，探索实施报废更新补助。

加大对农业科研和技术推广的支持力度。完善现代农业产业技术体系，继续实施新品种培育重大专项、公益性行业科研专项等农业重大科研项目；建立种业发展基金；加大国家重点基础研究发展计划、国家高技术研究发展计划、国家科技支撑计划等在农业领域实施力度，选择部分农业科研院所予以稳定支持。将乡镇或区域性农业技术推广、动植物疫病防控、农产品质量监管等公共服务机构履行职责所需经费纳入地方财政预算，按照种养规模和服务绩效安排工作经费，实现在岗人员工资收入与基层事业单位人员工资收入平均水平相衔接，将基层农业技术推广体系改革与建设示范县项目基本覆盖农业县（市、区、场）、农业技术推广机构条件建设项目覆盖全部乡镇；启动基层农业技术推广特设岗位计划。加大动物疫病防控经费投入，完善病死动物无害化处理补贴制度。建立和完善农作物病虫害专业化统防统治补助政策。扩大粮棉油糖高产创建、园艺作物和畜牧水产养殖产品标准化创建以及农业标准化示范县项目规模。继续向农民免费提供测土配方施肥服务，扩大土壤有机质提升项目实施范围和规模。继续加大农业农村人才培养力度，对大学生涉农创业按规定给予相关政策扶持。

完善农产品市场调控机制。稳步提高稻谷、小麦最低收购价，完善玉米、大豆、油菜籽、棉花等农产品临时收储政策。完善主要农产品吞吐和调节机制，健全重要农产品储备制度，发挥骨干企业稳定市场的作用。继续加强生猪、蔬菜等主要"菜篮子"产品市场监测预警体系建设，完善生猪、棉花、食糖、边销茶等调控预案，制定鲜活农产品调控办法。探索建立以目标价格为核心的反周期补贴制度。

（三）提高农业对外开放水平。促进农业对外合作。提高农业"引进来"质量和水平。借助多双边和区域合作机制，加强农业科技交流合作，加大引资引智力度，提高农业利用外资水平。继续用好国外优惠贷款和赠款，加大先进适用技术、装备的引进、消化和吸收力度。充分利用政府间合作交流平台，拓宽农业"走出去"渠道。

加强农产品国际贸易。强化多双边和区域农业磋商谈判和贸易促进，做好涉农国际贸易规则制定工作。进一步强化贸易促进公共服务能力，积极推动优势农产品出口。建立符合世界贸易组织规则的外商经营农产品和农业生产资料准入制度。积极应对国际贸易摩擦，支持行业协会为企业维护合法权益。进一步完善农业产业损害监测预警机制。运用符合世界贸易组织规则的相关措施，灵活有效调控农产品进出口。

（四）深化农业农村改革。积极推动种业、农垦等方面改革。加强对国家现代农业示范区、新形势下农村改革试验区工作指导和支持，发挥先行先试作用。统筹城乡产业发展，发展农村服务业和乡镇企业，制定农村二、三产业加快发展的鼓励政策，落实和完善有关税收政策。统筹城乡基础设施建设和公共服务，逐步建立城乡统一的公共服务制度。统筹城乡劳动就业，健全城乡平等的就业制度和覆盖城乡的公共就业服务体系，引导农村富余劳动力平稳有序外出务工就业、就地就近转移就业。统筹城乡社会管理，积极稳妥推进户籍制度改革。推进省直接管理县（市）财政体制改革，优先将农业大县纳入改革范围。

（五）强化农业法制保障。 完善以农业法为基础的农业法律法规体系，研究起草农业投入等方面的法律法规。加快农业行政执法体制改革，全面推进农业综合执法。深入开展农业普法宣传教育。

（六）加强组织领导。 坚持"米袋子"省长负责制和"菜篮子"市长负责制。完善体现科学发展观和正确政绩观要求的干部政绩考核评价体系，把粮食生产、农民增收、耕地保护作为考核地方特别是县（市）领导班子绩效的重要内容，全面落实耕地和基本农田保护领导干部离任审计制度。各有关部门和地方各级人民政府要围绕规划目标任务，明确职责分工，强化协调配合，完善工作机制，研究落实各项强农惠农富农政策，统筹协调推动重大工程的实施，确保规划落到实处，努力开创我国农业现代化发展新局面。

※ 活动三　我国现代农业发展形势和任务

现代农业就是用现代科技、现代装备、现代经营管理、现代农民等先进生产要素武装，不断提高劳动生产率、土地产出率和资源利用率，实现人与自然和谐相处的农业。十八届三中全会进一步强调健全城乡发展一体化体制机制，形成以工促农、以城带乡、工农互惠、城乡一体的新型工农城乡关系。创新发展、深化改革成为我国农业农村经济发展的主旋律，各类新型经营主体加速成长为推动现代农业发展的强大主力军。

现代农业是一个内涵广泛并且逐渐发展、不断完善的概念。现代农业就是用现代科技、现代装备、现代经营管理、现代农民等先进生产要素武装，不断提高劳动生产率、土地产出率和资源利用率，实现人与自然和谐相处的农业。其显著特征：一是以现代化基础设施、现代化农机具等现代物质条件为重要保障的规模化农业。二是以生物技术、信息技术等高新技术为主要动力的科技化农业。三是以产加销、农工贸紧密衔接统一为特征的产业化农业。四是以多渠道、全方位的社会化服务体系为支撑的社会化农业。五是从单一的生产功能向生产、生态、文化传承、休闲观光等多功能转变为目标的多元化农业。随着时代的前进、社会的进步、科技的发展，现代农业的内涵和特征将在实践中不断丰富、完善和提高。

进入新世纪以来，党中央、国务院从经济社会发展全局和统筹城乡工农的角度出发，提出了建设现代农业的重大任务。2004年以来，中央连续印发了10个1号文件，就如何推进现代农业建设做出了一系列部署。2012年年初，国务院发布了《全国现代农业发展规划（2011—2015年）》，提出了"十二五"时期现代农业建设的思路、目标和任务。

党的十八大进一步提出坚持走中国特色新型工业化、信息化、城镇化、农业现代化道路，加快发展现代农业，增强农业综合生产能力，确保国家粮食安全和重要农产品有效供给，明确和发展了现代农业建设的目标与任务。十八届三中全会对全面深化改革做出了系统部署，从加快构建新型农业经营体系、赋予农民更多财产权利、推进城乡要素平等交换和公共资源均衡配置、完善城镇化健康发展体制机制等方面，提出了许多突破性的改革措施，必将进一步破除农业农村经济发展的制度制约，不断增强现代农业发展活力。经过多年探索和不懈努力，我国现代农业建设迈出了坚实步伐、取得了巨大成就，对中国特色农业现代化建设的理论不断深化，也积累了一定的实践经验。

一、我国现代农业建设面临的机遇、挑战及肩负的历史使命

在我国这样一个有着悠久传统农耕文明的国家，改造传统农业、实现传统农业向现代农业转型面临的挑战之严峻、使命之重大，是世界上任何一个已经实现农业现代化的国家所无法比拟的。

（一）从机遇看，有五个有利条件

一是工业化、信息化、城镇化牵引作用更加有力。工业化快速发展为改造传统农业提供了现代生产要素和管理手段，信息化加快发展为改造现代农业提供了重要的技术支撑；城镇化加速推进为进一步转移农村剩余劳动力、推进农业适度规模经营创造了条件，也拉动了农产品需求不断增长。到2012年，我国工业增加值已占国内生产总值的40%左右，工业化已经进入中后期阶段，为改造传统农业提供更多现代要素的能力大大增强；城镇化进程也不断加快，2012年城镇人口首次超过农村人口，城镇化率达52.57%。

二是国家具备了支持现代农业建设的雄厚财力。随着我国综合国力和财政实力不断增强，强农惠农富农政策力度不断加大。2012年，我国人均GDP达到6000美元，国家财政收入超过10万亿元，中央财政"三农"事业支出超过1万亿元，这些都为工业反哺农业、城市支持农村创造了重要条件。

三是技术变革为现代农业建设提供了强大动力。生物技术、信息技术快速发展并不断更新升级，物联网、分子育种、先进农机具等在农业生产中广泛应用，旱作节水、生态农业、绿色农业等理念和技术加快推广普及，这些都为改造传统农业、建设现代农业提供了坚强保障。

四是农村改革深入推进必将为现代农业建设注入新的活力。党的十八大强调坚持和完善农村基本经营制度，构建集约化、专业化、组织化、社会化相结合的新型农业经营体系。十八届三中全会进一步强调健全城乡发展一体化体制机制，形成以工促农、以城带乡、工农互惠、城乡一体的新型工农城乡关系。创新发展、深化改革再度成为我国农业农村经济发展的主旋律，各类新型经营主体加速成长为推动现代农业发展的强大主力军。

五是全党全社会更加重视现代农业建设。中央始终坚持把解决好"三农"问题作为全党工作的重中之重，不断完善强农惠农富农政策体系，不断加大支持和引导，为现代农业发展提供了强大支撑。全社会关注现代农业建设的氛围更加浓厚，金融资本、工商资本和其他社会资本参与农业现代化进程的积极性空前高涨，为现代农业建设开辟了新的支持途径、创造了良好的外部环境。

（二）从挑战看，面临六个"日益繁重"

一是农产品供求关系由总量平衡向总量基本平衡、结构性短缺、长期偏紧转变，提高农业综合生产能力、保障粮食等重要农产品有效供给的任务日益繁重。虽然我国粮食生产实现"九连增"，2013年又是一个丰收年，夏粮、早稻分别比上年增产19.5亿公斤和7.85亿公斤。但近年来随着人口总量增长、城镇人口比例上升、消费水平升级以及农产品工业用途拓展，我国农产品总量需求的刚性增长态势明显，农产品供求关系呈现基本平衡、结构短缺的特征。2012年我国进口小麦370万吨，稻谷和大米237万吨、大豆5838万吨、食糖375万吨、棉花513万吨。据有关测算，2020年我国粮食消费需求预计达到7200亿公斤左右，棉油糖、肉蛋奶消费需求均有不同程度增长。而综合各方面现有基础和条件，预计到2020年粮食总产可达到6500亿公斤左右，供需缺口约700亿公斤。这还不包括调整农业结构，以及城市化建设对土地需求造成的产量减少。从品种结构看，未来粮食缺口主要在玉米和大豆，将分别达到200多亿公斤和7000多万吨。此外，棉油糖以及生鲜乳都会有不同程度缺口。这说明未来我国粮食供求将长期处于紧平衡状态，结构性短缺问题将更加突出。加强农业综合生产能力建设，进一步优化国内生产力布局，统筹利用"两个市场、两种资源"，确保粮食等重要农产品有效供给的任务更加艰巨。

二是资源约束日益趋紧，农业生态环境更加脆弱，转变农业发展方式的任务日益繁重。近年来，我国农业快速发展，从一定程度上来说是建立在对土地等农业资源过度开发、超强利用基础之上的。随着工业化、城镇化的深入推进，水土资源减少的趋势不可逆转。据有关测算，城镇化率每提高1个百分点，耕地就会减少600万亩，守住18亿亩耕地红线任务十分艰巨。与此同时，农业生态环境污染日益严重，农业面源污染加剧态势尚未得到根本扭转。目前，我国化肥亩均施用量是美国的4.3倍，利用率仅为40%，农药污染耕地面积达1.4亿亩；工业和城市对农业污染有增无减，镉、汞、砷等重金属不断向水土渗透。提高资源利用效率，加强生态环境保护，推动农业发展方式由资源消耗、环境污染型向资源节约、环境友好型转变刻不容缓。

三是物质技术装备水平低，防灾减灾能力弱，夯实现代农业物质基础的任务日益繁重。农田还有2/3以上是中低产田，耕地还有50%以上属于水资源紧缺的干旱、半干旱地区，1/3耕地易受洪水威胁，科技进步贡献率低于发达国家20个百分点左右，科技成果转化率只有40%左右，农机化发展水平不高，水稻、玉米机械化收获水平分别只有30%和40%左右，棉油糖机械化瓶装技术尚未突破；农业信息化应用水平低，农业物联网、互联网等先进技术的应用推广还处于起步阶段，对农业生产经营服务作用远未发挥。与此同时，农业面临的自然灾害风险日益加剧，旱、涝等灾害呈多发频发重发态势，据统计，每年因灾损失粮食达300亿公斤以上。加强农业基础设施建设，提高农业科技水平，夯实现代农业物质基础，推动农业生产由"靠天吃饭"向提高物质技术装备水平转变的任务刻不容缓。

四是农业生产经营进入高投入、高成本阶段，提高农业比较效益、促进农民增收的任务日益繁重。受生产资料、土地、劳动力等要素价格上涨影响，我国主要农产品生产的经济成本越来越高。据统计，2003—2010年，化肥价格上涨81.6%，远超同期全国居民消费价格涨幅28.2%；人工和土地费用占总成本的比重超过50%，而且物流成本普遍增加。但是，农产品价格并未随着成本的增加而同步同幅上涨，农业比较效益偏低的问题日益突出。据测算，2011年小麦、水稻、玉米三种粮食每亩净利润分别仅为118元、371元和263元。千方百计降低生产成本，提高农业比较效益，推动农业生产经营由高投入、低效益向获得全社会平均利润转变任重道远。

五是农业劳动力结构性不足问题突出，加快培育新型经营主体、构建新型经营体系的任务日益繁重。随着农村青壮年劳动力大规模向城镇和非农产业转移，农业劳动力供求结构进入总量过剩与结构性、区域性短缺并存新阶段，关键农时缺人手、现代农业缺人才、新农村建设缺人力问题日显普遍。许多地方留守农村的以妇女、儿童和中老年为主，农村务农劳动力的平均年龄已达50岁左右。工业化、城镇化进程的深入推进将推动青壮年劳动力进一步转移，具有"恋农恋土情结"的老一代农民将逐步退出，新生代农民工不愿务农、不会种地。加速培养新型经营主体和发展社会化服务事关长远，任务艰巨。

六是农业投入总量不足、渠道分散，金融保险等重大制约瓶颈尚未突破，健全农业支持保护体系的任务日益繁重。农业投入总量依然不足。目前，我国农业生产"黄箱"支持总量约为农业总产值的2%，距17%的入世承诺尚有15个百分点的增长空间。农业金融保险服务仍未取得根本性突破，农业保险发展滞后，难以满足农业发展要求，没有现代金融保险大力支持，就不会有现代化的农业。加快农业投资体制创新，尽快突破金融保险等重大瓶颈制约，推动农业支持保护由低水平、零散性向高效率、系统化转变刻不容缓。

（三）从历史责任看，肩负着三个重大使命

一是肩负着全面建成小康社会、促进城乡发展一体化的重大使命。要实现党的十八大提出的到2020年城乡居民人均收入比2010年翻一番的目标，2012—2020年间农

民人均收入每年增长7.2%左右；要实现到建国100周年，城乡居民收入基本一致、城乡一体化发展的目标，2012—2050年间农民人均收入每年要比城镇居民快3个百分点左右。因此，从一定意义上讲，实现全面小康和促进城乡一体化发展的难点在农村，重点是农业，关键在农民。发展现代农业，既可以挖掘农业环节中蕴藏的巨大增收潜力，又可以支撑农业剩余劳动力转移就业，持续较快增加农民收入，促进农村民生改善，缩小城乡差距。现代农业是实现全面建成小康社会的根本保障，也是促进城乡一体化的基本要求。

二是肩负着为工业化、城镇化和信息化提供拓展空间的重大使命。从要素贡献看，农业不仅要为快速发展的工业化、信息化和城镇化提供粮食、棉花等工业原料以及土地资源，而且还要继续为工业化、信息化和城镇化发展提供人力资源支撑。据统计，目前每年有300万亩的耕地转为建设用地，其中大部分是城市周边的优质土地；每年有1000万农业劳动力转化为产业工人，"十二五"期间每年还将转移800万人。从市场贡献看，拉动经济增长的三驾马车中，投资、出口对经济增长的贡献在减弱，扩大国内需求成为今后经济增长的战略基点，亟需农业现代化为工业化、信息化、城镇化发展创造新的市场空间的增长点。三是肩负着维护稳定发展大局、保障国家战略安全的重大使命。对国家而言，粮食是最重要的战略物资。习近平总书记在2012年底中央经济工作会议上指出粮食"发连增"成为经济社会发展的"定海神针"。在当今维系国家生存与安全的粮食、军力、能源三大支柱中，粮食居于首位。为有效应对日趋复杂的国际形势，我们必须加快发展现代农业，保障粮食等重要农产品有效供给，确保国家战略安全。

二、推进我国现代农业建设的目标任务和政策取向

在总体思路上，要按照全国现代农业发展规划的总体部署，科学把握"一二三四五"的指导思想。"一"是指把握一条主线，就是以转变农业发展方式为主线；"二"是指围绕两个目标，就是以保障粮食等重要农产品有效供给和促进农民持续较快增收为主要目标；"三"是指提高三个能力，就是以提高农业综合生产能力、抗风险能力和市场竞争能力为主攻方向；"四"是指促进四个化，就是着力促进农业生产经营专业化、标准化、规模化、集约化；"五"是指强化五个支撑，就是着力强化政策、科技、设施装备、人才和体制支撑。

在发展目标上，力争到2015年，现代农业建设要取得明显进展。粮食等重要农产品供给得到有效保障，农业结构更加合理，物质装备水平明显提高，科技支撑能力显著增强，生产经营方式不断优化，农业产业体系更趋完善，土地产出率、劳动生产率、资源利用率显著提高，东部沿海、大城市郊区和大型垦区等条件较好区域率先基本实现农业现代化。到2020年，现代农业建设要取得突破性进展，基本形成技术装备

先进、组织方式优化、产业体系完善、供给保障有力、综合效益明显的新格局，主要农产品优势区基本实现农业现代化。

（一）在主要任务上，要努力促进"五大转变"

一是促进农产品供给由注重数量安全向总量安全、结构安全、质量安全、营养安全和生态安全五个安全并重转变，满足日益增长的国内消费需求。长期以来，我国确保粮食等重要农产品有效供给的关注点主要集中在总量安全，今后要在确保总量供给的基础上，逐步推动向五个安全并重转变。要稳定发展粮棉油糖、肉蛋奶、水产品生产，提高单产；要顺应人民不断增长的营养产品消费需求，优化品种结构，大力发展优质专用农产品，提高农产品品质；要加快发展无公害农产品、绿色食品和有机农产品，强化质量安全监管，进一步提升农产品质量安全水平；要从满足国内需求和缓解国内资源环境压力出发，建立不同农产品分层分级安全目标，科学规划国内生产发展优先顺序，统筹利用好两种资源、两个市场，更好地利用国外资源和国际市场弥补国内产需缺口。

二是促进农业经营方式由兼业化的分散经营为主向专业化的适度规模经营转变，着力构建集约化、专业化、组织化、社会化相结合的新型农业经营体系。要坚持家庭经营在农业中的基础性地位，推进家庭经营、集体经营、合作经营、企业经营等共同发展的农业经营方式创新。鼓励承包经营权在公开市场上向专业大户、家庭农场、农民合作社、农业企业流转，发展多种形式的适度规模经营。从我国国情出发，土地规模经营发展速度要与当地二、三产业发展水平、农村劳动力转移程度相适应。按照种地与外出打工机会成本大致相当测算，目前我国北方种粮专业户的适度规模约为120亩，南方约为60亩。为此，一要加快培育新型经营主体，根据新型经营主体的不同特性，加强分类指导，不断提升专业大户、家庭农场、农民合作社、农业产业化龙头企业等新型经营主体自身实力和发展活力。二要鼓励农村发展合作经济，扶持发展规模化、专业化、现代化经营，着力构建市场和农民间的多形式载体，提高农业生产经营的组织化程度。三要大力发展社会化服务。一方面，增强农业公益性服务能力，在拓展服务领域、丰富服务内容、提高服务能力上下功夫，提升基层农技推广、病虫害防控、农产品质量安全监管等公益性服务水平和质量，切实发挥主导性作用。另一方面，大力发展农业经营性服务，培育壮大专业服务公司、专业技术协会、农民经纪人、龙头企业等各类社会化服务主体，鼓励支持其参与良种示范、统防统治、沼气维护、信息提供等农业生产性服务，加强农业社会化服务市场管理。

三是促进农业增长由依靠增加化肥、农药等投入品向依靠科技和提高劳动者素质转变，持续提高农业科技进步贡献率和农业资源利用率。我国农业可持续发展的根本出路在于科技创新。要立足我国人多地少水缺的基本国情和农情，全面增强科技创新、技术集成、转化应用三大能力，加快建设科研、推广、新型农民三大人才队伍，统筹实施科技创新驱动、资源利用升级、布局再平衡、贸易互补和农业标准化"五大战略"，切实把农业增长转到依靠科技进步和提高劳动者素质的轨道上来。同时，要坚持和完善最严格的耕地保护制度，节约用地，坚决守住18亿亩耕地这条红线。加大基本农田保护力度，提高水资源利用效率。完善农业生态保护制度，发展资源节约型、环境友好型农业。

四是促进农业生产由"靠天吃饭"向提高物质装备水平转变，努力夯实现代农业发展的物质基础。完备的物质装备条件是现代农业的基本特征。针对我国农业基础设施薄弱的情况，重点是加强高标准农田建设，尽快启动高标准农田建设规模，整合各方面建设资金，力争到2020年新建8亿亩高标准农田。改善养殖业生产条件，加速培育一大批现代化养殖场。加强农业防灾减灾能力建设，加快构建监测预警、应变防灾、灾后恢复等防灾减灾体系，形成稳定有保障的农业综合生产能力。要加快农机化发展速度，优化农机装备结构，全面落实农机具购置补贴各项管理制度和规定，尽快突破农机化发展各项薄弱环节，力争尽快实现粮食生产全程机械化。

五是促进农业功能由单一的农产品生产为主向一、二、三产业加速融合转变，真正实现产加销协调发展、生产生活生态有机结合。随着农业发展形态的变化和市场化程度的加深，农业生产领域加快向产前、产后延伸，农业的分工分业进程加快，新的产业形态不断涌现，现代农业已经发展成为一、二、三产业高度融合的产业体系。要大力发展农业产业化和农产品加工储运业，实现产加销一条龙和贸工农一体化，提高农民在产业链条中的收益分配比例，让广大农民平等参与现代化进程、共享现代化成果。要发挥农业生态涵养功能，大力发展生态农业、绿色农业；要深入挖掘农业的观光休闲、科学普及、文化传承等多种功能，建设一批观光农业、休闲农业、高科技农业、科普农业等园区，带动农业功能拓展提升，促进产业结构优化升级。

（二）在政策取向上，要着力完善五大政策体系

一是健全完善农业补贴政策。要稳定农民直接补贴存量、调整增量，保持支农政策的连续性和稳定性；扩增防灾增产关键技术补助和种粮大户等扶持资金，强化农业生产支持；建立农业资源生态修复专项，加大生态补偿力度；加大农民培训力度，启动"百万职业农民培训计划"，加速培养新型农业生产主体；完善粮食主产区利益补偿机制，强化产粮大县奖励等奖补政策，划定一批粮食生产功能区，长期稳定不变，

大幅增加财政均衡性转移支付，并继续对每年增产贡献较大的产粮大省、大县，根据其粮食产量、商品量给予额外奖励；建立农业"走出去"的资金支持渠道，统筹利用好国内国外两种资源。

二是完善农业基本建设政策。在继续实施好种子工程、养殖业良种工程、农产品质检体系建设、动物防疫体系建设、农村沼气工程、生猪、奶牛、肉牛、肉羊，标准化规模养殖、天然草原退牧还草等现有专项的同时，当前重点要建设高标准农田、推进农业科技创新、大力发展农机化。在标准农田建设上，要按照统筹规划、分工协作、成片开发、整体推进的原则，多渠道筹集和整合资金，加大投入力度，大规模改造中低产田，建设旱涝保收高标准农田。在农业科技创新上，要加大农业科技投入，加快实施农业科技创新能力建设工程，深化农业科技体制改革，加强农技推广机构队伍和基础条件建设，推进现代业实现重大突破。在农机化发展上，要充分利用农机购置补贴力度不断加大的有利时机，加强重点领域、重点环节农机作业的推广应用，加快水稻栽插收获和玉米收获机械化，率先实现粮食作物生产全程机械化，并积极推进经济作物、园艺作物全程机械化。

三是完善农产品市场调控政策。要探索建立目标价格制度，研究将目前油料、棉花、食糖的临时收储政策调整为以目标价格补贴为主的调控政策，根据市场价格变化情况补贴农民，减少对市场干预。要完善粮食价格支持政策，在坚持粮食最低收购价和临时收储政策的基础上，可考虑由临储政策向最低收购价转变，实行"两价合一"，更加突出价格信号对农民种粮积极性的引导作用。要健全农产品价格风险管理工具，鼓励农产品网上交易、电子拍卖、远期、期货等机制创新，为包括生产者在内的市场主体提供价格发现和风险管理工具。要探索建立调控目录制度，对于未纳入目录的，完全由市场调节，对于纳入目录的，明确保供稳价目标和各级政府责任，建立相应的配套政策体系。要健全农产品贸易调控政策，灵活利用关税配额、技术性措施，最大限度减轻进口冲击。

四是创新农业金融保险政策。要积极推动农村金融机构创新，允许合作社开展信用合作，发展村镇银行、贷款公司、农村资金互助社等农村小型金融机构，有序发展小额贷款组织。改善农村金融服务，提高农村金融网点覆盖率。拓宽金融抵押物范围，积极探索农民以林权、土地承包经营权、大中型农机具、订单等作为贷款抵押物，慎重稳妥推进农民住房财产权抵押、担保、转让。完善政策性农业保险制度，扩大农业保险覆盖范围，适当提高保额标准、保费补贴比例和赔付率，鼓励和支持地方开展区域性主导产业保险，加快建立农业大灾风险分散机制。鼓励和引导工商资本发展适合企业化经营的现代种养业，向农业输入现代生产要素和经营模式。

五是完善农业改革配套政策。要稳定和完善农村土地承包关系，扩大农村土地承包经营权登记试点范围，全面开展农村土地确权登记颁证工作。加快推进农村土地承包经营权流转管理和服务体系建设，建立健全农村土地承包经营权流转市场，健全土地承包经营纠纷调解仲裁制度。加快推动征地制度改革，完善征地补偿办法，合理确定补偿标准，缩小征地范围，规范征地程序，提高农民在土地增值收益中的分配比例。深入推进农村改革试验区和现代农业示范区工作，积极争取配套政策。积极推动固定资产投资决策由复杂化向简单化转变、固定资产投资调控由行政化向杠杆化转变，不断创新农业固定资产投资管理方式。

※ 活动四 "十二五"是我国现代农业发展的关键时期

农业是国民经济的基础，农业现代化是国民经济现代化的重要组成部分。早在20世纪50年代新中国成立之初，我国就提出了实现包括农业现代化在内"四个现代化"的目标任务，并为此进行了长期不懈的探索和努力。但是，我国农业真正实现大发展、大跨越，是20世纪80年代实行以市场化为基本取向的改革开放之后。到20世纪90年代末，我国全面结束了长期的农产品短缺时代，农业发展进入了一个新的阶段。党的十六大以来，在统筹城乡经济社会发展方略的指导下，我国现代农业建设的步伐明显加快，并取得巨大成就。"十二五"时期，我国农业发展面临着许多新的挑战，也有许多有利条件和重要机遇，是加快现代农业发展的关键时期。

一、现代农业对经济社会发展的支撑作用进一步凸显

农业是安天下、稳民心的战略产业，"三农"问题事关我国经济和社会发展全局。2008年党的十七届三中全会做出的《中共中央关于推进农村改革发展若干重大问题的决定》强调指出，没有农业的现代化就没有国家现代化，没有农村繁荣稳定就没有全国繁荣稳定，没有农民全面小康就没有全国人民全面小康。目前，我国总体上已经进入以工促农、以城带乡的发展阶段，进入加快改造传统农业、走中国特色农业现代化道路的关键时刻，进入着力破除城乡二元结构、形成城乡经济社会发展一体化新格局的重要时期。在我国国民经济和社会发展第十二个五年规划纲要中，把"在工业化、城镇化深入发展中同步推进农业现代化"作为一项重大任务，并对加快发展现代农业进行了专章论述，明确了"十二五"时期的主要目标任务和重大政策措施。今年年初，国务院又发布了《全国现代农业发展规划（2011—2015年）》，这是国家正式发布的第一个"十二五"国家级重点专项规划，规划进一步明确了"十二五"时期我国现代农业发展的指导思想和原则、发展目标、重点任务、总体布局、重大工程及保障措施等。可以说，国家对现代农业发展的重视程度，是前所未有的。

之所以把发展现代农业摆在更加突出的位置，主要有两个方面的基本考虑。

第一，从国民经济和社会发展的总体要求看，加快发展现代农业，是推进国家现代化的基础，是转变经济发展方式、全面建设小康社会的重要内容。当前和今后一段时期，我国仍将处于工业化、城镇化快速发展时期，也是转变发展方式、调整经济结构的重要时期。世界上许多国家的发展实践表明，在这个时期，由于生产要素的大量流出，农业农村往往容易出现萎缩，而一旦出现这种情况，必将反过来制约工业化、城镇化进程，使国民经济长期陷入所谓的"中等收入陷阱"。因此，必须高度重视农业现代化与工业化、城镇化同步推进和协调发展。

第二，从农业农村内部看，加快发展现代农业是提高农业综合生产能力、增加农民收入、建设社会主义新农村的必然要求。尽管2004年以来我国农业和农村经济发展成效巨大，实现了历史上罕见的粮食产量"八连增"和农民增收"八连快"，农村面貌明显改善，但是农业农村发展仍面临许多新的严峻挑战，主要是：农业综合生产能力仍不能满足全社会对农产品日益增长的需求，保障国家粮油安全的压力越来越大，目前我国包括大豆在内的粮食自给率已下降到90%左右，食用植物油自给率不足40%；耕地、淡水资源和生态环境对农业的约束进一步加剧，农田水利等农业基础设施薄弱，农业防灾抗灾能力差；农业发展方式粗放，主要靠高投入、高消耗增加农产品产量难以为继，良种良法储备不足、科技支撑能力不强；农业生产成本持续上升，比较效益依然低下，农村大量青壮年劳动力外出务工，农业兼业化、农民老龄化、农村空心化问题十分突出；农业生产经营组织化程度低，农业产业化水平不高，农民专业合作社发展仍处于起步阶段，农业社会化服务体系不健全，"小生产"与"大市场"难以有效对接，等等。与此同时，农民的收入水平、农村基础设施和公共服务水平，与城市相比差距仍十分明显。因此，必须加快发展现代农业，千方百计保障粮食等主要农产品基本自给，夯实农民增收和社会主义新农村建设的基础。

二、"十二五"期间我国现代农业发展的重点任务和主要目标

农业现代化既包括生产条件和生产手段的现代化，也包括农业产业体系、生产组织和经营方式的现代化。"十二五"时期，我国现代农业发展的基本思路是：深入贯彻落实科学发展观，以中国特色农业现代化道路为基本方向，以转变农业发展方式为主线，以保障供给和促进增收为目标，以高产、优质、高效、生态、安全为基本要求，用现代物质条件强化农业发展基础，用现代科学技术增强农业产业素质，用现代产业体系提升农业综合生产能力，用现代生产经营方式改造农业组织结构，不断提高农业的专业化、标准化、规模化、集约化、组织化、信息化水平，加快农业现代化步伐，着力提高农业土地产出率、资源利用率和劳动生产率。

（一）现代农业建设的重点任务

根据我国国情、农情及农业所处的发展阶段，"十二五"时期，现代农业建设和发展有六大重点任务：

1. 构建现代农业产业体系。始终把发展粮食生产放在现代农业建设的首位，坚持立足国内实现粮食基本自给，确保国家粮食安全，稳定粮食播种面积，优化品种结构，提高单产和品质，稳步提升粮食综合生产能力。深入推进农业结构战略性调整，加强棉油糖生产，稳定食用植物油自给率。做大做强现代畜牧业，促进畜牧业由粗放型向集约型转变。积极发展蔬菜水果、水产品生产。大力发展农产品加工和流通业。积极发展休闲、观光、都市农业，拓展农业功能。治理和控制农业面源污染，大力发展资源节约型和环境友好型农业。

2. 优化现代农业区域布局。按照全国"十二五"规划纲要确定的"七区二十三带"农业战略格局，重点推进东北平原、黄淮海平原、长江流域、汾渭平原、河套灌区、华南、甘肃新疆等农产品主产区域的现代农业建设，提高农业综合生产能力，保障粮食和其他主要农产品的有效供给。着力打造东北平原玉米、水稻大豆、畜产品产业带，黄淮海平原小麦、玉米、棉花、大豆、畜产品产业带，长江流域水稻、小麦、棉花、油菜、畜产品、淡水水产品产业带，汾渭平原小麦、玉米产业带，河套灌区优质专用小麦产业带，华南地区水稻、甘蔗、水产品产业带，甘肃新疆主产区小麦、棉花产业带。与此同时，积极支持其他农业地区和优势特色农产品的发展。采取有效措施引导农产品加工、流通、储运设施建设向优势产区聚集。

3. 强化现代农业发展的科技支撑。按照农业科技的公共性、基础性、社会性定位，加强基础性、前沿性、公益性重大农业科技研究，强化技术集成配套，推进技术体系建设，提高科技自主创新水平，着力突破关键技术和共性技术。大力发展现代种业，建立以产业为主导、企业为主体、基地为依托、产学研相结合、育繁推一体化的现代种业体系。完善基层农技推广体系，提高农业技术推广能力，加快农业新品种新技术转化应用。大力发展农业职业教育，加强新型农民培养，壮大农业农村人才队伍。全面推进农业信息化。按照增产增效并重、良种良法配套、农机农艺结合、生产生态协调的基本要求，推进农业技术集成化、劳动过程机械化、生产经营信息化。

4. 改善农业基础设施和物质装备条件。加快中低产田改造，实施土地整治，大规模建设高标准农田。推广测土配方施肥和保护性耕作，提高耕地质量。加强水利基础设施建设，加快大中型灌区、排灌泵站配套改造，大力开展小型农田水利设施建设，加快发展节水灌溉，进一步增加农田有效灌溉面积。加快构建监测预警和防灾抗灾体系，提高农业防灾减灾能力。提高农业机械化水平，加快推进水稻栽插收获和玉米收获机械化，尽快实现粮食作物全程机械化，着力突破棉花、油菜、甘蔗收获机械化瓶颈。推广先进适用、安全可靠、节能减排的农业机械，优化农机装备结构。大力发展设施农业。

5. **提高农产品质量安全水平**。加强宣传引导，提高农产品生产经营者的质量安全责任意识。健全农业标准体系，推进农产品生产无害化、标准化、质量控制制度化，有效提高农产品质量安全水平。按照全过程、全产业链监管的要求，完善农产品质量安全风险评估、产地准出、市场准入、质量追溯、退市销毁等监管制度，健全检验检测体系。按照事前防范、重典治乱、标本兼治的原则，完善相关法律制度，切实加强政府监管，加大对农产品质量安全违法行为的惩处力度。加强农产品质量监测信息网络建设。增加投入，提高农产品质量安全监管能力。

6. **发展新型农业经营组织和社会化服务体系**。在稳定农村土地承包关系和基本经营制度的基础上，着力构建家庭经营集约化、统一经营合作化股份化、农业服务社会化的新型农业经营体系。培育种养大户、家庭农（牧）场等新型经营主体，发展多种形式的适度规模经营。大力发展农民专业合作、土地股份合作等多种形式的合作经济组织，鼓励合作经济组织自办农产品流通和加工企业。支持农民专业合作社、供销合作社、专业服务公司、专业技术协会、农民经纪人、涉农企业等提供多种形式的生产经营服务。完善现代农业流通方式，积极推进"农超对接"，健全农产品市场体系，加快建设流通成本低、运行效率高的农产品营销网络，提高生产流通组织化程度。

（二）"十二五"现代农业发展的主要目标

《全国现代农业发展规划（2011—2015年）》，明确了"十二五"期间现代农业发展和建设的主要目标，并具体量化为七个方面27个指标。其中，农产品供给方面，包括粮食综合生产能力、粮食播种面积、主要农产品产量以及农产品质量安全例行检测合格率等10个指标；农业结构调整方面，包括畜牧业产值比重、渔业产值比重、农产品加工业产值与农业总产值比3个指标；农业物质装备方面，包括新增农田有效灌溉面积、农业灌溉水有效利用系数、农机总动力、耕种综合机械化水平四个指标；农业科技方面，包括农业科技进步贡献率和农村实用人才总量两个指标；农业生产经营组织方面，包括农业产业化组织带动农户数量、奶牛规范化养殖比重、生猪规模化养殖比重3个指标；农业生态环境方面，包括适宜农户沼气普及率、农作物秸秆综合利用率两个指标；农业产值与农民收入方面，包括农林牧渔业增加值年均增长率、转移农村劳动力、农村居民人均纯收入3个指标。按照规划，到2015年，全国粮食综合生产能力要达到5.4亿吨以上，农村居民人均纯收入年均增长7%以上，新增农田有效灌溉面积4000万亩，农作物耕种收综合机械化水平达到60%以上，农业科技进步贡献率超过55%，土地产出率、劳动生产率和资源利用率显著提高，东部沿海、大城市郊区和大型垦区等区域率先基本实现农业现代化，粮食生产核心区和其他主要农产品优势区现代农业建设取得重大突破，草原生态经济区稳步发展。

　　这里需要强调指出三点：第一，上述七个方面27个指标是根据我国农业发展的基本趋势和国家宏观调控的预期方向确定的，是指导性、预期性指标而非约束性指标，在很大程度上体现农业发展的基本趋势和国家政策预期。国家将利用所掌握的经济和社会资源，积极促进这些目标的实现，但这些目标具体能实现到什么程度，主要还是靠市场的力量，靠包括农民在内的各类市场主体的共同努力。第二，这27个指标对于我国现代农业发展都十分重要，但是其中最基本、最重要的指标是粮食综合生产能力和农民人均纯收入，这两个指标也是建设现代农业的基本出发点和立足点。第三，规划目标的设定经过了充分研究和论证，总体上是能够实现的。例如，粮食综合生产能力，规划要求2015年达到5.4亿吨以上，而2011年我国粮食产量已经达到5.7亿吨，实现连续8年增产，连续五年保持在5亿吨以上的水平；农民人均纯收入，规划要求2015年达到8310元，按照可比价格计算年均增长7%以上，而2011年我国农民人均纯收入已经达到6977元，比上年增长11.4%，从发展趋势看实现规划目标也难度不大。其他主要指标，如新增农田有效灌溉面积，规划要求2015年新增4000万亩，2011年已经新增有效灌溉面积2715万亩，完成了五年规划任务的三分之二；农业耕种收综合机械化水平，规划目标是2015年达到60%，2011年已经达到54.5%，一年完成了五年计划增量的31%；农业科技进步贡献率，规划目标是2015年达到55%以上，2011年年底已经达到53.5%。因此，规划中提出的现代农业发展主要目标是能够实现的。

三、推进现代农业发展的主要政策和措施

　　国家对农业现代化的重视，不仅体现在思想上、理论上，更多地体现在促进现代农业发展的政策措施方面。2004年以来，中央连续出台关于农业农村工作的一号文件，党的十七届三中全会专门就新时期农村改革发展若干重大问题做出决定，在国民经济发展规划、年度计划中也都把现代农业建设放在十分突出的位置。目前，我国已经初步形成了支持现代农业发展的政策体系，重点是以下几个方面：

　　（一）**加强耕地保护和水资源管理**。这些年国家在保护耕地方面采取了一系列**严厉措施，但耕地每年仍以几百万亩的速度被占用**。今后一个时期，随着工业化城镇化的推进，保护耕地面临的压力会更大。中央反复强调，要坚决实行最严格的耕地保护制度，坚持耕地占补平衡，严守18亿亩耕地红线。要尽快划定永久基本农田，建立保护补偿机制，确保基本农田总量不减少、用途不改变、质量有提高。要继续推进土地整理复垦开发，加大中低产田改造力度，不断提高高标准农田比重。总结一些地方建立耕地保护补偿制度、加强耕地质量建设的成功经验，加快建立健全耕地保护和建设的长效机制。同时，我国是一个淡水资源稀缺的国家，目前全国农业每年缺水约300亿立方米，直接影响农业的持续稳定发展。2011年中央一号文件和中央水利工作会议，

明确提出实行最严格的水资源管理制度，要建立"四项制度"，确立"三条红线"，即建立用水总量控制制度、确立水资源开发利用控制红线，建立用水效率控制制度、确立用水效率控制红线，建立水功能区限制纳污制度、确立水功能区限制纳污红线，建立水资源管理责任和考核制度。要认真落实这些制度和措施，突出加强农田水利等薄弱环节建设，大力发展节水农业，着力破除水资源紧缺对农业发展的制约。

（二）切实加大对现代农业建设的投入。2011年中央财政用于"三农"的支出总量达到10419亿元，首次超过1万亿元，当年预算初步安排12287亿元，增长18%；中央预算内固定资产投资用于农业和农村建设的比重已经达到50%左右，每年总量超过2000亿元。整个"十二五"期间，将按照"总量持续增加、比例稳步提高"的要求，进一步调整国家财政支出、固定资产投资结构，确保用于农业的投入逐年较大幅度增加，加大对农业主产区、重要品种、重点领域和重大工程的支持。严格落实新增建设用地有偿使用费全部用于耕地开发和土地整理的政策规定，落实从土地出让收益中提出一定比例用于农田水利建设等政策。积极推进政府各类涉农资金的整合，提高资金使用效率。积极调整信贷资金投放结构，落实和完善涉农贷款税收优惠、农村金融机构定向费用补贴、县域金融机构涉农贷款增量奖励等政策，引导信贷资金投向农业。要通过税收减免、财政补贴、投资补助等方式，引导各类市场主体开展现代农业建设。

（三）健全农业补贴和奖励制度。2004年以来，我国逐步建立了以"四项补贴"为主的农业补贴制度，以及对粮食主产区的财政奖励制度。2011年、2012年，中央财政预算安排的农业"四项补贴"规模分别达到1406亿元和1653亿元，对粮（油）大县、生猪大县的专项奖励资金分别达到255亿元和315亿元。面对农业生产成本持续上升的挑战，"十二五"期间，要进一步加大农业补贴力度，稳步提高对种粮农民的直接补贴水平，完善农资综合补贴动态调整机制，提高良种补贴标准，扩大农机具购置补贴规模和范围。积极探索建立对种养大户、农民专业合作社、家庭农场的补贴办法。同时，进一步完善主产区利益补偿机制，增加产粮（油）大县和生猪大县奖励资金。要加大"一事一议"财政奖补力度，鼓励农民自主开展农业基础设施建设。探索完善森林、草原、水土保持等生态补偿制度。

（四）完善农产品价格和市场调控。近年来我国粮食最低收购价格逐年提高，对稳定市场价格、保护农民生产积极性发挥了重要作用。"十二五"期间，要继续稳步提高稻谷、小麦最低收购价水平，综合运用价格和补贴政策，不断提高种粮比较效益。完善玉米、大豆、油菜籽、棉花等农产品临时收储政策。建立健全大宗农产品、生猪、蔬菜等鲜活农产品市场调控体系，健全重要农产品储备制度，加强主要农产品市场监测预警体系建设，完善农产品储备吞吐和进出口调控。加强农产品市场监管，规范市场秩序。要积极利用国际国内两个市场、两种资源，适度进口结构性短缺的农产品，缓解国内资源环境压力和供求矛盾，保障市场供应。

（五）**健全农业科技进步和人才培养机制**。推进农业科技创新体制改革，强化激励机制，完善评价体系，整合科技资源，建立产学研、农科教协同创新机制。加大国家农业科技投入，加强税收减免、进出口等优惠政策支持，提高企业自主创新能力。加快基层农技推广体系改革，切实落实"一衔接、两覆盖"要求，健全农技推广人员激励机制。鼓励高等学校、科研院所开展公益性农技推广服务。完善农业科研人才激励机制、自主流动机制。加大财政对农业教育和技能培训的投入力度，鼓励涉农行业兴办职业教育，支持对未升学农村高初中毕业生免费提供农业技能培训。对农村青年和农民工返乡创业给予补助和贷款支持。

（六）**组织实施一批重点工程项目，推进现代农业建设**。"十二五"期间，国家将通过多种投入渠道，支持实施一系列重点工程和重大项目，改善农业基础设施薄弱状况，推动农业科技进步，加快农业发展方式转变，提高农业现代化水平。这些重点工程项目在全国"十二五"规划纲要和《全国现代农业发展规划(2011—2015年)》中均已明确，主要包括：新增千亿斤粮食生产能力建设工程、棉油糖生产基地建设工程、大中型灌区续建配套节水改造和灌溉排水泵站改造、旱涝保收高标准农田建设工程、"菜篮子"建设工程、渔政渔港建设工程、现代种业工程、动植物保护工程、农产品质量安全检验检测能力建设工程、乡镇农业公共服务能力建设工程、草原保护与建设工程、农村沼气工程等。这些工程项目的实施，将直接促进我国现代农业发展。

※ 活动五 我国现代农业发展的四种模式及借鉴启示

近年来，各地在现代农业建设过程中，根据本地实际，结合区域农业经济的发展，进行了大量探索，找出许多适合自身区域的现代农业建设的途径和模式。

现代农业的建设模式，从不同的角度归纳可分为不同的类型，从各地现代农业建设的主要带动因素的角度出发，可将其分为以下四种模式：龙头企业带动型、农户公司带动型、农牧结合型、城乡统筹型。

下面将结合典型案例分别对其进行分析，为各个地区探索现代农业建设提供借鉴和启示。

一、龙头企业带动型

所谓龙头企业带动型模式，是指由龙头企业作为现代农业开发和经营主体，本着"自愿、有偿、规范、有序"的原则，采用"公司+基地+农户"的产业化组织形式，围绕一个产业或产品，实行生产资料供应、生产加工、销售一体化经营，通过向农民租赁土地使用权，将大量分散在千家万户的土地纳入到企业的经营开发活动中，形成龙头连基地、基地连农户的产业化、商品化、规模化生产经营格局。

这种由龙头企业建立生产基地，在基地进行农业科技成果推广和产业化开发，将企业与农户和市场整合为利益共享、风险共担的运行模式，称为龙头企业带动型的现代农业模式。广东省温氏集团从1986年开始与农户合作，开创了"公司+农户"产业化经营的先河，逐步建立了农产品的规模化生产、标准化管理、产业化经营体系，确保了产品质量，提高了经济效益。这种运行模式对农民的土地、劳动力和公司的市场、资金、管理经验和技术等生产要素进行了有机整合，从而实现公司与农户的优势互补、资源互补，并形成了紧密的利益共同体，最终实现共赢。

在创新经营模式方面，以养鸡产业为例，公司牢牢控制着从鸡苗供应到销售链条的核心技术，在保证肉鸡食品安全和质量的同时，让农户得到稳定的收入，使得合作能长期进行，并能够连年滚动式地扩张；在处理和农户的利益关系方面，温氏集团始终把农户的利益放在第一位，在市场风险出现时，以公司综合经营的收益来保证农户的利益。此外，为稳定保护价政策，平抑可能出现的购销倒挂所产生的亏损，温氏集团还开展了多种经营，建立风险基金制度，最大限度地降低市场风险。由于成功地运用了"公司+农户"的经营方式，温氏集团正确处理了公司和农户间的利益关系，让农民真正感受到实惠，保持了该集团的经济增长持久不衰。

近10年来，温氏集团始终保持着30%以上的发展速度。截至2007年，公司养殖规模达到了上市肉鸡5.3亿只，肉猪182万头，成为全国规模最大的肉鸡（猪）饲养集团。温氏集团还在广东、广西、福建、湖南、湖北、江苏、浙江、安徽、江西、四川、重庆、河南、河北、云南等省、市、自治区建立了80多家集种苗生产、饲料供给、技术服务、农户养殖、产品销售等环节为一体的养殖公司，企业职工人数达到2万余人，合作农户3.65万户，销售收入超过100亿元。在促进农民增收方面，温氏集团旗下联结的农户超过3万户，直接为农民创造利润11.35亿元，户均获利3.1万元。如今，温氏集团位居广东省农业龙头企业之首，已成功跨入百亿元国家级农业产业化龙头企业的行列。

二、农户公司带动型

所谓农户公司带动型运行模式，是指一种以农户家庭经营为主体，以独户联户、合作经营为基础，以增加农民收入为目标，以多种经营为手段，依法注册登记，有固定经营场所的经济主体（称之为农户公司），通过农户公司将分散经营的农户联合起来，利用本地资源，吸收农业劳动力就业，带动农民从事手工制作、特色加工、产业开发、产品经营、中介服务、市场销售等生产经营活动，拓宽农民的就业渠道，推进农业发展、促进农民致富和产业发展的现代农业发展模式。山西省东南部的长子县，共有12个乡镇，人口34.6万，农户8万多，农村人口30万，占全县总人口的86.7%。全县国土总面积1029平方公里，耕地67.83万亩，人均耕地1.9亩，水浇地面积16.3万亩，人均水地0.5亩。近年来，长子县从本地实际出发，立足长子县财力不足、基础落后、区位优势不明显、发展大企业难度大的实际，以推动农村经济发展为出发点，从增强农民市场意识，提高农民进入市场的组织化程度，培育农民市场主体地位着手，采取农民自办、在外务工人员回乡领办、聘请能人帮办、整合资源合办等多种形式，积极鼓励扶持农民创办各类经济实体，发展农户公司经济，组织动员广大农民探索市场，走向市场。在农村，绝大多数农民的资金有限，农户公司规模较小，所需起步资金不大，三五户或为数不多的农户单办或参股合办就能完成，同时农户又可根据自己的意愿选定投资方向，具有参与投资的主动性和积极性，能够广泛吸纳民间资本和社会资本，将农村大量的闲置资金、技术、劳力等资源有效集中起来，完成资本的原始积累，加快农村经济发展。据长子县统计局统计，到2007年12月底，长子县农户公司已发展到500多个，具有一定规模的公司达133个，从业人员总数达到1.7万人，农民在农户公司的固定资产投资达到12.7亿元，企业涉及种植、养殖、农产品加工贮藏、中介服务、产品销售、工业加工制造、商业流通、建筑建材、交通运输、文化演艺等10多个行业。2007年，该县此类经济组织销售收入达到6亿多元，占农村经济总收入的35%，农民从中得到的收入占长子县农民人均纯收入的29%，以农户为主体创办的公司，不仅为农民增加了家庭收入，积累了农民原始资本，也为广大农民增收拓宽了就业渠道和就业门路。农户公司已成为长子县农民增收的亮点，成为长子县县域经济的一大特色。

三、农牧结合型

所谓农牧结合型模式，是指在农牧经济为主的地区，实行将畜牧产业作为主导产业，积极发展种植业和饲料产业，兼顾发展其他产业，在此基础上通过发展规模化养殖基地，实现农牧户、基地、企业的良好对接，并依靠组建各类专业协会和中介组织，加强市场建设，完善社会化服务体系，从而全面提高农牧业生产标准化程度和科技含量，迅速形成高效农牧业产业化经营格局，实现农牧业跨越发展的运行模式。农牧结合型运行模式特点是集种、养、加工、销售为一体，为养而种，以种促养，以养增收，在此基础上不断调整和完善农牧业经济结构。这种模式以加快农牧业经济发展速度，增加农牧民收入为目标，把经济效益、生态效益和社会效益统一起来，从而实现农业的可持续发展。

鄂尔多斯市位于内蒙古自治区西南部，东、南、西分别与山西、陕西、宁夏相邻，总面积8.7万平方公里，总人口135.9万人，境内有毛乌素和库布大沙漠，占总面积的40%，属典型的干旱和半干旱地区，生态环境十分脆弱。为此，鄂尔多斯市从实际出发，压缩转移传统的农牧业布局，实现规模化经营，改变过去分散发展农业的状况，最大限度地发挥农牧业生产的比较优势，在地域空间上高度集聚，为现代农牧业发展创造出良好的条件。"十五"以来，市委、市政府抓住国家重视"三农"工作和地区工业化、城镇化进程加快的历史机遇，大力突出主导产业，确立了建设"畜牧业强市"

的目标，积极调整农牧业经济结构，为养而种、以种促养，以养增收。在中央支农富民政策的积极引导下，鄂尔多斯市更多的农牧民观念发生了转变。通过几年的努力，农牧业发展取得了重大突破，畜牧业迅速成为农牧区经济的主导产业。农牧业产业化的快速发展，加快了种养结构的调整步伐，在有效增加农牧民收入的同时，极大地改善了鄂尔多斯市的生态环境，一批农牧业产业化龙头企业积极投身到绿色生态产业当中。形成了生产发展、生活改善、生态恢复、人与自然和谐相处的多赢局面。"十五"期末，鄂尔多斯市地区生产总值由2000年的150亿元增加到2005年的550.1亿元，年均增长29.7%，增长率继续高居全区第一位，比全区高8.3个百分点。其中，第一产业实现增加值41.2亿元，同比增长9.6%。经济结构继续优化，三次产业比例调整为7.5：52.4：40.1。农牧民人均纯收入由2453元增加到4601元，年均增长13.4%。在西部145个地级市中，鄂尔多斯市经济总量进入前15位。通过农牧业结构调整，鄂尔多斯市的粮经饲比例由2000年的41：34：25调整为2007年的21：17：62，实现了种养结构的变革；通过推行标准化舍饲养殖，鄂尔多斯市初步实现了传统畜牧业向现代畜牧业的转变；通过推行"公司+农户、基地联农户、能人带农户"的产业化经营模式，鄂尔多斯市规模以上农畜产品加工企业已经由2000年的43家增加到2008年的72家，初步走上了农畜产品加工的规模扩张之路。以2008年上半年为例，全市销售收入100万元以上农牧业产业化加工企业就达186家，总资产163.65亿元，实现销售收入85.47亿元，完成增加值29.58亿元，实现利润10.02亿元，带动12.86万户进入农牧业产业链。在农牧业产业中，绒产业、肉产业、林沙产业已成为农牧民稳定而强大的增收产业。鄂尔多斯市还通过就业指导和生态移民、扶贫移民、劳务移民等多种方式，推进了农牧区人口向城镇和二、三产业转移，至2008年底，共转移出26.3万农牧民，移民人均收入达到了1.1万元。

四、城乡统筹型

所谓城乡统筹模式，是指在城乡一体化发展思路带动下，以高效农业和优势产业集群为依托，在大力融入工商业资本发展高效农业的基础上，吸收农业劳动力就业，促进和加快农村各个相关产业发展。该模式的主要特点是把农业与工业、农村与城市、农民和市民看作是一个有机的、既相互区别又紧密联系的统一体，通盘考虑、综合协调，工农城乡互动、协调发展。通过发展高效农业，带动社会主义新农村建设，推动现代农业的发展，实现农业增效和农民增收的目标。

无锡市地处长江三角洲中部的苏南地区，是全国闻名的鱼米之乡，也是近代民族工商业的发源地和著名的苏南模式的发祥地。该市总面积4788平方公里，人口457.8万。多年来，无锡市围绕本地农业优势，重点扶持建设了一批规模大、效益好、示范效应强的现代农业示范园区和高效农业项目，并以此为平台，强化政府引导和政策倾斜，多渠道筹措资金，引导工商资本投资农业，为高效农业发展注入了强劲的动力。通过制定扶持政策，引导工商资本加大对农业的基础设施、科技推广、服务体系建设等方面的投入，无锡市形成了以政府投入为引导、企业投入为主体的多元化投入机制。2008年，全市有785个村与工商企业结对挂钩，通过推动工商资本投入高效农业，无锡市创造了以工促农、反哺农业的新模式，解决了长久以来制约农村经济发展的资本、技术、机制、人才等瓶颈，大幅提升了农业生产力和综合效益。

无锡市在统筹城乡科学发展思路的引领下，结合自身个体工商业发达和资本密集的优势，以工促农，以城带乡，加速城乡统一进程，使越来越多的农民走上小康之路。合理规划和体制创新是无锡市农业快速发展的前提，通过工商资本和园区建设的带动作用，宜南丘陵山区高效茶果林、锡东澄东经济林木、三沿（沿江、沿湖、沿河）特种水产、城市近郊精细蔬菜、地方名特优水果、环太湖休闲观光农业六大现代高效农业产业集群已初具规模。通过推进"一村一品、一村一企"，全市已累计建成农业特色镇和特色村分别达38个和281个，农业特色村比例达37.8%，建成"四有"农民专业合作经济组织238家，农业适度规模经营达到59%。截至2007年，无锡市亩均效益超过2000元的高效农业面积达80.6万亩，占耕地面积的37%。全市农业平均亩产值达到3080元，比江苏全省平均水平高出972元。全市农民人均纯收入达到10026元，同比增12.9%，名列江苏省前茅，无锡市区域化、规模化、特色化和专业化现代高效农业产业群已初具雏形，现代农业已经步入快速发展的新阶段。

五、提供的借鉴和启示

以上四种模式对于指导我国部分地区现代农业的发展，起到了很好的借鉴和启示作用。广东温氏集团，从1985年创立以来，至今已实现过百亿元的收入，带动数以万计的农户走上了养鸡致富的道路。其成功的关键就在于独创的"公司+基地+农户"模式，通过全民持股的方式与农民进行股份合作，公司与农户形成利益共同体，有效地把分散的农户组成社会化的商品生产，很好地解决了农户与公司的利益关系；在鼓励农民自主创业建设新农村的背景下，山西长子县作出了很好的榜样。通过政策引导和金融支持，使农户确立了与社会主义市场经济相适应的发展意识、创业意识、市场意识和竞争意识，在合理地解决了资金积累等问题的基础上，实现了当地农户公司的发展和推进现代农业建设；在资金比较充分而土地资源稀缺的东部地区，无锡市实行城乡统筹为农业劳动力转移和农民就业提供了很好的借鉴。在以高效农业和创新体制为依托，大力融入商业资本的基础上，促进和加快农村各个相关产业发展，吸收农业剩余劳动力，从而打破城乡二元分割的局面，推动城乡一体化发展；在西部生态环境十分脆弱的地区，内蒙古鄂尔多斯市独树一帜，采取了农牧结合型的现代化发展模式。鄂尔多斯市通过严格落实农区禁牧制度、季节性休牧制度、封育制度等制度保障，充分发挥比较优势，调整农牧业生产区域性布局，促进优势产业集中发展；还坚持用工业化思维指导生态建设，发展林沙资源产业化，变被动治沙为主动治沙，在此基础上，发展生态建设成为一个带动经济发展的产业，不仅促进了农民增收，也实现了农业的可持续发展。总结这些成功案例的共同之处，可以为我国其他地区发展现代农业提供参考。

（一）建设现代农业模式的选择要立足当地实际，因地制宜

我国不同地区的资源禀赋、经济条件、农业结构产业特色千差万别，农业生产力发展水平差距较大，农业生产的多层次性和不平衡性也十分明显，因此，在选择建设现代农业的模式上必须立足当地实际，因地制宜。在资金较为缺乏，区位优势不明显的地区，如山西长子县，制定优惠政策，扶持和帮助农民创业，用农户带动农户，发展农业经济，带动一方致富，从而缓解政府资金压力，增加农民就业。农户公司带动型模式在发展山西长子的现代农业中起到了很好的效果；地处干旱半干旱地区的鄂尔多斯市由于资源极其有限，因此，要在具有优势的牧业上加大投入，通过农牧结合带动农业发展。同时发展林沙资源产业化，变被动治沙为主动治沙，将生态农业建设成为一个带动经济发展的产业，其发展模式不仅促进了农民增收，也实现了农业的可持续发展。不同地区建设农业现代化模式的成功实践表明，因地制宜，立足本地资源优势，发挥适合本地的农业优势产业，是成功建设现代农业的关键。

（二）大力扶持和培育主导产业，推进农业产业化经营

建设现代农业首先要构建扎实的产业支撑，开拓农民增收的新途径，提高农业专业化和技术水平，夯实现代农业建设的产业基础。没有农村产业的发展，没有农民生活的改善，现代农业建设就成了无源之水、无本之木。产业化的快速发展能够为现代农业建设提供各种先进生产要素，不仅体现在物资、资金等有形资本上，更体现在管理方式、组织形式的改进以及各要素间的相互整合上，使得农业能够有效地走入符合本地区发展的良性循环。农业产业化的发展深化了农业分工，延长了农业产业链，并通过在产前、产中和产后环节示范和带动相关产业的发展，形成产业集群式的规模效应，加快区域农业经济发展。

广东省温氏集团在发展生产的实践中逐步形成了一个比较完整的产业结构模式。这一模式可概括为以养鸡为核心，建立产、供、销"一条龙"的垂直生产销售系统，这样一来使过去独立于经济实体之外的相关产业连成一体，在经济实体内形成一个相生相克的有机循环系统，变单一生产力结构为综合生产力结构。在这个统一整体中，产业与产业，行业与行业互为条件，相互依托，共生共长；无锡市通过推进农业专业化、特色化、品牌化建设，以及村企结对、工商资本联手等形式投资现代农业，壮大了农业主导产业，使之朝规模化、集群化方向发展，走出一条符合实际的高投入—高

产出—高效益的现代农业发展之路。伴随着"一村一品,一村一企"工程的有序推进,无锡市已初步形成城郊名优水果产业集中区、近郊精细蔬菜产业集中区、惠山阳山水蜜桃产业集中区、环太湖休闲观光农业集中区等十大优势农业集中区域。

(三)农业现代化的实现要充分依靠科技的带动,加快新品种、新技术的使用和农业科学技术的推广

我国农业人口众多、耕地资源稀缺,导致农业边际生产率提高有限,再加上制度变革的困难,使得科学技术的应用成为推动现代农业发展最直接的动力。因此,在推进现代农业的发展过程中,要始终把推进农业科技进步放在重要位置。从总体上讲,我国应走以土地替代为主、劳动密集型的技术路线,并以机械化资本密集型为辅,具体情况要因地制宜。针对我国土地产出率低,农产品质量普遍不高的现状,各地区应建立和健全完善的农业技术推广体系,通过各种方式积极推进新技术的应用和新产品的示范和推广,使科技力量及时融入基层,带动广大农民使用新技术、新品种、新设施,并辅之以技术指导及相配套的设施,为农业发展注入源源不断的活力。

上述四种模式的经验表明,依靠科技进步是提高农业竞争力,增加农民收入最有效的手段。例如,温氏集团以发展高效养殖产业作为集团发展战略,在从传统的养殖业走上现代化养殖业的过程中,科学技术发挥了重要作用。通过运用科学技术改造传统的养鸡业,向广大农民传播先进的农业科学技术,并不断加大科技投入,从单纯的引进技术发展为农业科技的自主开发,充分发挥科技产业化的威力。除此之外,企业还建立了完善的科技管理机制,成为企业高效运行的重要环节,保证了科研生产一体化和科技经济的协调发展,使得科学技术成为企业稳步发展的推动力。

(四)把农民视为建设现代农业的主体,不断加大对农民的教育和培训力度,保障农民利益

建设现代农业要以农民为主体,不断更新农民的生产经营理念,使农民冲破传统的小农经济和小商品意识的桎梏,树立以市场价值为取向的新观念,促进农民经营观念和生产方式的转变,通过对农民进行技术和科技素质的培训,使农民成为有文化、懂技术、会经营的新型农民。建设现代农业的目标是使全体农民受益,保障农民利益成为农业现代化过程中必须解决的头等问题。一些地区在农业发展过程中单纯追求政府的形象和企业利润,忽视了农民利益,这种发展模式必然是行不通的。通过案例可以看出,四种模式可取之处体现在重视农民利益上,例如温氏集团在带动农民致富的同时,通过全体农民持股的方式保护农民利益,使农民成为企业的主人;长子县给予农民资金、税收等各项优惠政策,鼓励和扶持其创业,带动当地农村经济发展。四种发展模式均以农民增收为根本目的,通过各种运行模式保证了农民享有现代化的成果

和收益。我国建设现代农业的主体是农民，要立足本地实际，通过各种培训手段，培养各类新型农民，发挥农民建设现代农业的主体作用，推动我国现代农业的发展。

（五）建设现代农业必须走可持续发展的道路

上述四种发展现代农业的模式说明，走农业资源开发、利用和保护相结合的可持续发展道路符合中国的国情。我国资源人均占有量较低，在合理开发、有效利用资源基础上，应该提高资源利用率和产出率，实现农业生产、经济发展和资源保护、生态环境治理的有机结合，才能保证农业可持续发展。

在这方面，鄂尔多斯市坚持开源与节约并重原则，积极发展低消耗、高效率的农牧业生产。以耕地和水资源的节约和合理利用为中心，以提高资源利用效率为关键，以节地、节水、节肥、节药、节种、节能和资源的综合循环利用为重点，加快推行保护性耕作、精量播种、测土施肥、节水灌溉等措施，大力推广应用节约型耕作、播种、施肥、施药、灌溉与旱作农业、集约生态种植养殖、沼气综合利用、秸秆综合利用等节约型技术，推进节约型、循环农牧业发展。鄂尔多斯市通过出台一系列政策，如严格落实农区禁牧制度，牧区、半农半牧区季节性休牧制度，生态工程项目区及移民区的封育制度等，严厉打击乱开、乱垦、乱挖、乱占等破坏草原、农田、山林的违法行为，依法保护了农牧业生态环境和生态资源，同时也创造了很好的经济效益和社会效益。

※ 活动六 "十三五"我国现代农业将进入加速发展阶段

一、关于国际农业发展趋势

（一）**全球农产品产量增速下降。**中国农科院曲春红课题组研究发现，"十三五"期间全球大部分农作物单产和总产仍将持续增长，但受耕地、水资源约束和气候异常等因素影响，增速有减缓趋势。全球小麦、大米和粗粮供需基本平衡，但区域差异十分明显，地区粮食安全问题突出。

（二）**主要农产品价格将持续走弱。**农业部贸促中心倪洪兴课题组认为，世界主要农产品价格下降趋势在"十三五"期间或将持续，并最终稳定在2008年之前的水平。此外，受全球气候变化、金融资本投机、跨国公司控制农业产业链等非传统因素影响，未来农产品市场面临的波动性和不确定性加剧。

（三）**信息化等高新技术在现代农业中的应用将更加广泛。**农业部科技发展中心杨雄年课题组认为，信息化技术将继续渗入农业各个领域，将为我国"十三五"时期农业信息化建设提供宝贵机遇。同时，基因组学、转录组学、基因定向转移、动物克隆等技术正成为新基因争夺和新技术竞争的制高点，"十三五"期间将出现一大批利用转基因、分子设计等现代生物学技术培育出的高产优质多抗高效的作物新品种。

（四）**发达国家农业支持将偏向更隐蔽的一般性服务和收入补贴。**农业部农村经济研究中心彭超课题组认为，发达国家农业政策改革的目标是提高农业的长期竞争力，促进公平和实现农业可持续发展。支持手段也更加隐蔽，生产者补贴呈下降趋势，但对基础研发、基础设施、技术服务、金融保险等一般性服务的支持水平持续上升，对农产品消费者和农民的收入补贴也稳步提高。

二、关于我国现代农业发展阶段的判断

（一）"十三五"我国现代农业将进入加速发展阶段。浙江大学卫龙宝课题组将我国的现代农业发展阶段划分为：初步实现阶段、基本实现阶段以及全面实现阶段，认为"十三五"时期，我国农业应处于基本实现阶段的初期，这个时期以发展绿色高效农业、优化农作物品质结构和农业产业升级为主要特征。中国农业科学院胡志全课题组将我国农业现代化进程划分为起步阶段、发展阶段、基本实现阶段和全面实现阶段，我国整体上已经迈过农业现代化的起步阶段。根据世界现代农业发展规律判断，在资本积累、技术进步、政策支撑等条件作用下，"十三五"时期我国现代农业将进入加速发展阶段。

（二）区域不均衡将滞缓我国现代农业发展进程。胡志全课题组通过测算发现，我国省际现代农业发展水平差距明显，由于差距过大，"十三五"期间，区域不均衡将成为制约我国现代农业总体水平的重要因素。

三、关于"十三五"农业农村经济发展面临的重大问题

（一）农产品供需的结构性矛盾突出，需调整优化农业生产结构。农业部农村经济研究中心宋洪远课题组认为，我国居民人均大米、小麦等谷物消费从20世纪九十年代后期就开始呈下降趋势，而畜产品、水产品和蔬菜水果等高附加值农产品占食物消费的比例持续快速增长。但是，我国农业生产结构调整滞后于优质化、多样化和专用化的需求结构变化，牛羊肉、奶类、优质高端苹果等高品质产品供需矛盾加剧。"十三五"期间农业结构调整优化的思路是，重点保口粮，统筹兼顾棉、油、糖、蔬菜等其他农产品生产，充分挖掘饲草料生产潜力，大力发展草牧业，促进粮食主产区的农牧结合、粮经饲兼顾，努力提升大中城市的"菜篮子"产品自给能力。

（二）国内农业支持政策困境初显，应充分发挥收入补贴、保险补贴等"绿箱"政策作用。宋洪远课题组认为，新时期国内农业政策面临很大困境：一是支持和保护政策导致农产品接近价格"天花板"；二是WTO"黄箱政策"限制使国内农业生产补贴增加的空间受限。"十三五"期间，政府应全面减少对口粮之外的农产品的政策干预，总结我国棉花和大豆差价补贴政策试点的经验，适时推出对糖类、油料、玉米等产品的差价补贴政策。扩大"绿箱"支持，适度增加对农民收入的转移支付支持力度，将部分属于"黄箱政策"的农业补贴转变为"按历史面积补贴"的绿箱补贴；提高农业保险的补贴力度，增加农业保险覆盖的品种范围，逐步探索建立巨灾风险保障

机制；增加对环境保护的支持力度，提高农业可持续发展能力。

（三）科技创新能力仍是现代农业发展的瓶颈，需进一步强化科技支撑能力建设。中国人民大学仇焕广课题组认为推进现代农业发展、推进"四化同步"，必须进一步强化科技创新，依靠创新驱动实现农业增产增效。"十三五"期间，应紧紧围绕条件建设、技术创新、集成示范、成果转化四大环节，瞄准关键技术突破、创新机制完善、创新人才培养、成果转化率提高四大目标，不断加大投入力度，夯实现代农业发展的科技基础。

（四）农业发展面临巨大人才缺口，应加大农村人才培养力度。北京理工大学刘平青课题组认为，"十三五"期间，人才将成为制约我国农业发展的关键性因素。一是我国农业产业在世界竞争格局中仍处在产业链的中低端，农业科技人才数量不足，质量有待提高；二是农村大量青壮年劳动力外出务工，农村"空心化"，农村实用型人才"青黄不接"；三是农村基层干部队伍年龄结构老化问题严重。决策部门设计"十三五"农业产业发展及农业项目支持方案时，要将人才培养作为重要内容，促使项目推进与人才培养齐头并进。

（五）农业生产的环境负效应日益突出，要加大对农业资源环境保护和生态建设的支持。农业部农村经济研究中心金书秦课题组认为，我国为了保障国内较高水平的"粮食自给率"，忽视了水土资源利用和环境的可持续性。"十三五"期间，应在促进农业生产的同时，更加注重保护生态环境：一是要推进农业秸秆的综合利用；二是要强化对化肥农药使用的管理，推广实施精准施肥等技术；三是要加强对规模化畜禽养殖粪污排放的管理。通过农业投入品减量和农业废弃物资源化利用相结合的途径促进农业绿色发展。

（六）"十三五"农民增收面临严峻挑战，需加快建立农民持续增收的长效机制。农业部农村经济研究中心张红奎课题组认为，宏观经济步入"新常态"，一是导致农产品需求和出口下降，农业生产需要的劳动力数量减少，加上非农劳动力需求下降，可能导致农村劳动力的失业率上升，农民收入下降；二是政府的财政收入增幅放缓，对农业和农村发展的支持力度下降，对农村社会事业发展和反贫困产生不利影响。"十三五"期间，应加快建立农民持续增收的长效机制。提高农村转移劳动力的劳动生产率，持续较快增加农民工资性收入；创新农业经营体系，持续较快增加农民经营性收入；推进农村产权制度改革，持续较快增加农民财产性收入；加强农村社会保障，持续较快增加农民转移性收入；加大扶贫和救助力度，持续较快增加农村贫困人口收入。

四、关于"十三五"农业现代化发展目标

（一）"十三五"时期我国农业现代化目标应更突出多元化。四川大学王国敏课题组在系统梳理典型发达国家工业化、城市化阶段对农业现代化发展目标的定位与选

择后发现，在工业化发展的初、中期，一般以提高农业劳动生产率和土地产出率，增加农产品供给为主要目标；在工业化发展的中、后期，一般以控制城乡差距和促进农民增收为主要目标；在工业化发展的后期，在重视农业生产功能的同时，更重视其各种社会生活功能、文化功能、心理功能、生态环境功能，一般都将建立多功能农业作为主要目标，进而提高整个社会的福利水平。"十三五"期间，我国农业现代化目标应在继续强化保供给的同时，更加注重消除收入差距，突出农业的社会和生态功能。

（二）农业现代化发展指标体系需做适当调整。中国农科院蒋和平课题组认为，"十三五"时期，在设定农业发展目标时应在"十二五"指标体系的基础上进行适当调整，增加或更新农业抗风险能力、质量监管能力、国际竞争能力、可持续发展能力等方面的指标。将新增水土流失综合治理面积、农业灌溉用水有效利用系数、农作物秸秆综合利用率和农业成灾率作为衡量农业生态安全的指标；将农产品质量安全例行监测总体合格率、"三品一标"种植面积占耕地面积比重和农产品商品率作为衡量质量安全的指标；将农产品对外贸易总额、农产品进出口依存度、农产品贸易竞争力指数和农业对外投资净额作为优化国内国际战略布局的指标，并分别确定目标值。

五、关于"十三五"农业现代化发展重大政策创设

（一）"十三五"农业现代化重大政策导向需进一步明确。卫龙宝课题组提出，鉴于"十三五"期间我国农业现代化所处的阶段和面临的挑战，农业现代化的进一步推进需牢牢把握"一个中心""两个联动"以及"三个抓手、三个关键"。"一个中心"即以"工业反哺农业"的农业现代化思路为中心。"两个联动"即建立"农村—城镇""农民—居民"联动发展的城乡一体化机制。"三个抓手、三个关键"即坚持以生产为抓手，关键在于进一步优化土地、资本、劳动力、科技的有效投入；坚持以经营为抓手，关键在于培育新型农业经营主体；坚持以销售为抓手，关键在于创新农业销售途径。

（二）"十三五"农业现代化重大政策创设要瞄准重点问题。中国科学院何传启课题组研究认为，我国农业现代化面临三个重点问题。一是农业劳动生产率低下；二是营养供应水平不高；三是农村绝对贫困依然严峻，成为实现农业现代化的重要挑战。"十三五"时期农业现代化政策创设应做好三件事，一是建立农业科技责任制，完善农业创新体系；二是修订农业区域规划，推进农业协调持续发展；三是实施农村小康工程，逐步消灭农村绝对贫困现象。

模块小结

本模块共设置五大任务，十九个活动的内容。通过学习我国农业发展与布局特点，了解我国农业可持续发展战略；学习我国粮食生产特点与区域产销平衡，了解我国主要粮食作物生产与布局；学习我国经济作物生产发展与区域组合，了解我国主要经济作物生产与布局。从总体上，对我国农业地理有了基本认识和理解。掌握能力目标，加强自身素养，确立正确认识农业的思想，能为我国粮食商品生产基地建设与发展提出合理化建议。

思考练习

【名词解释】

农村经济体制　乡镇企业　粮食作物　经济作物　纤维类　原料作物　油料作物　糖料作物　热带经济作物　商品粮基地　旱粮作物　农业分区　饮料作物

【问答题】

1.我国农业发展与布局的特点有哪些？

2.我国现代集约可持续发展农业的内涵是什么？

3.怎样结合我国的国情，促进我国农业的可持续发展？

4.我国粮食生产发展的基本特点有哪些？

5.我国经济作物的生产特点有哪些？

6.我国粮食跨省区流动的总体流向有哪些？

7.我国商品粮基地的类型有哪些？

8.在我国农业生产发展和布局中，为何需要贯彻"绝不放松粮食生产，积极开展多种经营"的方针？

9.我国一级农业区有几个？

【思考题】

1.概述我国主要经济作物集中产区的布局和演变特点。

2.概述我国农业生产的重大地域差异，以及各大地域的农业自然环境、自然资源和农业生产特点。

【填空题】

1.农业是我国（　　　　）的基础。农业与农村的（　　　　），是我国可持续发展的（　　　　）和（　　　　）。

2.经济作物是我国仅次于（　　　）的农作物。

3.我国的糖料作物主要是（　　　）和（　　　）。

4.我国农业（　　　）的（　　　）指草本油料作物，并不包括（　　　）。

模块三

我国工业地理

【知识目标】

学习、了解我国工业的主导作用和特点，学习、了解我国工业的合理布局。

学习、了解我国轻工业和高新技术工业，学习、了解我国的重工业。

【能力目标】

掌握我国工业合理布局的基本知识。掌握我国主要轻工业的发展和布局。

掌握我国高新技术工业的基本发展框架。掌握我国重工业布局存在的问题及其解决途径和方法。

【素养目标】

培养学生学习工业地理概述的兴趣，做好学习规划，通过能力目标的实施，确立正确的学习方向，为我国工业生产与经济发展献计献策。

【案例导入】

我国装备工业依赖信息化实现自动化生产

随着信息化建设的不断深入，数字化装备、智能装备、工业机器人需求日益增加，我国装备工业的信息化水平已走在世界前列并不断提高。

据机械工业联合会统计，目前我国机械行业已有87%的企业设立了信息化机构，90%的企业制定了信息化规划。随着信息化的逐步推进，我国装备工业规模迅速增长，国际地位不断提高。"十一五"期间，我国装备工业增加值年均增速超过20%。目前，我国在常规发电装备、港口机械、水泥成套设备、船舶等制造领域，已走在世界前列，与工业发达国家之间的差距正在逐步缩小。

产品信息技术含量不断增加，重大产品和所需材料研制成功，体现了我国装备制造产品信息化水平的不断提高。

装备工业是工业体系的核心和基础，是实现工业化的基础条件。推进装备工业两化深度融合，将促使信息技术渗透到装备工业的各个层面，从产品、设计、制造、管理、业务流程到产业体系，有助于优化产业结构、提升产业价值链，从而促使我国装备工业，乃至整个工业由大变强。

随着我国装备产品数控化改造的逐步实施，数控机床等装备的智能化程度不断加深，装备产品信息技术含量不断提升，某些大型装备技术水平与国外产品不相上下。目前，我国已生产出具有国际先进水平的数控重型五轴联动车铣复合机床，大型快速数控自动冲压生产线也已成功运行。金切机床产值数控化率由2005年的36.3%提高到2010年的52.5%。此外，1.5万吨级水压机等重大产品和所需材料的研制成功，也体现了我国装备制造产品信息化水平的不断提高。

生产设计信息化成效显著。生产自动化、设计数字化软件在装备工业中得到了广泛应用。一是在研发设计中使用了计算机辅助技术(CAX)，大大提高了设计精度和效率；二是使用了工艺流程规划(CAPP)生产，不仅实现了生产的有序化，而且降低了传统工艺流程规划对于生产设计人员经验的要求，保障了工艺的最优化和标准化；三是通过引进先进的信息化技术和信息化设备系统，实现自动化生产。

在汽车行业，CAD/CAM/CAE技术的普及程度较高。整车领域，高端和中端三维CAD和CAM技术已得到普遍应用。零部件企业为了能够与整车厂交换产品信息，也广泛应用了CAD技术，而且往往采购与其主要客户相同或兼容的CAD软件，DWG文件已经成为二维工程图纸数据交换标准。

在造船行业，CAD应用逐步深化，设计智能化态势初显。CAD技术在国内骨干造船企业中已经全面用于船舶设计的各个阶段和各个专业。通过二次开发，骨干企业均建立了适合自身条件的数字化设计系统，可以按照企业的生产要求生成相应的图示和报表，并与企业内部的管理信息系统建立了接口，基本满足了企业内部的设计工作要求和部分生产管理要求。

信息技术与企业管理融合使我国装备制造企业实现了关键设备管理信息化、企业管理最优化及生产管控一体化。

"我国装备制造企业纷纷使用PDM、SAP、ERP、MES、SCM、CRM等生产管理系统，实现了关键设备管理信息化、企业管理最优化及生产管控一体化。"工业和信息化部装备工业司相关负责人说。数据显示，在机械制造领域中，建立财务系统的企业达到89%，建立难度较大的ERP系统的企业达到60%。财务数据库和人事管理数据库已基本普及，产品/技术、库存管理、客户管理数据库应用分别为65%、60%、48%。机械、汽车等行业的排产计划、车间物料管理、车间设备管理等业务系统的普及率达到85%，企业实现数据共享的比例接近90%。

信息化建设已为机械装备业带来一定的效益。应用MRPⅡ/ERP较成功的企业，取得明显的效益，如采购周期可缩短60%，库存资金占用减少了25%，成本核算工作效率提高了50余倍等。但从制造企业整体情况看，MRPⅡ/ERP的应用还不广泛，即便已开始应用，与现代企业管理模式也有脱节。

在全国201家CIMS应用示范工程企业中，机械企业约占1/5；应用CIMS比较成功的企业，综合竞争力明显提高。ERP技术在汽车行业实现了广泛应用。

任务一　我国工业概述

※ 活动一　我国工业的特点与主导作用

工业是采掘自然物质资源和对工农业原料进行加工的社会物质生产部门。在生产、加工过程中需要一定场地、设备、工艺和专业工人。它为国民经济各部门生产提供生产资料，为人民生活提供生活资料，在国民经济中处于主导地位，是国家实现现代化建设的强大物质基础。

一、工业的特点

(1)工业生产有自己特有的工艺过程。包括机械作用、化学作用和微生物作用的过程。

(2)工业生产具有连续性。整个生产是在人工控制下进行的。受自然条件的影响较小，只要原料、设备、厂房、动力、技术、劳务以及运输、市场等条件有保证，就可以全年进行生产。

(3)工业生产又具有阶段性。工业生产分为各个不同阶段，而各个阶段保持一定数量的比例关系，连续不断地进行生产。这种生产可以在一个地方同时连续进行，也可以在不同地点同时进行。其生产连续性是通过工艺半成品的运输及各个生产阶段衔接起来的。

(4)矿产资源和工业原料对工业布局有重大影响。

(5)工业生产要有良好的建设条件。包括供水、供电、交通、用地、劳动技术和市场需要等条件。

二、工业的主导作用

由于工业在国民经济中处于主导地位，因而也就在国民经济中起着主导作用。其主导作用主要表现在：

(1)工业为国民经济各部门提供原材料、燃料动力，促进国民经济各部门发展；

(2)工业以技术装备(机器设备、生产工具以及先进工艺)武装和改造国民经济各部门，使国民经济在先进技术基础上迅速发展；

(3)工业产品可以满足整个社会不断增长的物质文化生活需要；

(4)工业在地区经济和城市发展中往往处于核心地位，能够促进地区、城市的经济、文化、科学技术的发展。

※ 活动二　我国工业的合理布局

一、工业主导作用的发挥，必须建立在合理的布局上

工业的门类很多，最基本的可以分为电子、电力、冶金、煤炭及炼焦、石油、化学、机械、建材、森林、食品、纺织、缝纫、皮革、造纸及文化用品等部门。为研究工业结构，以利整个工业发展，还可按工业产品的经济用途，分为重工业和轻工业两大类。按作用于劳动对象性质，分为采掘工业、原材料工业与加工工业等部门。按在工业结构中的地位与作用可分为主导工业、协作配套工业与一般工业等部门。只有各个工业部门布局合理，整个工业生产才能顺利进行，协调发展。

工业生产必须在一定空间地域上进行，并在一定的范围内与其他生产部门(包括工业本身)发生一定的联系，这样就形成工业地域分布形式。这种地域形式就称为工业布局。换句话说，工业布局就是工业生产在地域上的表现形式，或者说在一个国家或一定区域范围内，对工业生产进行空间的组织，它与工业分布、工业配置是同义语，欧美国家称之为区位论，日本称之为立地论。工业布局是一种社会经济现象，受社会经济规律制约，在现代化建设中自觉地应用工业布局的客观规律，掌握各工业部门生产特点和布局要求，深入调查建设地区的具体条件进行合理布局，具有十分重大的意义。因为它不仅关系到工业本身建设投资效果和生产技术经济指标，而且从宏观上看：

(1)可以充分利用各地区自然资源、劳力资源和保持良好生态环境，为加速工业现代化创造条件。

(2)可以改变工业分布不平衡状态，促进全国各地区经济普遍发展，特别是有利于改善沿海与内地、先进地区与后进地区的经济差别。

(3)可以更好地发挥工业主导作用，加速农业技术改造，为实现农业现代化创造条件。

(4)可以保证整个国民经济的发展速度和战略目标的实现。

(5)从长远来看，可以为消灭城乡差别、体力劳动与脑力劳动差别创造条件。所以在全国范围内有计划合理布置工业，在我国现代化建设中是具有全面性质和长远性质的战略问题。

二、我国的工业生产具有悠久的历史

我国的手工业在历史上就一直具有很高的水平。但近代工业发展则相对落后。从1843年英帝国主义在上海开办第一家印刷厂开始，一百多年来，旧中国的近代工业主要是在帝国主义和官僚资本主义的掠夺控制下，在半殖民地半封建的社会条件下，逐步发展起来的。基础非常薄弱，结构极不合理，分布很不平衡。工业生产严重脱离原

料、燃料产地和消费地区。这就导致了中国旧工业具有如下的基本特征：生产上的脆弱性，结构上的畸形性，分布上的不平衡性以及对帝国主义的附庸性。

新中国成立后，经过40多年的建设，我国工业发展速度迅速，工业结构日趋合理，工业技术水平日益提高，若干新兴工业建设起来，从而在全国范围内建设了具有相当规模的独立完整的现代化工业体系。在布局上，在发挥老工业基地在全国工业建设中作用的同时，在交通方便、建设条件较好的中部地区和东北腹地，在过去交通闭塞的内地，在过去经济落后的广大边区和少数民族地区，建立了一批新型的工业基地，形成了比较均衡合理的工业布局新面貌。

40多年来，工业生产布局的实践告诉我们：合理的工业布局，必须遵循社会主义基本经济规律和国家各时期对政治经济发展的重大要求，正确安排全国工业生产结构和地区组织形式。在具体安排时，要正确处理地区优势与全国统筹规划的关系，资源丰富地区与加工工业集中地区的关系，沿海与内地的关系。要在劳动地域合理分工基础上，建立独立完整的国家工业体系和各具特点、不同水平、合理分工、协调发展的地方工业体系。要使工业尽可能接近原料、燃料产地和消费地区；要注意资源的综合利用与生态环境的保护；要注意工农结合与城乡结合。

任务二 我国轻工业与高新技术工业

※ 活动一 我国主要轻工业发展和布局

轻工业是指满足人们吃、穿、用需要的部门。轻工业是一个门类多、范围广泛的综合性产业部门，按其所使用原料的不同，可分为以农产品为原料的轻工业(主要包括食品制造、饮料制造、烟草加工、纺织、服装制造、皮革和毛皮制作、造纸及印刷等工业)和以非农产品为原料的轻工业(主要包括文教体育用品、化学药品制造、合成纤维制造、日用化学制品、日用玻璃制品、日用金属制品、手工工具制造、医疗器械制造、文化和办公用机械制造等)两大类。在工业化发展初期，轻工业的生产在制造业中占据统治地位(其中主要是以农产品为原料的轻工业)，随着工业化水平和国民消费水平的提高，制造业中轻工业所占比重逐步下降，而为投资和中间需求服务的重工业所占比重逐步上升，同时轻工业内部以非农产品为原料的轻工业所占比重也逐步上升。

1949年至改革开放以前，由于中国实行向重工业倾斜的工业化战略，轻工业的发展较为缓慢。1979年以来，中国的轻工业迅速增长。1995年轻工业拥有乡及乡以上工业企业29.9万个，乡及乡以上轻工业总产值29211亿元，年均增长速度高达16.3%。人们生活的必需品，高档、名优、紧俏轻工产品大幅度增长，结束了过去凭票限量供应的局面。罐头、抽纱刺绣、金属制品、箱包、玩具、地毯、皮鞋、陶瓷、自行车、钟表、家用电器等11个拳头产品已构成轻工业出口产品的主体和全国出口的主导产品之一。目前中国轻工业已经形成了具有相当规模和一定水平，能够满足国内需求又有一定国际竞争能力的生产体系。

中国轻工业的布局在全国已经基本展开，但各地区发展不平衡，初步形成了以环渤海地带、长江三角洲、闽南金三角、珠江三角洲为主的轻工业出口基地。在中国沿边内陆地区，以新疆、内蒙古、黑龙江等地对独联体、东欧和蒙古各国，以新疆、宁夏对中、西亚伊斯兰国家，以四川、云南、贵州对南亚和中南半岛三国的轻工业产品出口基地正在逐步形成。下面主要介绍食品工业、造纸工业的布局。

一、食品、饮料及烟草工业布局

食品工业是以农副产品为原料的加工工业。发展食品工业不但可以满足人们对食物的需求，而且可以应用食品工业的保藏加工技术，使农副产品得到及时加工，并有利于解决某些农副产品生产和消费的季节以及地区不平衡的矛盾，使农产品增值，也有利于稳定农业生产。中国的食品工业在国民经济中占有重要地位。1995年包括食品加工、食品制造、饮料制造和烟草加工在内的食品工业企业、职工人数、工业总产值占全部工业的比重分别达到12.1%、7.2%和11.3%。农村乡镇企业的快速发展，大大地加快了我国食品工业发展的步伐，使其成为我国工业增长最快、创产值、利税和外汇较多的部门之一。

食品加工工业主要包括面粉、碾米、淀粉及榨油工业等。由于农副产品不宜保存和长途运输，原料因素和运输条件对食品工业的布局有决定性影响。同时，食品工业的产品是为了满足人们食用需求，卫生条件和消费地环境对食品工业的布局也有重要影响。中国碾米工业主要分布在江苏、浙江、四川、广东、湖南、湖北、安徽等稻谷集中产区以及北方河北、辽宁、吉林等新稻区。其中，上海、无锡、南京、芜湖、武汉、长沙、重庆、成都及广州等中心城市，既是中国稻米的集散中心，又是消费中心，因而也是中国重要的碾米中心。面粉工业的产品不宜长途运输和长期储存，一般布置于消费区。油脂工业按原料来源可分为植物油脂和动物油脂两大类。中国目前以食用植物油脂为主，其生产加工广泛分布在原料产区及消费区。以大豆为原料的油脂工业中心，主要有大连、营口、丹东和哈尔滨等；以花生为原料的油脂工业主要有青岛、烟台、济南及天津、唐山等；以芝麻为原料的油脂工业主要分布在郑州、安阳、武汉等地；以油菜籽为原料的油脂工业主要分布在长江沿岸及其以南地区。

制糖工业按原料分有甘蔗糖和甜菜糖，其分布完全在原料产区。中国甘蔗制糖业主要分布在长江以南的广东、广西、福建、云南、四川、江西及台湾等地。甜菜制糖主要分布在黑龙江、吉林、内蒙古、新疆四省区。

饮料工业是近几年崛起的一个行业，产品包括白酒、啤酒、果汁、矿泉水等十余种，1994年拥有企业13161个，从业人员143万，创造的工业总产值达1010亿元，利税160亿元，以山东、广东、江苏、浙江、四川、河南、安徽等省最多。

我国的烟草工业有着悠久的历史，目前规模也较大，云南、湖南、河南、山东、湖北、广东、贵州等，都是产烟大省，也有不少著名品牌。1994年拥有独立核算企业382家，从业人员30多万，创产值960多亿元，利税530多亿元，成为国家重要的税收来源。

从食品加工、食品制造、饮料制造和烟草制造这四个行业总体规模(1994年产值)的角度看，全国30个省(市、区)大致可以分成五级，即：

第一级，总产值大于200亿的，包括山东、广东、江苏、河南、浙江、四川六省；

第二级，总产值介于100亿～200亿之间的，包括安徽、云南、湖北、湖南、广西、辽宁、黑龙江、河北、福建、上海等十省(市)；

第三级，总产值介于50亿～100亿的，包括北京、天津、吉林、陕西等四省(市)；

第四级，总产值介于10亿～50亿之间的，包括山西、内蒙古、江西、海南、贵州、甘肃、新疆等七省(区)；

第五级，总产值小于10亿的，包括宁夏、青海、西藏三省(区)。

从这四个行业产业结构的角度看，全国30个省(市、区)大致可以分成五类，即：

1. 包括云南、贵州两省，烟草制造业突出，其他行业较弱；

2. 包括陕西、湖南两省，食品加工业和烟草制造业较强，其他较弱；

3. 包括宁夏回族自治区，各行业都很弱，但食品加工、食品制造业较强；

4. 包括西藏、青海、山西、内蒙古、江西、海南、甘肃、新疆等省(区)，四个行业都较弱，且无相对突出者；

5. 其余各省(市、区)，四个行业都有一定规模，但各行业都不十分突出。

二、造纸工业布局

中国是世界上最早发明造纸技术的国家。现代造纸工业包括制浆与造纸两部分。1995年中国机制纸浆产量1268.9万吨、机制纸及纸板2812.3万吨。其中主要以农作物秸秆、草类等短纤维资源为主，以木材纤维为原料的纸制品所占比重不足20%。

纤维原料是制浆造纸工业的物质基础，但造纸是污染较严重的行业之一，纤维原料的种类、数量与质量，不仅关系到造纸工业的品种、质量和发展速度，而且对制浆造纸企业的规模与布局，采取的工艺技术路线，污染的治理和经济效益等有决定性影响。因此，制浆造纸工业一般布局在原料地，而造纸和纸制品工业则在布局上尽量接近消费地。

中国植物纤维资源品种多、数量大。目前作为造纸原料的纤维资源主要有农作物秸秆、木材、废纸、芦苇、麻布棉等，几乎各地都有用作造纸的原料资源。因而造纸工业的布局也较为分散，全国各省、市、区都有造纸工业，但又各有特点。

一是充分利用地区原料资源优势，形成了大中小不同规模的造纸工业企业，如以木材为主要原料的造纸工业地区，主要有辽宁、吉林、黑龙江和内蒙古东部，是中国规模最大的造纸工业基地；以农作物秸秆、草类等短纤维为主要原料的造纸工业地区，包括河北、山西、陕西、河南、山东、江苏、安徽、浙江、湖南和湖北等省，这里是全国主要农业种植区，其秸秆、草类纤维资源丰富，其中，湖南、湖北两省芦苇原料占有一定比重；拥有木材、蔗渣、竹子等多种纤维原料的造纸工业地区，包括广东、广西、福建、江西等地；四川、云南、贵州等省是竹、木纤维原料发展潜力较大的造纸工业地区；而北京、上海、天津等特大城市造纸工业以商品浆和废棉、废布、废纸为主。

二是发挥地区优势，形成了不同纸张品种生产的地区分工，如北京、上海、天津、济南、广州等沿海大城市生产多种技术条件要求较高的纸张品种。一般地区的小型纸厂，多生产文化、印刷、书写等普通用纸。

1995年全国机制纸及纸板产量最大的几个省区是：河南、广东、河北、浙江、四川、江苏、福建、辽宁、湖南、广西、安徽、陕西、湖北、吉林、黑龙江。

造纸工业目前存在的主要问题是，原料供应和生产能力不足，满足不了经济发展和人民生活水平提高的需要；生产技术水平不高，资源利用效率低，污染严重；规模不经济，小造纸厂到处开花，污染难以控制，国家虽然在淮河流域、黄河流域关闭了一些小造纸厂，但要彻底扭转环境污染的局面，还要加强管理，提高技术水平和规模经济水平。

三、耐用消费品工业

过去的耐用消费品主要指日用机械的老三件，即手表、自行车和缝纫机。随着人民生活水平的提高，这三种消费品在人民生活中的地位已不那么重要，代之而起的是家用电器、民用电子和家具等。

(1)日用机械工业。日用机械工业是制造和生产人们日常生活中所用机械产品的行业总称。我国日用机械工业发展的历史较长，并已形成了各自相对独立的工业生产体系。

日用机械工业的特点是：生产技术水平要求高，专业化协作程度强，单位产品原材料消耗少；产品的社会需求量大，供应范围广，质量要求严，竞争性强。因而，日用机械工业的发展规模受到社会购买力和经济技术发展水平的制约，工业布局一般接近工业发达的城市和经济中心。

我国日用机械工业的布局也是点多面广，生产能力大大超过社会需求，1994年共生产自行车4365万辆，占世界生产量的三分之一以上，其中上海、广东、江苏、浙江、天津等产量较高，这五个省市的产量占全国生产总量的70%；摩托车535万辆，其中四川、江苏、山东三省较多，合占全国的60%以上；手表49353万只，广东、福建、上海较多，三省市合占全国的90%以上，广东一省即占80%；缝纫机861万架，上海、广东、浙江较多，三者产量占全国的70%多。

(2)家用电器工业和民用电子工业是我国的新兴行业，是实现全国电气化、城市现代化和家庭劳务社会化的重要组成部分，是机械、电子、冶金、化工等工业的综合体，包括电热、电动、制冷等若干个大类和洗衣机、电冰箱、电风扇、电视机、录音机等十几个门类产品。我国这两个行业的基本情况是：起步晚，起点高，速度快，目前规模较大，很多产品如电视机、洗衣机等，已跃居世界第一。

这两个行业布局的特点是，虽然相对集中，长江三角洲、珠江三角洲和京津地区较多，但布点太多，重复建设现象严重，规模不经济。其中电冰箱主要分布在广东、安徽、上海、山东、陕西、河南和浙江等，七省市产量占全国总产量的80%以上；电视机主要分布在广东、江苏、上海、四川、浙江等省，五省市产量占全国总产量的三分之二以上；家用洗衣机主要分布在广东、上海和山东，三者产量占全国总产量的近50%；录音机主要分布在广东、江苏、上海、浙江等省市内，四省市产量占全国总产量的96%，广东一省即占全国的85%以上。

随着社会的进步和人民生活水平的提高，这些行业的内部结构也在发生变化，放像机、录像机、家用电子计算机的生产发展很快，其中录像机主要布局在上海、福建、四川、天津、北京、辽宁和广东等省市，七省市产量占全国总产量的95%以上，微型电子计算机主要布局在广东、北京、山东、上海、天津、湖南和辽宁等，七省市产量占全国总产量的近85%，广东一省产量即接近全国的30%。

(3)家具制造业。家具消耗原材料较多，同时又不易运输。所以家具制造业的布局既要考虑原材料，又要尽可能接近市场。一般规律是：低档家具靠近原料产地，高档家具靠近消费区。我国的家具木材原材料主要在东北和西南地区，近年也进口了相当数量的木材和其他辅助材料，消费地则遍布全国。此外，一般的家具制造所要求的资金和技术投入都不很多，因此，我国各省市都发展了一定规模的家具制造业。但从产值的角度看，广东、山东、江苏、北京、浙江的规模较大，五省市产值约占全国的55%，从就业人员方面看，广东、山东、江苏、黑龙江、湖北等省人员较多。五省从业人员约占全国的39%。

※ 活动二 我国高新技术工业

高新技术工业是区别于前述传统工业的高级、新兴、尖端工业，处于工业现代化的前沿，具有龙头和先导作用。如果说工业是国民经济的主导，那么高新技术工业则是主导的主导。高新技术工业具有高智力、高信息、高难度、高技术、高投资、高风险、高竞争、高增值、高效益、高渗透、高潜能等许多特点。因而高新技术工业不仅是现代工业的重要组成部分，而且其区位对软环境和交通、水质、气候等硬环境的选择要求与传统工业也不尽相同，有许多自己的特色。

在21世纪，高新技术产业是国际经济竞争的主要力量。我国要实现"科教兴国"和"可持续发展"两个战略，以及两个根本转变的基本任务，应该把开发高新技术产业放在经济发展战略全局的主导地位。

1949年以后，我国在不太长的时间里成功地研制了"两弹一星"。从而带动了高新技术产业的建立和起步。改革开放以来特别是作为我国高新技术产业的重要基地，一大批高新技术产业开发区不断涌现，可以说它们是21世纪中国经济腾飞的起动点。

高新技术工业和传统工业一样，其部门结构也包括能源、原材料和制造业。我国高新技术工业发展态势概括如下。

一、新能源与新材料工业

根据核电工业和核电站区位特点，我国首先在经济发达、耗电特大而又奇缺的长江三角洲和珠江三角洲，选建秦山和大亚湾两大核电站。前者为我国自行设计、建设的项目，一期已运行数载，二期正在紧张施工，三期也已列入计划，成为我国核电建设的重要里程碑。后者为中外合资项目，按国际标准建设。其建设对于珠江三角洲和港澳地区都有重要意义，而且对我国核电的进一步健康发展也有借鉴意义。此外，苏、辽等高负荷中心的核电建设正在规划起步。秦山、大亚湾两个核电群体即将形成。我国其他新能源的研试和开发也在加紧进行中。

我国新材料研制的起步虽较晚，但是本着瞄准前沿、积极跟踪、重点突破的原则，研试和生产都取得了可喜的进展。在当今世界新材料如精细陶瓷、复合材料、光导纤维、激光材料、超导材料、形状记忆合金、非晶态材料、超微粒等生产领域，我国有的已实现产业化，有的正在积极研试。我国新材料研试的院所和生产企业主要分布在北京、上海、武汉、广州、福州等城市的科技工业园区以及其他重要工业科技城市。

二、电子和信息工业

电子工业和电子信息产业是高新技术工业的中枢和先导。将电子工业看作传统的机械工业的认识已不合时宜。我国电子工业与其他高新技术工业相比起步较早，发展速度较快。电子产品国内占有率逐年提高，并有部分产品出口。但是，由于在相当一段时期内没有集中人力、物力、财力扶持其发展，我国电子工业与国际先进水平仍有很大差距。

电子计算机是电子技术的标志，反映着一个国家电子工业发展水平的高低和实力的大小。从20世纪60年代到70年代，我国基本依靠自己的力量走完了电子管、晶体管、中小规模集成电路三代计算机的发展历程。从80年代开始向第四代大规模集成电路计算机过渡，并且很快研制出大型电子计算机，成为世界上少数几个能生产大型计算机的国家之一。电子计算机应用十分广泛，从科学计算到过程控制、信息处理、情报检索、人工智能等许多方面。此外，原子弹，氢弹爆炸，卫星上天，运载火箭发射成功，正负电子对撞机建成，这些代表新中国科技尖端水平的项目，无不聚集了电子技术的精华，凝结了投资类电子产品的新贡献。我国消费类电子产品主要为电视设备。20世纪70年代末就已研制成功了彩电，能生产黑白电视机、彩色电视机、发射机、插转机等多种产品，基本能够适应中央、省、市、县四级办电视的需要。20世纪80年代中后期我国成为彩电生产大国，质量达到世界先进水平，产品打入国际市场。

电子工业比起其他高新技术工业分布较广，其中以沪、粤、苏、京、川、辽、陕、浙、闽、津等省市尤为集中。粤、闽出口量大，苏、沪产值也较高。我国电子工业如此布局，对于带动高新技术工业发展和改造传统工业都十分有利。南京无线电厂是我国最早以生产通信设备等产品著称的企业，现发展成为熊猫电子集团，带动了长江下游南通、镇江、铜陵、安庆、南昌等地的电子工业发展，形成了"电子走廊"。近年来异军突起的北京中关村"电子一条街"等电子信息产业集团，开创了我国电子信息产业振兴的新路，迅速形成一支全新的产业大军。

三、生物工程、空间技术与海洋开发

我国十分重视生物工程技术的研制，通过攻关，基因工程制药产业已初见端倪。乙肝疫苗的研制成功，使我国基因工程的研究进入国际先进行列。此外，培育转基因动物及植物基因工程也迈出了关键的一步，单克隆抗体诊断盒已进入市场，植物细胞工程继续保持国际领先地位。

40多年来，我国依靠自己的力量，建立和发展了具有世界水平的航天事业，中国成为世界空间技术强国之一。自70年代至目前我国已成功发射了数十颗不同类型的人造卫星，其中还有国外卫星。发射入轨的返回式遥感卫星、通讯广播卫星和气象卫星等，已应用于国防和国民经济各部门，取得了良好的经济效益和国际声誉。我国航天工业还发展了高科技民用产品，积极推进航天技术向民用转移，努力为国民经济建设服务。今后航天事业要进一步扩大国际合作和交流，加强发展对外贸易。

海洋开发高科技领域包括海洋调查和海洋开发两个基本方面。当前我国在海洋资源调查监测体系的建立、渔业资源和水产养殖、海底矿产资源勘探与采掘、海水化学资源、海洋能源以及海洋空间等方面的开发利用都相继取得可喜成果。但与发达国家相比，差距仍然很大。我国是海陆兼备的国家，更有远洋广阔天地，随着世界进入海洋经济时代，一个新兴的海洋工业体系即将在我国建立和发展。目前，主要海洋产业基地有上海、青岛、广州等地，已具有一定规模。

四、高新技术开发区

随着我国高科技工业和产业体系的建立和形成，作为我国高新技术产业重要基地的高新技术开发区，也随之相继展开。高新技术工业区对区位的要求很高，这种高区位又集中反映在高新技术工业集中区域——科技工业园区的建设和发展上。1985年7月深圳科技工业园区首先诞生。1988年5月国务院批准建立北京新技术产业开发试验区。1991年3月国务院发出通知，认定和批准北京、上海、大连、深圳、厦门、海南、武汉、南京、沈阳、天津、西安、成都、威海、中山、长春、哈尔滨、长沙、福州、广州、合肥、重庆、杭州、桂林、郑州、兰州、石家庄、济南等27个城市的这类园区为国家级高新技术产业开发区。与此同时和其后，各地在高新技术工业和产业比较集中的区域，又组建了一批科技工业园区，至1996年5月全国已由原来的27个发展为52个高新技术产业开发区。经过5年的艰苦创业，现已渡过起步阶段，进入了全面发展的壮大时期。全国高新技术产业开发区于1995年底共创技工贸总收入1529亿元，工业产值1408亿元，出口创汇29亿美元，比初创时期均增长10多倍。同时，高新区还基本实现了功能定位，合理布局，为"九五"期间成为我国高科技与经济结合的示范区打下了坚实的基础。

※ 活动三　当代消费的主导特征

一、当代消费品的发展及时代特征

1.**重视健康**。以维护人的健康为中心进行科研和制造产品，这是时代的特征，也是科学技术发展的特征。消费品的发展必须和人们的消费意识吻合。为满足人们更富于活力的高质量生活需求，消费品技术发展必须同生命科学技术相结合。如饮食产业中健康疗效食品风靡全球，许多国家在制定饮食科学技术政策和法规时，明确提出了实行以促进健康为中心的方针。食品科学和医学的结合更紧密了，重新把中国古代"医食同源"这一理论提出来作为饮食科学技术发展的指导方针。"健康食品""疗效食品"应运而生。

化妆品也向保健方向发展，配有氨基酸、维生素的保健化妆品具有保持青春活力的作用，在世界上颇受欢迎。日本提出化妆品的主要科研方向是增强保护皮肤健康效能。体育用品方面，健身器材发展最快。内衣外衣化，运动服装广泛流行，滑雪衫、登山服等成了普遍受欢迎的款式服装。家具与人体工程的结合，使其更加舒适和易于消除疲劳。家用电器方面，出现了超声波洗面器、负离子发生器以及各种按摩器。从毛发科学到制鞋经络学说的研究，都说明以有利于健康作为消费品发展的依据。

2.重视质量。 由于经济的发展，人们的价值观发生了很大的变化，对物质的需求形式和层次很多。消费品突出的发展倾向是高质化、多样化和个性化。这在人们的衣着方面表现最为突出。为了适应这一新形势的发展，某些消费品工业的大批量生产技术开始遇到障碍。小批量、多品种的生产技术更能适应这一需要的发展。从规模经济学的角度看经济效益，大批量生产技术具有成本低、效率高、经济效益好的特点。但目前微电子学的进步，超大规模集成电路的发展，尤其是机器人的出现，为小批量、多品种的生产技术提供了物质条件，增强了企业对市场的适应能力。由于人们需求的分散性，这一社会形态的出现对技术的发展和经济结构的变化都产生了一定的影响。重视质量的时代，除了技术本身的变化以外，还需加强企业质量管理。重视服务质量，已成为一门重要的经济学科内容。

国际贸易竞争日趋剧烈，许多国家为了有利于竞争，不断修改和提高产品的质量标准。产品质量的含义是广泛的，除了内在质量外还包括外观质量。当代社会已非常注重消费品的实用性和艺术性的结合。一件好的消费品不仅要具有实用价值，还要具有鉴赏价值。产品是否有竞争能力，不仅要求质量上乘，在很大程度上还取决于产品的造型设计、装潢手段和包装技术。

3.重视人工和自然的和谐。 人工探求自然的完美，自然需要人工的修饰。遵循自然规律，改造自然，自然才能保护人类。当前科学技术发展特征之一，是人工和自然相弥补，使产品更趋完美。如电扇，采用微处理器以模拟自然风，使电扇能自动变换风力的强弱而达到和谐。经化学改性的天然纤维，可具有抗绉、防缩、免烫、柔软等特性；而化学纤维经变形改性，又可具有仿毛、仿麻、仿丝、仿皮等的效果，即所谓天然纤维化学化，化学纤维天然化。又如目前食品工业通常使用的人工合成无毒食品添加剂，不仅改善了食品质量、风味，而且提高了食品资源的利用率。照明的科研方向是模拟自然光。开拓家庭用智能机器人就是人工和自然和谐的一大特征。

4.重视采用新技术。 新技术是消费品结构变革的促进剂。世界上有什么新技术，就会出现具有相应技术的消费品。消费品在新技术中变换发展，新技术给消费品的开拓创造了新的领域。随着微电子技术的发展，电冰箱、洗衣机、电扇、照相机、手表、缝纫机、乐器等消费品发生了一次产品结构革命。由于这些产品采用了微电子技术，提高了产品质量，改善了产品功能，并跳出了过去传统产品的框框。如日本从中国产"紫草"根中用生物技术方法提取色素进行组织培养制造的口红，不但色泽鲜艳，而且具有消炎、抗菌和加速皮肤损伤愈合的功效，在消费市场上大受欢迎。玩具由于采用了微电子、声、光技术，已不再完全属于儿童所有了，很多玩具已成为老少皆宜的产品。新型复合材料的开发，扩大了消费的适用范围，提高了产品的质量。有的复合材料可耐蒸煮、耐高温烘烤(135℃)和深度低温冷冻（-30～-40℃），有的具有隔气、防潮、遮光等防护性能。采用复合材料包装食品，并结合充气、真空、脱氧、杀菌等技术手段，可使食品保存期大大延长。

二、我国经济社会进入发展型新阶段

1.从生存型阶段进入到发展型新阶段

(1)改革开放之初的生存型阶段。1978年我国人均GDP不足400美元，还处于贫困的生存型阶段。以恩格尔系数为例，当年城乡居民恩格尔系数分别为57.5%和67.7%，加权恩格尔系数超过60%，城乡居民收入主要用于食物支出，农村贫困率高达30.7%。

从发展目标看，在生存型阶段，社会成员的奋斗目标是满足包括吃、穿、住、行等基本需求，解决基本生存问题；社会生产高度依赖于生产要素的大量投入，人的劳动和学习潜能没有得到充分释放，技术、创新等新型生产要素发挥的作用有限。

从结构特征看，生存型阶段的经济发展水平不高，以温饱为特征的衣食住行等基本物质需求是整个消费需求的主体。农业在国民经济中的比重较高，工业、服务业的比重较低，经济发展对人力资本的要求较低。多数社会成员从事农业生产，社会贫困发生率较高，社会分化不明显。

(2)新世纪以来的发展型新阶段。随着我国经济发展水平的不断提高，社会产品供给不断扩大，生存型阶段的突出矛盾得到有效解决，进入到新的历史阶段。发展阶段的转变伴随着一系列的结构调整。根据课题组前期研究，可以把经济发展水平、消费结构、产业结构、就业结构、城镇化率等指标作为判断发展阶段变化的一个衡量标准。

我国在21世纪初(2000—2003年)开始由生存型阶段向发展型阶段的过渡，目前已经基本完成。以消费结构为例，城镇居民恩格尔系数在1996年降到50%以下，2000年农村居民恩格尔系数也降到50%以下；2013年，城乡居民恩格尔系数进一步降到35%和37.7%，双双突破40%。

2.发展型新阶段城乡居民需求的突出特点

（一）生存型阶段消费需求的基本特点。

第一，城乡居民的收入主要用于衣食等支出。1981年，城镇职工家庭衣食支出占家庭生活总支出的比重达71.45%，农村居民家庭的衣食支出占消费总支出的比重更是高达73.01%；城乡居民服务消费比重明显偏低。1982年城镇居民文娱用品与书报杂志支出占比仅为5.50%，农村居民文化生活服务支出占比仅为2.24%。

第二，城乡居民耐用消费品数量明显不足。1978年，全国每百人拥有的"老四样"，没有一件超过10台。衡量居民消费均衡程度的城乡居民消费多元化系数明显偏低。有课题组通过测算消费多元化指数，发现1981年城乡消费多元化指数分别仅为1.4和1.26，表明在个体消费结构中，食物消费等比重过高，其他消费占比明显不足。

(2)发展型新阶段消费需求的特点。

第一，城乡居民的收入用于衣食等支出的比重明显下降。恩格尔系数迅速降低。2012年，城乡居民用于衣食的支出占消费总支出的比重分别降至47.17%和46.04%。

第二，城乡居民耐用消费品数量持续增长。一些耐用消费品进入市场饱和阶段，并由过去的"奢侈品"变成居民生活的"必需品"，例如冰箱、彩电、洗衣机等。

第三，城乡居民消费多元化系数明显提高。2000年城乡消费多元化指数超过1.6，2009年城乡消费多元化指数均提高到1.7，消费结构中各类消费日益均衡。

3. 公共产品短缺成为发展型新阶段的突出矛盾

公共产品短缺是社会发展的重要表现。在初步解决温饱、实现小康以后，人们的需求进一步发生变化，由主要是解决温饱转变为要求解决就业、公共卫生、基本医疗、义务教育、社会保障、食品安全、环境安全等等。而由于多方面原因，包括义务教育、公共卫生与基本医疗、基本社会保障、公共就业服务、基本住房保障、环境保护、公共安全等公共产品短缺的矛盾越来越突出。公共产品短缺成为城乡居民的普遍感受。

从增长的经验看，如果公共产品短缺问题得不到解决，发展型消费需求得不到有效满足，不仅会降低人们对未来的预期从而降低消费率，老百姓上学难、看病贵、养老无保险(放心保)，还会造成较多的社会问题。

（二）我国消费释放的大趋势

1. 消费总量不断扩大，消费结构升级加快

(1)消费水平提高、消费规模扩大。1978—2012年，我国人均消费水平以及城乡居民消费水平均呈现稳定提升态势。全国平均消费水平从184元增长到14098元，以1978年为基数增长了1334.1%。随着消费水平的不断提高，城乡居民消费总规模不断扩大。1978—2012年，城乡居民最终消费支出从1759.1亿元增长到19.04万亿元。2012年，农村居民消费总规模达到4.23万亿元，城镇居民消费总规模达到14.81万亿元。2012年城乡居民消费增量超过2万亿元，相当于20世纪90年代中期一年的总消费量。

(2)消费结构不断升级。城乡居民消费结构沿着"生活必需品—耐用消费品—服务消费品"的次序不断升级。

第一，从生存型消费向发展型消费升级。从发展阶段出发，课题组把居民消费划

分为生存型消费和发展型消费，前者包括食品和衣着支出。过去20余年来，我国城乡居民生存型消费需求比重逐步下降，从1990年的67.61%和66.57%分别下降到2012年的47.17%和46.04%。值得关注的是两个时间点，即在2000年和2006年，城乡居民的发展型消费首次超过生存型消费。这表明我国经济增长的需求端开始发生质变。

第二，从物质消费向服务消费升级。全社会对服务的需求快速增长，明显超过物质消费增长速度。以城乡居民医疗保健、交通通信、文教娱乐三项服务需求为例：在城镇居民方面，1985—2012年，城镇居民人均消费性支出年均增长12.62%，其中医疗保健、交通通信、文教娱乐这三大类支出的年均增速为16.69%，超过人均消费性支出增速4个百分点以上；这三大类消费支出占人均消费性支出的比重从1985年的12.79%上升到2012年的33.3%。在农村居民方面，1985—2012年，农村居民人均生活性消费支出年均增长11.44%，这三项支出年均增速为16.59%，超出人均生活性消费支出增速5个百分点。

第三，从传统消费向新型消费的升级。随着人们温饱问题的解决，人们对绿色消费、信息消费、便捷消费等新型消费的需求进一步提高。

2. 支撑我国消费需求释放的三大趋势

(1)新型城镇化的大趋势。未来5~8年，是我国城镇化快速发展的时期。从国际经验看，城镇化率处于30%~70%的时期，是城镇化加快发展的阶段。2013年我国城镇化率为53.73%，正处于快速发展的区间。如果以平均1%~1.2%的速率推进，到2020年我国的城镇化率有望提高到60%以上，这将成为13亿人消费释放的载体。如果2012年农村居民消费水平从6457元提高到全国平均消费水平13946元，静态估算当年将新增4.8万亿元消费规模。

(2)服务业发展的大趋势。未来5~8年，是服务业加快发展的重要阶段，这将有效缓解服务业供给缺口，释放居民被抑制的消费需求。例如，目前我国健康产业仅占国内生产总值的5%左右，而美国2009年就达到了17.6%。如果我国健康产业占达到10%，按2012年经济总量估算，也将有2.6万亿元的增量空间。再例如，当前我国潜在的文化消费能力是4万多亿元，2013年仅为1.6万亿元左右，大约有3万亿元的空间没有释放出来。

(3)人口结构变化的大趋势。未来20年，我国人口老龄化日益加重，到2030年全国老年人口规模将翻一番。随着老龄人口的增多，纯消费者将持续增加，消费在GDP中的占比也将提高。

（三）13亿人消费大市场与中国的增长前景

1.2020年13亿人的消费规模与结构

(1)城乡居民消费规模的初步预测。第一，潜在消费规模初步估算。本报告采用最优消费率方法，初步测算结果表明，我国的黄金储蓄率为41.8%，最优消费率为58.2%。2012年我国实际消费率为49.2%，比最优消费率低了9个百分点。如果通过政策调整与体制创新，把被抑制的潜在消费释放出来，这就可能形成新的现实消费需求。初步计量估算表明，到2020年我国潜在消费规模将达到44.6～47.2万亿。如果这些被抑制的消费需求得到完全释放，那么到2020年，我国消费总量将达到54.3～59.5万亿元。

(2)消费结构变化的初步预测。恩格尔系数与收入之间具有比较强的相关性：城镇居民恩格尔系数与城镇居民人均可支配收入的相关性达到0.852，农村居民恩格尔系数与农村居民人均纯收入的相关性达到0.935。进一步测算表明，城镇居民收入与恩格尔系数的弹性为-0.282，即城镇居民可支配收入每提高1个百分点，城镇居民恩格尔系数下降0.282个百分点；农村居民收入与恩格尔系数的弹性为-0.392，即农村居民纯收入每提高1个百分点，农村居民恩格尔系数下降0.392个百分点。

中共十八大提出到2020年我国城乡居民收入实现倍增的目标，这意味着城乡居民年均收入增长达到7.2%左右。据此估算，城市居民恩格尔系数有可能下降到25%左右，农村居民恩格尔系数将下降到30%以下，从而进入到大众消费时代。

2. 13亿人的消费需求将拉动7%左右的中速增长

消费是经济增长的原动力，但消费需求释放能带来多大程度的增长，则需要进行相关的定量分析。本报告通过构建消费—人力资本—长期增长模型，以2011年为起点进行预测。2011年我国消费率为49.1%，居民消费率为35.7%；未来5～10年，经过努力，我国消费率可以达到60%左右，居民消费率达到50%左右。

以此为基准情景，对我国经济增长的情景作初步预测。测算结果表明，未来5-10年，我国经济实现7%以上的增长是有可能的。对此，要有充分的信心。就是说，坚定把扩大内需、释放消费需求作为稳增长、调结构、促改革的战略重点是完全符合我国现阶段基本国情的。

3. 13亿人的消费需求将带动经济结构的有效调整

(1)消费需求释放与产业结构调整。通过建立2006—2010年产业结构与消费需求结构的矩阵并对其进行分析可发现，发展型需求每增长1个百分点，第一产业比重将下降1.33个百分点，第二产业比重将下降1.58个百分点，第三产业比重将提高2.91个百分点。到2015年，如果城乡居民发展型消费需求比重达到55%，第三产业比重将达到48.82%，年均提高1.16个百分点；到2020年，如果城乡居民发展型消费需求比重达到58%，第三产业比重将达到57.53%，年均提高1.4个百分点。

(2)消费需求释放与就业结构调整。服务业是劳动密集型产业，对拉动就业有重要作用。如果2020年服务业就业占比达到50%以上，按8亿就业人口规模保守估算，服务业吸纳就业人数将达到4亿人，比现在新增1.2亿个就业岗位。服务业将取代第二产业，成为吸纳农村劳动力转移的重要途径。

(3)消费需求释放与城乡结构前景。第一，到2020年，农村居民人均消费水平有望实现倍增，城乡居民消费水平从2012年的3.26缩小为2.14左右。第二，按60%的城镇化率测算，8亿左右的城镇居民消费总额达到38万亿元(2012年不变价)；6亿左右的农村居民消费总额达到11.7万亿元，是当前农村消费规模4.2万亿的2.79倍。第三，居民消费总额达到49.7万亿元；农村居民消费占比从2012年的21.67%上升到2020年的23.3%。这将使我国农村真正成为一个大市场。

(4)消费需求释放与收入分配结构调整。初步测算表明，居民消费率每提高1个百分点，短期内可以导致劳动者报酬占比上升0.553个百分点；长期内可以导致劳动者报酬占比上升1.35个百分点。如果居民消费率到2020年提升10个百分点左右，劳动者报酬将提升13.5个百分点左右，国民收入分配结构将得到实质性的改善。

4.13亿人的消费大市场支撑我国进入高收入国家行列

13亿的消费需求的有效释放，将带来7%左右的中速增长。基于2012年中国经济总量，本报告对2020年的增长前景进行初步预测。结果表明，如果内需得到有效释放，2020年我国人均GDP将达到11506.18～15270.75美元，这表明我国将成功跨越中等收入障碍，进入到高收入国家行列。

（四）加快投资主导走向消费主导的转型

1.13亿人的消费大市场是我国最大的优势

世界银行数据显示，1978—2011年，美国、日本、欧盟居民消费年均增长分别为6.30%、5.92%和5.89%，同期我国居民消费增长速度为11.52%。我国居民消费总量与美日欧的差距明显缩小。如果我国消费需求增长保持在近5年(15%)的速度，其他经济体消费增速保持不变。以此初步预测，到2020年，我国消费市场规模与发达经济体的差距将明显缩小。

预计在未来3～5年左右我国消费市场规模将超过日本消费市场；2020年我国消费市场规模将达到美国的50%。考虑到人民币升值因素，这一比重有可能进一步提高到60%～70%；2020年我国消费市场规模有望达到欧盟市场的50%以上。随着我国消费市场规模与日本、欧洲、美国的差距将快速缩小，13亿人消费大市场具有其他国家不可比拟的突出优势，可以支撑任何形式的产业发展和产业创新，这些优势是其他国家所无法比拟的。

2.明确消费主导经济转型的基本方向

(1)尽快形成消费决定未来中长期增长的共识。在当前宏观经济面临比较大的下行背景下，经济增长正处于换档的关键时期，各方对经济增长的担忧主要在于：随着投资拉动作用的逐步下降，消费能否成为促进经济增长的主要动力。这使得在释放消费需求的一些政策措施和体制调整方面还缺乏共同认识和自觉行动。因此，当务之急是尽快形成消费拉动经济增长的政策共识。

(2)明确消费主导经济转型的基本目标。着眼于维持7%～8%左右的经济增长速度，使经济运行处于合理区间，未来5～8年分两步实现消费主导的基本目标：

第一，到2016年，初步实现消费主导。其主要标志：最终消费率从49%提高到55%；居民消费率从35%提高到45%；消费贡献率稳定在40%以上，消费初步成为经济增长稳定的内生动力。

第二，到2020年，基本实现消费主导。其主要标志：消费率进一步提高到60%以上；居民消费率提高到50%以上；消费贡献率稳定在50%以上，消费基本成为经济增长稳定的内生动力。

第三，实现基本消费公平。把实现城乡基本公共服务消费平等作为基本消费平等的重要目标。到2016年，以制度统一为重点加快城乡基本公共服务均等化进程；到2020年，总体实现城乡基本公共服务均等化。

第四，推进结构调整。通过消费释放推进结构的加快调整。通过释放服务业的投资需求，带动投资结构的有效调整；推进城镇化率及服务业比重每年分别再提高1～1.5个百分点；就业弹性系数明显改善，使年新增就业人口达到1000万人以上。

(3)明确消费主导经济转型涵盖需求端与供给端的双重转型。从我国的情况看，我国经济增长面临的挑战与成熟市场经济国家明显不同。在成熟的市场经济国家，随着工业化和城镇化的进程，投资和消费在经济增长中的地位会自发转换。我国既有一个工业化和城镇化的问题，还有一个尚未完成的经济转轨即市场化的问题。

一方面，在供给端上，我国市场化改革还远不到位，市场在资源配置中的基础性作用和地位往往受到行政力量以及行政垄断的干扰，许多的投资并非市场驱动。消费主导的一项重大任务是推进市场化改革，使供给端建立在需求端的基础上，并且以此提高供给端的效率。

另一方面，从需求端看，由于投资主导，导致城镇化滞后于工业化，消费需求释放的速度慢于投资扩张，我国消费需求在很大程度上还没有得到充分释放。消费主导经济转型迫切需要通过体制机制变革释放潜在消费需求，把我国的突出优势转化为现实优势。

3.以改革的突破形成消费主导经济转型的强大动力

(1)加快服务业领域的开放改革。进入发展型新阶段，消费的本质是享受服务，是通过服务改进社会福祉。从发展趋势看，服务业是消费新时代的支柱产业，需要在明确服务业发展目标的前提下，加快服务市场的对内和对外开放，推进服务业发展的政策调整，着力打破制约服务业发展的障碍，形成服务业主导的发展格局。

(2)推进消费主导的投资转型。消费主导的经济增长，并不是不要投资，而是要能够满足消费需求的有效投资。进入消费新时代，我国的有效投资需求不仅不会萎缩，反而会因消费升级引致更大的投资需求。关键是推进投资自身的转型，尽快形成市场决定的投资消费动态平衡新格局。

(3)加快人口城镇化的转型。与生存型阶段不同的是，我国新阶段城镇化的历史使命发生了重大变化，它承担着扩大内需的历史使命，承担转变经济发展方式的历史使命，也承载着城乡一体化的历史使命。关键在于加快推进由劳动力城镇化向人口城镇化的转型，有效释放农村消费大市场，要以公共资源配置均等化为重点加快中小城镇发展。

(4)激活消费新时代的社会资本。消费新时代，经济社会发展对社会资本的投资需求全面增大，适应这一要求，要尽快把激活社会资本作为服务业发展的重点，推进以激活社会资本为重点的市场化改革，这就需要以公益性为重点调整优化国有资本战略布局。

(5)推进消费时代的利益结构的调整。利益结构是否合理，能否实现藏富于民，有效扩大中等收入群体，是消费能否有效释放的重要因素。为此，需要把中等收入群体倍增作为改革追求的目标，推进基本公共服务均等化，着力打破利益固化藩篱。

(6)形成有利于释放消费需求的市场环境。消费新时代对市场环境的需求全面提高，当前消费被抑制的一个重要原因在于消费安全、消费权益保护等问题还比较突出。为此，需要加快改革市场监管体系，形成消费安全的大环境；优化市场体系，降低消费成本；加大新型消费支持力度，释放新型消费需求。

(7)准确定位消费时代的政府新角色。从投资主导转向消费主导，对政府提出了不同的要求。在投资主导的增长方式中，政府可以直接充当投资主体，可以直接拉动投资。走向消费新时代，要求加快政府主导型经济增长方式，转变政府职能：一是成为促进公共消费的主体，为新型消费等提供支持；二是成为有效市场监管和消费环境创造的主体，保障消费安全与消费市场秩序；三是成为创造良好营商环境的主体，保障资源配置能够按着需求导向和市场导向进行有效配置。

任务三　我国重工业

※ 活动一　我国的重工业发展与布局变化

新中国的工业是在旧中国遗留下来的废墟之上逐步发展起来的。

旧中国的工业发展十分缓慢，基础薄弱，部门结构残缺不全，地区分布极不平衡，绝大部分工业偏集于东部沿海地区的少数城市，而广大内地特别是西北、西南的少数民族边远地区，近代工业几乎是空白。

新中国成立以后，工业生产取得了巨大成就。2001年我国工业增加值达42607亿元，工业产品大幅度增长，许多已居世界前列。工业部门逐步完善，一些新兴工业部门如航天、汽车、电子等工业从无到有，已在全国初步形成完整的现代化工业体系，尤其是工业布局发生了根本变化。改变了过去完全集中于东部沿海地区的状况，使沿海、内地及边疆的工业逐步趋于均衡。

我国工业布局的变化，主要表现在：

(1)沿海地区，在充分利用原有工业的基础上更新改造了以上海为中心的沪、宁、杭工业区；以广州为中心的珠江三角洲工业区和以济南、青岛为中心的胶济工业区；以沈阳、大连为中心的辽中及辽东工业区，使之成为具有全国先进水平的综合性工业基地。

(2)内地的中原地带和东北腹地，扩建和兴建了一批重要工业中心。如武汉、长沙、株洲、北京、天津、唐山、太原、西安、宝鸡、长春、吉林、哈尔滨等。

(3)对西北、西南地区，在改善交通条件的同时，兴建了一批工业基地及中心。如兰州、重庆、成都、渡口、贵阳、昆明等。

(4)在落后的边疆少数民族地区，也新建了一批工业基地和地方工业中心。如内蒙古自治区的包头、呼和浩特；新疆维吾尔自治区的克拉玛依、石河子、乌鲁木齐；宁夏回族自治区的银川、吴忠、石嘴山；广西壮族自治区的柳州、南宁；以及西藏自治区的拉萨、林芝等。

(5)除了建成全国性和地方性的工业基地与工业中心之外，还在广大农村新建了一大批乡镇企业，这对于改善我国工业布局，充分利用自然资源和农村剩余劳动力，加速农村经济的发展具有重要意义。

※ 活动二　我国工业布局存在的问题及其解决途径

我国幅员辽阔，各地自然条件、资源条件、劳动力状况、经济水平、历史基础等存在明显差异。加之过去工业建设曾深受苏联模式的影响，又长期受"左"倾错误的干扰，因此各地工业发展和布局仍不平衡。从地区经济发展水平来看，呈现工业发展程度不同的三大经济地带，即工业发达的沿海地带，发达程度居中的中部地带和工业相对落后的西部地带。我国三大经济地带的地域差异见表3-1。

表3-1 我国三大经济地带的地域差异

经济地带主要指标	东部	中部	西部
人均工农业产值比率	1	0.52	0.50
人均工业产值比率	1	0.45	0.25
经济效益	优	中	差
技术基础	强大	中	薄弱
自然资源	贫乏	中	丰富

（一）东部沿海地带

包括辽宁、河北、天津、北京、山东、江苏、上海、浙江、福建、台湾、香港、澳门、广东、广西、海南15个省、市、自治区。本地带工业基础雄厚，人口稠密，交通便利，科技发达，历史悠久，在对外贸易和技术引进等方面都具备有利条件。但资源贫乏，能源及运输能力严重不足，水源、用地紧张，传统工业多，机器设备陈旧，环境污染严重等等。因此，今后应加强能源建设，完善运输网络，逐步缓和能源交通的紧张状况。限制耗能高、用料多、运量大、用水多、占地广、"三废"污染严重的工业发展；加强传统工业和现有企业的技术改造，重点发展"外向型"工业，有效利用外资引进技术设备，加速上海、天津、沈阳、大连等老工业基地的改造。同时加强中部与西部工业不发达地区的经济联系与技术协作，加速这些地区工业发展的步伐。

（二）中部地带

包括黑龙江、吉林、内蒙古、山西、河南、湖北、安徽、江西、湖南9省、自治区。本地区介于东、西部的过渡地带，决定了它在全国工业布局中具有"承东启西"的重要作用。能源和矿产资源比较丰富，工业与科技有一定基础，工业布局也较均衡。但资源开发程度与原料加工能力较低，企业效益较差。因此，今后应加快能源开发和原材料工业的发展；加强对现有企业的技术改造，提高产品质量，扩大生产能力，不断提高企业的经济效益，加速东西交通运输建设，使本地区成为我国工业布局自东向西转移的纽带。

（三）西部地带

包括新疆、西藏、宁夏、甘肃、青海、贵州、云南、陕西、重庆、四川10省、自治区。这里地处边疆，人口稀少，民族众多，资源丰富。但交通不便，科技文化落后，工业基础薄弱。因此，今后应从实际出发、立足本地资源，有步骤、有重点地开发资源、矿产，加速开发农、林、牧及土特产品资源，积极发展投资少、周转快的地方工业；在大力发展传统民族手工业的同时，加速交通建设，从而促进西部与东部地带的经济联系。

　　总之，需要采取"西部大开发"的发展战略，把东部沿海地带的经济和科技优势与中、西部地带的资源优势相结合，加速我国工业的振兴，缩小东部与中、西地带之间的差距，使我国工业迈进发达国家的行列。

任务四　《中国制造2025》

※　活动一　解读"中国制造2025"

　　李克强总理在今年两会上提出"中国制造2025"概念后，引发人们广泛关注，一时间政府官员、专家学者、业内人士纷纷对"中国制造2025"进行介绍、分析、评论、展望，体现出人们对提升中国制造的重视和希望。

　　"中国制造2025"全称应是《中国制造业发展纲要(2015—2025)》，目前已经完稿，准备上报国务院，据说要到今年年中才能完成程序正式公布。眼下大家对"中国制造2025"的了解只是来源于有关部门介绍的一鳞半爪，整个纲要看上去还是"犹抱琵琶半遮面"，显得有些神秘。为使大家对"中国制造2025"有进一步的了解，本刊编辑搜集、整理了相关资料，试图揭开"中国制造2025"的神秘面纱，给大家呈现它的核心内容。

编制背景

　　新世纪以来，新一轮科技革命和产业变革正在孕育兴起，全球科技创新呈现出新的发展态势和特征。这场变革是信息技术与制造业的深度融合，是以制造业数字化、网络化、智能化为核心，建立在物联网和务(服务)联网基础上，同时叠加新能源、新材料等方面的突破而引发的新一轮变革，将给世界范围内的制造业带来深刻影响。

　　这一变革，恰与中国加快转变经济发展方式、建设制造强国形成历史性交汇，这对中国是极大的挑战，同时也是极大的机遇。

总体目标

　　总体目标为中国基本实现工业化，进入制造强国行列，打造中国制造升级版。具体目标为：制造业增加值位居世界第一；主要行业产品质量水平达到或接近国际先进水平，形成一批具有自主知识产权的国际知名品牌；一批优势产业率先实现突破，实现又大又强；部分战略产业掌握核心技术，接近国际先进水平。

"三步走"战略

　　中国制造业将在2025年进入世界第二方阵，迈入制造强国的行列；在2035年，中国制造业将会位居第二方阵的前列，成为名副其实的制造强国；最终在2045年中国制造业有望进入到第一方阵，成为全球真正的制造强国。

对此，清华大学教授柳百成认为，虽然与全球制造业强国相比，中国制造还存在着创新能力薄弱、缺乏核心技术以及高污染和高能耗等诸多问题，不过，按照正在编制中的规划，到2025年中国制造业有望进入世界装备制造强国第二方阵，部分优势产业可实现既大又强。

重点实施领域

规划重点实施领域为新一代信息技术产业、生物医药与生物制造产业、高端装备制造产业、新能源产业等四大产业领域。

据参与制定工作的相关人士介绍，虽然规划实施重点领域为4个，但每个领域基本为大产业概念，对具体行业有针对性的表述。比如在新一代信息技术产业领域，对集成电路产业有一个规划。高端装备制造产业里面，对机器人制造技术、芯片、核心软件、基础数据库等又有规划，整个中国制造业2025规划是一个全面性的战略文件。

一条主线

以体现信息技术与制造技术深度融合的数字化、网络化、智能化制造为主线。

四个转变

由要素驱动向创新驱动转变；由低成本竞争优势向质量效益竞争优势转变；由资源消耗大、污染物排放多的粗放制造向绿色制造转变；由生产型制造向服务型制造转变。

五方面内容

一是创新驱动，二是质量为先，三是绿色发展，四是结构优化，五是人才为本。

工业和信息化部产业政策司司长冯飞在接受媒体采访时对这五方面内容进行了解释。他说，第一个方面是创新驱动，就是要解决中国制造这样一种发展方式，要转到创新驱动发展轨道上，解决一些重大的核心技术、核心零部件。第二个是要质量为先，也就是说两方面含义，一方面含义是提高制造业的发展质量，二是发展质量和品牌。我们很多人到日本去买马桶盖，但是又发现这是中国制造，制造能力有，但是我们没有品牌，没有被消费者所认可的品牌，所以我们要解决这个问题。第三是要解决绿色发展问题，我们制造业在全社会能源消耗当中占到70%，制造业的绿色发展、节能减排、低碳发展影响到全局，同时也是通过制造业的节能减排来促进制造业的创新发展。第四是结构优化。所谓结构优化有两个方面，一是从一般的制造业来看，现在确实存在产能过剩，但是我们的高端制造业、生产性服务业发展不足；另外一个方面就是产业链要提升，我们在全球产业分工当中一直处在低端的位置上，能源消耗、单位增加值所产生的消耗源于我们价值链比较低端。第五是人才为本，就是说要培育与制造强国发展目标相适应的人才，包括高端人才，也包括大量高技能的技术工人，我想这些方面构成了我们"中国制造2025的"一个全景，主线是工业化和信息化的深度融合。

八项战略对策

推行数字化、网络化、智能化制造；提升产品设计能力；完善制造业技术创新体系；强化制造基础；提升产品质量；推行绿色制造；培养具有全球竞争力的企业群体和优势产业；发展现代制造服务业。

中国工程院院长周济在一次报告会上对这八项战略对策所包含的主要内容进行了介绍。

一是推行数字化、网络化、智能化制造，并分两个阶段推进：2020年前，广泛推行数字化制造，在优势行业以重点企业为主体开展智能制造应用示范；2020年后，全面推广智能制造。高度重视发展数控系统、伺服电机、传感器、测量仪表等关键部件和高档数控机床、工业机器人、3D制造装备等关键装备；突破一批"数控一代"机械产品和智能制造装备；推进数字化车间、数字化工厂、数字化企业的试点和应用。

二是提高产品设计能力。推广应用先进设计技术，开发设计工具软件，构建设计资源共享平台；由代加工向代设计和出口自创产品品牌转变；制定激励创新设计的政策。

三是完善制造业技术创新体系。促进企业真正成为技术创新的主体；加强产业共性技术研究开发；加强创新人才培养。

四是强化制造基础。核心基础零部件/元器件、关键基础材料、先进基础工艺及产业技术基础，这"四基"的整体水平很大程度上决定了产品质量的优劣，是提高产品质量的基础，应高度重视，以产业需求和技术变革为牵引、以专业化为方向、以标准化为基础强化工业基础。

五是提升产品质量。严格质量监管，建立质量诚信体系；提高重大装备质量一致性、稳定性；推进品牌创建。

六是推行绿色制造。促进流程制造业绿色发展，建立循环经济链。开发和推广节能、节材和环保产品、装备、工艺；发展再制造工程。

七是培养具有全球竞争力的企业群体和优势产业。大力发展战略性新兴产业和先进制造业，加快传统产业转型升级，提高高端制造业比重。

八是发展现代制造服务业。促进制造业由大规模流水线的生产方式，转向定制化的规模生产，实现产业形态从生产型制造业向全生命周期的服务型制造业的转变。

保障措施

为确保规划实施，规划最后一部分要求相关部门出台税收、投融资、体制改革等扶持政策，对制造业领域放开，实施负面清单，减少审批事项，鼓励企业创新，加强社会资本进入。

模块小结

本模块为我国工业地理，共设置四大任务，八个活动的内容。通过学习我国工业发展与布局特点，了解我国主要轻工业和高新技术工业发展；掌握我国重工业布局存在的问题及其解决途径。从总体上，对我国工业地理有了较全新的认识，掌握能力目标，加强自身素养，能够为我国工业生产与经济发展提出建设性意见。

思考练习

【名词解释】

矿产资源　地域形式　国民经济　主导地位　技术装备　核心地位　轻工业　食品加工工业　造纸工业　日用机械工业　家用电器工业　新能源新材料　电子信息产业　生物工程　空间技术海洋开发

【问答题】

1.工业的主导作用表现在哪些方面？

2.工业生产有何特点？

3.我国食品工业和造纸工业是怎样布局的？

4.我国日用机械工业的特点有哪些？

5.通常情况下，工业有哪些门类？

6.影响工业布局的因素有哪些？

【思考题】

1.试述我国轻工业发展和布局的条件和特点。

2.试述我国高新技术工业发展和布局的特点。

3.简述我国工业布局三大经济地带的发展状况。

【填空题】

1.工业是采掘（　　　）和对工农业原料（　　　）的社会物质生产部门。

2.由于工业在（　　　）中处于主导地位，因而也就在（　　　）中起着（　　　）。

3.家用电器工业和（　　　）是我国的新兴行业，是实现全国（　　　）、（　　　）和（　　　）的重要组成部分。

4.高新技术工业区别于前述（　　　）的高级、（　　　）、（　　　），处于工业现代化的前沿，具有（　　　）和（　　　）作用。

模块四

我国交通运输地理

【知识目标】

了解铁路运输的概念、特点及适用范围。了解铁路运输的发展历史和未来规划。

了解公共运输的概念、特点及适用范围。了解公路运输的发展历史和未来规划。

了解水路交通运输有哪些优势和弱点。了解水路运输的生产过程与主要设施和装备。

了解航空、管道运输的概念、特点和适用范围。

了解我国航空运输网的基本分析、管道运输网的分布。

【能力目标】

掌握我国铁路运输网的主要干线。掌握铁路枢纽的概念并了解我国主要的铁路枢纽。

掌握我国公路运输线路等级情况。掌握公路运输网的主干线。

掌握我国内河通航河流的地理分布及我国主要港口的地理分布和吞吐货物的特色。

掌握合理运输的概念以及合理运输的五要素。

掌握不合理运输的类型，并能够辨别常见的不合理运输类型。

掌握实现合理运输的途径。

【素养目标】

努力培养学习我国交通运输地理知识的兴趣，了解我国交通运输的现状，通过能力目标的实施，掌握我国交通运输的类型和途径。确立正确的学习方向，提高自身素养能力，遵守和维护我国交通运输秩序。

【案例导入】

中国铁路怎样发展物流

一、铁路发展物流业的优势

在资源的占有上，铁路拥有巨大的优势。新中国成立以来，特别是近20年铁路得到了长足的发展，在路网、运输能力、仓库、车辆等物流资源上，布局广泛且基本合理，说明铁路已具备了开展物流的硬件基础。在软件资源上，建设了运输管理信息系统(TMIS)，客票发售和预订系统、运输调度管理信息系统、车号自动识别系统等，使铁路的信息化水平大幅度提高。另外，优秀的运输管理组织水平，良好的调度系统，都将为铁路发展物流起到至关重要的作用。

铁路货运结构调整，为物流市场开拓创造了良好的基础。由于全国资源分布与地区经济发展不平衡，使得无论是旅客运输还是货物运输，铁路都已成为不同需求客户选择的重要载体，尤其是对于大中型企业，作为以后物流发展的重要客户，他们不仅是大宗货源的客户，同时还参与了铁路路网末端网点与设备的建设，这对铁路发展物流是一个很大的优势。

铁路在物流领域的尝试，取得了良好的效果。最近经贸委组建的中国物流企业"国家队"的34名成员中，中铁集装箱运输中心、中铁快运有限公司名列其中，这说明铁路在物流领域的尝试是成功的。另外，"中铁联合物流公司"的成立，也将为铁路加快在物流领域中的步伐积累经验与教训。

二、铁路与物流产业的距离

第一管理者的支持问题。是否发展物流决定着铁路今后的大额投资及工作部署问题。发展物流需统筹规划、协调发展，没有第一管理者的支持，物流不可能成为企业的主攻方向。另一方面，第三方物流需要拥有强大资金实力、专业化物流管理能力、信息技术能力。且物流并非是一个高利润、高回报的行业，而发达国家的物流企业具有多种形态，除了综合物流企业外，专业的运输企业、仓储企业也依然存在，且发展得很好，所以作为铁路整体向物流企业发展，有一定的投资风险，需要有很大的决心与条件支持。

思想观念的差异。铁路原有的运输产品，主要是将旅客和货物运输到目的地，而物流是完全不同的概念，主要体现在"六个准确"中，即在准确的信息下，将准确的产品、准确的数量，在准确的时间内，用准确的价格送到准确的场所，这种物流服务都是在主动的情况下进行的，是通过对动态(运输)及静态(仓储)的库存管理达到的。虽然铁路运输在货运结构上的调整体现了一部分主动性，但是对物流要求的迅速与准确性，在观念上的转变才刚刚起步。

生产设备与技术的差距。铁路在路网、仓库、信息等方面具备向物流发展的基础。但是物流的关键是一种资源的整合能力，通过网络设计、信息、运输、存货、仓储等的协调以及材料搬运和包装等活动来尽可能降低成本，并且达到客户需要的服务水平。而铁路在这些方面相对落后，成为物流发展的主要制约因素。

信息技术的应用是物流企业最为核心的竞争力，而长期以来铁路以内部建设为主的发展，使之与信息化的要求还有一段距离。TMIS系统的运用与开发，使铁路对货物的全程跟踪成为可能，但离物流准确的时间要求差距甚大。且针对铁路内部管理开发的许多系统，如何形成与外界信息系统的对接，如何推进标准EDI的导入与开发还有很长的一段路要走。

在仓库方面，无论从仓库的职能及装备还是物流产业所要求的仓库来看，铁路系统现有的仓储设施都差之甚远。铁路仓库仅仅是传统意义上的物资储存仓库，而在物流产业中，仓库是一条流动的河流，是"站"，是物流作业的一个节点，在仓库里进行着货物的增值服务。在装备上，物流对仓库要求较高，例如中国首家物流示范基地海尔物流所配备的仓库是自动化、机械化的立体库，并运用了信息系统管理，对货物进行标准化的包装、机械化的搬运，对物料进行统一条形码的编码，应用了国际先进的自动化技术(机器人技术、通信传感技术等)，并配有激光导航小车以及进口的堆垛机。因此，要涉及物流领域，铁路部门必须对现有的仓库进行有针对性的技术改造和结构调整。

在物流成本掌握上的差距。高效的物流服务，最大的特点是低成本，而铁路大而全的联动机特点，使得成本支出与核算方面变得非常复杂，作为单个运输部门，无法得出准确的物流成本。另外，铁路作为传统职能部门，对某些突发事件考虑的是政治职能问题，而对物流效率是很少考虑的，容易造成物流的浪费，使得在物流成本掌握上缺乏主动权。'

在机制构成上的差距。物流产业从构成要素看，在纵向上包括：交通运输业、仓储、包装、流通加工、物流信息等行业，在横向上由政府、市场、企业三方组成，像广州、深圳、天津、上海、山东等省市都由政府出面进行地区物流规划，应该说，发展现代物流业，已逐步成为全国各地的一个共识，各地政府的措施和推进力度正在加大，而地方政府也起着调节物流系统与地域社会相互间关系的作用，而铁路自成体系的机制构成，使得各地政府无法直接介入，造成铁路在物流方面的发展缺少政府的强大支持与统一协调的规划，难免出现事倍功半的结果。

三、发展物流的对应措施

发展物流，首先是定位问题，即铁路将以什么样的深度与广度涉及物流领域。在中国目前众多的企业中，对物流服务的需求是各式各样的，铁路完全可依托本身的优势，寻找突破口，将这一领域的物流服务做精做好。铁路悠久的运输历史，已深入到了很多企业的销售渠道，只要铁路部门根据所了解的销售渠道信息去分析企业的产业结构、生产规模、产业类型等与物流需求密切相关的因素，就可找到铁路的切入点，从而为不同行业提供特定的物流服务，而不能盲目求大、求全、求先进，物流的高成本要求有所为而有所缓为、有所不为。

在全面涉及物流领域之前，必须专门有一些部门和人员去从事物流的探索与实施，以便积累经验。而物流服务的广泛性，也要求铁路有专门的载体来组织与调动铁路的所有部门，提供较全面的物流服务。在铁路目前的格局中，存在着一大批以运输为中心的多种经营服务延伸企业，如货代、仓储、包装等等，可从中选择合适的载体，逐步加深在物流领域中的探索，这样，在投资的规划、物流体系的有序形成方面不会造成浪费与重复，同时这个载体必须得到铁路所有部门尤其是运输部门的支持与配合，这样才能充分发挥铁路所有的优势。

物流企业需要有良好的物流资源、成熟的运作模式、丰富的管理经验、先进的技术装备、高效的成本管理，而这些都可作为铁路全面推动工作的目标。为此，可以假借物流，促进铁路的网运分离，以加强对物流成本的掌握；致力于集装箱、托盘等方面的标准化建设，以提高物流效率，保证物畅其流；加快推进信息系统的建设与应用，在信息因素上占据先机；不断推出有个性化的运输产品，使其更有生命力与亲和力；继续发挥在安全与环保方面的传统优势，解决与物流相关的能源问题、环境问题及安全问题。最重要的是可以通过物流的先进经营理念，给铁路企业发展注入新的活力，同时寻找一块更为稳定的经济成长空间。

企业的学术水平是企业发展的先行条件，尤其对物流这个全新的观念与先进的管理模式，相关的培训至关重要。物流不属于劳动密集型或资金密集型行业，其核心是资源整合能力，管理组织水平，和以最低的成本达到客户需要的服务方式，在这个全新的领域中，学术的水平将更多地指导我们的经营思路、工作方式与管理模式。同时，在铁路内部定期进行物流工作总结并公开成果发表，并积极参加地方政府所组织的培训，一方面可提高铁路职工的物流水平，另一方面通过培训加强与地方政府的联系。

在发展物流的众多企业中，铁路的潜在力量是不容忽视的，在目前国内物流格局尚未确定，国外企业立足未稳之际，铁路有着很好的机会，但在是否发展与如何发展物流上还需要专门的探讨。总之，希望物流给铁路带来具有稳定成长空间的效益构成，同时也真诚希望铁路能为众多客户乃至全社会提供一个高效率、立体化、多功能的运输体系及物流体系。

任务一　我国铁路运输

※ 活动一　我国铁路运输概述

一、铁路运输概念及其特点

铁路运输是利用机车、车辆等技术设备沿铺设轨道运行的运输方式。

铁路运输在我国现阶段的综合运输网中起着主导作用，铁路被认为是我国国民经济的大动脉，担负着主要的客货运输任务。按两根钢轨的距离不同，铁路运输可分为三种类型：轨距为1435mm的称为标准轨距铁路运输；轨距大于1435mm的称为宽轨距铁路运输；轨距小于1435mm的称为窄轨距铁路运输。我国绝大多数采用的是标准轨距，这也是国际上多数国家采用的轨距。按列车种类大致可分为两种类型：一种是长、大、重型，幅员广阔国家多开这种列车，以俄罗斯和美国为代表，我国铁路也属此类；另一种是短、小、轻型，幅员狭小的国家多开这种列车，如西欧和日本的铁路。按列车的支持和驱动方式可分为普通铁路运输和磁悬浮铁路运输。普通铁路运输靠车轮和钢轨支架的摩擦力驱动，其速度极限为330km／h。而磁悬浮铁路运输采用气垫或磁垫来支持列车，车体和轨道不直接接触，可以获得超过330km／h的行驶车速。

铁路运输作为世界地面运输之一方式的历史，已达百年之久，从其发展的过程中可以看出，铁路运输系统的建设有其时代意义及历史背景，但铁路运输所具有的一些特性，却不是其他现代运输工具所能取代的，这些特性有些是不可取代的优点，有些在时代变迁中，已经成为经营上致命的缺点。其中铁路运输的优点主要有以下几方面：

1.运输能力大，运价低廉且运输距离较长。由于铁路运输采用大功率机车牵引列车运行，可承担长距离、大运量的运输任务。一次运输量大，货物单位管理费用等固定费用低，而且，由于列车运行阻力小，能源消耗量低，故系统价格低廉。一般运输成本低于汽车运输，这使它适合大批量低值商品的长距离运输。

2.速度较快，平均车速在五种运输方式中排在第二位，仅次于航空运输，可以实现货物的高速运输，特别是大量货物的高速运输。

3.铁路运输受气候和自然条件影响较小，在运输的经常性方面占优势，可实现不间断运输。铁路运输由于具有高度导向性，所以只要行车设施无损坏，在任何气候条件下，如下雨冰天雪地，列车均可安全行驶，受气候因素限制很小，所以铁路是营运最可靠的运输方式。

4.运输安全性高，事故率低。由于铁路沿铁轨按事先计划运行，不会发生交通堵塞现象，也不受其他运输工具和设施的影响。

5.单车装载量大，加上有多种类型的车辆，几乎能承运任何商品，几乎可以不受重量和容积的限制。

6.污染性较低。铁路污染较公路低。在噪声方面，铁路所带来的噪音污染，不仅较公路低且具有间断性，而城市道路则是持续性的高噪音污染。

7.行驶具有自动控制性。铁路运输由于具有专用路线，而且在列车行驶上具有高度导向性，因此可以采用列车自动控制方式控制列车运行，以期达到车辆自动驾驶的目的。目前最先进的列车已经可以通过高科技电脑的控制，使列车的运行达到全面自动化，甚至无人驾驶的地步，从而可以大大提高运输安全，减轻司机劳动强度。

铁路运输的缺点主要有以下几方面：

1.固定成本高，原始投资大，建设周期较长。

由于铁路线路是专用的，而且修建铁路占地多，耗材量大，所以成本高。一般重轨的铁轨1m有70kg左右重，修建1km铁路的成本大约是700万～1000万元。

2.货物的在途时间比较长。

由于铁路按列车组织运行，在运输过程中需要有列车的编组、解体和中转改变等作业环节，占用时间较长，因而增加了货物的在途时间。

3.铁路运输中货损率比较高。

由于铁路列车行驶时的震动与货物装卸不当，容易造成所承载货物的损坏，并且由于运输过程中需经多次中转，装卸次数多，货物毁损和丢失事故通常也比其他运输方式多。据统计，美国铁路运输的货损比例高达3%，远高于公路运输所产生的比例。

4.灵活性差，不能实现"门到门"运输。

由于铁路运输只能在固定线路上实现运输，所以通常要依靠其他运输方式配合，才能完成运输任务。

根据铁路运输的特点，铁路运输担负的主要功能是：大宗低值货物的中、长距离运输，也较适合运输散装货物(如煤炭、金属、矿石、谷物等)、罐装货物(如化工产品、石油产品等)；大批量旅客的中、长途运输；都市与卫星城区及郊区的通勤运输。

二、我国铁路运输发展状况

(一)我国铁路运输事业的成就

铁路运输业在我国的发展已有近百年的历史，但是由于长期受到封建主义闭关锁国政策的影响，以及近百年来帝国主义的侵略和频繁的战争破坏，使得旧中国铁路运输业陷于十分落后的状态。概括起来主要有以下几方面：①铁路线少，发展缓慢。中国从1876年英商在上海修建了10km的淞沪铁路到1949年的73年中仅修建了2.2万km的铁路。平均每100km的国土面积上只有铁路0.26km，铁路数量之少，路网密度之低，在当时世界的主要国家中是少见的，与我国地广人多，物产丰富的状况极不相称。而且由于战争的破坏，到新中国成立前夕能维持通车的铁路线路仅为1.1万km，其中复线仅有867km。②路网布局极不平衡。旧中国的铁路线主要分布在东北和沿海一带，而广大的西南、西北地区很少甚至没有铁路。我国东北和华北地区约占全国国土面积15%，铁路长度约占全国铁路总长度的65%；广大的西南、西北地区约占全国土地面积的60%，而铁路长度只占全国铁路长度的5.5%。青海、宁夏、新疆、西藏等省、自治区根本没有一寸铁路。③铁路线路和技术装备标准低、质量差。由于旧中国铁路分别被若干个帝国主义国家控制和把持，因而造成设备种类繁多、规格紊乱、质量低劣。如机车类型就有120多种，钢轨类型有130多种，复线仅占6%。在经营管理方面，各路各自为政，没有统一调度指挥，各路车辆不能互相通用和过轨。加之管理方法落后，因而运输事故多，运输效率低。

1949年中华人民共和国成立以后，我国在铁路新线建设和旧线技术改造，建立铁路工业体系，改善和加强经营管理方面都取得了巨大成就。在新线建设布局方面，纠正了过去重沿海，轻内地的情况。我国铁路建设有了统筹规划和统一的标准，进入了一个新的大发展时期。特别是"九五"期间，铁路建设创历史最好水平，主要体现在以下几方面：①铁路运输的基础设施建设增长较快。"九五"期间铁路全行业完成基建投资24.60亿元，比"八五"增加一倍。全行业完成新线铺轨5700km，其中地方铁路完成新线铺轨680km。增建复线铺轨4100km，既有线电气化改造4300km，截止到2000年末，全国铁路营业里程达到6.8万km，比"八五"期间增加了6000km，是改革开放以来营业里程增加最多的五年。②列车提速实现历史性突破。为努力适应市场需求，中国铁路于1997年4月、1998年10月和2000年10月，先后三次在既有线实施提速。广(州)深(圳)线旅客列车最高时速已达200km；京广、京哈、京沪三大干线旅客列车最高时速已达160km。初步建成了"四纵"(京哈、京沪、京广、京九线)"两横"(陇海、兰新和浙赣线)的干线提速网络，提速线路近万公里。同时，推出了一批适应市场需求的新产品，如："夕发朝至""朝发夕归""行包专列""五定班列"等各类列车，优化了资源配置，改善了服务质量，提高了运输企业的市场竞争能力。③在铁路科技工作方面取得新成果。新型机车客车的批量生产、大型养路机械的普遍推广、速差式多信息自动闭塞设备的运用，为全路持续提速奠定了基础。客票发售和预售系统基本建成，在700多个车站、7000多个窗口实现计算机联网售票。运输安全装备普遍得到改善，列车运行监控记录装置、微机连锁和电气化集中微机监测设备、红外线轴温检测装置、道口安全报警装置等得到了广泛应用，为运输安全提供了有力保障。④铁路运输经营取得新突破。五年累计发送旅客47.89亿人次；完成旅客周转量19078亿人千米，比"八五"增长14.7%；发送货物79.91亿t，完成货物周转量64091亿吨千米，分别比"八五"增长3.3%和7.4%。国家铁路运输收入五年累计为4615亿元，比"八五"增收1922亿元，增长71.4%，年递增11.6%。"九五"期间，铁路运输实现"止跌回稳"和经营实现"扭亏为盈"，一举摘掉连续五年亏损的帽子。⑤铁路对外开放出现新局面。"九五"期间，全路进出口贸易合同额达20亿美元，其中出口11.4亿美元；对外承包工程、劳务合作、设计咨询等外经业务合同额达30亿美元，营业额完成17.8亿美元。积极引进外商投资，引进国外先进技术和管理经验，建立了218家中外合营企业。对外客货运输进一步发展，完成口岸进出口运量5000万t，完成过境集装箱运量11.3万标准箱，分别比"八五"增长30%和5.6倍。

（二）我国铁路运输业的发展规划

经过五十多年的建设，我国铁路运输虽已取得较大的成就，但与世界许多国家相比仍有很大差距。为进一步适应国民经济的和社会发展的要求，我国在今后仍将继续加强铁路运输系统的建设，尤其在第十三个五年计划期间，中国铁路将按照国家

"十三五"计划的宏伟蓝图,依靠深化改革和科技进步,促进铁路运输系统的发展。

2015年是铁路"十二五"计划的收官之年,在"十二五"中中国铁路取得了举世瞩目的发展成绩,并一举迈入了世界铁路领先的行列。而明年中国铁路即将进入第十三个五年计划时期,这五年既是我国实现2020年全面建成小康社会目标的收官阶段,同时也是铁路实行政企分开,全面深化改革的第一个五年规划期,如何科学筹划,系统安排,把握未来铁路改革发展总体思路,是决定着我国铁路能否抓住发展的黄金机遇期,使铁路发展有一个质的飞跃。

在"十三五"中,中国铁路除了将继续花大力气建设高速铁路,建成"四纵四横"高铁网,进一步将高速铁路在全国铺开。还会将发展改革的天平向西部倾斜。长久以来,中国铁路的发展和经济一样东快西慢,东西间的差异日渐加大。而这次规划中,将发展的重点向西部偏移,可见国家的良苦用心。用铁路交通带动经济发展,缩小东西差距,进一步提高西部人民的生活质量和出行状况,同时将继续推动全国大通道的打通。此一举,于国于民都是影响深远意义重大。除了上述此举,"十三五"中,国家还将继续推进铁路的深化改革,持续的走市场化道路,让以前的封闭的国家部门直接面向市场,广泛的利用大量民间资本,改变老旧经营模式,把未来铁路的发展和建设带进新模式,推向新高度。同时"十三五"还将加快中国铁路"走出去"的步伐,继续参与国际竞标,在全世界范围内兴建铁路,用钢轨输出中国标准和国家名片,进而培养铁路这一新兴发展增长点。

※ 活动二 我国铁路运输网及主要干线

一、铁路运输线路等级

为便于全国范围内统一规划、统一技术标注和协调管理,将铁路运输线路分为三个等级。

I级铁路——保证全国运输体系,具有重要政治、经济和国防意义,在铁路网中起骨干作用的铁路,远期要求的年运输能力大于800万t,如"京广""京九""京沪""京山""南昆"等铁路(远期指交付后运营第十年)。

II级铁路——具有一定政治、经济和国防意义,在铁路网中起骨干作用的铁路和在铁路网中起联络、辅助作用的铁路,远期要求的年输送能力为500万t以上者。

III级铁路——为某一地区服务,具有地方意义的铁路,近期要求的年输送能力小于500万t者,如"平南"铁路。

二、我国铁路运输网及主要干线

铁路网是与国家经济建设、社会发展、国土开发相适应的铁路延展和分布结构的总称。铁路交通历来是中国社会经济发展的主要纽带,铁路线分布是国土资源开发、经济区域、经济带形成的重要因素，铁路网规模和分布的形式又与国家政治、文化、社会发展、国家需要密切相关。在中国，政府十分重视铁路网的规划和发展，称铁路是国民经济发展的先行官和大动脉。当前乃至今后较长一段时期内，铁路运输仍旧是我国客货运量最大的一种运输方式。经过五十多年的建设，我国34个省级行政区中，除西藏自治区和澳门特别行政区外都有铁路分布。铁路线纵横交错、密如蛛网，基本形成了"六纵五横"的主干运输网络。

（一）"六纵"铁路线

1.京沪线

该线北起北京，向南经天津、德州、济南、徐州、蚌埠、南京、镇江、常州、无锡、苏州等城市到达上海，全长1462km。全线为复线。沿线纵贯京、津、冀、鲁、苏、皖、沪六省市，跨越华北平原、江淮平原、长江三角洲三大地区，沟通了华北与华东，是东部沿海的交通大动脉，也是客、货运输十分繁忙的一条铁路干线。

2.京九线

该线北起北京，向南经霸州、衡水、商丘、麻城、九江、南昌、赣州、龙川、深圳等城市到达九龙，全长2381km。位于京沪线和京广线之间，沿线纵贯京、津、冀、鲁、豫、皖、鄂、赣、粤、港9省市，跨越华北平原、江淮平原、鄱阳湖平原、江南丘陵、南岭、珠江三角洲等地区。京九铁路缓解了京广、京沪、焦枝三大干线的运输压力，对华北、华东、中南地区的经济发展有一定的促进作用，对维护港澳的稳定繁荣做出了一定的贡献。

3.京广线

该线北起北京，向南经石家庄、邯郸、新乡、郑州、武汉、长沙、株洲、衡阳、韶关等城市到达广州，全长2310km。沿线纵贯京、冀、豫、鄂、湘、粤等6个省市，跨越华北平原、洞庭湖平原、江南丘陵、南岭、珠江三角洲等地区。沟通了华北、华中与华南，是我国铁路网的南北交通中轴，是运量最大的南北大动脉。

4.宝中—宝成—成昆线

该线北起宝鸡至宁夏包兰线中后段的中宁，经宝鸡到成都，最后到达昆明，全线长2262km。全线纵贯宁、陕、甘、川、滇等省市，跨越秦巴山地、成都平原、云贵高原等地区。该线促进了西南地区经济建设，加强了西南和西北地区的经济联系，有利于加强民族团结。

5.北同蒲—焦枝—枝柳—黎湛线

该线北起著名的煤炭基地——大同，南抵中国南方大港——湛江港，全长2500km。途经太原、长治、焦作、洛阳、襄樊、荆门、怀化、柳州、黎塘等城市。此线是京广线以西的一条纵贯中国内地的大动脉，沿线与京包、石太、陇海、湘黔、黔桂等多条铁路干线相连，并跨过长江进入西江水系，加强了华北与中南区的联系，提高了全国最大能源基地——山西省煤炭的外运能力。目前，湛江到海口的跨海铁路由轮渡连接。

6.包粤线

此线北起包头，向南经中国特大的煤炭基地神木，再经延安、西安、穿越秦岭，到达襄渝线上的安康，进入襄渝线和川黔线，过重庆，最后到达贵阳。跨越包头、神木、延安、西安、安康、重庆、遵义、贵阳、柳州、黎塘、湛江等城市。这条铁路的贯通对陕煤入川和开发陕北、川陕老区经济至关重要。

(二)"五横"铁路线

1.京秦—京包—包兰—兰青—青藏线

该线东起秦皇岛港，向西经北京、大同、集宁、呼和浩特、包头、银川、中卫、兰州、西宁等城市，到达青海省的格尔木，由格尔木到拉萨。全长4359km。这条铁路线是中国北部地区一条重要的东西向铁路干线，此线对于促进华北与西北联系，分担陇海线运量，建设民族地区，巩固边防有重要作用。

2.陇海—兰新—北疆线

该线东起连云港，西经徐州、商丘、开封、郑州、洛阳、西安、宝鸡、兰州、乌鲁木齐等城市到达阿拉山口，全长4123km。沿线经过苏、皖、豫、陕、甘、新等省市。横跨黄淮平原、黄土高原、河西走廊、吐鲁番盆地、准噶尔盆地等地区。沿途加强了淮海、中原、关中、西北四大经济区域的密切联系。该线通往哈萨克斯坦，与原苏联的土西铁路接轨，向西一直可达荷兰的鹿特丹港，构成第二座亚欧大陆桥，它连接了亚欧大陆、沟通了太平洋与大西洋，使世界三大港口鹿特丹港、香港、高雄港之间有了便捷的运输通道，成为中国向世界开放的国际通道。

3.沪杭—浙赣—湘黔—贵昆线

该线位于长江以南，东起上海，向西经杭州、鹰潭、萍乡、株洲、怀化、贵阳、六盘水等城市，抵达昆明市，全长2679km。沿线经过沪、浙、赣、湘、黔、滇等省市。横跨长江三角洲、江南丘陵、云贵高原。是一条横贯江南、与长江航线相辅相成的东西干线，该线的全线贯通对于加强华东、中南、西南的联系起到了重要的作用，对开发大西南具有重要的战略意义。

4.沿长江两岸运行的横向铁路通道

它西起四川的成都，向东经达县、安康、襄樊、武汉、九江、合肥、南京等城市，抵达上海。该线由达成线、襄渝线、汉丹线、武九线、合九线、合蒲线、京沪南段组成。此线路能大大缓解浙赣线和湘黔线的货运压力、并进一步促进长江沿线地区的经济发展，对于开发大西南有积极的促进作用。

5.位于中国内地最南部的铁路线

沿江沿海伸展，西起昆明市，向东经南宁、黎塘、玉林、茂名、肇庆、三水、广州、惠州、龙川、梅州、龙岩、南平等城市，直抵福州市。途经滇、黔、桂、粤、闽5省区，该线的建成在中国南方形成了以广州为中心的联系南部沿海主要港口的铁路网络，对于西南物资的南下及南部沿海经济的进一步发展起到了积极作用。

(三)东北铁路网

东北是我国铁路最稠密的地区，在新中国成立之前，就已初具规模。东北铁路网主要以滨洲一滨绥铁路为横线，以哈大铁路为纵线，组成一个巨大的"丁"字形骨架，联系着东北地区70多条铁路干支线。其中滨洲线是东起哈尔滨，向西经大庆、齐齐哈尔、海拉尔，最后到达中俄边境上的满洲里，全长935km，是中国连接苏联西伯利亚铁路的一条干线，是中国重要的国际连线。滨绥线由哈尔滨，向东经牡丹江到达中俄边境城市绥芬河，全长548km。是中国连接苏联西伯利亚铁路的另一条干线，是中俄、中朝国际贸易的联运线，也是黑龙江省煤炭南运的最近通道。哈大线始建于1898年，北起哈尔滨，南到大连，途经长春、四平、沈阳、鞍山等108个大中城市，全长946.5km，并同沈山、沈吉等23条干线衔接。这条铁路客流量大，货运量多，是我国铁路网中最繁忙的干线之一，成为东北地区经济大动脉，有"黄金线"的美誉。1994年初，由铁道部批准对哈大铁路进行电气化改造工程。经过7年的艰苦努力，哈大铁路成功引进了德国电气化铁路技术、设备维修和管理项目，于2001年8月下旬投入运营，从而结束了东北地区无电气化铁路的历史。哈大电气化铁路的成功运营，使这条铁路年运输能力提高到7000万t，适应了东北地区改革开放步伐加快、东北亚经济圈日趋活跃对运能的需要，在东北地区发展中，将起到越来越大的作用。

(四)西南铁路网

西南铁路网主要由宝成线、成昆线、成渝线、川黔线、黔桂线组成。西南铁路网的修通对西南地区的物资交流和少数民族地区经济建设起着重大作用。其中宝成线、成昆线前面已经介绍过，是我国铁路网的一条南北总线。成渝线由成都到重庆，长504km，现已全线实现电气化，它把西南地区的两个大城市连接起来，对加强省内外联系起了重大的作用。川黔线北起重庆，经遵义后到达贵阳，全长463km。黔桂线由贵阳到柳州，全长606km，是西南通向华南的主要路线。这五条铁路线主要分布在云、贵、川三省，从根本上改变了西南地区交通闭塞的状况，对我国铁路的合理布局、国防建设和大西南的经济开发发挥了重要作用。

(五)沟通关内外的主要干线

1.京沈铁路

是连接关内外的主要铁路干线。它西起北京，经天津、唐山、秦皇岛，出山海关，过锦州，到达沈阳，全长841km，它南接京广、京包等主要铁路，中间连接津沪、津秦线，北交哈大线。京沈铁路全线为复线，是我国通过能力最大的铁路干线之一，也是目前客货运输最繁忙的线路，是沟通我国关内外铁路网的最主要干线。

2.京承—锦承—新义—高新铁路

自北京经承德、建平、朝阳、义线、阜新，进入京沈线上的高泰山，是京沈铁路重要的辅助线，为关内外开辟了第二条通道。

3.京通铁路

京通铁路自京包铁路的昌平经赤峰到达内蒙古通辽，全长804km。京通铁路在赤峰以西穿越30km流动沙丘和130km流动平沙地带，有大量防沙治沙工程，所以又名沙通线。该线是沟通关内外的第三条铁路干线，也是连接东北西部地区与华北地区的一条捷径，而且该线与京沈铁路实行物资分流，减轻了原有铁路的压力。

4.集通线

西起集二(集宁至二连)铁路国际干线的贲红站，东在哲里木站接轨后引入通辽北站，途经内蒙古自治区4盟市13个旗县，横贯内蒙古中部，全长934km，可谓"草原牧民的致富线"，并加强了西北、华北和东北间的经济联系，对促进内蒙古中部地带的经济发展起到了积极的作用。

(六)西煤东调通道

1.大秦铁路

大秦铁路自山西大同的韩家岭至中国北方重要港口城市秦皇岛市，横跨山西、河北两省和北京、天津两市，在河北省怀来与丰沙铁路交叉，在京郊怀柔又与京通、京承两铁路交叉，全长653km。大秦铁路是为解决晋煤外运而修建的铁路，它是我国第一条双线电气化和重载单元列车路线、第一条实现微机调度集中系统的线路、第一条全线采用光纤通信系统的线路、是我国目前铁路设计标准和现代化水平最高的电气化铁路。大秦铁路是山西北部煤炭外运通道，也是内蒙古、宁夏等地区煤炭外调的重要通道，年运量可达6000万t，远期可达1亿t。

2.石太—石德—胶济铁路

该线西起山西太原，东至山东著名的港口青岛。途经阳泉、石家庄、衡水、德州、济南、淄博、潍坊等著名城市，全长900多km，均为复线。是中国最早的一条晋煤外运的通道，是晋中煤炭东运的捷径。

3.侯月—新焦—新荷—兖菏—兖石铁路

西起南同浦线上的侯马站，东至石臼港。途经山西、河南、山东3省的著名的煤炭生产基地，全长约930km。是晋南、豫北、鲁南煤炭东运的最便捷的通道。

4.神黄铁路

由陕西神木东经山西朔州、河北肃宁至黄骅港，全长约869km，是东胜、神府煤田的东运通路。继大秦铁路后，中国能源战略西移的又一项重大建设项目——西煤东运新铁路通道(称第二条铁路通道)，正全面铺开，加紧施工。新铁路通道西起神府东胜煤田、横穿山西、河北至位于海滨的黄骅港口，全长820多km，设计年运能力为l亿t，与大秦线大致相当。它的主要功能是运送神府东胜煤田的优质煤炭。

(七)即将形成的铁路新干线

1.宁西线

该线东起南京，向西经合肥、潢川、信阳、南阳到达西安。宁西铁路全长1128km，总投资231.5亿元，这一重点工程事关国家中部开发的大计。

2.东部沿海大通道铁路

该线由大连轮渡到烟台、途经蓝村—临沂—新沂—长兴—杭州—宁波—温州—福州—厦门—汕头—深圳—广州—湛江—海口到达三亚。其中海上直线距离147km。项目总投资约31亿元，其中建设期投资22亿元。该线北部通过旅顺支线连接东北铁路网，南部通过蓝村至烟台和济南至青岛铁路，与即将建成的穿越山东、江苏、浙江的沿海铁路衔接，构成一条北起哈尔滨，南至上海的东部沿海大通道，建成后将使东北至山东和长江三角洲的运距，比原绕道沈山、京山、京沪、胶新、陇海等线缩短400km至1000km，大大节省运费和时间。东部沿海大通道与滨绥、滨洲、长白、长图、沈山、胶济、新兖、陇海、京沪及浙赣等铁路相接或交叉，纵贯黑、吉、辽、鲁、苏、浙6省，连接东北、环渤海、长江三角洲三大经济区，将缓解铁路运输能力紧张的压力。

3.青藏铁路二期工程

青藏铁路是西部大开发战略的标志性工程，青藏铁路的建成，填补了我国西部铁路网的空白，形成北京—兰州—拉萨的运输大通道。这对于促进西藏和青海的资源开发，加强各地的联系，增进民族团结，维护社会稳定具有重要意义。青藏铁路由西宁至拉萨，全长l956km，其中一期工程西宁至格尔木814km已于1979年铺通。由格尔木市到拉萨一段，即青藏铁路二期工程，该线位于青藏高原腹地，纵贯青海、西藏两省区，全长1142km。青藏铁路是沟通西藏、青海与内地联系的具有战略意义的大通道，同时也是西部腹地路网骨架的重要组成部分。这条铁路的修建对于西藏地区的发展起到积极作用，对于促进民族地区的和平团结具有重要意义。

4.沿江铁路

这条铁路从上海至四川成都，贯穿上海、江苏、安徽、江西、湖北、重庆、四川等七个省市，全长2024km。它将串联起上海至四川沿长江的主要城市，形成一条沿江快速通道。成为中国铁路的第六横。据测算，上海至武汉的铁路里程缩短至500km，上海到重庆、成都绕道湖南、贵州的弧线铁道也被拉直，上海至重庆的火车运行时间由41h缩短至1天。由于长江流域的国民生产总值和粮食产量都占中国的三分之一以上，聚集了近四成的城市和近四亿人口，是我国最主要的经济区域，这条铁路的建成将促进该地区经济发展，并有力地推进西部大开发战略的实施，使西部地区丰富的自然资源得到开发，加速东部沿海及国外资金和技术向西部地区流动。

※ 活动三　我国铁路枢纽

一、铁路枢纽的概念及分类

铁路枢纽是指铁路网上具有大量客货列车多种作业的两个及两个以上铁路线路交叉处的站群、联络线等铁路技术设备的总称。

铁路枢纽是由铁路新干线建设和城市、工业等发展而逐步形成和扩大的。因此，枢纽所在地的政治和经济特征，枢纽在路网中的位置，以及城市和工业建设的要求对枢纽所承担的运输生产任务有密切的关系，铁路枢纽中的运输组织工作比较复杂。在它的各个车站上除了办理各类车站所办理的作业之外，还办理各车站之间客货列车的到发和货物列车的中转及改变作业，以及枢纽地区内的客货运业务。

根据枢纽在路网中的位置，所在地政治经济特征、车流量、车流性质的不同，铁路枢纽大致分为：

1.主要枢纽

位于几条干线中心，汇集车流量大，解编中转及地方车流作业繁重，对路网的车流起重要作用，在地区特征上位于大中城市、主要工业基地和水陆交通发达地区，具有重要的政治经济意义和国防上的特殊地位，如北京、郑州枢纽。有些铁路枢纽虽然所处地区的经济意义及其他因素稍逊，但所处路网节点的位置重要，汇集的车流及编解的作业量都很大，也需配置有强大的站场设备，如株洲、徐州枢纽。

2.一般枢纽

位于几条干线和一般线路的中心，汇集的车流及担当的作业量较大，在地方意义上，位于中等城市，具有相当的工业水平，如牡丹江、杭州枢纽。

3.地区枢纽

位于一般线路和其他线路的交汇点，在路网上主要担负各方向的零担、区段列车及地方车流的编解作业，在地方意义上，位于中小城市，具有一定的地方工业水平。如兖州、阜阳地区。

铁路枢纽的建设和发展也是大中城市建设规划的重要组成部分，在城市建设中应予以重视，枢纽中铁路线和城市道路交叉甚多，枢纽中的客货运站的合理设置，有利于城市交通组织和降低客货运输费用，铁路枢纽的建设，也应考虑枢纽地区内其他运输方式的综合利用。

二、我国主要的铁路枢纽

新中国成立以来，随着铁路运量的增多，我国的铁路枢纽由解放初的10多处发展到现在的50多处，其中最主要的是北京、天津、上海、哈尔滨、沈阳、郑州、徐州、石家庄、西安、株洲、武汉、兰州、贵阳、成都、广州、南京、重庆等地。

1.北京铁路枢纽

是目前中国最大的铁路枢纽，枢纽内有很多联络线构成干线间的直接通路，有丰台西、丰台、石景山南、三家店、双桥等编组站承担货物列车的编解作业；有广安门、和平里、北京东等大型货物站担负北京地区的货物集散。有北京、北京西、北京南、北京北等大型客站方便不同去向的旅客乘坐。北京站承担京哈、京沪、京沈、京包、京承、京原等线的客运到发。北京西站承担京广、京九等线的客运到发；北京南站，既到发各线的短途旅客列车，也分担各线的部分长途特快、直快列车；北京北站只承担京包、京承的少量客列车的到发，并办理货运业务。

2.郑州铁路枢纽

位于京广和陇海两条重要铁路干线的交汇处，地处中原，居全国铁路网的中心，享有关内"铁路心脏"美称。是东北、华北与中南、西南、沿海港口和西北内地相互联系的重要通道。其中郑州北编组站是目前亚洲最大的编组站，目前日均办理车辆编解约27000辆，年货运通过能力2.4亿多吨，被称为"货物列车工厂"；郑州枢纽还拥有全国最大的郑州东零担货运中转站和郑州客运站，担负着京广、陇海两大铁路干线客列车到达、始发、中转和解体等运输任务，起着纵贯南北、横贯东西的联络作用，是全国铁路的重要枢纽之一。

3.哈尔滨铁路枢纽

位于东北铁路网丁字骨架的中心，连接滨洲与滨绥线，由哈佳、哈牡、哈北等多条铁路线构成纵横交错的铁路网，该枢纽由路网形编组站哈尔滨站、哈尔滨南站，区域性编组站三间房站，地区性编组站牡丹江站组成，构成东北地区铁路网的重要枢纽。由于临近俄罗斯，进出口货物的运输任务十分繁忙。

4.武汉铁路枢纽

一直是我国铁路网中的重要支点，起着贯通南北、承东启西的重要作用。武汉铁路枢纽被长江和汉江分割，京广铁路贯通枢纽，长江北岸有汉丹、麻武、长荆铁路接轨，长江南岸有武九铁路引入，与长江航道相连，是一个以水陆中转为特点的交通枢纽。其中江岸西站是主要的编组站，日均办理列车编组达12000多辆。目前由于仅有

1958年建成的武汉长江大桥沟通长江南北，使得过江能力仍处于超饱和运营状态。为缓解武汉铁路枢纽的紧张状态，武汉天兴洲公铁两用长江桥，于2009年10月26日建成通车后不仅可压缩客车在武汉枢纽的运营时间约15分钟，而且可增加枢纽的机动灵活性。

5.上海铁路枢纽

位于京沪线和京杭线交汇处，又与上海海港相结合，组成了中国最大的水陆交通枢纽，上海市境内铁路已成环城网，形成以沪宁、沪杭线为骨干，以沪杭内环线和外环线为联络线的铁路网。上海铁路枢纽拥有40个车站，其中包括12个主要货运场、3个编组站的大型铁路枢纽。其中"七五"期间建成的上海铁路新客站，是目前全国著名的现代化铁路客站，南翔站是主要的编组站，日均办理列车编组达8300辆左右。

6.徐州铁路枢纽

徐州交通发达，基础设施完善，素有"五省通衢"之称。徐州铁路枢纽是全国第二大铁路枢纽，位于京沪、陇海两大铁路干线的交会处，是西北、东北、华北向华东地区物资运输的集散中心。其中新建的徐州铁路枢纽编组站是一个拥有三级十厂的编组站，主体最宽处共有73股路轨并列。是我国第二大编组站。

7.贵阳铁路枢纽

是西南最大的铁路枢纽站，位于川黔、湘黔、贵昆、黔桂4条铁路交汇处，其中川黔、贵昆、湘黔3条铁路干线已实现电气化，电气化程度居全国之首。贵阳火车南站是铁路干线货运列车的汇集点，它既是省内最大的物资集散地，也是中国西南最大的铁路枢纽编组站，日编组能力为8000辆，建有一个国际集装箱货场，年货运能力为40万t。

8.株洲铁路枢纽

位于京广、浙赣、湘黔三条铁路的交汇处，属中国南方铁路网的中心。得天独厚的地理、交通优势，使今日之株洲发展成为中国江南最大的交通枢纽。其中株洲北编组站是全国七大编组站之一，是中国南方最大的编组站。1990年日均编组能力为12529辆，居全国第九位。成为长江以南全国东西南北5000多个货运中转站进行车流解体编组的大型现代化站。铁路枢纽经扩建改造后，铁路运输在株洲的日均分解、编组能力，较原来的1.2万辆扩大一倍以上。

9.广州铁路枢纽

地处京广、广山和广深铁路的交汇点，衔接广州黄埔港，对香港和澳门具有重要意义，是中国南方地区水陆交通枢纽。广州北站是主要的编组站，1990年日均编组能力为6627辆。

任务二　我国公路运输

※ 活动一　我国公路运输概述

一、公路运输的概念

公路运输的概念有广义和狭义之分。从广义来说，公路运输是利用一定的载运工具(汽车、拖拉机、畜力车、人力车等)沿公路实现旅客或货物的空间位移的过程。从狭义来说，公路运输即指汽车运输。目前，在发达国家中汽车已经取代了拖拉机、畜力车和人力车等低效率的运输工具。在我国虽然拖拉机、畜力车和人力车仍不同程度地存在着，但无论从完成的任务量，还是从对社会经济的影响方面，汽车已成为公路运输的主要运载工具，因此，现代公路运输主要指汽车运输。

公路运输总体上可分为公路客运和公路货运两大类，其中公路货运根据运输距离的长短又可分为近距离运输、中长距离运输、长距离运输。近距离运输是指运距在100km以内的运输。这是汽车可以充分发挥起机动灵活性和便利性特点的范围，在运输整体中占有很高比重。中长距离运输是指运距在101km到300km范围内的运输。在时间性上和经济性上，汽车运输占很高的比重。长距离运输是指运距在301km到600km范围内的运输。一般来说，长距离运输不是汽车运输的长项，缺乏经济性。但是随着物流需求的高度化，道路网的发达，特别是高速公路的迅速发展，长距离运输的比重在逐步提高，运输距离也延长到了800km到1000km。此外，汽车货运还可分为普通货物运输、特种货物运输、零担货物运输、集装箱货物运输等。汽车客运可分为公共汽车运输、出程汽车运输、长途汽车运输、自用汽车运输(通勤)等。

二、公路运输的特点

随着汽车工业的发展。道路网建设以及货物结构的变化，汽车运输的比重逐渐提高，汽车运输已成为铁路运输的辅助手段而逐渐受到重视。

(一)公路运输的优点

主要表现在如下几方面：

1.全程速度快，可实现"门到门"运输。

对于旅客可减少转换运输工具所需要的等待时间和步行时间，对于现实运送货物，货位适应市场临时急需货物，公路运输服务优于其他运输工具，尤其是短途运输，较其他任何运输工具都更为快速、方便。

2.运用灵活。

公路运输因富于活动性，可随时调拨，不受时间限制，且到处可停，富于弹性及适应性，故运用灵活。

3.适于近距离运输，比较经济。公路运输的经济里程一般在200km以内。

(二)公路运输的缺点

1.载运量小，不适合大量运输。

汽车的载运量，小汽车只不过三四人，大型巴士平常也仅能运载数十人，货运汽车普通可载运3~5t，虽然使用全拖车，也不过数十吨，不能与铁路列车或轮船等的庞大容量相比。

2.安全性较差。

公路运输由于车种复杂，道路不良，驾驶人员疏忽等原因，交通事故较多，故安全性较差。

3.不适合长距离运输，长距离运输费用较高。

根据公路运输的特点，可以知道公路运输主要功能是：小批量货物的中、短距离运输；少量旅客的中、短途运输；运距在1km以内的鲜活、易腐货物的运输。

三、我国公路运输业的发展

(一)我国公路运输业的成就

自20世纪初汽车进入我国后，通用的汽车公路开始得到发展。从推翻清朝建立"中华民国"到中华人民共和国成立是中国近代道路发展的时期，但发展缓慢，并屡遭破坏。旧中国自1913年修建长沙至湘潭第一条公路开始，至1949年的37年间，只修建了13万km，其中勉强能通车的公路仅有7.5万km。我国公路不仅数量少，质量也很差，而且由于我国缺乏资金，缺乏公路建设的规划，致使公路分布上也很不合理，按1942年统计，东部几省每50km²只有1km公路，而西北、西南各省每800km²才有1km公路。而且广大西北、西南地区的山区和少数民族居住的地方几乎没有公路。

新中国成立以后，特别是改革开放以来，我国公路运输得到了较快的发展，在综合运输体系中已占有重要位置，发挥着基础性作用。主要表现在以下几方面：①公路运输的基础设施增长较快。到1999年底公路通车里程已达到130万km。目前已经建成"五纵七横"的公路运输网。②高速公路数量增长较快，1988年我国建成第一条沪嘉高速公路后，1999年高速公路已达到1万km，居世界第四位。目前我国的高速公路已覆盖了28个省市、自治区，高速公路的发展改善了我国公路网络结构，推动了沿线工业、农业、商业和旅游业的发展，产生了巨大的经济效益和社会效益。③县、乡公路建设取得重大成就，目前全国已达到县县通公路，99%的乡镇通公路，87.7%的乡村通公路，老百姓也从中得到了实惠。由于公路建设的迅速发展，我国还开辟了许多专用运输线路，如1995年以来先后开通了四条蔬菜运输的绿色通道，使我国的绿色通道从最南端的海南岛一直延伸到最北边的黑龙江省，把沿途18个省市连成一片，总里程达1.1万km。又如广东省1999年底开通以广州为中心的5条穿梭巴士旅游路线，服务对象是旅游散客。④汽车数量增长较快推动了汽车运输业的快速发展。全国民用汽车保有量，1949年只有5.09万辆，到1998年增加到1319.3万辆。⑤公路运量比重加大。近些年来，公路与铁路运输竞争相当激烈，特别表现在客运方面。由于公路运输的迅速发展，铁路开始提速，在这种情况下，公路运输凭借其特点和优势，所完成的旅客周转量在各种运输方式中所占比重在1990年就超过了铁路运输，到1998年所占比重达到56.1%。由于公路运输与铁路运输相比平均运距短，所以能做到这一点很不容易，说明公路运输在各种运输方式中显示了较强的竞争力。改革开放20年以来，我国公路建设进入了规模化、网络化的快速发展时期，国家把公路作为重要的基础设施进行重点投资，近年来我国公路建设总投资额达到8354亿元。使得我国公路运输得到迅速发展，公路建设出现了质的飞跃。

(二)我国公路运输发展规划

展望21世纪，我国交通运输将继续大力加强基础设施建设，广泛应用新技术，全力发展高速运输，并逐步解决来自环境、能源和安全等方面的严重挑战，建立一个可持续发展的，以高速化和智能化为目标的新型综合交通运输体系。到21世纪中叶，我国将基本实施现代化，人均国民生产总值将达到中等发达国家水平，到那时我国社会经济面貌将发生巨大变化，人民生活水平将更加富裕。因此，交通运输发展的市场前景十分广阔，运输品质将得到全面提高，高速交通将得到全面发展，人们的时空观念将发生深刻变革，我国将逐步成为交通强国和运输大国。因此，在现阶段我国在公路运输建设上还要做好以下几方面的工作：

1.继续加强公路基础设施的建设。

2010年"五纵七横"全部建成，进一步加大了高速公路网的密度，逐步使我国高速公路成为网状形，而不是纵横式。实现这一目标的时间大约在2050年，到那时我国高速公路将达到5万km以上。

2.提高公路运输速度

要提高汽车行驶速度，应该做到400km当日往返，800km当日到达，实现由小客车、大型客车及货运集装箱构成的快速运输系统。

3.广泛应用高新技术，发展智能运输系统

将先进的信息技术、数据通信传输技术、电子控制技术及计算机处理技术等综合运用于整个地面运输管理体系，使人、车、路及环境密切配合，和谐统一，使汽车和道路运行智能化，从而建立一种在大范围内、全方位发挥作用的实时、准确、高效的公路运输综合管理系统势在必行。目前我国在这方面的研究开发还处于零散的初级状态，今后要改造现有运输系统和管理体系，发展智能运输系统，从而大幅度提高公路网络的通行能力，这是未来公路运输的发展方向。

4.开发交通环保技术

21世纪交通科技发展重点之一是开发各类交通环保技术。预计在21世纪，随着能源新技术的突破，对环境污染严重的燃油汽车将被环保型汽车所代替。公路路面将采用新材料和新工艺，交通噪声将大大减少，环保技术将日益渗透到公路运输的发展之中。

※ 活动二　我国公路运输线路等级

公路是公路运输的重要设施，公路等级是公路规划、建设和改造及其通过能力和技术质量划分的标准。等级公路是现代化汽车发展的产物，从19世纪末汽车的问世到第一次世界大战期间开始建设和发展公路一般是不分等级的。1933年世界上出现了第一条高速公路以后，汽车日益增多、行驶速度逐渐加快，公路的技术标准由简到繁，开始明确划分等级公路，并规定了每个等级的交通量。世界各国对公路等级的划分尽管名称不同，但技术标准及其通过能力都大同小异。

一、汽车专用公路

汽车专用公路包括高速公路、汽车一级专用公路和汽车二级专用公路。

高速公路一般能适应按各种汽车(包括摩托车)折合成小客车的年平均昼夜交通量25000辆以上，为具有特别重要的政治、经济意义专供汽车分道高速行驶并全部控制出入的公路。

汽车一级专用公路一般能适应按各种汽车(包括摩托车)折合成小客车的年平均昼夜交通量10000辆到25000辆，为连接重要政治、经济中心通往重点工矿区、港口、机场专供汽车分道行驶并部分控制出入的公路。

汽车二级专用公路一般能适应按各种汽车(包括摩托车)折合成小客车的年平均昼夜交通量2000辆到7000辆，为连接政治、经济中心或大工矿区、港口、机场等地的专供汽车行驶的公路。

二、一般公路

二级公路一般能适应按各种车辆折合成中型载重汽车的年平均昼夜交通量2000辆到5000辆，为连接政治、经济中心或大工矿区、港口、机场等地的公路。

三级公路一般能适应按各种车辆折合成中型载重汽车的年平均昼夜交通量2000辆以下，为沟通县以上城市的公路。

四级公路一般能适应按各种车辆折合成中型载重汽车的年平均昼夜交通量为200辆以下，为沟通县、乡(镇)、村的公路。

在上述各等级公路组成的公路网中高速公路及汽车专用一、二级公路在公路运输中的地位和作用相当重要。

除等级公路外不列等级的公路称为等外公路。

※ 活动三　我国公路运输网及主要干线

一、中国国道

国道是国家公路网中具有全国政治、经济意义的主要干线公路。包括重要的国际公路、国防公路以及连接首都和各省、自治区、直辖市，连接各大经济中心、港站枢纽、商品生产基地和战略要地的公路等。

中国现有70条国道，总长10.7万km。根据地理走向可分为三类：

1.按首都放射线分布的公路

首都放射线是以首都北京为中心的放射线，这些公路以"1"字打头，与两位数编号构成为101—112共12条国道，约2.4万km。如101国道为北京—承德—沈阳的放射线，跨越北京、河北、辽宁省市的56个城镇，全长892km。

2.南北纵线公路

南北纵线是由"2"和两位数的顺序编号构成201—228共28条国道，约3.9万km，其中228为台湾岛环线，如201国道为鹤岗—牡丹江—大连的南北线，跨越黑龙江、吉林、辽宁省等78个城镇，全长1804km。

3.东西横线公路

东西横线是由"3"和两位数顺序编号构成301—330共30条国道，约5.3万km。如301国道是绥芬河—哈尔滨—满洲里，该线跨越黑龙江、内蒙古等省和自治区的40个城镇，全长1006km。

这些国道主干线几乎连接了全国所有的城市，形成了我国公路网的骨架。国道的发展规划由国务院批准实施。现阶段国道由所在省、自治区和直辖市的人民政府的公路主管部门负责组织修建、养护和管理。

二、中国高速公路

不同国家对高速公路的定义有所不同。按照我国交通部"公路工程技术标准"规定，高速公路是指"能适应年平均昼夜小客车交通量为25000辆以上，专供汽车分道高速行驶并全部控制出入的公路"。平均时速120km／h，最低为80km／h，最高为150～200km／h。要求路线顺畅，纵坡平缓，路面有4个以上车道的宽度。中间设置分隔带，采用沥青混凝土或水泥混凝土的高级路面，为保证行车安全设有齐全的标志、标线、信号及照明装置；禁止行人和非机动车在路上行走，与其他线路采用立体交叉、行人跨线桥或地道通过。设计的基本依据是高速、大交通量和有较高的运输经济效益和社会效益。高速公路规划原则是选择国家和地区的干线公路，连接特大城市和大中城市，沟通沿海港口城市和内陆省会城市，形成首都与各省会之间的辐射线和干线公路网络，日交通量达到5000辆以上的路段应建高速公路。

从定义可以看出，一般来讲高速公路应符合下列四个条件：只供汽车行驶；设有中央分隔带，将往返交通完全隔开；没有平面交叉口；全线封闭，控制出入，只准汽车在规定的一些交叉口进出公路。

三、中国公路运输网及主要干线

公路运输网是由国家干线公路、地方公路和乡村公路组成的四通八达的网状道路系统，它将城市与城市、城市与其他居民点连接起来。目前我国公路已基本成网，把全国绝大多数城乡、乡镇连接起来为全国公路运输奠定了基础。我国的公路网大体可以分为如下3个层次：第一个层次好比毛细血管，是覆盖整个国家的、初级的、基础性的公路网络，现已达到130万km，截至2005年已达到150万km。这130万km目前只能覆盖99%的乡镇和87.7%的村，剩下的1%的乡和13%的村都是难度很大的路段，要想使公路网覆盖全国所有乡村，大约还需10年左右的时间建设才能完成。由于我国是一个以农业为基础的大国，没有农村交通的现代化，就谈不上中国交通的现代化，因此要充分重视农村道路的建设。第二个层次是以国道和省道为主体形成的公路网络，目前为30万km，承担着最大的客运量，在整个公路网中起着关键性作用，好比动脉血管。这30万km中还有近50%未达到二级以上路面，按照发达国家公路网的测算水平，二级以上路面应占总通车里程的20%~25%之间。第三个层次是"八五"期间确定的"五纵七横"公路国道主干线，总长度为3.62万km，其中高速公路2.2万km。这是以行车速度快，承载运量大为目标，以高速公路为主体的公路网络，好比主动脉血管。这"五纵七横"的公路分别是：

五纵即：

①同江—三亚线(含珲春—长春支线)　总里程约5700km。主要控制点为同江—哈尔滨—长春—沈阳—大连—烟台—青岛—连云港—上海—福州—深圳—广州—湛江—海安—海口—三亚。珲春—长春支线主要控制点为珲春—延吉—吉林—长春。

②北京—福州线(含天津—塘沽及泰安—淮阴支线)　总里程约2600km。主要控制点为北京—天津—济南—徐州—合肥—南昌—福州。天津—塘沽支线主要控制点为天津—塘沽；泰安—淮阴支线主要控制点为泰安—新沂—淮阴。

③北京—珠海线　总里程2400km。主要控制点为北京—石家庄—郑州—武汉—长沙—广州—珠海。

④二连浩特—河口线　总里程约3700km。主要控制点为二连浩特—集宁—大同—太原—西安—成都—昆明—河口。

⑤重庆—湛江线　总里程约1500km。主要控制点为重庆—贵阳—南宁—湛江。

七横为：

①绥芬河—满洲里线　总里程约1300km。主要控制点为绥芬河—哈尔滨—满洲里。

②丹东—拉萨线(含唐山—天津支线)　总里程约4600km。主要控制点为丹东—沈阳—唐山—北京—集宁—呼和浩特—银川—西宁—拉萨。

③青岛—银川线　总里程约1700km。主要控制点为青岛—济南—石家庄—太原—银川。

④连云港—霍尔果斯线　总里程约4000km。主要控制点为连云港—徐州—郑州—西安—兰州—乌鲁木齐—霍尔果斯。

⑤上海—成都线(含万县–成都支线)　总里程约3000km。主要控制点为上海—南京—合肥—武汉—重庆—成都。万县—成都支线主要控制点为万县—南充—成都。

⑥上海—瑞丽线(含宁波—南京支线)　总里程约4100km。主要控制点上海—杭州—南昌—长沙—贵阳—昆明—瑞丽。宁波—南京支线主要控制点为宁波—杭州—南京。

⑦衡阳—昆明线(含南宁—友谊关支线)　总里程约2000km。主要控制点为衡阳—南宁—昆明。

“五纵七横”国道主干线已经建成通车，今后还将进一步加大高速公路网的密度，逐步使我国高速公路成为网状形的，而不是纵横式的，实现这一目标的时间大约是在2050年，到那时我国高速公路将有5万km以上投入运营作用。

此外，由于西藏自治区没有铁路，所以进藏的4条公路均起干线运输作用。这4条干线公路分别是：

①川藏公路　川藏公路从四川成都出发，经过雅安和康定后，到新都桥后分为南北二路，各自挺进，直达拉萨。北线经甘孜、德格，进入西藏昌都、邦达；南线经雅安、理塘、巴塘，进入西藏芒康，后在邦达与北线会合，再经巴宿、波密、林芝到拉萨。北线全长2412km，沿途最高点是海拔4916m的雀儿山；南线总长为2149km，途径海拔4700m的理塘。南北线间有昌都到邦达的公路(169km)相连。南线因路途短且海拔低，所以由川藏公路进藏多行南线。由于川藏公路的林芝、波密等地段地质情况复杂，冰川、泥石流、坍方、水毁等尚未根治，很难保证全年畅通无阻。但一路风景壮丽，是旅游探险爱好者和摄影师的极乐所在。

②青藏公路　青藏公路是1950年为支援解放军和平进军西藏，人民政府组织解放军和各族人民群众动工抢修的，1954年12月25日正式通车。这条公路从青海西宁至西藏拉萨，全长1937km，由西宁至格尔木段路线与青藏铁路平行，翻越日月山、橡皮山、旺尕秀山、脱土山等高山，跨越大水河、香日德河、盖克光河、巴西河、青水河、洪水河等河流，计长782km。由格尔木至拉萨段，翻越4座大山——昆仑山(4700m)，风火山(4800m)、唐古拉山(垭口海拔5150m)和念青唐古拉山；跨越3条大河——通天河、沱沱河、楚玛尔河，平均海拔在4500m以上，其中西藏境内为544km。

承担着80%以上进出藏物资的运输任务，称为西藏的生命线。青藏公路是世界上首例在高寒冻土区全部铺设黑色等级路面的公路，被称为"世界屋脊上的苏伊士运河"。

③新藏公路 新藏公路是继川藏、青藏公路之后，进入西藏的第三条公路。该公路于1956年3月开工，1957年10月6日通车，全长1455km。它北起新疆叶城，南抵西藏阿里地区的噶大克(噶尔)，后又南延至边疆城镇普兰。途经峡南口、大红柳滩、日土宗和噶尔昆沙，跨过拉斯塘河、叶尔羌河、喀拉喀什河、狮泉河等河流，越过新疆、西藏之间海拔5406m的界山达坂(达坂系维吾尔族语"山口"之意)和海拔6432m的库达恩布等山口。新藏公路是阿里地区对外交流的主要通道，也是一条重要的国防干线，对阿里地区经济发展，维护社会性稳定，改善人民生活以及巩固祖国西南边防都起到重要作用。

④滇藏公路 进出青藏高原地区的又一条重要公路——滇藏公路于1973年10月竣工通车。滇藏公路南起云南省大理市下关，向北经中甸至西藏芒康，与川藏公路相接，全长800km。滇藏公路因其在国防上具有重要地位，所以路线走向合理，符合技术标准，线型顺畅，路面平整，构造良好，可晴雨通车，对青藏高原东部地区与云南的联系有重要意义。这条路线还是古时商旅人士走的"茶马古道"。

四、"十二五"期间公路交通发展的总体目标

"十二五"期间，公路交通发展的总体目标是：到2015年，适应综合运输体系发展要求的公路交通基础设施网络基本形成；公路交通结构的战略性调整取得明显成效；运输装备技术水平显著提高，运输服务的效率和质量显著提升；以低碳为特征的绿色交通体系建设取得明显成效；公路交通安全水平稳步提高，应急反应能力进一步加强；基本形成"网络畅通、服务高效、安全可靠、绿色环保"的公路运输系统，公路交通运输的保障能力和服务水平显著提高，基本适应国民经济和社会发展的需要。具体发展指标即网络、结构、运输、绿色交通四个。一是基本形成适应综合运输体系发展要求的基础设施网络。公路网总里程达到450万公里。国道和省道的总体技术状况达到良等水平，次差路率降低到12%以内。国家高速公路网基本建成，通车里程达到8.3万公里；全国高速公路总规模达到10.8万公里，高速公路覆盖90%以上的20万以上城镇人口城市。农村公路总里程达到390万公里，实现具备条件的乡镇全部通沥青（水泥）路、建制村全部通公路，具备条件的建制村油路通达率东中部地区为100%，西部地区为80%。二是公路交通结构的战略性调整取得明显成效。公路网中二级及以上公路达到65万公里；调整后的国道网中二级及以上公路比例达到70%以上。

（东中部地区力争实现现有国道达到二级及以上公路标准；西部地区现有国道基本达到三级及以上标准，二级及以上公路比重超过80%；全国现有普通国道中二级以上公路比重达到90%以上。重点加强东、中部地区重要运输通道内的普通国道升级改造，提高通道通行能力和运行车速，消除拥挤、堵塞路段；重点加强西部地区建设严

重滞后的普通国道改造，保障基本出行需求；加强普通国道的日常养护和大中修，全面提高公路抗灾害能力，现有普通国道MQI优良率达到90%以上）。区域交通发展差距明显缩小。城乡交通一体化进程明显加快。我们预计，要完成上述公路基础设施建设目标，"十二五"期公路建设资金总需求为5万亿元，其中高速公路约需投资2.4亿元，路网改造约需投资1.1万亿元，农村公路约需投资1.2万亿元，国家公路运输枢纽约需投资3000亿元。三是公路交通对全社会的运输服务能力显著增强。普通国道平均运行速度达到60公里/小时，全国乡镇客车通达率接近100%，建制村客车通达率东部95%以上，中西部地区达到90%以上。全国高速公路电子不停车收费覆盖率达到60%。预防性养护得到普遍推广。高速公路优良路率达到98%，力争实现农村公路"有路必养"完成国道和省道的安保工程，安全设施完好率超过95%。四是以低碳为特征的绿色交通体系建设取得突破性进展。公路交通能源消耗明显降低。与2005年相比，营运客、货车单位运输周转量能耗分别降低3%和12%。污染物排放明显下降。与2005年相比，营运客货车单位运输周转量的碳排放量下降13%。全国废旧路面循环利用率达到40%，国道和省道废旧路面循环利用率达到70%。

任务三　我国水路运输

※ 活动一　我国水路运输概述

水路运输包括内河运输和海上运输两种形式，由船舶、航道和港口泊位诸要素构成，是凭借水的自然浮力与人力和机器动力实现客、货位移的一种现代化运输方式。

1.水运的明显优势

(1)线路投资少。江、河、湖、海为水运提供了天然航道。据统计，内河航道每公里投资大约只有公路的1/10，铁路的1/100。

(2)运输量大。受惠于自然水体的浮力，在相同牵引的情况下，水运比其他陆上运输有较大的载重量。在通常情况下，一列内河拖驳船队的载重量，相当于一列普通列车载重量的3~5倍。目前世界上最大的超巨型油轮运载量可达50万t，矿石船为28万t，3万~6万t的集装箱船则屡见不鲜。

(3)运输成本低。水运线路投资少，船舶运载量大，决定了它的单位运输产品支出少。美国内河和海洋运输成本分别为铁路的1/4和1/8。我国海运成本只有铁路的1/2强。

(4)劳动生产率高。这主要是由于船舶吨位大，运载量大，而它需要的劳动力并不与吨位的增长成正比例。目前我国河运和海运的劳动生产率分别为汽车运输的17倍和90倍，为铁路的1.2倍和8倍。

2.水运弱点

水运最大弱点是受自然环境限制大，河网分布，水文季节变化，急流险阻，恶劣天气，对水运的时空分布都产生深刻影响。

(1)水运灵活性差。 航道走向，江、河、湖、海分布状况，是自然过程的结果，有时往往与运输的经济要求不相一致。

(2)连续性差。 有些地方的内河航道和某些海港，因冬季结冰而停航，有些地方内河航道水位季节变化大，以及大风、浓雾都难以保证全年连续运输。

(3)送达速度慢。 有些货物需要几个月，甚至半年才能送到用户手里。

当然，随着气垫技术在船舶航行中的应用，这展示了船舶速度将有更新的突破前景。此外，随着船舶吨位大型化，深水泊位日趋尖锐，许多大型载重船只，往往因等待泊位装卸而造成巨大浪费。

3.水上运输的功能

根据水上运输的上述特点，在综合运输体系中，水上运输的功能主要是：

(1)承担大批量货物特别是集装箱运输；

(2)承担原料、半成品等散装货运输，如建材、石油、煤炭、矿石、粮食等；

(3)承担国际贸易运输，系国际商品贸易的主要运输工具之一。

※ 活动二　我国水路交通运输

一、水路运输生产过程

水路运输生产过程相当烦琐复杂，具有点多、线长、面广、分散流动、波动大等特点。以水路货物运输为例，其生产过程系指货物在起运港承运至到达港交付或疏运的全部运输生产过程。主要包括货物在起运港接收、仓储、装船、船舶运行至到达港，在到达港卸船、仓储、疏运或交付给收货人等过程。水运生产过程按作业性质及地点可划分为港口作业、船舶作业和船舶运行三个部分，如图4-1所示。

二、水路运输设施与装备

(一)港口

1.港口定义

港口是位于沿海、内湖或河口的水陆运输转运的场所，一方面为船舶服务，另一方面为陆运工具服务，是国内外贸易的集散地，是海运的始、终点。港口必须有安全停泊船舶的海面，称为港湾；还有可供船舶泊靠，旅客上、下船，货物装卸储转，船舶修理，油水供应，航行标识等设备。世界各发达国家，都重视港口建设管理，促进对外贸易。我国有长达18000km海岸线，对外贸易主要依赖海运，发展港口，对国家的建设非常重要。

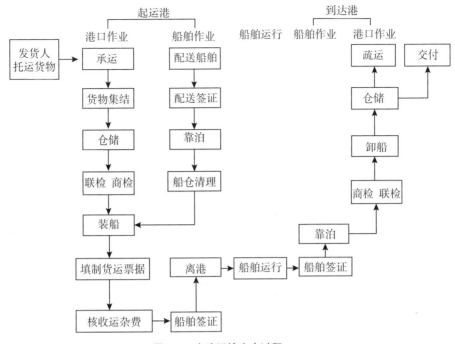

图4-1　水路运输生产过程

港口是为船舶服务的场所，用以从事装卸货物、上下旅客、补充备品、修理船舶等开航准备工作。一个优良港口应具备：进出口航道多而宽阔、港面宽大、足够水深、无风浪、锚地优良且不淤塞、潮汐差小、不封冻、气候良好、腹地经济发达、疏港交通畅通、码头库场充足、装卸工人素质高而众多、装卸设备完善、航标完备、燃料淡水物料供应充足且价格低、修造船厂优良、物价及港口费用低、进出口手续简便等。

2.港口的种类

按使用目的分：

①商港　纯供商船出入，为国内外贸易商务和客货运输服务的港口。如汉堡、纽约、神户、上海、大连等港。

②产业港　为工厂企业设立的港口，输入多为原材料，输出多为产品。如八幡港输入为废铁、矿砂、煤炭，出口则为钢铁制品。秦皇岛煤码头、大连鲇鱼湾油港、美国诺福克煤港、菲律宾的木材输出港均属此类。

③军港　专供停泊海军舰艇，训练海军和修理军舰的港口，如我国的旅顺港、日本的横须贺港。

④渔港　专供渔船出海作业和回航停泊、鱼货储转、油水补充和渔船修理等的港口，如八半子港、南非开普敦港。

⑤避风港　海湾天然形成具有躲避巨大风浪条件，专供航路上船舶避难用，无商

业价值。如琉球的奄美大岛和日本九州六连岛。

⑥多用途港　世界各大港口中兼有两种以上功能和用途的港口，如大连港、高雄港。

(二)港口设备

港口应具备地理上经济合理的条件，要配备各种设备，以便利船舶作业，主要的设备如下：

1.水面设施

航道：供船舶通行的水道，有一定宽度和深度，并配有航标以便安全航行。

锚地：供船舶抛锚停泊之处。可分为外锚地、内锚地及其他特殊用途地，如检疫锚地、危险品锚地、驳船锚地等。

泊位：有足够水深，使船舶安全泊靠并能从事货物装卸场所。

防波堤。防止风浪和海流，使港内水面平静。

2.码头设施

码头：供船舶靠泊，装卸货物上下旅客的设备。包括岸壁、护舷木、系船桩以及灯、水、电话、起重设备等。分为直码头、横码头等。

系船浮筒：封闭浮筒装有系环，下装锚定系统，供船舶装卸转驳之用。

3.港区交通设备

铁路、公路、运河、港内运务。

4.导航设施

航道标志：有立标、发光标、灯塔、航道浮标等。

信号设备：信号台、海岸边信号、夜间信号等。

照明设备：照明灯、导航灯、船灯。

港务通信：海岸电台、无线电通话。

5.装卸设备

岸上有岸壁集装箱装卸桥或门座起重机，轮胎起重机，浮式起重机，驳船，港内运送货物的无动力船。

6.库场设施

码头库：码头第一线仓库，供临时存放货物。

仓库：储藏货物的建筑场所。

特殊仓库：存放特殊货物的仓库。

露天堆场：卸船后或装船前临时存放货物的露天场地，以方便整理和办理报送手续。

集装箱堆场。

另有其他设备，如给油、给水、救生、消防及船舶修理设备等。

三、集装箱码头

(一)集装箱码头选址条件

在进行集装箱码头选址时，应全面考虑以下因素，经综合分析后确定。

1.货源情况

集装箱码头的地点，应有利于集装箱运输提供大量而稳定的适箱货源。因此，在选择集装箱码头地址时，首先应考虑码头所在港口和腹地的进、出口外贸货物能否满足和适应集装箱船舶的需要，特别是集装箱国际主干航线上的集装箱码头，更应如此。其次，集装箱码头尽可能接近货物的产地及销地，以节约运输费用和降低成本。

2.自然条件及气象条件

在进行集装箱码头选址时，必须考虑自然条件，应具有必要的水域和宽广的陆域，为集装箱码头提供适应大型集装箱船舶进、出港口所必需的水深、潮差及航道条件，特别是接纳第四、五代集装箱要求更高。还应具有堆存大量集装箱而需要的宽广的码头面积，以作为集装箱堆场及集装箱装卸机械通道等用。此外，集装箱码头还应具有良好的气象条件，特别是大风及强台风的风向和风力，以及涨潮对码头的影响等，为集装箱装卸作业和堆存保管提供安全保证。

3.集疏运条件

良好的集疏运系统，是现代集装箱码头的必备条件。因此，在选择和确定集装箱码头地址时，应选择内陆运输发达的地段，以保证大型集装箱船到港后能在短时间内集中和疏运大量的集装箱，缩短船、车、箱在港的停留时间，加速船、车、箱的周转，充分发挥集装箱运输高效率、高效益的优势性。

4.人员素质条件

由于集装箱运输是技术密集型的行业，使用电子计算机及EDI等现代化管理，对人员素质要求较高。

(二)集装箱码头的布置及设施

1.集装箱码头的布置

集装箱码头的主尺度，仅指泊位长度、水深、纵深和相应的码头面积。

泊位长度以该泊位所停靠的集装箱船的长度而定，一般分单个泊位和连续泊位两种长度来考虑。对单个泊位来说，其长度只需要等于集装箱船货舱部位的长度就行了；而对于几个泊位连成一线的泊位长度，一般应大于集装箱船船长的10~20m。目前的集装箱码头，多采用连续泊位，因这种泊位可以减少码头前沿的机械数量。

集装箱码头的泊位长度一般在200—300m之间，然而，近年来由于集装箱船的大型化，泊位长度已扩大到350m。

码头泊位的水深是由船舶吃水、船舶的倾斜度和泊位前的地质情况来决定的。以前，泊位水深大多是按第二代集装箱船的吃水深度设计的，一般在11～12m左右，而第五代集装箱船的出现使泊位水深超过了14m，有的甚至达15m。

在泊位长度确定以后，集装箱码头的纵深就应考虑以下几个方面：

a.集装箱船的到港密度；

b.集装箱船的载箱能力；

c.采用的装卸工艺形式。

通常的纵深度为200～300m左右，但随着集装箱船的发展，载箱数量的增加，纵深度逐渐增加到了400m，甚至500m。

根据经验，在通常情况下，4000m²的堆场面积，约可存放70～80个标准箱(TEU)，这已考虑了通道及机械回转的面积，如堆高达两层，则存放的集装箱数就能增加到140～160个标准箱。

如果一个泊位是靠泊载箱量为1000TEU的集装箱船的话，那么它的面积(包括货运站、管理所等其他设备)一般要达到70000～75000m²左右。也就是说，泊位长250m，纵深为300m左右。以后，泊位面积日益扩大，达到105000m²(300m×350m)。人们在实践中认识到，面积越大，操作越方便，效率也就越高。因此，现在的泊位面积有向150000m²(300m×500m)发展的趋势。

由于集装箱码头需要巨大的场地面积和大量的机械设备以及坚固的码头结构，因此，建造一个集装箱码头泊位的投资是非常巨大的。

2.集装箱码头主要设施

(1)**靠泊设施**。码头岸线是供来港装卸的集装箱船舶停靠使用的，其长度应根据其所停靠集装箱船的主要技术参数及有关安全规定而定。码头岸壁设施一般是指集装箱船停靠时所需要的系船设施。岸壁上设置有系缆桩，用于集装箱船靠泊时拴住集装箱船；为保持岸壁不受损坏，岸壁前上方设有碰垫木。

(2)**码头前沿**。是指沿码头岸壁到集装箱编组场之间的码头面积。码头前沿设置有壁岸集装箱装卸桥及其运行轨道。码头前沿的宽度可根据壁岸集装箱装卸桥的跨距和使用的其他装卸机械种类而定，一般取40m左右。

集装箱码头前沿一般不设铁路线。因为各种车辆及集装箱的衔接交接都是在前沿进行的，前沿非常繁忙，如果为了部分集装箱的车船直取而铺设铁路线，将会严重影响更多的集装箱的装卸作业，结果可能是得不偿失，只有在个别情况下(如直取比重很大的码头)码头前沿才设有铁路线。

(3)**前方堆场**。前方堆场又可称为集装箱编组场，是专门用于堆放进出口集装箱的，以便能按计划顺利地进行装卸船作业。前方堆场是集装箱码头作业中心的重要部分(一般与前沿邻接)。在前方堆场堆放的集装箱，往往是上航次进港的集装箱和本航次即将出港的集装箱。是否能适当地规定其面积和正确地设计布置，将直接影响到整个码头的运转和营运经济性。

前方堆场的面积在集装箱堆场中占有相当大的比例，具体面积要看集装箱是堆在场地上，还是装在底盘车上，是几层堆积。堆存方法不同，所需面积也不同，一般需要堆放的集装箱数，为堆泊位上停靠集装箱船最大装载量的2倍。

前方堆场一般设有照明灯柱，而且要求在其范围内不得妨碍作业的设施。

前方堆场一般按集装箱的规格，用不同颜色的线条划成许多格子，这种格子称为箱位，并用箱位号来表示每个集装箱在堆场上的位置，这样的做法，大大方便了装卸船前的计划和安排。

(4)后方堆场。 对于后方堆场，可以有两种不同的理解，广义上讲，它是相对应于集装箱货运站的，是指用以进行装卸、交接和保管重箱和空箱的场地，包括前方堆场和码头前沿在内的所有场地。但狭义上讲是指非下一艘船装运的重箱以外的其他装船的空、重箱和交接的空、重箱所占的场地，这也包括存放底盘车的场地在内。

后方堆场面积的大小根据集装箱船的装载能力航次密度而定。通常第一代集装箱船的标准规模码头，其面积为 $250\text{m} \times 180\text{m}(45000\text{m}^2)$；第二代船的码头面积为 $300\text{m} \times 210\text{m}(63000\text{m}^2)$；第三代船的码头面积为 $350\text{m} \times 350\text{m}(122500\text{m}^2)$。

在实际使用中，常把前方堆场、后方堆场作为一个整体来看待，很难明显区分它们之间的界线。所以有人索性把进行船舶装卸的场地叫作前沿，而把保管、交接集装箱用的场地叫作堆场。

(5)集装箱货运站。 集装箱货运站是把货物装进集装箱内或从集装箱内取出货物进行作业的场所。在出口作业时，货运站把不同货主但到达同一地点的拼箱货物集中在一起装入一个集装箱内；在进口作业时，混载货物在货运站开箱，货物从集装箱中取出，按不同的货主名称交给收货人。承运人在一个港口或内陆城市，只能委托一个货运站经营。

(6)控制塔。 控制塔又称指挥塔，可以说是集装箱码头的心脏，集装箱的装卸船作业计划、堆场作业计划等都是在此制订，并组织各有关部门按计划进行作业。

指挥塔可以采用各种各样的外形，但一般要求指挥塔设在全码头的最高处，以便于瞭望集装箱堆场和码头前沿的作业情况。

为了提高工作效率，及时地了解和指挥各项作业，控制塔与堆场和码头前沿之间采用无线电话联系。

(7)维修车间。 又称修理车间，是对集装箱和装卸集装箱用的机械进行检查、修理和保养的车间。

集装箱专用码头上的维修车间设置地点应以不妨碍船舶装卸作业为前提，一般均设在后方堆场后面，靠近大门的边角处。维修车间内应设有冷藏集装箱用的电源插座、空气压缩机、焊接机、充电用的电源插座，以及修理时所需的机械设备等。

维修车间的面积应按集装箱量来计算，平均每1000个集装箱保有量需要有5～6个修理箱位，同时还需有300～400m²的露天场地。

日本标准集装箱码头的维修车间面积有A、B、C三种，A为800m²；B为658m²；C为500m²。

在国外，对于年装卸量10万个标准箱的集装箱码头，维修车间应具有每天能修理100个集装箱的能力。

(8)**集装箱清洗场**。一个完整的现代化集装箱码头，集装箱清洗场是必备的设施。

集装箱清洗场的主要任务是对各种污箱采用清扫、水冲、蒸汽等方法进行清洗。清洗场的规模受到航线上货种等因素的影响。清洗场一般设在码头后方，且设有工具屋、良好的排水系统、高低压电源、各种水管和蒸汽清洗器等各种设施和设备。

(9)**大门**。集装箱码头的大门，是集装箱码头的出入口，是进出集装箱和各种运输机械的出入口，是区分码头内外责任的分界点，它的主要作用在于：交接集装箱或集装箱货；检查集装箱外表和其铅封，如有损坏，应采取相应措施，并分清责任方；测量载货集装箱的重量；货物单证的交换；检查出门车辆是否适于公路运行。

集装箱码头大门是集装箱进出码头的必经之口，所以集装箱的交接单证应在这里由有关人员负责编制，这些单证对于集装箱的盘存管理及采用电子计算机进行管理来说，是极为重要的数据。

通常情况下，一个大门被分成若干个车道，以便通过不同的集装箱运输车辆，而不至于造成混乱。

四、船舶

下面介绍的船舶类型，是按运送对象分类的。

(一)普通杂货船

普通杂货船是以装运零批件货为主要业务的商船。大多定期航行于固定航线，在两港之间、三角航线或某水域，也有环球航线。小有数百吨，大有15000t。停泊港多，装卸时间长。其航速为18～22节。这种船舶货舱应有较大容积，并分舱分层以装运不同货物。舱口应有起货设备，如有多对5～10t吊杆，大舱口应有15～20t旋塔式吊杆。为便于装舱，也设有双层甲板，大型远洋杂货船甲板间距为3m左右。每货舱设有一个舱口，其宽为船宽的40%～60%，船盖有水密装置。现代货船大多采用尾机型。其优点是可在船中部方整的船体设置货舱，有利于装货、理货和清洁船。

(二)集装箱船

第一至第六代集装箱船舶代表船型情况见表4-1。

表4-1　第一至第六代集装箱船舶代表船型

船舶情况 代别	船长/m	船宽/m	吃水/m	载箱量/TEU	载重量/t	航速/mile·h⁻¹
第一代	~170	~25	8	700~1000	~10000	22
第二代	~225	~29	~11	1000~2000	15000~20000	26
第三代	~275	~32	~12	2000~3000	~30000	30
第四代	~295	~32	>12	3000~4000	40000~50000	32
第五代	280	39.8	>14	4000以上	60000~80000	34
第六代			>15	8000以上		36

世界上杂货船船队数量是不断下降的，而集装箱船舶则呈逐年稳定增长的趋势。并且，集装箱船的吨位明显大于传统货船，见表4-2。

表4-2　集装箱船吨位与普通杂货船吨位比较

载重量 船型	1万t	1万~2万t	2万~3万t	>3万t
集装箱船	6.5%	11.65%	21.3%	60.7%
普通杂货船	35.9%	40.5%	17.9%	5.6%

(三)滚装船

滚装船的基本特点是改变船舶垂直方向装卸为水平方向装卸，从而借助于车辆进行滚上滚下装卸。1958年美国建造了第一艘滚装船。其优点是：码头设备简单，效率高且费用少，可实现"门—门"运输，能装多种货，包括特大特重件。但其不足之处为：舱容效率低，即利用率为30%~40%，空船较重且为调整稳性须加压载，船舶造价昂贵，仅设首尾直跳板的滚装船对码头有相应的要求，机舱小，工作条件差。

(四)载驳船

又称母子船，是由驳船、母船、驳船母船起重机组成。其优点类似集装箱，可以实现水上"门—门"运输。其缺点是难于进行水陆联运。载驳船载重在35000~45000t，航速可达25节，单层甲板，舱口宽大并有驳船格装置，可装四层驳船，共可装70~100艘驳船，驳船可以有动力装置，也可以无动力装置。

(五)多用途船

即可以装运杂件货、散货、集装箱、重大件货和滚装货的船舶，是60年代发展起来的。大多数多用途船设置两层甲板，机舱在尾部，其型宽比普通货船大，型深以装运集装箱所需层数出发确定，吃水多在9.5m以下，符合世界大多数港口，一般设置舷边舱作压载舱。航速多在16~18节。多用途船适宜在不定期航线及班轮航线运输非适箱货和部分集装箱，很有发展前途。

(六)散装货船

专供散运无需包装的散装货物的船舶。目前全世界散货船共约1.5亿载重吨。一般散货船在25000～60000t之间，也有150000t的巨轮。这类船舱口宽大，舱内无中层甲板，尾机型，货舱容积大，且上下分设顶、底边舱，可提高稳定性，自动平舱。40000t以上的散货船不设起货设备。近年来专用散货船发展很快，主要有：

①运煤船，船上设有通风设备，以防止煤发热自燃。

②散粮船，船容系数比一般散货船大，货舱口围壁加高及舱口尺度小。

③矿砂船，货舱容积不大且载荷集中，所以常将双层底抬高。且舱口两侧设纵向水密隔壁，使货舱剖面成较小的矿斗形，船体结构强度大。

④散装水泥船，不开设大舱口也不设起重设备，但设有气动式或机械式水泥装卸设备。船中部设有集尘室或能盖上设有空气过滤器。上甲板和货舱口严格水密。

⑤车辆—散货船，装有若干层悬挂式或折叠式车辆甲板，配以轻便舱盖。车辆甲板为网格式花铁板结构。

⑥矿—散—油船，简称OBO船。吨位大，舱容大，中间为矿砂和其他散货，开大舱口，两侧为油舱。这类船设备较复杂，造价比一般散货船高。

⑦大舱口散货船，舱口宽度达船宽70%，并装有起货设备。这类船适应性强。1962年9月，世界上出现第一艘此类型船舶。

⑧浅吃水肥大型船，因港口和航道水深所限，所以增加了船宽吃水比，增大了方形系数。

⑨散货自卸船，1908年，美国建造了第一艘传送带式散货自卸船。1979年，我国第一艘自卸运煤船下水。这类船比一般散货船多装一套自卸系统，即在船底设置纵向输运机，舱内物料通过斗门及其他喂料方式进入输送机，并被提升到一定高度经投料输送机卸至码头。其特点是卸货效率高，可达20000t/h；对码头设备要求低；可实现卸船作业全自动化；可机动灵活卸货。缺点是：建设成本高，比普通货船高出15%～25%。

(七)冷藏船

将鱼、肉、水果、青菜等易腐货物保持一定低温条件下进行载运的专用船舶。

普通冷藏船的货舱为冷藏舱，且具有多层甲板，船壳多漆成白色，以防日晒的热气辐射。除航行动力及装卸主副机外，还装有冷冻机、送风机、抽风机等；利用二氧化碳或氨、氟冷煤剂制造冷气，经管道送入货船四壁的蛇形管内，或经通风口用送风机打入，使舱内温度降低并保持规定温度，同时用抽风机使船内保持空气新鲜。

(八)油船

油船一般可分为原油船和成品油船两种。原油船载运原油从产油地到炼油厂，其载量越大，经济性越好。成品油船则受到货运量和港口以及炼油厂的产品能力诸条件的限制，故一般采用小型(20000～40000t)船，最大为70000～80000t。

第一艘油船是英国1886年建造的。油船是民用运输船中发展最奇特的船。在第二次世界大战期间，常规油船一般为两万载重吨一级，从20世纪20年代起，石油价格暴涨，各国除了将石油作为工业能源之外，还竞相大量储备，所以，油船吨位大，油船越造越大，出现过60万t以上的大油船。到1960年，油船总吨位已占世界商船队总吨位的1/3，1970年每艘吨位在3万t以上的已占80%到1980年上升到1/2。但是，20世纪70年代后半期开始的世界经济不景气及苏伊士运河重新开放等原因，加之油价过高促使各国纷纷采取节油措施，油船吨位大量过剩而被闲置和拆除，油船的增长速度由此下降。

(九)液化气船

由于世界性的能源紧张，除使用石油、煤炭之外，天然气和石油气也作为主要能源被广泛使用。为了将天然气及石油气从产地运到消耗地，液化气船产生了。将气体冷却压缩成为液体，可大大减少它的体积。装载在船内运输，这种专用船即称为液化气船。液化气船有以下几种：

1.液化天然气船(LNG船)

20世纪60年代，美、英、法建造了容量为2.5万m³左右的液化天然气船。20世纪70年代出现的大型液化气船容量可达130000m³，其液货舱可分独立贮罐式和镍合金钢薄板膜式，对材料要求较高，如膜与船体内壳之间的优良绝热层，保持一定距离。船内还有气体再液化装置。有时因天然气理化特性，再液化有困难，就送入机舱锅炉中燃烧。

2.液化石油气船(LPG船)

结构上大体与LNG船类似。此类船早在20世纪30年代已出现，可分为压力式和冷冻式两种。压力式液化石油气船是将压力罐装在船上，至今6000m³以下小船仍采用，但装货时要设置平衡管连接岸库和船舱。冷冻式液化石油气船是双壳结构，货舱是耐低温合金钢并衬以优良的绝热材料，船上一般设有再液化装置。LNG船可以当LPG船用，但反之不行，因为船上设有预冷装置和惰性气体装置。

3.液化化学品船。

专门载运各种散装液化化学品，如甲醇、硫酸、苯等。这类船对防火、防渗漏、防爆、防毒、防腐蚀都有很高要求。国际上将此类船分三种，第一类专用于最危险货物，此船具有双层底和双重舷侧，但边舱宽度可小些。第二类用于危险性更小的货物，与油船相似。第三类是一般化学品运输船，船舱室小而数量多，备有泵及管系和灵活的装卸设备。

除以上几种船舶外，水翼船、气垫船及双体船也有一定的使用范围。

任务四　我国航空和管道运输

※ 活动一　我国航空运输

一、航空运输的概念及特点

航空运输是指采用商业飞机运输货物或旅客的商业活动，是目前国内外安全迅速的一种运输方式。自从20世纪初人类第一次飞行取得成功以来，飞机的进步十分迅速。现在地球上的多数地点在不到一天时间内就可以到达。航空运输之所以发展很快，是与其具有的优越性分不开的，航空运输具有以下优点：

①速度快。速度快是航空运输的最大优势和主要特点。现代喷气运输机时速都在900km上下，比海轮快20到30倍，比火车快5到10倍。它使得旅客的出行时间大大缩短，使得货主存货减少，保管费用降低。

②运输路程短。飞机除了由于航行的特殊需要以外，一般在两点间作直线飞行不受地面条件限制，因此同一起讫点间航空运输里程最短。

③舒适。喷气式民航机的飞行高度一般在10000m左右，不受低空气流的影响，飞行平稳。20世纪70年代初出现的宽体客机客舱宽敞、噪声小、机内供膳、视听音乐设备齐全，舒适程度大大提高。

④灵活。飞机是在广阔的空中飞行，较火车、汽车或船舶受到线路制约的程度要小得多。飞机可以按班期飞行，也可以做不定期飞行；可以在固定航线上飞，也可以不在固定航线上飞行。

⑤安全。航空运输中对飞机适航性的要求极其严格，没有适航证的飞机不允许飞行。尽管飞行事故中会出现机毁人亡(事故严重性最大)，但按单位客运周转量或单位飞行时间死亡率来衡量，航空运输的安全性是很高的。

⑥包装要求低。货物空运的包装要求通常比其他运输方式要低，因为空中航行的平顺性和自动着陆系统减少了货损的可能性，因此可以降低包装要求。

航空运输的缺点主要有以下几方面：

①运载能力低、运输成本高。因飞机的机舱容积和载重能力较小。因此单位运输周转量的能耗较大。除此之外机械维护及保养成本也很高。

②受气候条件限制。因飞行条件较高(保证安全)，航空运输一定程度上受到气候条件的限制，从而影响运输的准点性与正常性。

③可达性差。通常情况下航空运输都难以实现客货的"门到门"运输，必须借助其他运输工具(主要为汽车)转运。

航空运输的上述特点使得它主要担负以下功能：中长途旅客运输，这是航空运输的主要收入来源；鲜活易腐等特种货物运输，以及价值较高或紧急物资的运输；邮政运输。

二、我国航空运输业的发展

我国航空运输业起步较晚，从1918年北洋政府着手开办航空运输开始，到新中国成立前后，只有少量陈旧的飞机、机场设备，航线少、航程短，仅在少数大城市间开辟了数条航空运输线。新中国成立以后，我国民用航空事业才开始发展起来，航空货运则是在近10年以来才得到迅速的发展。目前，已形成了一个以北京为中心的四通八达的航空运输网。截至2000年底，中国的民用航空线有1165条，其中，国际航线128条，通往世界五大洲的许多城市，基本形成了较完善的航空运输网络。近几年来，随着改革开放的不断深入，我国经济持续增长，人民收入不断增加，对外开放和国际交往日益频繁，旅游业蓬勃发展，外资、合资企业商务旅行和国内私人飞行消费的比例将会进一步提高；同时，货物的航空快捷运输方式将日益重要，航空运输需求将不断增加，而且由于中国民航运输总周转量基数很小，目前，民航运输在各种客货运输量中仍占很小比例，因此，发展空间巨大，整个航空运输业仍将保持持续快速的发展。

三、我国航空运输网

(一)航线

航空器在空中飞行，必须有适于航空器航行的通路，经过批准开辟的连接两个或几个地点，进行定期和不定期飞行，经营运输业务的航空交通线即为航线。航线有国内航线和国际航线之分。

1.国内航线

是指航线的起讫点均在一国境内的航线。一般由国家民用航空管理机构设定。国内航线又分为国内干线和地方航线。其中连接两个或两个以上省(区)的航线为国内干线。省(区)以内的航线为地方航线。我国国内航线分布具有以下特征：

(1)我国国内航线集中分布于哈尔滨—北京—西安—成都—昆明—线以东的地区。其中又以北京、上海、广州的三角地带最为密集。整体上看，航线密度由东向西逐渐减小。

(2)航线多以城市对为主，以大、中城市为辐射中心为辅。

(3)国内主要航线多呈南北向分布，在此基础上，又有部分航线从沿海向内陆延伸，呈东西向分布。

2.国际航线

跨越本国国境，通达其他国家的航线称为国际航线。由于国际航线要经过其他国家的领空，因此必须事先洽商，获得对方同意后方可开航。我国国际航线分布具有以下特征：

(1)我国的国际航线以北京为中心，通过上海、广州、乌鲁木齐、大连、昆明、厦门等航空口岸向东、西、南三面辐射。

(2)国际航线的主流呈东西向。向东连接日本、北美，向西连接了中东、欧洲。它是北半球航空圈带的重要组成部分。

(3)我国的国际航线是亚太地区航空运输网的重要组成部分，它与南亚、东南亚、澳大利亚等地有密切的联系。

(二)航空运输网

航空运输网按地域特征可分为：国内航空运输网和国际航空运输网。

1.国内航空运输网

截至2000年底，中国的民用航空线有1037条，形成了以北京、上海、广州、成都、西安、沈阳等城市为中心的航空枢纽，沟通国内各大中城市的国内航空运输网。其中以北京为中心的主要国内航线有北京—上海，北京—广州，北京—昆明，北京—成都，北京—南昌—福州，北京—兰州—乌鲁木齐，北京—哈尔滨，北京—拉萨等。以广州为中心的航线有广州—哈尔滨，广州—厦门，广州—上海等。

2.国际航空运输网

截至2000年底，我国共有128条国际航线，与世界220个左右国家和地区的航空公司有业务往来。先后开辟了与独联体、缅甸、朝鲜、越南、蒙古、老挝、柬埔寨、日本、巴基斯坦、法国、伊朗、罗马尼亚、阿尔巴尼亚、埃及、埃塞俄比亚、南斯拉夫、瑞士、德国、菲律宾、阿拉伯联合酋长国、伊拉克、泰国、美国、澳大利亚等国的航线。目前主要在北京、上海、天津、沈阳、大连、哈尔滨、青岛、广州、昆明和乌鲁木齐等机场接办国际航空货运任务。

四、"十二五"时期民航运输机场布局

全面落实《全国民用机场布局规划》。实施枢纽战略，满足综合交通一体化需求。加强珠三角、长三角、京津冀等区域机场的功能互补，促进多机场体系的形成。到2015年，全国运输机场总数达到230个以上，覆盖全国94%的经济总量、83%的人口和81%的县级行政单元。

北方机场群：将北京首都机场建设成为具有较强竞争力的国际枢纽机场，新建北京新机场。加快发展区域枢纽机场，发挥哈尔滨、沈阳、大连、天津机场分别在东北振兴和天津滨海新区发展中的重要作用。培育哈尔滨机场面向远东地区、东北亚地区的门户功能。发挥石家庄、太原、呼和浩特、长春等机场的骨干作用。发展漠河、大庆、二连浩特等支线机场，新增抚远等支线机场。

华东机场群：培育上海浦东机场成为具有较强竞争力的国际枢纽机场。加快发展上海虹桥、杭州、南京、厦门、青岛等区域枢纽机场，满足长三角、上海浦东新区、海西和山东半岛蓝色经济区等国家区域发展战略需要。培育青岛机场面向日韩地区的

门户功能。发挥济南、福州、南昌、合肥等机场的骨干作用。发展淮安等支线机场，新增九华山等支线机场。

中南机场群：培育广州机场成为具有较强竞争力的国际枢纽机场。完善深圳、武汉、郑州、长沙、南宁、海口等机场区域枢纽功能，满足珠三角地区、中部崛起、北部湾地区、海南国际旅游岛等国家发展战略和国际区域合作战略需要。增强三亚、桂林等旅游机场功能。发展百色等支线机场，新增衡阳等支线机场。

西南机场群：强化成都、重庆、昆明机场的区域枢纽功能，加快培育昆明机场面向东南亚、南亚地区的门户功能，服务于云南桥头堡发展需要。提升拉萨、贵阳等机场的骨干功能，满足国家加快发展藏区和偏远地区发展需要。发展腾冲等支线机场，新增稻城等支线机场。

西北机场群：强化西安、乌鲁木齐机场区域枢纽功能，满足关中-天水经济区和新疆地区快速发展需要。培育乌鲁木齐机场面向西亚、中亚地区的门户功能。提升兰州、银川、西宁等机场的骨干功能。加快将库尔勒、喀什机场发展成为南疆主要机场，发展玉树等支线机场，新增石河子等支线机场。

※ 活动二　我国管道运输

一、管道运输的概念及特点

管道运输是利用埋藏在地下的运输管道，通过一定的压力差而完成商品(多数为液体货物)运输的一种现代运输方式。管道运输按其不同的运送对象可分为液体管道运输、气体管道运输和浆液管道运输。用来输送原油、成品油的管道称为液体管道；气体管道主要用来输送从气田采出的天然气；浆液管道运输是将待运送的煤、铁矿石、林矿石、铜矿石、铝矾土和石灰石等固体物料破碎成粉粒状，与适量的液体(如水、燃料油、甲醇等)配制成可泵送的液浆，通过管道输往目的地，然后浆液经脱水后送给用户。管道运输在世界各国各地区的油田，油港和炼油中心之间起着纽带作用，在原油和油品的进出口贸易中，是与油轮相辅相成的重要运输方式。管道运输的主要优点有以下几方面：

①运量大，一条输油管线可以源源不断地完成输送任务。根据其管径的大小不同，每年的运输量可达数百万吨到几千万吨，甚至超过亿吨。

②占地少，运送便捷。运送管道通常埋于地下，占用的土地很少；运输管道可以走捷径以缩短既定起讫点间的距离。

③稳定性强，管道运输受气候条件影响小，并很少出现机械故障，便于长期稳定运输。

④能耗低、效率高、成本低。管道输送能力大，单位能耗小，管道运输自动化程度高，占用劳动力小，对货物的损坏和损失都较小。管道的低速运输业可以作为免费

存储的一种形式(但也增加了存货成本)。因此管道运输的成本很低。

管道运输的优点很多，但由于其线路固定，具有灵活性差的缺点。管道运输不如其他运输方式灵活，除承运的货物比较单一外，它也不容随便扩展管线，实现"门到门"的运输服务。对一般用户来说管道运输常常要与铁路运输或者汽车运输配合才能完成全程输送。因此一般认为管道运输缺乏伸缩性，它只能为有限的地区和地区内的有限地点提供服务，而且管道运输只能单向输送。

管道运输的上述特点使得管道运输主要承担单向、定点、量大的流体状货物(如石油、煤浆、某些化学制品原料等)运输，另外在管道中利用容器包装运送固态货物(如粮食、沙石、邮件等)也具有良好的发展前景。

二、我国管道分布

我国最早的一条石油管道铺设于20世纪40年代初期，是从印度边境通到我国云南昆明的石油管道，由于该管道质量较差，效率很低，使用时间不长便弃之不用了。新中国成立以后，随着我国石油工业的发展，我国的管道运输也有了较大的发展，目前已有管道运输里程1万多公里，不少油田已有管道与海港相通，减轻了其他运输方式的负担，为我国运输业做出了很大的贡献。我国管道主要分布情况是：

(一)华北、中部地区原油管道

华北地区有大港油田、华北油田，都敷设有外输原油管道，原油管道总长度1847.4km。

①秦皇岛至北京输油管线，全长324.6km，年输油能力600万t。该管线为北京东方红炼油厂供应原料油，是华北地区最早修建的原油主干线。于1975年6月19日投产。

②大港至周李庄输油管线，全长210.5km，年输油能力500万t。这条管道是大港油田唯一的一条原油外输管线。于1964年投产。

③任丘至沧州原油管道，全长109km，年输油能力770万t。1976年4月1日投产。

此外，以华北油田为源头的原油管道，还有任沧复线、任沧新线、任京线(任丘至北京)、沧临线(沧州至临邑)、河石线(河间至石家庄)、任保线(任丘至保定)、阿赛线(阿尔善至赛汗塔拉)等。

中部地区油田，分布在湖北和河南两省境内，有江汉油田、河南油田和中原油田，主要炼油企业有湖北荆门炼油厂和河南洛阳炼油厂。原油管道总长度1347.5km。

①江汉原油管道有潜荆线(潜江至荆门)，1970年建成，全长90km，年输油能力170万t。

②河南原油管道有魏荆线(魏岗至荆门)和魏荆复线。

③中原原油管道有濮临线(濮阳至临邑)、中洛线(濮阳至洛阳)及中洛复线。

另外，港口至炼厂原油管道总长度859.3km。

(二)东北地区原油管道

东北地区是原油生产的主要基地，有大庆油田、辽河油田和吉林油田，原油产量大约占全国总产量的53.5%，原油管道达3399.6km。主要输油管线有：

①庆抚线（大庆至抚顺），全长596.8km，其中直径720mm的管线558.6km，1970年l0月31日正式输油。年输油能力2000万t。

②铁秦线（铁岭至秦皇岛），全长454km，管径720mm，年输油能力2000万t。1972年开工建设。

③庆铁线（大庆油田至辽宁铁岭），全长516km，管径720mm，为复线管道，合计输油能力4500万t。

④铁大线（铁岭至大连），长436km，管径720mm，年输油能力2300万t，1974年10月开工建设。

(三)华东地区原油管网

华东地区主要油田为山东胜利油田，是继大庆油田之后建成的第二大油田。胜利油田投入开发后，陆续建成了原油管道总长度2718.2km，形成了华东管道网。

①鲁宁线（计划修建临邑至南京的鲁宁，但后来只修建至江苏仪征，仍称为鲁宁线）。该线地跨山东、安徽、江苏三省，全长652.58km，年输油能力2000万t，1978年7月投产。

②东辛线（东营至辛店），全长79.36km，支线7.5km，设计年输油能力540万t，1965年12月完工投产。

③临济线（临邑至济南），全长67.3km，年输油能力110万t，1973年建成投产，穿越黄河等大型河流3处。

④临邑复线全长69.5km，年输油能力150万t，1991年建成投产，复线穿越大小河流4l处，干线公路7处，铁路3处。

⑤东黄线（东营至黄岛），管线全长245.32km，年输油能力1000万t，1974年7月投产。

⑥东黄复线全长248.52km，年输油能力2000万t，1986年7月17日投产，这是中国建设的第一条自动化输油管道。

(四)西北地区输油、输气管道

西北地区是20世纪50年代初全国石油勘探的重点地区。1958年在甘肃兰州建成了中国第一座引进的现代化炼油厂——兰州炼油厂。1958年12月建成的克拉玛依至独山子原油管道，标志着中国长输管道建设史的起点。西北地区原油管道总长4102.7km。

①花格线　起于青海省西州境内的花土沟油砂山(油田集中处)，终于青海省格尔木市南郊，向格尔木炼油厂供油。1990年9月21日正式投产输油，全长435.6km，设计压力6.27MPa，年输油能力200万t。花格线采用的明线载波远程控制自动化系统，在国内

尚属首次。花格线也是在高原地区敷设的第一条原油管道，管线最高点大乌斯山，海拔高度342m。

②轮库线（轮南至库尔勒），是塔里木油田的第一条原油外输管。1992年7月1日竣工投产。全长191.79km，年输能力100万t至300万t。

③塔轮线（塔中至轮南），是我国的第一条流动性沙漠管线，75%处于塔克拉玛干大沙漠。1996年8月16日竣工投产，年输油能力100至600万t。塔轮线全线302.15km，同时敷设有输气管道和通信光缆。

④库鄯线（库尔勒至鄯善），全长475km，设计压力8MPa，设计年输油能力一期500万t，二期1000万t，这条管道是国内首次采用高压力、大站距方案，首次采用钢级为X65的钢管修建的管道。1997年6月30日竣工投产。

⑤马惠宁线（马岭至惠安堡至中宁），全长164km，年输油能力350万t，1979年6月投产。

主要输气管线有：

①陕京线（陕西靖边县至北京），是国内第一条长距离、大口径和高度自动化的输气管道，是国家的重点工程，也是早期西气东输的骨干工程，为目前国内建设水平最高的输气管道。1997年9月10日建成，全长918.42km，输气能力达到33亿m³。

②鄯乌线（鄯善至乌鲁木齐），全长301.6km，1997年3月10日正式供气。穿越河流6处、铁路6处、公路79处。鄯乌线在国内首次采用环氧粉末喷涂防腐，是国内自动化程度较高的输气管道。

③塔轮线　塔中至轮南，全长302.15km，1996年8月16日竣工，塔轮线也是中国第一条沙漠输气线。与塔轮输油管线和通信光缆同时敷设。

此外，在其他地区还有大量的输气管道，如中沧线：河南濮阳至沧州，1986年8月7日向沧州化肥厂供气。全长361.89km，年输气能力6亿m³。

(五)陆上成品油管道

中国最早的长距离的成品油管道是1973年开工修建的格拉成品油管道，起自青海省格尔木市，终于西藏自治区拉萨市。1977年10月全部工程基本完工。管道全长1080km，年输送能力25万t。格拉线通油之后，不仅有利于边防战备，也为世界屋脊的西藏注入了生机，创造了经济繁荣。可以说石油流向哪里，哪里的经济生活就发生质的变化，从而确立了"石油经济"的西藏的特殊地位。

距离较长的成品油管道还有1995年建成的抚顺石化至营口鲅鱼圈管道，全长246km；1999年建成的天津滨海国际机场和北京首都国际机场的管道，全长185km；2000年10月22日开工建设的兰州至成都至重庆的管道，全长1200多km，目前还在建设中。

(六)我国正在建设的管道

在原油管道上，中国石油将建设从哈萨克斯坦到中国的管道；从东西伯利亚经二连浩特到北京也有可能建设一条管道；中国石化也将建设或正在建设天津—燕山石化、沧州—天津、临邑—濮阳的原油管道，以及宁波—上海、南京的进口原油管道，同时，中石化还将或正在进行东临复线1800万t／a增输改造工程、鲁宁线2000万t／a技术改造工程和中洛线增输改造工程。这些原油管线的建设将进一步完善我国的原油运输管网，有效地促进我国经济的发展。

　　天然气管道建设将是未来中国管道建设的重点。继西气东输管线之后，中国还将启动"俄气南送"工程，该管线计划已于2007年建成投产，该项目对我国东北和环渤海地区的发展将具有重大的政治和经济意义。此外，为了改善东南沿海地区经济增长迅速，缺少能源的状况，经国家批准，广东珠江三角洲地区将首先引进国外液化天然气资源，建设以深圳至广东为主干的管线，全长327km，已于2005年完工。另外，为了使近海天然气登陆，我国还将建设山东胶东半岛天然气管网、东海春晓气田向浙江供气的东海天然气管道、南海气田向海南和广西的管线等等。最后，由四川忠县至武汉全长700多km的忠武天然气管道的建设也正在积极地准备之中，该管道将向湖南和湖北供气；为了扩大陕北气田的供应，陕京复线也已建设完工，成功输送；为了实现山东省的"蓝天碧水工程"，中国石化还将建设一条136km长的，由济南至淄博的管道，该管道目前正在加紧设计之中。这些管道的建设将有力地拉动相关产业的发展和保证城市天然气市场的快速增长。

　　成品油管道的建设是我国实行可持续发展和西部大开发战略的又一举措。除正在建设的兰成渝管道外，我国还将建设一条由广东茂名至云南昆明的管线，该管线采用500mm口径至700mm口径的变径，全长2000km。

三、合理运输和运输合理化

（一）合理运输的概念及其五要素

　　交通运输是国民经济的大动脉，加快发展交通运输业对我国的快速发展具有重要意义。而加快交通运输业的发展，不仅要实现交通运输业的现代化，还要大力开展合理运输。所谓合理运输就是走最短的里程，用最少的时间，花最低的费用，安全及时地把货物运送到目的地。合理运输的目的就是使货物从生产地到消费地的运输最优化。

　　运输合理化的因素很多，起决定性作用的有五方面的因素，称作合理运输的"五要素"。

1.运输距离

　　运输距离的远近是决定运输是否合理的一个基本因素，应尽可能就近运输，避免舍近求远，从而浪费运力。尤其是我国幅员辽阔，要尽量避免过远、迂回运输。缩短运输距离从宏观、微观都会带来好处。

2.运输环节

　　围绕着运输业务活动，还要进行装卸、搬运、包装等附属工作。每增加一次运输，不但会增加起运的运费和总运费，而且必须要增加运输的附属工作，各项技术经济指标也会因此下降。所以，应尽可能组织直达运输、直拨运输、使货物越过一切不必要的中间环节，尤其是同类运输工具的环节，减少二次运输，对合理运输有促进作用。

3.运输工具

各种运输工具都有其使用的优势领域，要根据货物的特点对运输工具进行优化选择，按运输工具特点进行装卸运输作业，最大限度发挥所用运输工具的作用。如该走海运的不要走陆运，用火车的不要用汽车等等。同时要不断提高装载技术，也是运输合理化的重要一环。

4.运输时间

运输是物流过程中需要花费较多时间的环节，尤其是远程运输，在全部物流时间中，运输时间占绝大部分，所以，运输时间的缩短对整个流通时间的缩短有决定性的作用。此外，运输时间短，有利于运输工具的加速周转，充分发挥运力的作用，有利于货主资金的周转，有利于运输线路通过能力的提高，对运输合理化有很大贡献。

5.运输费用

运费在全部物流费中占很大比例，运费高低在很大程度上决定整个物流系统的竞争能力。运输费用的降低，无论对货主企业来讲还是对物流经营企业来讲，都是运输合理化的一个重要目标。运费的高低，也是各种合理化实施是否行之有效的最终判断依据之一。

上述五个因素，既相互联系，又相互影响，有时甚至是矛盾的，这就要求进行综合比较分析，选择最佳运输方案。在一般情况下，运输时间快、运输费用省，是考虑合理运输的两个主要因素，集中地体现了运输经济效益，但在任何情况下，安全运输必须放在首位。

四、不合理运输

不合理运输和合理运输是相对的概念，进行合理运输的目的就是克服不合理运输。所谓不合理运输是在现有条件下可以达到的运输水平而未达到，从而造成了运力浪费、运输时间增加、运费超支等问题的运输形式。目前我国存在的主要不合理运输形式有：

(一)运输流向上的不合理运输

1.对流运输

也称"相向运输"或"交错运输"，是指同一种货物，或彼此间可以互相代用而又不影响管理、技术及效益的货物，在同一线路上或平行线路上作相对方向的运送，而与对方运程的全部或一部分发生重叠交错的运输称对流运输。对流运输造成了明显的运力浪费和运量增加。在判断对流运输时需注意的是，有的对流运输是不很明显的隐蔽对流，例如不同时间的相向运输，从发生运输的那个时间看，并没有出现对流，可能做出错误的判断，所以要注意隐蔽的对流运输。

2.倒流运输

是指货物从销地或中转地向产地或起运地回流的一种运输现象。倒流运输也可以看成是隐蔽对流的一种特殊形式。因为往返两程的运输都是不必要的，形成了双程的浪费，所以倒流运输的不合理程度要高于对流运输，容易造成运力浪费、运量增加和商品调拨管理上的混乱。

(二)运输距离上的不合理运输

1.迂回运输

是指本可以选取短距离进行运输，却选择较长路线进行运输的一种不合理形式。迂回运输有一定复杂性，不能简单地对待，只有当计划不周、交通不熟、组织不当而发生的迂回，才属于不合理运输，如果最短距离有交通阻塞、道路情况不好或有对噪音、排气等特殊限制而不能使用时发生的迂回，不能称为不合理运输。

2.过远运输

是指调运物资时舍近求远，近处有资源不调用而从远处调用，这就造成可采取近程运输而未采取，拉长了货物运距的浪费现象。过远运输占用运力时间长、运输工具周转慢、占压资金时间长，远距离自然条件相差大，又易出现货损，增加了费用支出。

(三)运力上的不合理运输

1.返程或起程空驶

空车行驶可以说是不合理运输的最严重形式。然而在实际运输组织中，有时候必须调运空车，从管理上讲不能将其看成是不合理运输。但是，因调运不当、对货源计划不周或者不采用运输社会化而形成的空驶是不合理运输的表现。

2.重复运输

重复运输主要有以下两种形式：一种是本来可以直接将货物运到目的地，但是在未到达目的地之处，或在目的地之外的其他场所将货卸下，再重复装运送达目的地；另一种形式是，同品种货物在同一地点一面运进，同时又向外运出。重复运输的最大害处在于增加了非必要的中间环节，从而延缓了流通速度，造成运输工具和装卸搬运能力的浪费，从而增加了运费。

3.运输工具选择不合理

这种类型的不合理运输是指没有根据各种运输工具优势来选择运输工具而造成的不合理现象。常见有以下几种形式：①弃水走陆。在同时可以利用水运及陆运时，不利用成本较低的水运或水陆联运，而选择成本较高的铁路运输或汽车运输，使水运优势不能发挥。②铁路、大型船舶的过近运输。不在铁路及大型船舶的经济运行里程之内却利用这些运力进行运输的不合理做法。主要不合理之处在于火车及大型船舶起运及到达目的地的准备、装卸时间长，且机动灵活性不足，在过近距离中利用，发挥不了它们的优势。相反，由于装卸时间长，反而会延长运输时间。另外，和小型运输设备比较，火车及大型船舶装卸难度大、费用也较高。③运输工具承载能力选择不当。不根据承运货物数量及重量选择，而盲目决定运输工具，造成过分超载、损坏车辆或者货物不满载、浪费运力的现象。尤其是"大马拉小车"现象发生较多，由于装货量小，单位货物运输成本必然增加。

(四)托运方式选择不当

对于货主而言，是可以选择最好的托运方式而未选择，造成运力浪费及费用支出加大的一种不合理运输。例如，应选择整车而未选择，反而采取零担托运，应当直达而选择了中转运输，应当中转运输而选择了直达运输等都属于这一类型的不合理运输。

上述的各种不合理运输形式都是在特定条件下表现出来的，在进行判断时必须注意其不合理的前提条件，否则就容易出现判断的失误。例如，如果同一种产品，商标不同，价格不同，所发生的对流，不能绝对看成不合理，因为其中存在着市场机制引导的竞争，优胜劣汰，如果强调因为表面的对流而不允许运输，就会起到保护落后、阻碍竞争甚至助长地区封锁的作用。类似的例子，在各种不合理运输形式中都可以举出一些。

五、合理运输的选择

多年来的实践经验证明，开展合理运输收益很大，对国家对企业都有利。我国劳动人民在生产实践中探索和创立了不少运输合理化的途径，在一定时期内、一定条件下取得了效果，现汇集如下：

(一)准确确定货物的流量和流向

货物在地区间的流向和流量的确定，直接影响到运输方式和运输路线的选择。各运输部门和企业要根据我国交通现状、根据各类货物的产销地区差异，确定合理的货物供应范围和原料的采购地，从而编制合理的货物流向、流量图，以避免出现不合理运输。

(二)选择合理的运输方式、最佳的运输路线

货物从一地运往另一地有多种运输方式、运输路线可供选择。首先要考虑商品的性质、数量的大小、运输距离的远近、市场需求的缓急、风险的程度等因素。其次要充分考虑各种运输方式的适用范围和不同的技术经济特征来确定合理的运输方式。例如，铁路适合长距离运输，当短途运输时，选择铁路运输就是不经济的。正确选择运输路线要正确选择装卸、中转地。一般说来，应尽量安排直达运输，以减少运输装卸、转运环节，缩短运输时间，节省运输费用。必须中转的货物，也应选择适当的中转港、中转站。货物的装卸港，装卸站一般应尽量选择自然条件和装卸设备较好、费用较低的港、站，以减少运输里程，节约运力。

(三)提高运输工具的实载率

提高运输工具的实载率就是充分利用运输工具的额定载重能力，减少运输工具空

驶和不满载行驶的时间，减少浪费，从而做到运输的合理化。我国曾在铁路运输上采取加长列车、多挂车皮办法，就是充分利用货车的容积和载重量，多载货，不空驶，从而达到合理化目的。在铁路运输中，采用整车运输、合装整车、整车分卸及整车零卸等具体措施，都是提高实载率的有效措施。另外，在运输工具额定载重量的范围内，实行轻重商品的混合配载，也是提高运输工具实载率的一种措施。如在运输海运矿石、黄沙等重质货物时，同时搭运木材、毛竹等轻质货物，就是在不减少重质货物运输情况下，为使列车不空驶，又解决了轻质货物的运输问题。

(四)开展联合运输

联合运输的含义是指使用两种以上的运输方式或一种运输方式在两程以上完成某一运输任务的运输方式。联合运输通过各联运企业合理组织各种运输方式的衔接和配合，将由货主自理的交接、装卸、中转等运输手续，改为由联运企业集中、全面代办或实行代理业务。通过开展联合运输，可以实现"一次托运、一次收费、一票到底"的联合运输，联合运输把分阶段的不同运输过程，连接成一个单一的整体运输过程，不仅给托运人和承运人带来了方便，而且加速了运输过程，有利于降低成本，减少货损货差的发生，提高运输质量。因此，发展联合运输是充分发挥各种运输方式的优势，使之相互协调、配合，建立起综合运输体系的重要途径，大大方便了货主，节省了人力财力。

(五)减少运输的中间环节

减少运输的中间环节是追求运输合理化的重要形式，通过减少中转换载，从而提高运输速度，省却装卸费用，降低中转货损。开展直达运输和"四就直拨"运输是减少中转运输环节，力求以最少的中转次数完成运输任务的一种形式。所谓"四就直拨"运输是指由管理机构对批量到站或到港的货物预先进行筹划，然后就厂或就站(码头)、就库、就车(船)将货物分送给用户，而不需要再进分配部门或批发部门的仓库后，再按程序分拨或销售给用户，这样一来，就减少了运输的中间环节，避免了不合理运输。

(六)发展特殊运输技术和运输工具，开展集装箱运输

依靠科技进步是运输合理化的重要途径。例如，专用散装及罐车，解决了粉状、液状物体运输损耗大，安全性差等问题；袋鼠式车皮，大型半挂车解决了大型设备整体运输问题。集装箱运输是一种高效的运输方式，开展集装箱运输可以提高装卸效率，促进货物装卸的机械化、自动化，大大简化货物装卸作业，保证货物的运输安全，加速车船的周转及商品的流通，便于开展各种运输工具的联运。

(七)通过流通加工，使运输合理化

有不少产品，由于产品本身形态及特性问题，很难实现运输的合理化，如果进行适当加工，就能够有效解决合理运输问题，例如将造纸材在产地预先加工成干纸浆，然后压缩体积运输，就能解决造纸材运输不满载的问题。轻泡产品预先捆紧包装成规

定尺寸后再装车就可以提高装载量；水产品及肉类预先冷冻，就可提高车辆装载率并降低运输损耗。

运输合理化的措施还有很多，这需要我们在实践中多从物流系统的角度进行考虑，在达到整体最优的同时，实现运输的合理化。

任务五 一带一路战略

2000多年前，亚欧大陆上勤劳勇敢的人民，探索出多条连接亚欧非几大文明的贸易和人文交流通路，后人将其统称为"丝绸之路"。千百年来，"和平合作、开放包容、互学互鉴、互利共赢"的丝绸之路精神薪火相传，推进了人类文明进步，是促进沿线各国繁荣发展的重要纽带，是东西方交流合作的象征，是世界各国共有的历史文化遗产。

进入21世纪，在以和平、发展、合作、共赢为主题的新时代，面对复苏乏力的全球经济形势，纷繁复杂的国际和地区局面，传承和弘扬丝绸之路精神更显重要和珍贵。

2013年9月和10月，中国国家主席习近平在出访中亚和东南亚国家期间，先后提出共建"丝绸之路经济带"和"21世纪海上丝绸之路"(以下简称"一带一路")的重大倡议，得到国际社会高度关注。中国国务院总理李克强参加2013年中国—东盟博览会时强调，铺就面向东盟的海上丝绸之路，打造带动腹地发展的战略支点。加快"一带一路"建设，有利于促进沿线各国经济繁荣与区域经济合作，加强不同文明交流互鉴，促进世界和平发展，是一项造福世界各国人民的伟大事业。

"一带一路"建设是一项系统工程，要坚持共商、共建、共享原则，积极推进沿线国家发展战略的相互对接。为推进实施"一带一路"重大倡议，让古丝绸之路焕发新的生机活力，以新的形式使亚欧非各国联系更加紧密，互利合作迈向新的历史高度，中国政府特制定并发布《推动共建丝绸之路经济带和21世纪海上丝绸之路的愿景与行动》。

※ 活动一 一带一路

一、时代背景

当今世界正发生复杂深刻的变化，国际金融危机深层次影响继续显现，世界经济缓慢复苏、发展分化，国际投资贸易格局和多边投资贸易规则酝酿深刻调整，各国面临的发展问题依然严峻。共建"一带一路"顺应世界多极化、经济全球化、文化多样化、社会信息化的潮流，秉持开放的区域合作精神，致力于维护全球自由贸易体系和开放型世界经济。共建"一带一路"旨在促进经济要素有序自由流动、资源高效配置和市场深度融合，推动沿线各国实现经济政策协调，开展更大范围、更高水平、更深层次的区域合作，共同打造开放、包容、均衡、普惠的区域经济合作架构。共建"一带一路"符合国际社会的根本利益，彰显人类社会共同理想和美好追求，是国际合作以及全球治理新模式的积极探索，将为世界和平发展增添新的正能量。

共建"一带一路"致力于亚欧非大陆及附近海洋的互联互通，建立和加强沿线各国互联互通伙伴关系，构建全方位、多层次、复合型的互联互通网络，实现沿线各国多元、自主、平衡、可持续的发展。"一带一路"的互联互通项目将推动沿线各国发展战略的对接与耦合，发掘区域内市场的潜力，促进投资和消费，创造需求和就业，增进沿线各国人民的人文交流与文明互鉴，让各国人民相逢相知、互信互敬，共享和谐、安宁、富裕的生活。

当前，中国经济和世界经济高度关联。中国将一以贯之地坚持对外开放的基本国策，构建全方位开放新格局，深度融入世界经济体系。推进"一带一路"建设既是中国扩大和深化对外开放的需要，也是加强和亚欧非及世界各国互利合作的需要，中国愿意在力所能及的范围内承担更多责任义务，为人类和平发展做出更大的贡献。

二、共建原则

恪守联合国宪章的宗旨和原则。遵守和平共处五项原则，即尊重各国主权和领土完整、互不侵犯、互不干涉内政、和平共处、平等互利。

坚持开放合作。"一带一路"相关的国家基于但不限于古代丝绸之路的范围，各国和国际、地区组织均可参与，让共建成果惠及更广泛的区域。

坚持和谐包容。倡导文明宽容，尊重各国发展道路和模式的选择，加强不同文明之间的对话，求同存异、兼容并蓄、和平共处、共生共荣。

坚持市场运作。遵循市场规律和国际通行规则，充分发挥市场在资源配置中的决定性作用和各类企业的主体作用，同时发挥好政府的作用。

坚持互利共赢。兼顾各方利益和关切，寻求利益契合点和合作最大公约数，体现各方智慧和创意，各施所长，各尽所能，把各方优势和潜力充分发挥出来。

三、框架思路

"一带一路"是促进共同发展、实现共同繁荣的合作共赢之路，是增进理解信任、加强全方位交流的和平友谊之路。中国政府倡议，秉持和平合作、开放包容、互学互鉴、互利共赢的理念，全方位推进务实合作，打造政治互信、经济融合、文化包容的利益共同体、命运共同体和责任共同体。

"一带一路"贯穿亚欧非大陆，一头是活跃的东亚经济圈，一头是发达的欧洲经济圈，中间广大腹地国家经济发展潜力巨大。丝绸之路经济带重点畅通中国经中亚、俄罗斯至欧洲(波罗的海)；中国经中亚、西亚至波斯湾、地中海；中国至东南亚、南亚、印度洋。21世纪海上丝绸之路重点方向是从中国沿海港口过南海到印度洋，延伸至欧洲；从中国沿海港口过南海到南太平洋。

根据"一带一路"走向，陆上依托国际大通道，以沿线中心城市为支撑，以重点经贸产业园区为合作平台，共同打造新亚欧大陆桥、中蒙俄、中国—中亚—西亚、中国—中南半岛等国际经济合作走廊；海上以重点港口为节点，共同建设通畅安全高效的运输大通道。中巴、孟中印缅两个经济走廊与推进"一带一路"建设关联紧密，要进一步推动合作，取得更大进展。

"一带一路"建设是沿线各国开放合作的宏大经济愿景，需各国携手努力，朝着互利互惠、共同安全的目标相向而行。努力实现区域基础设施更加完善，安全高效的陆海空通道网络基本形成，互联互通达到新水平；投资贸易便利化水平进一步提升，高标准自由贸易区网络基本形成，经济联系更加紧密，政治互信更加深入；人文交流更加广泛深入，不同文明互鉴共荣，各国人民相知相交、和平友好。

四、合作重点

沿线各国资源禀赋各异，经济互补性较强，彼此合作潜力和空间很大。以政策沟通、设施联通、贸易畅通、资金融通、民心相通为主要内容，重点在以下方面加强合作。

政策沟通。加强政策沟通是"一带一路"建设的重要保障。加强政府间合作，积极构建多层次政府间宏观政策沟通交流机制，深化利益融合，促进政治互信，达成合作新共识。沿线各国可以就经济发展战略和对策进行充分交流对接，共同制定推进区域合作的规划和措施，协商解决合作中的问题，共同为务实合作及大型项目实施提供政策支持。

设施联通。基础设施互联互通是"一带一路"建设的优先领域。在尊重相关国家主权和安全关切的基础上，沿线国家宜加强基础设施建设规划、技术标准体系的对接，共同推进国际骨干通道建设，逐步形成连接亚洲各次区域以及亚欧非之间的基础设施网络。强化基础设施绿色低碳化建设和运营管理，在建设中充分考虑气候变化影响。

抓住交通基础设施的关键通道、关键节点和重点工程，优先打通缺失路段，畅通瓶颈路段，配套完善道路安全防护设施和交通管理设施设备，提升道路通达水平。推进建立统一的全程运输协调机制，促进国际通关、换装、多式联运有机衔接，逐步形成兼容规范的运输规则，实现国际运输便利化。推动口岸基础设施建设，畅通陆水联运通道，推进港口合作建设，增加海上航线和班次，加强海上物流信息化合作。拓展建立民航全面合作的平台和机制，加快提升航空基础设施水平。

加强能源基础设施互联互通合作，共同维护输油、输气管道等运输通道安全，推进跨境电力与输电通道建设，积极开展区域电网升级改造合作。

共同推进跨境光缆等通信干线网络建设，提高国际通信互联互通水平，畅通信息丝绸之路。加快推进双边跨境光缆等建设，规划建设洲际海底光缆项目，完善空中(卫星)信息通道，扩大信息交流与合作。

贸易畅通。投资贸易合作是"一带一路"建设的重点内容。宜着力研究解决投资贸易便利化问题，消除投资和贸易壁垒，构建区域内和各国良好的营商环境，积极同沿线国家和地区共同商建自由贸易区，激发释放合作潜力，做大做好合作"蛋糕"。

沿线国家宜加强信息互换、监管互认、执法互助的海关合作，以及检验检疫、认证认可、标准计量、统计信息等方面的双多边合作，推动世界贸易组织《贸易便利化协定》生效和实施。改善边境口岸通关设施条件，加快边境口岸"单一窗口"建设，降低通关成本，提升通关能力。加强供应链安全与便利化合作，推进跨境监管程序协调，推动检验检疫证书国际互联网+核查，开展"经认证的经营者"(AEO)互认。降低非关税壁垒，共同提高技术性贸易措施透明度，提高贸易自由化便利化水平。

拓宽贸易领域，优化贸易结构，挖掘贸易新增长点，促进贸易平衡。创新贸易方式，发展跨境电子商务等新的商业业态。建立健全服务贸易促进体系，巩固和扩大传统贸易，大力发展现代服务贸易。把投资和贸易有机结合起来，以投资带动贸易发展。

加快投资便利化进程，消除投资壁垒。加强双边投资保护协定、避免双重征税协定磋商，保护投资者的合法权益。

拓展相互投资领域，开展农林牧渔业、农机及农产品生产加工等领域深度合作，积极推进海水养殖、远洋渔业、水产品加工、海水淡化、海洋生物制药、海洋工程技术、环保产业和海上旅游等领域合作。加大煤炭、油气、金属矿产等传统能源资源勘探开发合作，积极推动水电、核电、风电、太阳能等清洁、可再生能源合作，推进能源资源就地就近加工转化合作，形成能源资源合作上下游一体化产业链。加强能源资源深加工技术、装备与工程服务合作。

推动新兴产业合作，按照优势互补、互利共赢的原则，促进沿线国家加强在新一代信息技术、生物、新能源、新材料等新兴产业领域的深入合作，推动建立创业投资合作机制。

优化产业链分工布局，推动上下游产业链和关联产业协同发展，鼓励建立研发、生产和营销体系，提升区域产业配套能力和综合竞争力。扩大服务业相互开放，推动区域服务业加快发展。探索投资合作新模式，鼓励合作建设境外经贸合作区、跨境经济合作区等各类产业园区，促进产业集群发展。在投资贸易中突出生态文明理念，加强生态环境、生物多样性和应对气候变化合作，共建绿色丝绸之路。

中国欢迎各国企业来华投资。鼓励本国企业参与沿线国家基础设施建设和产业投资。促进企业按属地化原则经营管理，积极帮助当地发展经济、增加就业、改善民生，主动承担社会责任，严格保护生物多样性和生态环境。

资金融通。资金融通是"一带一路"建设的重要支撑。深化金融合作，推进亚洲货币稳定体系、投融资体系和信用体系建设。扩大沿线国家双边本币互换、结算的范围和规模。推动亚洲债券市场的开放和发展。共同推进亚洲基础设施投资银行、金砖国家开发银行筹建，有关各方就建立上海合作组织融资机构开展磋商。加快丝路基金组建运营。深化中国—东盟银行联合体、上合组织银行联合体务实合作，以银团贷款、银行授信等方式开展多边金融合作。支持沿线国家政府和信用等级较高的企业以及金融机构在中国境内发行人民币债券。符合条件的中国境内金融机构和企业可以在境外发行人民币债券和外币债券，鼓励在沿线国家使用所筹资金。

加强金融监管合作，推动签署双边监管合作谅解备忘录，逐步在区域内建立高效监管协调机制。完善风险应对和危机处置制度安排，构建区域性金融风险预警系统，形成应对跨境风险和危机处置的交流合作机制。加强征信管理部门、征信机构和评级机构之间的跨境交流与合作。充分发挥丝路基金以及各国主权基金作用，引导商业性股权投资基金和社会资金共同参与"一带一路"重点项目建设。

民心相通。民心相通是"一带一路"建设的社会根基。传承和弘扬丝绸之路友好合作精神，广泛开展文化交流、学术往来、人才交流合作、媒体合作、青年和妇女交往、志愿者服务等，为深化双多边合作奠定坚实的民意基础。

扩大相互间留学生规模，开展合作办学，中国每年向沿线国家提供1万个政府奖学金名额。沿线国家间互办文化年、艺术节、电影节、电视周和图书展等活动，合作开展广播影视剧精品创作及翻译，联合申请世界文化遗产，共同开展世界遗产的联合保护工作。深化沿线国家间人才交流合作。

加强旅游合作，扩大旅游规模，互办旅游推广周、宣传月等活动，联合打造具有丝绸之路特色的国际精品旅游线路和旅游产品，提高沿线各国游客签证便利化水平。推动21世纪海上丝绸之路邮轮旅游合作。积极开展体育交流活动，支持沿线国家申办重大国际体育赛事。

强化与周边国家在传染病疫情信息沟通、防治技术交流、专业人才培养等方面的合作，提高合作处理突发公共卫生事件的能力。为有关国家提供医疗援助和应急医疗救助，在妇幼健康、残疾人康复以及艾滋病、结核、疟疾等主要传染病领域开展务实合作，扩大在传统医药领域的合作。

加强科技合作，共建联合实验室(研究中心)、国际技术转移中心、海上合作中心，促进科技人员交流，合作开展重大科技攻关，共同提升科技创新能力。

整合现有资源，积极开拓和推进与沿线国家在青年就业、创业培训、职业技能开发、社会保障管理服务、公共行政管理等共同关心领域的务实合作。

充分发挥政党、议会交往的桥梁作用，加强沿线国家之间立法机构、主要党派和政治组织的友好往来。开展城市交流合作，欢迎沿线国家重要城市之间互结友好城市，以人文交流为重点，突出务实合作，形成更多鲜活的合作范例。欢迎沿线国家智库之间开展联合研究、合作举办论坛等。

加强沿线国家民间组织的交流合作，重点面向基层民众，广泛开展教育医疗、减贫开发、生物多样性和生态环保等各类公益慈善活动，促进沿线贫困地区生产生活条件改善。加强文化传媒的国际交流合作，积极利用网络平台，运用新媒体工具，塑造和谐友好的文化生态和舆论环境。

五、合作机制

当前，世界经济融合加速发展，区域合作方兴未艾。积极利用现有双多边合作机制，推动"一带一路"建设，促进区域合作蓬勃发展。

加强双边合作，开展多层次、多渠道沟通磋商，推动双边关系全面发展。推动签署合作备忘录或合作规划，建设一批双边合作示范。建立完善双边联合工作机制，研究推进"一带一路"建设的实施方案、行动路线图。充分发挥现有联委会、混委会、协委会、指导委员会、管理委员会等双边机制作用，协调推动合作项目实施。

强化多边合作机制作用，发挥上海合作组织(SCO)、中国—东盟"10+1"、亚太经合组织(APEC)、亚欧会议(ASEM)、亚洲合作对话(ACD)、亚信会议(CICA)、中阿合作论坛、中国—海合会战略对话、大湄公河次区域(GMS)经济合作、中亚区域经济合作(CAREC)等现有多边合作机制作用，相关国家加强沟通，让更多国家和地区参与"一带一路"建设。

继续发挥沿线各国区域、次区域相关国际论坛、展会以及博鳌亚洲论坛、中国—东盟博览会、中国—亚欧博览会、欧亚经济论坛、中国国际投资贸易洽谈会，以及中国—南亚博览会、中国—阿拉伯博览会、中国西部国际博览会、中国—俄罗斯博览会、前海合作论坛等平台的建设性作用。支持沿线国家地方、民间挖掘"一带一路"历史文化遗产，联合举办专项投资、贸易、文化交流活动，办好丝绸之路(敦煌)国际文化博览会、丝绸之路国际电影节和图书展。倡议建立"一带一路"国际高峰论坛。

六、中国各地方开放态势

推进"一带一路"建设，中国将充分发挥国内各地区比较优势，实行更加积极主动的开放战略，加强东中西互动合作，全面提升开放型经济水平。

西北、东北地区。发挥新疆独特的区位优势和向西开放重要窗口作用，深化与中亚、南亚、西亚等国家交流合作，形成丝绸之路经济带上重要的交通枢纽、商贸物流和文化科教中心，打造丝绸之路经济带核心区。发挥陕西、甘肃综合经济文化和宁夏、青海民族人文优势，打造西安内陆型改革开放新高地，加快兰州、西宁开发开放，推进宁夏内陆开放型经济试验区建设，形成面向中亚、南亚、西亚国家的通道、商贸物流枢纽、重要产业和人文交流基地。发挥内蒙古联通俄蒙的区位优势，完善黑龙江对俄铁路通道和区域铁路网，以及黑龙江、吉林、辽宁与俄远东地区陆海联运合作，推进构建北京—莫斯科欧亚高速运输走廊，建设向北开放的重要窗口。

西南地区。发挥广西与东盟国家陆海相邻的独特优势，加快北部湾经济区和珠江-西江经济带开放发展，构建面向东盟区域的国际通道，打造西南、中南地区开放发展新的战略支点，形成21世纪海上丝绸之路与丝绸之路经济带有机衔接的重要门户。发挥云南区位优势，推进与周边国家的国际运输通道建设，打造大湄公河次区域经济合作新高地，建设成为面向南亚、东南亚的辐射中心。推进西藏与尼泊尔等国家边境贸易和旅游文化合作。

沿海和港澳台地区。利用长三角、珠三角、海峡西岸、环渤海等经济区开放程度高、经济实力强、辐射带动作用大的优势，加快推进中国(上海)自由贸易试验区建设，支持福建建设21世纪海上丝绸之路核心区。充分发挥深圳前海、广州南沙、珠海横琴、福建平潭等开放合作区作用，深化与港澳台合作，打造粤港澳大湾区。推进浙江海洋经济发展示范区、福建海峡蓝色经济试验区和舟山群岛新区建设，加大海南国际旅游岛开发开放力度。加强上海、天津、宁波—舟山、广州、深圳、湛江、汕头、青岛、烟台、大连、福州、厦门、泉州、海口、三亚等沿海城市港口建设，强化上海、广州等国际枢纽机场功能。以扩大开放倒逼深层次改革，创新开放型经济体制机制，加大科技创新力度，形成参与和引领国际合作竞争新优势，成为"一带一路"特别是21世纪海上丝绸之路建设的排头兵和主力军。发挥海外侨胞以及香港、澳门特别行政区独特优势作用，积极参与和助力"一带一路"建设。为台湾地区参与"一带一路"建设做出妥善安排。

内陆地区。利用内陆纵深广阔、人力资源丰富、产业基础较好优势，依托长江中游城市群、成渝城市群、中原城市群、呼包鄂榆城市群、哈长城市群等重点区域，推动区域互动合作和产业集聚发展，打造重庆西部开发开放重要支撑和成都、郑州、武汉、长沙、南昌、合肥等内陆开放型经济高地。加快推动长江中上游地区和俄罗斯伏尔加河沿岸联邦区的合作。建立中欧通道铁路运输、口岸通关协调机制，打造"中欧班列"品牌，建设沟通境内外、连接东中西的运输通道。支持郑州、西安等内陆城市建设航空港、国际陆港，加强内陆口岸与沿海、沿边口岸通关合作，开展跨境贸易电子商务服务试点。优化海关特殊监管区域布局，创新加工贸易模式，深化与沿线国家的产业合作。

七、中国积极行动

一年多来，中国政府积极推动"一带一路"建设，加强与沿线国家的沟通磋商，推动与沿线国家的务实合作，实施了一系列政策措施，努力收获早期成果。

高层引领推动。习近平主席、李克强总理等国家领导人先后出访20多个国家，出席加强互联互通伙伴关系对话会、中阿合作论坛第六届部长级会议，就双边关系和地区发展问题，多次与有关国家元首和政府首脑进行会晤，深入阐释"一带一路"的深刻内涵和积极意义，就共建"一带一路"达成广泛共识。

签署合作框架。与部分国家签署了共建"一带一路"合作备忘录，与一些毗邻国家签署了地区合作和边境合作的备忘录以及经贸合作中长期发展规划。研究编制与一些毗邻国家的地区合作规划纲要。

推动项目建设。加强与沿线有关国家的沟通磋商，在基础设施互联互通、产业投资、资源开发、经贸合作、金融合作、人文交流、生态保护、海上合作等领域，推进了一批条件成熟的重点合作项目。

完善政策措施。中国政府统筹国内各种资源，强化政策支持。推动亚洲基础设施投资银行筹建，发起设立丝路基金，强化中国-欧亚经济合作基金投资功能。推动银行卡清算机构开展跨境清算业务和支付机构开展跨境支付业务。积极推进投资贸易便利化，推进区域通关一体化改革。

发挥平台作用。各地成功举办了一系列以"一带一路"为主题的国际峰会、论坛、研讨会、博览会，对增进理解、凝聚共识、深化合作发挥了重要作用。

八、共创美好未来

共建"一带一路"是中国的倡议，也是中国与沿线国家的共同愿望。站在新的起点上，中国愿与沿线国家一道，以共建"一带一路"为契机，平等协商，兼顾各方利益，反映各方诉求，携手推动更大范围、更高水平、更深层次的大开放、大交流、大融合。"一带一路"建设是开放的、包容的，欢迎世界各国和国际、地区组织积极参与。

共建"一带一路"的途径是以目标协调、政策沟通为主，不刻意追求一致性，可高度灵活，富有弹性，是多元开放的合作进程。中国愿与沿线国家一道，不断充实完善"一带一路"的合作内容和方式，共同制定时间表、路线图，积极对接沿线国家发展和区域合作规划。

中国愿与沿线国家一道，在既有双多边和区域次区域合作机制框架下，通过合作研究、论坛展会、人员培训、交流访问等多种形式，促进沿线国家对共建"一带一路"内涵、目标、任务等方面的进一步理解和认同。

中国愿与沿线国家一道，稳步推进示范项目建设，共同确定一批能够照顾双多边利益的项目，对各方认可、条件成熟的项目抓紧启动实施，争取早日开花结果。

"一带一路"是一条互尊互信之路，一条合作共赢之路，一条文明互鉴之路。只要沿线各国和衷共济、携手而行，就一定能够谱写建设丝绸之路经济带和21世纪海上丝绸之路的新篇章，让沿线各国人民共享"一带一路"共建成果。

※ 活动二 丝绸之路经济带概念

丝绸之路经济带，是在古丝绸之路概念基础上形成的一个新的经济发展区域。包括西北五省区陕西、甘肃、青海、宁夏、新疆。西南四省区市重庆、四川、云南、广西。2013年由中国国家主席习近平在哈萨克斯坦纳扎尔巴耶夫大学演讲时提出。

新丝绸之路经济带，东边牵着亚太经济圈，西边系着发达的欧洲经济圈，被认为是"世界上最长、最具有发展潜力的经济大走廊"。

丝绸之路经济带地域辽阔，有丰富的自然资源、矿产资源、能源资源、土地资源和宝贵的旅游资源，被称为21世纪的战略能源和资源基地，但该区域交通不够便利，自然环境较差，经济发展水平却与两端的经济圈存在巨大落差，整个区域存在"两边高，中间低"的现象。

1. 丝绸之路经济带的建设思路

2008年开始的全球性金融危机，既是全球性经济结构失衡的结果，也继续恶化着全球经济结构。另一方面，尽管中国经济也进入了"新常态"，即中速发展阶段。更为重要的是，中国自改革开放以来所积累的发展经验及其发展能力，已经为中国提供了一个历史机遇，来实行全球经济再平衡战略。可以预见，在今后相当长的一段时间里，丝绸之路会成为这一战略的主要推动力，也是中国可持续和平崛起战略的重要而可行的"抓手"。

但是，丝绸之路不能仅仅停留在宏观的设想，口号式的政策更是不可行。丝绸之路要成功，中国既要搞清楚要做什么，更要搞清楚怎么做。没有一系列切实可行的策略和政策工具，丝绸之路很可能只是纸上谈兵。

2. 建设丝绸之路经济带的策略

第一，中国需要以丝绸之路为契机，全面发掘中国与广大新兴市场国家之间潜在的互补互利机会，全面深化与新兴市场国家及区域经济体之间经济贸易、基础设施等方面的合作关系。

第二，有效运用中国在资金、市场、技术、产能等方面的独特优势，全面分享中国在改革开放实践过程中所积累的市场与政府两手并用的独特发展经验，为协助发展中国家克服在推进经济发展，以及区域经济整合过程中面临的结构性难题，提供完整的解决方案。

第三，全面提高中国企业的跨国营运能力，全面打造中国企业的海外经贸据点与生产基地，针对严重产能过剩与那些在国内市场已不具经济效益的产业，进行有秩序的"走出去"，实现对外移转。

第四，在全面推进绿能产业、整治环保污染、建设低碳城市与智慧型城市的过程中，积极引导拥有先进技术的欧、美、日跨国企业参与投资与提供设备，让这些跨国企业有机会分享中国城镇建设及经济增长的红利，也刺激国内企业进行产业升级。

第五，在"和平发展"概念的基础上，进一步提出"包容、尊重与发展"的新政策概念，系统整合中国传统的"和而不同"与"己所不欲，勿施于人"、当代的"不干预政策"和西方的文化多元主义等理念，形成中国特有的普遍价值观，有别于大英帝国的"自由贸易"和美国的"自由民主"政策概念，为中华民族的复兴和国家的崛起，塑造国际文化软实力。

3. 多管齐下的政策手段

目前来看，中国至少可以考虑如下手段：一是设置规模大于"世界银行"资本额的"丝绸之路基金"，以及等量规模的"丝绸之路战略投资基金"为配套。二是可考虑设置中国主导的全球发展智库，并协助各区域的领头羊国家设置协作智库，建立完整的智库跨国合作网络。三是可考虑建立一个面向所有发展中国家的"跨国人才培训机制"，为各国训练与培育公共治理、经济规划、城市规划等领域的人才。这些机构不仅应当培养国内的干部，其功能应当扩展到培养发展中国家的官员。四是可考虑设置以丝绸之路经济带各国社会精英为对象的"新丝路传媒集团"。以财经、旅游、环境、城市及文化议题为主轴，为各国提供一个超越西方视野的跨国资讯与观念传播分享管道。

4. 配套的体制建设

政策的有效实施，依赖于政策机构的设置。一是丝绸之路战略应由"中央全面深化改革领导小组"主导，负责统筹政策规划与资源分配，协调各部委与各省市，打破各自为政的地盘割据现象。二是要处理好中央和地方之间的关系。三是执行"全球经济增量再平衡战略"需要有风险管理机制，必须动态考量全球地缘政治风险、各国主权风险、政治互信基础，并务实评估中国影响力的投射范围，以及中国政府的海外护产、护侨的能力极限。风险评估的功能可以和智库设置结合起来，光有企业和政府本身的评估远远不够，还必须依赖智库的客观、中立的评估。

像丝绸之路那样大规模的对外项目，没有一个国家可以构想一个完美的方案，也没有一个国家可以完全根据规划来实施方案。这样的项目都是一边做、一边学的过程。但是如果要少交学费，避免重大失误，就必须储备足够的政策知识，准备好足够的政策手段。

任务六 互联网+

※ 活动一 互联网+的概念

"互联网+"是创新2.0下的互联网发展新形态、新业态，是知识社会创新2.0推动下的互联网形态演进。"互联网+"代表一种新的经济形态，即充分发挥互联网在生产要素配置中的优化和集成作用，将互联网的创新成果深度融合于经济社会各领域之中，提升实体经济的创新力和生产力，形成更广泛的以互联网为基础设施和实现工具的经济发展新形态。"互联网+"行动计划将重点促进以云计算、物联网、大数据为代表的新一代信息技术与现代制造业、生产性服务业等的融合创新，发展壮大新兴业态，打造新的产业增长点，为大众创业、万众创新提供环境，为产业智能化提供支撑，增强新的经济发展动力，促进国民经济提质增效升级。

美国早在1999年就有了的ELANCE、GURU、FREELANCER等类似威客的商业模式了。而大约在2007年，美国人TIM FERRISS则通过自己的实践告诉全世界的人他是如何实现"每周工作4小时"，这是在互联网和经济全球化背景下的个人创业创新的有益尝试。

"互联网+"是对创新2.0时代新一代信息技术与创新2.0相互作用共同演化推进经济社会发展新形态的高度概括。新一代信息技术发展催生了创新2.0，而创新2.0又反过来作用与新一代信息技术形态的形成与发展，重塑了物联网、云计算、社会计算、大数据等新一代信息技术的新形态。

※ 活动二 互联网+的时代背景

"互联网+"是对创新2.0时代新一代信息技术与创新2.0相互作用共同演化推进经济社会发展新形态的高度概括。在2012年11月14日的易观第五届移动互联网博览会上，易观国际董事长兼首席执行官于扬先生首次提出"互联网+"理念。他认为在未来，"互联网+"公式应该是我们所在的行业目前的产品和服务，在与我们未来看到的多屏全网跨平台用户场景结合之后产生的这样一种化学公式。我们可以按照这样一个思路找到若干这样的想法。而怎么找到你所在行业的"互联网+"是企业需要思考的问题。

2015年3月5日上午十二届全国人大三次会议上，李克强总理在政府工作报告中首次提出"互联网+"行动计划。李克强总理所提的"互联网+"在较早相关互联网企业讨论聚焦的"互联网改造传统产业"基础上已经有了进一步的深入和发展。李克强总理在政府工作报告中首次提出的"互联网+"实际上是创新2.0下互联网发展新形态、新业态，是知识社会创新2.0推动下的互联网形态演进。伴随知识社会的来临，驱动当今社会变革的不仅仅是无所不在的网络，还有无所不在的计算、无所不在的数据、无所不在的知识。"互联网+"不仅仅是互联网移动了、泛在了、应用于某个传统行业了，更加入了无所不在的计算、数据、知识，造就了无所不在的创新，推动了知识社会以用户创新、开放创新、大众创新、协同创新为特点的创新2.0，改变了我们的生产、工作、生活方式，也引领了创新驱动发展的"新常态"。

新一代信息技术发展催生了创新2.0，而创新2.0又反过来作用于新一代信息技术形态的形成与发展，重塑了物联网、云计算、社会计算、大数据等新一代信息技术的新形态。新一代信息技术的发展又推动了创新2.0模式的发展和演变，Living Lab（生活实验室、体验实验区）、Fab Lab（个人制造实验室、创客）、AIP（"三验"应用创新园区）、Wiki（维基模式）、Prosumer（产消者）、Crowdsourcing（众包）等典型创新2.0模式不断涌现。新一代信息技术与创新2.0的互动与演进推动了"互联网+"的浮现，关于知识社会环境下新一代信息技术与创新2.0的互动演进可参阅《创新2.0研究十大热点》一文。互联网随着信息通信技术的深入应用带来的创新形态演变，本身也在演变变化并与行业新形态相互作用共同演化，如同以工业4.0为代表的新工业革命以及Fab Lab及创客为代表的个人设计、个人制造、群体创造。可以说"互联网+"是新常态下创新驱动发展的重要组成部分。

※ 活动三 互联网+的发展

看到互联网企业的成功与辉煌，传统企业大可不必眼馋。互联网对于传统企业来说不仅是电商。一些年长的企业家经历了过去30年中国经济两位数的高速增长，大家一定认为2012年是中国经济最冷的一年，这种冷不仅仅反映在出口增速的下滑，同时也反映在大经济环境的不确定，消费者钱包一直没有打开。

这个世界上所有的传统应用和服务都应该被互联网改变，如果这个世界还没有被互联网改变是不对的，一定意味着这里面有商机，也意味着基于这种商机能产生新的格局。我们有机会在为用户创造价值，能够自己成就新的价值，为成长奠定基础。

我们看到每一个传统行业都孕育着"互联网+"的机会。在寻找"互联网+"的过程中，我们首先注意到了用户所处的环境变化。我们每天日常面对PC屏幕，同时我们越发依赖手机这张屏。家中的智能电视有一天会像手机、平板电脑一样，里面布满各种APP。而汽车里的那张屏也正在被挖掘，车联网的概念刚刚兴起。未来的生活是希望在多屏的环境中随时随地用到互联网。而这样的服务会以一个"互联网+"的公式存在，从而重新改造和创造我们今天所有的产品。而对用户而言，他们未来不会关心他是通过接入网线、Wi-Fi、移动网络还是电源线上网，不会关心他用的是iOS、Android还是Windows。因为他们面对的每一个面都可以是一张屏，通过它们能将用户和互联网、企业所提供的应用和服务随时随地联系在一起。这就足够了。也许对创业者来说，当熟悉了这样的一个路径之后，我们基于"多屏全网跨平台"的理念，与行业结合，才有机会再往前迈一步。我们的传统行业才能真正地转型，从而创造新的局面。

国内"互联网+"理念的提出，最早可以追溯到2012年11月于扬在易观第五届移动互联网博览会的发言。于扬当时提出移动互联网的本质，离不开"互联网+"。在未来，"互联网+"公式应该是我们所在行业的产品和服务，在与我们看到的多屏全网跨平台用户场景结合之后产生的这样一种化学公式。马化腾也认为："互联网加一个传统行业，意味着什么呢？其实是代表了一种能力，或者是一种外在资源和环境，对这个行业的一种提升。"（众安保险的定位是护航互联网生态，成立不到一年的时间，累计服务客户超过2亿；护航了2014年双11，一天的保单就超过了1.5亿！）

所以，我想从另外一个角度去分析，为什么会这样，一定要加上你吗？是改良还是什么呢？不管传统行业怎么做都会永远不可能打造一个纯互联网吗？我认为，传统行业每一个细分领域的力量仍然是无比强大的，互联网仍然是一个工具。

比如说，我们在看过去的第一次工业革命和第二次工业革命，从18、19世纪第一次工业革命发明了蒸汽机的技术到19、20世纪有了电力的技术以来，很多的行业发生了变化。比如说蒸汽机发明之后的动力可以大大加速印刷的量，包括学校、书籍都大量地产生，造成知识的传播和有知识的人这种大量的培养。这跟互联网的传播、通信的特征也很接近。

随着互联网深入应用，特别是以移动技术为代表的普适计算、泛在网络的发展与向生产生活、经济社会发展各方面的渗透，信息技术推动的面向知识社会的创新形态形成日益受到关注。创新形态的演变也推动了互联网形态、信息通信技术形态的演变，物联网、云计算、大数据等新一代信息技术作为互联网的延伸和发展，在与知识社会创新2.0形态的互动中也进一步推动了创新形态的演变，涌现出Web2.0、开源软件、微观装配等创新2.0的典型案例以及AIP、Living Lab、Fab Lab、创客、维基、威客、众包众筹等创新2.0典型模式。

正是在这种背景下，中央提出创新驱动发展"新常态"，提出充分利用新一代信息技术发展和知识社会的下一代创新机遇，简政放权、强化法治、鼓励创新创业、激发市场和社会活力，并出台一系列鼓励大众创新、万众创业的举措。李克强总理在十二届全国人大三次会议上的政府工作报告中提出的"互联网+"也就具有了更丰富、更深刻、更富时代特征的内涵。报告中指出新兴产业和新兴业态是竞争高地，要实施高端装备、信息网络、集成电路、新能源、新材料、生物医药、航空发动机、燃气轮机等重大项目，把一批新兴产业培育成主导产业。制定"互联网+"行动计划，推动移动互联网、云计算、大数据、物联网等与现代制造业结合，促进电子商务、工业互联网和互联网金融健康发展，引导互联网企业拓展国际市场。国家已设立400亿元新兴产业创业投资引导基金，要整合筹措更多资金，为产业创新加油助力，并全力推进创新、创业，全面激发市场和社会活力，进入创新2.0时代创新驱动发展的"新常态"。

模块小结

本模块为我国交通运输地理，共设置六大任务，十五个活动的内容。通过学习我国铁路、公路、水路、航空和管道运输、一带一路，互联网十；掌握我国交通运输地理的基础知识和技能方法。从总体上，掌握能力目标，加强自身素养，在交通运输行业有所作为。

思考练习

【名词解释】

铁路运输　磁悬浮铁路枢纽　铁路网　公路运输　零担集装箱　汽车专用公路一般公路　公路运输网　水路运输　港口码头　控制塔船舶　航空运输航线　航空枢纽　管道运输　原油管道　原油管网　通信光缆　倒流运输　重复运输　实载率联合运输　成品油管道　浆液管道

【问答题】

1.铁路运输的优点和缺点有哪些？铁路运输适用范围是什么？

2.什么是铁路枢纽？铁路枢纽分为哪几类？

3.公路运输有哪些优点和缺点？公路运输的适用范围是什么？

4.公路分为哪几个等级？

5.什么是国道？国道是怎样编号的？

6.进藏公路分别是哪几条公路？

7.水路运输有哪些优势和弱势？

8.什么是港口？按使用目的，港口分为哪些类型？

9.一般港口有哪些基本设施？

10.集装箱码头有哪些设施?

11.航空运输的概念、特点以及航空运输的适用范围。

12.管道运输的概念、特点以及管道运输的适用范围。

【思考题】

1.试描述自己所熟悉地区的铁路分布情况。

2.试说出几条你所知道的高速公路。

3.分析水运集装箱在枢纽港集疏运中的地位和作用。

4.试说出你所在地区有哪几条国内航线和国际航线。

5.试说出你所在地区有哪些输油或输气管线。

【填空题】

1.铁路运输在我国现阶段的（　　　）中起着（　　　），铁路被认为是（　　　）的大动脉，担负着主要的（　　　）任务。

2.国道是国家（　　　）具有全国政治、（　　　）的主要（　　　）。

3.集装箱清洗场的（　　　）是对各种污箱采用（　　　）、（　　　）、（　　　）等方法进行清洗。

4.航空运输中对（　　　）的要求极其严格，没有（　　　）的飞机不允许飞行。

5.管道运输是利用（　　　）的运输管道，通过一定的（　　　）而完成商品（　　　）运输的一种（　　　）方式。

模块五

我国商业经济地理

【知识目标】

了解我国商业布局和基本战略。

了解我国商业中心分布及大宗商品流向。

了解我国对外贸易现状。

了解我国对外贸易政策的发展情况。

【能力目标】

掌握我国商业发展和基本战略布局。

掌握我国商业区和商业中心及网点的布局。

掌握我国参与国际物流的商品构成、商品的市场分布。

掌握国际物流的流通路径。

【素养目标】

努力培养学习我国商业地理的兴趣，做好学习规划，通过能力目标的实施，确立正确的学习方向，加强自身素养训练，在我国商业发展和对外贸易中有所建树。

【案例导入】

中远公司EDI系统在国际物流中的应用

上海中远国际货运有限公司是中远集团(COSCO)下属的从事货物代理运输的公司，是上海最大的货运一级代理公司。该公司主要负责中远集团长江内支线集装箱的货运代理，通过中转枢纽——上海港，使长江内支线与中远遍布全球的干线运输网络相连接，真正体现其运输优势，各种进出口货物可直接抵达全球各地，做到一票到底，内地交货，为货主提供了极大的便利。

上海中远国际货运有限公司是一家国有企业，具有较高的计算机应用水平。从1997年开始电子订舱的方式，逐步取代了传统的传真和信件方式。公司电脑部开发出应用程序，安装在客户端，客户可通过网络将大量的数据传送给公司办理业务，这实际上是一种EBI的形式。这种系统提供四个功能：

1.信息发布：公司在网上公布公司的各个航线、各航线的航期、运价等等。

2.网上查询：根据公司所发布的信息，客户可以通过网络来进行查询，可以比较不同货运公司的运价和航期。

3.网上订舱：客户可以通过网络来实现订舱，从而取代传统的订舱方式。

4.订舱反馈：不管客户是通过何种途径进行订舱，都可以通过网络查询到货物的现状，跟踪其货物。通过电子订舱的客户还可以通过网络得到公司的反馈，既快捷又方便。

例如：客户需要运输一批货物，出发地是苏州，目的地为Chicago，则货物可以走以下路线：苏州—上海—Longbeach—Chicago。客户可以先将这批货物的有关数据告知货代，如日期、目的地、品种、重量等。货代就为客户办理单据，包括订舱、运输、报关、收费等，然后给客户签发提单。提单相当于收据，具有法律效力。客户将提单寄到ChicagO，收货人可凭提单在Chicago提货。

任务一 我国商业布局概述

※ 活动一 我国商业发展布局的基本战略

1.深化流通体制改革，建设全国统一的大市场。

流通体制改革的目的就是要建立和不断完善社会主义市场经济体制，使市场在国家的宏观调控下对资源配置起基础性作用。为此，必须全方位地对市场功能进行相应的调整，尤其要加强粮、棉、油、糖、肉、菜等重要商品的市场供应，搞好总量平衡，完善重要商品的储备制度，建立市场风险基金，确保市场物价平稳；通过集约经营和规模经营，优化产业结构，盘活存量资产，提高流通效益；杜绝假冒伪劣商品的生产和销售，真正树立起中国的名牌产品形象；打破部门的、地区的分割和封锁，尽可能利用已有的批发市场、交易机构和现有设施，办好一批具有全国影响的现代化大型批发市场和配送中心，从而尽快形成全国统一的大市场。

2.加强政府对商业发展布局的宏观调控。

目前，中国正进行着一场深刻的流通革命，一方面是流通体制正由计划经济向社会主义市场经济转变；另一方面是传统商业正在向现代化商业转变。由于我国特殊的国情，必须由政府来培育市场并干预使其有效运行，运用政策的、法律的、经济的杠杆，搞好宏观调控，以确保流通主体的行为规范化及流通渠道通畅、市场稳定。

在宏观政策上，国家已确立了以公有制为主体、多种经济成分共存的流通方式，有效地控制了通货膨胀，顺利实现了经济"软着陆"；国家鼓励全民所有制商业企业转换经营机制，建立现代企业制度，提高商业科技含量，努力推行商业标准化、信息化和计算机化；引导外资投向高新技术、高附加值、高档产品的项目，提高流通部门的装备水平，搞好流通基础建设。与此同时，为了加强流通领域的法制建设，促进公开、公平、有序的市场竞争，坚决制止和打击欺行霸市、垄断市场、牟取暴利和制售假冒伪劣产品等非法行为，国家先后颁布实施了《商标法》、《计量法》、《专利法》、《产品质量法》、《广告法》、《消费者权益保护法》、《反不正当竞争法》等一系列法律法规，开展了"3·15"消费者权益日和"质量万里行"等活动，以加强商业管理和社会监督，确保市场稳定和人心稳定。

3.发挥国有商业的主渠道作用，建立一批有竞争实力的大型流通企业集团。

国有商业企业具有优越的物质基础条件、众多的人才和完整的销售渠道，是先进的流通力量和商业发展的主力军。但是在目前，我国国有大中型商业企业普遍面临"治小、治散、治差"的问题，缺乏商品竞争的观念，更缺乏活力和实力。一些地方的产品开发忽视了对市场的准确定位，盲目追求大型化、集中化、高档化，结果出现了"有场无市"的现象，企业经营混乱、效益不佳。为此，就要切实转换企业经营机制，合理控制大型高档商业设施建设，综合考虑商业地区布局、规模结构、辐射范围、市场容量等因素，通过投资、参股建立资产联系的实业化企业集团；利用沿海、沿江、沿边等区位优势，建立以大型流通企业为龙头的区域化流通组织；打破国家、部门、行业的界限，大力发展企业集团、连锁经营和销售代理制，不断壮大国有大中型商业企业的实力，保证其在国际国内竞争中发挥主渠道作用。

4.扩大农村市场，发展农村商业。

中国9亿庞大的农村人口蕴藏着巨大的市场潜力。随着科教兴农战略的逐步实施，农业综合实力的不断增强；加之农村乡镇企业迅猛发展，集市贸易更加活跃，农民的货币收入和支出将逐步增长，购买力和消费水平也将不断提高，大力发展农村商业已是大势所趋。要通过积极发展贸—工—农—商—体化，提高农产品商品率和农民的商业观念，鼓励城乡商业"联姻"，推动城市商业进军农村，发展"商贸带动型"的新农业、新农村，切实繁荣农村商业经济，使更多的农民走向"商业致富之路"。

5.东部与中西部商业共同发展。

党的十五大已明确提出经济建设战略重心逐步西移的大政方针，这对我国中、西部地区来说是一次难得的机遇。商业的"投资门槛"相对较低，回报较快，最容易形成新的经济增长点，特别适合于作为中、西部的新兴产业乃至支柱产业。例如，根据兰州市是西北地区最大的铁路枢纽、黄河上游最大的工业城市，位处第二"亚欧大陆桥"的核心部位，具有"承东启西，辐射南北"的功能特征，国家已确定把兰州建成西北地区最大的商贸中心。这一工程的启动，对于兰州市甚至整个甘肃的经济可持续发展都有重要意义。我国沿海商业的快速发展，不仅积累了经验，锻炼了队伍，壮大了实力，而且为积极参与国际和内地商贸发展创造了机会。所以沿海不光要大力发展外向型经济，扩大商品的对外贸易，而且要加大与中、西部地区联合与合作，走共同发展之路，从而切实改善我国商业的地区结构，缩小地区经济差距，推动全国商业的现代化。

任务二 我国网络市场发展

※ 活动一 2015年中国互联网发展十大趋势

2015年，中国的网民渗透率将达50%，即近一半的中国人使用互联网上网。互联网已经成为中国人生活和工作形影不离的工具。未来两三年内，移动互联网将继续渗透到我们的生活和工作中，将在诸多方面改变和改善我们的生活和工作形态，产生更多的商业机会。未来中国互联网的发展呈现十大趋势：

趋势1：中国互联网用户普及率将过半，中国互联网网民数稳居世界第一

截至2014年6月，我国网民规模达6.32亿，互联网普及率为46.9%，较2013年底提升了1.1个百分点。2014年上半年，随着智能手机对功能手机的替代已经基本完成，智能手机用户已形成庞大规模，市场占有率已趋于饱和，增速呈减缓趋势，智能手机对网民普及率增长的拉动效果减弱。预计2015年年底，中国网民的渗透率将接近50%。2013年全球网民数为26亿，2013年比2012年的增长率为9%，但尽管如此，中国网民数稳居全球第一。2013年中国的网民数是第二名美国网民数的2.9倍，但中国的网民渗透率为46%，美国为83%，从渗透率来看，中国的网民数还有很大的发展空间。

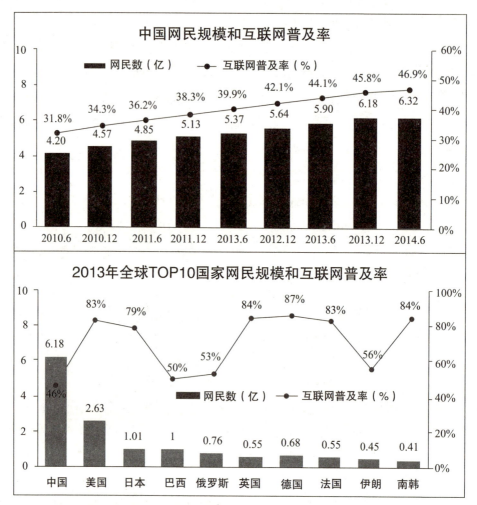

趋势2：互联网向移动端迁移，得移动互联网得天下

全球移动互联网使用量持续增长，占整体互联网的25%（截止到2014年5月），上年这一数据仅为14%，一年之内使用比例翻倍，亚洲移动网民的渗透率也从去年的23%增长至37%，增长速度极快。截至2014年6月，中国移动网民规模达5.27亿，较2013年底增加2699万人，中国移动网民的普及率（网民占中国人口比例）达39.1%，即近4成中国人在使用手机上网。同时，网民中使用手机上网的人群占比进一步提升，由2013年12月的81.0%提升至2014年6月的83.4%，手机网民规模首次超越传统PC网民规模。

互联网产品和服务也要跟着网民走。在2012年及2013年诸多大型互联网公司其移动端的流量已经超越PC端的流量，很多大型互联网企业PC业务用户往移动端迁移，呈现出PC业务增长放缓，移动业务增长迅速的态势。如果一个互联网企业没有在移动端的拳头产品，将很快被移动互联网的浪潮颠覆。在未来的两三年内，得移动互联网得天下。

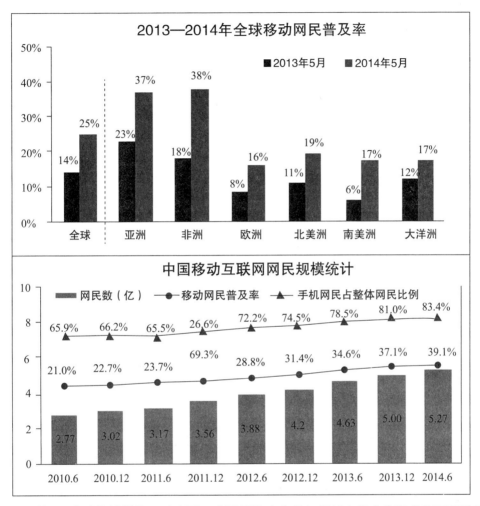

趋势3：全球传统媒体严重衰退，中国网络广告收入超越电视广告已成为不可逆转的趋势

中国主流媒介中，电视广告和报纸广告的收入市场份额从2009年开始出现明显的下滑态势，2011年，网络广告的收入超越报纸的收入；2013年，网络广告收入则超越电视广告收入，网络媒体成为第一大广告收入媒体；2014年，网络广告的收入份额还将继续增长，而电视则在继续下降，网络广告的收入份额将继续显著领跑市场。

在美国，虽然互联网广告市场份额还没有超越电视，但差距在逐渐缩小，尤其是互联网的媒介消费时长已经显著超越了电视的媒介消费时长，这将促进美国互联网广告市场的进一步繁荣，而美国市场的纸媒和广播无论是媒介消费时长还是广告市场份额，都在严重萎缩。

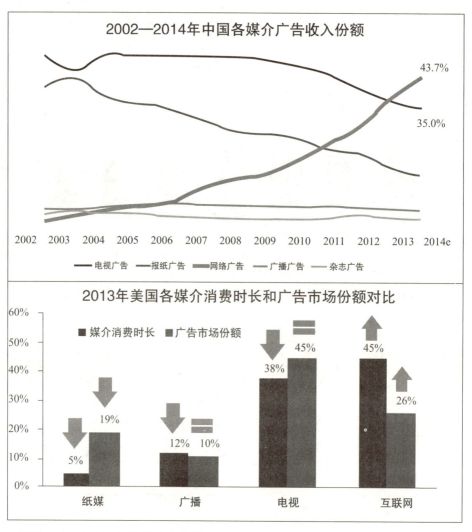

趋势4：网络广告将是效果广告的天下，以大数据精准广告将成为网络广告的重要发展驱动力

2013年以CPC和CPA为计费方式的效果广告，其市场份额达66.6%，2014年该比例将超过7成。在效果类广告为主流的中国网络广告市场，精准广告技术将成为网络广告市场的重要驱动力。我们看到360公司的点睛系统、腾讯的广点通等新的以大数据为基础的精准广告势力正在快速崛起，其市场地位已经可以跟传统的门户相当。游戏和电商是这些精准广告系统的主要客户群，随着这些客户群的进一步发展，以及精准广告

系统在大数据方面的进一步发力，我们有理由相信，这些以大数据驱动的精准广告势力将成为网络广告市场最为重要的变革和发展的驱动力。

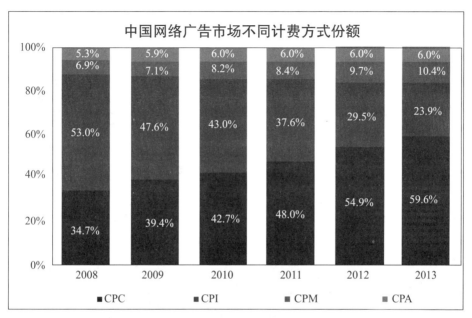

趋势5：互联网消费金融市场正在崛起，大型平台类互联网企业将驱动市场快速发展

互联网消费金融是指消费者通过互联网购买消费品提供消费贷款的现代服务金融方式，包括住房贷款、汽车贷款、旅游贷款、助学贷款等。中国互联网消费金融市场正处于发展的起步阶段，2013年中国互联网消费金融市场交易规模达到60.0亿元。从互联网消费金融交易规模构成来看，2013年互联网消费金融交易规模主要以P2P消费信贷为主，艾瑞咨询数据显示，该比例高达97.5%。2014年电商巨头首次进入该领域，2014年年初，京东率先推出白条服务，随后，7月份天猫推出分期服务。2014年电商巨头的强势切入，使得市场格局出现显著变化，2014年通过电商平台产生的消费信贷交易占互联网金融交易规模的32%，预计2015年该比例将增至40%以上，2016年将超过一半，通过电商平台产生的消费金融交易规模将成为市场主体。伴随着京东与天猫进入市场，2014年交易规模将突破160亿元，增速超过170%。2017年，整体市场将突破千亿，未来三年复合增长率达到94%。市场增长的驱动力来自于电商巨头的强势切入，以及更多的平台型互联网企业如房产网站、汽车网站加入该市场。

互联网消费金融交易规模统计及预测

图例：互联网消费信贷GVM（亿元） ● 增长率（%）

数据标注：
- 2011：6.8
- 2012：18.6，173.7%
- 2013：60.0，222.5%
- 2014e：156.4，160.4%
- 2015e：322.8，106.4%
- 2016e：720.7，123.3%
- 2017e：1368.0，89.8%

互联网消费金融交易规模构成统计及预测

图例：■ 电商生态消费信贷交易规模占比 ■ P2P消费信贷占比 ■ 其他

数据标注：
- 2011：99.0%，1.0%
- 2012：98.2%，1.8%
- 2013：97.5%，2.5%
- 2014e：32.0%，60.5%，7.5%
- 2015e：41.5%，53.4%，5.1%
- 2016e：53.2%，40.3%，6.4%
- 2017e：57.6%，35.0%，7.4%

趋势6：互联网正在大力往健康领域渗透，掀起互联网健康浪潮

越来越多的用户在使用互联网寻找与健康相关的解决方案，由此带动了移动互联网健康市场的迅速发展。最近3年时间内，无论是苹果、谷歌、微软等全球的高科技公司，还是BAT等国内互联网巨头都在觊觎移动健康市场，从移动挂号到日常健康管理服务，从健康监测到慢病预防和慢病管理，互联网健康浪潮正在兴起。

趋势7：在线教育拐点到来，未来市场快速成长

中国经济网数据显示，2014年上半年国内在线教育投资总额高达25亿元，国外在线教育投资总额为24亿元，同时8月份不低于10亿元，10月份不低于5亿元，预估2014年整年国内在线教育投资高达50亿～80亿元左右，全球的在线教育投资总额预估上百亿。

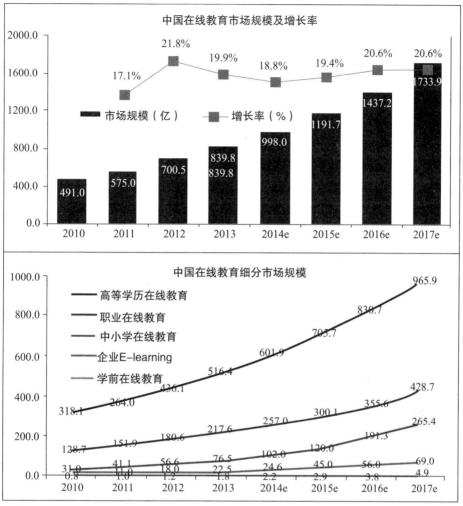

艾瑞咨询数据显示，2014年在线教育市场规模将达998亿，增长率达19%，市场仍然处于较快的速度成长。2015年，市场增长的拐点即将到来，未来三年2015年、2016年和2017年继续快速增长，增长率均在20%左右。学历教育、职业在线教育是市场规模高速增长的主要动力。但值得我们注意的是，中小学在线教育市场将比整个在线教育市场的成长速度更快，2014年中小学在线教育市场规模增长率为34%，未来三年2015年、2016年和2017年增长率分别为35%、39%和39%，呈现高速增长的态势。

目前的教育领域的变革主要是来自移动互联网和大数据。原来的互联网教育绝大多数依赖于PC端，互联网时代已经完全进入移动互联时代，有了平板电脑和智能手机之后，在线教育从相对集中的学习转变成碎片化学习的状态，这需要在线教育产品形态的转变；而由于大数据的发展也使得在线教育更加智能和科学，比如我们可以通过大数据建立错误题库去优化老师讲课的重点，或者通过大数据去辅助学生答题，科学评估学习成绩，优化学习重点，如猿题库、学习宝和优答。

趋势8：在线旅游市场竞争更加激烈，市场正在酝酿变局

2014年中国在线旅游预订市场交易规模将达2872亿。受到业内持续而大规模的价格战影响，在线旅游OTA市场营收规模2013年和2014年增速低于整体在线旅游市场。

中国在线旅游市场规模及增长率

中国在线旅游OTA市场营收规模及增长率

展望2015年，以下趋势依然持续：

（1）价格战，企业增收不增利。四家中国赴美上市OTA企业的第三季度财报显示，企业净利润依然加速下滑，但各方的价格战愈加火热。携程网第三季度净营业收入为21亿元，同比增长38%，但净利润2.17亿元，同比下降42%。这已是携程连续三个季度净利润负增长；去哪儿公司2014年第三季度总营收为5.011亿元，同比增长107.8%，但是归属于股东的净亏损扩大至5.662亿元。但携程依然在2014年12月宣布将拿出10亿进行大规模促销。同程和途牛也互相公开叫板。

（2）在线机票市场集中度更高。在线机票预订市场的价格战持续，中小在线代理商压力逐渐增大，利润率降低，OTA分销结构将逐渐集中。

（3）直销在线酒店地位继续提升。由于价格战将持续，促进直销类酒店网站继续崛起。目前在线酒店预订网站用户规模来看，去哪儿、携程、艺龙第一阵营，而直销类网站7天酒店在2013年也进入并稳踞在第一阵营；预计2015年还将会有1～2两家直销类酒店进入第一阵营。

（4）在线度假市场比在线旅游整体市场增速更快。2014年在线度假市场交易规模增长率达42%，远高于在线旅游市场的增长率（27.5%），2015年将继续保持高速增长，增长率将在35%以上。这主要是得益于度假休闲游的需求量逐渐增强，带动的租车、度假公寓等业务增长。

（5）在线门票受到在线旅游企业重点关注，竞争更加白热化。2014年是在线门票发展的元年，而2015年则进入白热化的竞争阶段。门票市场作为休闲旅游的入口，更容易交叉销售度假产品，因此抢占门票市场有助于对于度假市场的开发。

（6）出境游热度逐渐提升。随着旅游预定的用户的收入增加及生活质量的提高，用户对出境游的需求更加强烈。预计未来几年，在线预订出境游热度会不断提升，份额进一步扩大；同时，将会出现更多专注出境游的互联网企业。

（7）移动端的迁移和竞争更加激烈。很多大型的在线预定企业其移动端流量已经超过PC端流量，在线旅游价格战与服务战已经由PC端转移向移动端，2015年移动端的竞争更加激烈，在线旅游企业将继续加大移动端的大幅度促销和返现。

趋势9：房产领域O2O做闭环，加速转型迎发展

2014年我国房地产市场步入调整期，各地商品住宅库存量高，对市场预期的转变进一步影响了整体新开工节奏，房地产投资增速明显下滑。市场观望情绪显著，开发企业的投资和推盘节奏都有所调整。2014年以来市场成交量整体下行，市场成交较去年大幅下降。中国指数研究院的数据显示，2014年1—11月，50个代表城市月均成交2273万平方米，同比下降13.6%，与2012年同期基本持平，分别高出2010年、2011年同期10.6%、24.5%。房地产行业以上的影响已经传导至房地产网站，导致房产网站营收增长放缓。以上市公司搜房网为例，2014年其营收预计在7.3亿美元，年度营收增长率为15%，比2013年的48%显著下滑。在此背景下，房产网站积极主动变革，做销售闭环，加速转型。

未来一年房产领域值得关注方向包括房产O2O、家居O2O、社区O2O和房产相关互联网金融。

（1）房产O2O。房产网站积极谋求销售闭环，不仅仅帮助线上推广，还需落实到线下的售楼环节，实现规模成交。搜房、乐居、安居客和365房产网等均在不同程度实现房产O2O。

（2）家居O2O。主要有几种模式：房产网站和家居网站开通线下实体店体验，线上销售模式；传统家居商场自建电商平台模式；传统家居商城联盟，自建联盟网站的网络团购模式；传统家居企业在电商平台销售的模式。

（3）社区O2O。从蔬菜、水果到物业、家政服务等社区购物和服务，均为社区O2O的服务范围。以万科、花样年为代表的房地产商，阿里巴巴等电商公司，搜房及365房产网等房产网站，以及民生银行(行情、问诊)、兴业银行(行情、问诊)等金融机构已经在不同程度进入该领域。

（4）互联网金融。为了更好地做闭环，很多大型房产网站进入互联网金融领域，主要瞄准用户购房和装修过程中贷款问题。2014年，我们看到房产网站在互联网金融方面的一系列大动作：搜房网通过成立互联网金融信息服务有限公司，并引入多方战略合作模式布局互联网金融体系。新浪和易居中国联手成立房金所金融服务股份有限公司，推出互联网房地产金融服务平台"房金所"。365房产网拟成立金融信息服务有限公司。

趋势10：社交平台将加速生态整合，以社交为基础打造沟通、娱乐、生活、购物和学习一站式服务平台

在三大类社交应用中，整体网民覆盖率最高为即时通信，第二社交网站，最后为微博。即时通信（IM）在整体网民中的覆盖率达到了89%。而值得我们注意的是，腾讯几乎领跑了这三类主流的社交应用市场。即时通讯领域，腾讯的QQ和微信的网民渗透率分别到78%和65%，QQ空间的网民渗透率也达57%，腾讯微博为27%，仅比新浪微博低1%。最为值得关注的是微信，上线后仅用四年便取得了65%的网民渗透率，发展速度极快。

未来一年，各社交平台将加速社交相关生态的整合，以社交为基础打造沟通、娱乐、生活、购物和学习的在线一站式服务平台。

（1）在沟通方面，腾讯提出乐在沟通的产品理念，QQ和微信将继续提升语音和视频沟通的产品体验，尤其是QQ在多人视频沟通方面，以提升在工作场景和教育场景下的一对多和多对多的沟通体验；新浪微博也在测试群沟通功能，期待在社交沟通方面抢占更多的份额。

（2）在娱乐方面，腾讯、新浪、人人等社交平台都积极为用户提供PC游戏和移动游戏服务，在社交用户的大盘上进行很好的游戏商业化，2014年这些社交平台在移动游戏已经取得了不错的发展，预计未来两年将更为重视社交用户的移动游戏方向。

（3）在生活方面，2014年初，腾讯投资入股大众点评，占股20%，快速抢占生活O2O的入口；而在更早之前，腾讯就投资了嘀嘀打车。未来一年，在生活化方面社交平台将继续加速整合的速度，以投资或者收购的方式快速拓展市场。

（4）在购物方面，2014年初，腾讯以2.14亿美元入股京东15%的股份，合作有利于两者在电商领域的快速发展；而在2013年，阿里巴巴以5.86亿美元购入新浪微博18%的股份，同时两者展开全面战略合作，在未来，阿里还有权按事先约定的定价方式，将新浪微博的持股升至30%。在未来一年，社交平台将继续加大电商领域的合作力度，尤其是促进社交和移动电商的融合。

（5）在学习方面，社交平台将发挥其天然沟通能力和用户资源的优势，发力在线教育。以腾讯为例，"腾讯课堂"从两方面发力在线教育：一方面以QQ群为网络课堂做直播教育，而另一方面以精品课为资源平台做录播教育。同时，腾讯和新东方在2014年7月宣布成立合资公司"微学明日"，进军移动学习市场。2014年2月YY也正式宣布进军在线教育，分拆出独立品牌100教育。预计2015年，社交平台更加重视教育市场的发展和投资，竞争愈加激烈。

※　活动二　我国网络购物交易规模增速快

根据艾瑞咨询发布的2014年中国网络购物市场数据，2014年，中国网络购物市场交易规模达到2.8万亿，增长48.7%，仍然维持在较高的增长水平。根据国家统计局2014年全年社会消费品零售总额数据，2014年，网络购物交易额大致相当于社会消费品零售总额的10.7%，年度线上渗透率首次突破10%。

未来趋势：渠道下沉、行业渗透范围扩大及跨境电商将成为行业未来发展趋势

渠道下沉：三四线城市及乡镇地区居民的收入水平不断提高，购物需求日益旺盛，在一二线城市网购渗透率逐渐饱和的情况下，需求旺盛的农村市场开始成为各电商企业发力的新重点，近两年来大量电商企业通过刷墙、建立服务点等方式进入农村，物流公司也开始覆盖乡镇等配送范围，未来几年，电商将持续向三四线城市及乡镇地区渗透。

加速向各行业渗透：随着电子商务进程的加深及网络销售商品品类的不断扩充，除了电商行业内先发品类如服装、3C家电、化妆品等线上渗透率不断提升外，偏服务及体验的产品如商旅、保险、基金等产品的线上发展水平也在不断提升，此外，重服务的家装电商、医药电商等也开始快速发展。

跨境电商快速发展：从政策层面看，国家出台了一系列跨境电商促进政策并先后批准上海、宁波、郑州等市开展跨境电商试点，为跨境电商提供政策支持。从市场需求看，除了国外消费者对中国国内物美价廉商品的巨大需求外，随着社会消费水平的提高中国消费者对海外优质的品牌商品也有同样旺盛的购买需求。从企业来看，除了既有行业内的大量外贸电商企业外，内贸电商企业也纷纷实施国际化战略，布局跨境

电商业务。未来几年，在行业前景明朗、政策利好及市场需求旺盛的共同推动下，未来跨境电商行业将会获得快速发展。

任务三　我国商业中心分布及大宗商品流向

※ 活动一　我国商业区和商业中心

（一）我国商业区划的依据和体系

1.中国商业区划的依据

所谓商业区划，就是在扬长避短，发挥地区优势的前提下，根据商品流通发展的客观需要，遵循商品流通的客观规律，按照一定原则对客观存在于中国国土之上的商业地域综合体所进行的科学划分。和综合经济地理区划相似，商业区划是以商品流通的地域差异和区际联系为前提，以科学地界定核心商业中心的吸引辐射范围及其与周围地区的合理经济联系为其中心环节，通过对商业区发展条件、今后发展方向的分析、评价，揭示各商业区的内部结构和主要特点，指出其商品流通网络发展的主要问题和措施，为商业的尽快发展提供依据。

划分中国商业区的依据主要有：①依托中心城市，充分考虑商业中心城市的规模及其吸引辐射范围的合理性；②充分考虑商业中心城市与周围地区的经济协作状况，使商业区划符合区际商品流通的特点与要求；③确保商业区整体功能的优化，使各个商业区内各组成要素相互联系，形成具有最佳功能的整体；④力求商业区划与经济区划相一致，同时尽可能保证行政单元的完整性；⑤力求商业区现状特点与远景发展相一致。只有充分体现这几条依据的要求，才能保证形成符合市场经济规律的科学的商业区划。

2.中国商业区划的体系

遵循上述依据，中国的商业区划体系大致可分为三级：

一级商业区——以特大城市为核心，比较完整的交通运输网为渠道形成的生产、流通、消费等相互独立的地域单元。一般由若干省、市、自治区组成，其范围大小与该区域内全国性商业中心吸引范围相吻合。我国目前有华东、华北、东北、华中、华南、西南、西北7个一级商业区。

二级商业区——一般是以省、自治区的政治、经济、文化和交通中心为核心形成的。它既是该区域的商品生产基地，又是商品流通与交换的基地，同时还承担着劳动地域分工的专门化生产任务。

三级商业区——主要是以地方性商业中心为核心形成的低级商业经济区。其辐射范围较小，常常是地区的商品集散中心和自给性消费品的生产基地，承担联系城乡经济、工业和农业、生产和消费的重要任务。

(二)中国的商业区及其主要商业中心

1.华东商业区

包括苏、浙、皖、沪3省1市，以上海为核心。地处长江下游，濒临黄海与东海，不仅拥有我国著名的粮食、桑蚕、棉花、淡水鱼生产基地，也拥有我国最大的轻纺工业乃至综合性工业基地。水陆空交通便利，是我国对外开放的前沿阵地，商品资源极为丰富。本区内部商业经济联系紧密，而且有大量商品调出区外，支援全国各地或出口海外，因此在全国商品流通中具有举足轻重的地位，是我国面积最小，但商品经济最发达的一级商业区。区内3省1市商品、物资、科学技术及信息等方面优势互补、紧密联系。历史上早就形成了以上海为中心，从沪宁杭商业区逐步向外辐射的地域流通综合体。沪宁杭地区大量的工业品，特别是纺织品、五金交电化工商品、日用百货、文化用品和机械产品，源源不断地运往苏浙皖三省，而苏浙皖三省的农副产品、工业原燃料及部分工业产品，则以沪宁杭为主要市场和集散地。

上海：是本区乃至全国最大的商业中心，也是世界著名的大都市。优越的地理位置，发达的水、陆、空交通，极强的商品生产能力和广阔的腹地是上海得以发展为我国最大的商业中心的基本条件。上海经济联系遍及全国，产品畅销国内外市场，在商品流通中担负着支援全国工农业生产、保障国内市场供应的重要任务。1995年年末，上海拥有批零贸易和餐饮业网点163368个，社会消费品零售总额达940.04亿元，居全国之首。外贸方面，已与170多个国家和地区建立了经济贸易关系。上海商业中心在商品的生产能力、供应市场的商品量、内外贸易额、社会消费品零售总额、商品周转速度、商业情报灵敏度、商情预报水平及证券市场和金融服务等方面，均居全国主要商业中心之首。

2.华北商业区

包括京、津、冀、晋、鲁五省和内蒙古中西部。位于黄河中下游及海河流域，东濒黄海、渤海。本区拥有我国最大的能源工业基地，重要的钢铁基地和商品粮棉基地，商品资源丰富，商业活动历来相当发达。北京、天津是本区最大的两个商业中心，以京广、京九、京沪、京沈、京包等铁路干线为轴向外辐射，拥有京、津、唐(山)、张(家口)城市群，京广铁路沿线城市带，山西能源基地带和山东半岛开放地带，海河流域、汾河谷地和山东半岛乃是本区商品经济的发达地带。除铁路外，公路和海河运输也相当发达，使区内各省市之间农副产品、工业品和原燃料形成密切的产销联系。区内商品流通和货流以京、津、冀、鲁、晋最为集中，内蒙古中西部与京津贸易中心的商品流量也比较大。

北京：是我国的首都，全国的政治、科技、文化中心。它凭借东北与华北联系的枢纽和我国铁路、航空运输总枢纽的区位优势，经济联系遍及全国各省市区和世界许多国家和地区。现已发展成为一个门类齐全的工业基地，是我国北方最大的商业中心，商业服务较为发达，拥有批零贸易和餐饮业网点254127个，社会消费品零售总额达827亿元，在全国各大商业中心中仅次于上海，居第2位。

天津：是中国有名的商业中心之一，也是一个综合性工业基地。天津商业设施齐全，商品集散面广，大商业、大流通的格局基本形成。截止至1995年，全市拥有批零贸易和餐饮业网点165660个，社会消费品零售总额达375.63亿元。

3.东北商业区

范围包括辽、吉、黑3省和内蒙古东部兴安、呼伦贝尔、哲里本和赤峰3盟1市。本区发展工农业生产的条件优越，现已建立了规模较大的钢铁、机械、石油化工、木材、粮食、大豆等专业化生产部门，拥有我国重要的重工业、农林牧业基地和著名的商品粮基地。本区以沈阳为核心，以4纵4横的格状铁路网为纽带，把全区产、供、运、销联成一个有机整体。区内各省区在长期的生产发展中形成了极密切的经济联系，主要是辽宁以其钢铁、机械、电力、矿石、建材、盐、纺织品、水产、水果等供应黑吉两省和蒙东地区，而黑吉和蒙东则以大量的煤炭、木材、原油、粮食和畜产品支援辽宁。

沈阳：位于辽河平原中部，是我国的重工业基地，工业基础雄厚，技术条件好。它是东北和全国的交通枢纽，东北最大的商品集散中心，商业发达。1995年全市拥有批零贸易、餐饮业网点142371个，社会消费品零售总额达295.4亿元。

4.华中商业区

包括豫、鄂、湘、赣4省。位于黄河中下游地区和长江中游地区，具有全国东西南北4境过渡和水陆交通枢纽的区位优势，起承东启西、沟通南北的重要作用。自然条件优越，发展历史悠久，形成了钢铁、有色金属、电力、纺织和食品为主的工业体系，是我国粮、棉、油、茶、麻等作物的集中产区，商品货源充足。武汉是本区的核心商业中心，凭借纵贯南北的京九、焦枝、枝柳等线和横贯东西的陇海、浙赣、湘黔、汉丹、襄渝等线，把以襄樊为中心的鄂西，以长沙、湘潭、株洲为中心的湘中及以南昌为中心的赣北等商业核心区联系起来，又通过长江航道沟通本区与西南和上海的商品经济联系。

武汉：素有"九省通衢"之誉，是全国水陆空重要交通枢纽，是我国中部最大的商品集散中心，全国较大的商品集散和转运中心。已建成轻重工业门类比较齐全的综合性工业基地，商品流通发展迅速，拥有批零贸易，餐饮业网点118547个，社会消费品零售总额302.61亿元。近年来，武汉对外经济联系和进出口贸易有较快发展，1995年进出口贸易总额达34.09亿美元，目前与港澳、东南亚、日本、美国等国家和地区有密切的贸易往来。

5.华南商业区

包括粤、桂、闽、琼4省区，背靠我国内陆广大腹地，面向东南亚，毗邻我国港澳台地区，具有沿边、沿海开放的区位优势，是我国对外开放的门户。该地区自古以来即与东南亚及港澳台地区有着密切的经济联系和广泛的血缘关系。广州是本区的核心商业中心，有广深、广三、京广、京九铁路在此交汇；内河航运和海运也相当发达，因此它对全区有极强的吸引辐射力。本区工农业生产发达，是我国粮、糖、热带经济作物和水产品的主要货源地，商品货源多，但由于人口众多，消费水平高，尚需其他地区支援部分商品，以满足区内需要。

广州：位于珠江三角洲，近港澳，拥有优越的地理位置和交通条件，是华南重要的工业基地，不少产品因独具特色而享誉海内外。1995年以来，全市拥有批零贸易业、餐饮业网点213486个，社会消费品零售总额达546.83亿元。由于对外开放历史早，又借地利之便，因此对外科技文化和经贸联系异常紧密，每年春秋定期举办的"广交会"是我国各地商品打入国际市场的一个重要"窗口"。

6.西南商业区

包括川、滇、黔、藏4省区和重庆市，位于我国西南部，与老挝、缅甸、越南等国接壤，具有向南亚诸国开放，发展对外陆上贸易的优越条件。本区自然条件复杂，资源丰富，政治、经济、文化、科技发展很不平衡。重庆市是本区的核心商业中心，四川盆地则是本区人口最稠密，经济最发达的地区，滇、黔、藏3省经济相对落后，但由于地理毗邻，历史上就与川渝地区存在着商品流通联系，因此也成为以重庆为中心的商业区的一部分。

重庆：是我国第四个直辖市。位于长江、嘉陵江汇合处，有成渝、川渝、襄渝等铁路干线在此交汇，是西南水陆交通枢纽及最大的政治、经济、文化和商业中心，已建成轻重工业门类齐全的综合性工业基地。目前除了与区内3省间有传统的密切往来外，还凭借其发达的水陆交通，产销联系远达华南、西北、华北乃至东北等地。至1995年年底，全市拥有批零贸易和餐饮业网点23.4万个，全年实现社会消费品零售总额274.46亿元。

7.西北商业区

包括陕、甘、宁、青、新5省区，是我国最为特殊的一个商业区：地域面积辽阔，以西安为核心商业中心，兰州和乌鲁木齐为次要商业中心，沿陇海、兰新铁路干线呈三点一线格局，又借助包兰、兰青线向两翼展开，把全区商品经济活动连成一个整体；其中西安辐射陕西和陇东地区，兰州辐射甘、宁、青3省，乌鲁木齐市辐射新疆。

本区自然条件复杂，区位不佳，故经济较为落后；但资源丰富，是我国畜产品和工业原燃料的重要供应地，其他商品，尤其是轻工业产品数量不多，有赖于区外支援。

西安：位于关中平原中部，我国东西运输大动脉——陇海铁路线上，是西北最大的经济中心。西安所依附的关中平原生产发达，农产品丰富。西安又是一个机械、纺织、电子等工业为主，门类齐全的工业基地，棉纺织品、手表、缝纫机、自行车等产品的生产在全国占有一定地位。西安城历史悠久，曾为六朝古都和历史上著名的商业中心之一。1949年以后曾被列为内地建设的重点之一。现拥有批零贸易和餐饮业网点91622个，各类集市贸易成交额达102.6亿元。对外贸易成效显著，出口商品覆盖101个国家和地区，其中向31个国家和地区的出口额超过了百万美元。

※ 活动二　我国商业网点的发展和布局

(一)商业网点的分类

各类商业经营企业、商品货流和商业信息流及商业经济区域的相互联系，在空间上集中表现为点、线、面相结合的多层次的动态网络系统，该网络的合理布局和运行就使商品或商业信息在一定的地域空间内自由流动，即完成了商品在不同地域内的购、销、调、存。其中各类商业经营企业就叫商业网点。在《中国统计年鉴》中，商业网点包括本批发零售企业或单位设立的从事批发、零售贸易业务的自然单位(包括企业或单位自身)，凡具有独立固定的营业场所，配备一定的业务人员，不论单位大小，不论是否单独核算，均按自然网点计算，即有一个点就算一个网点，但不包括同一营业场所内各柜组以及派出的流动推销小组、流动售货柜。商业网点是商品流通的落脚点，其结构和布局决定着商品流通的广度和深度。它与商品经济的发展及市场的繁荣息息相关。因此，合理布局商业网点是加速商品流通，减少流通费用，促进生产发展，方便人民群众的基本环节。

改革开放以来，随着市场体系的发育和市场机制作用范围的扩大，我国市场配置资源的基础性作用逐渐加强，商品流通渠道的发育和发展也十分迅速，其中商业网点尤其在数量、质量和类型上都获得了极大的发展。

按照在商品流通中的地位和作用可以把商业网点划分为批发商业网点和零售商业网点。批发商业网点处于商品流通的起点或中间环节，有联系生产和指导消费的职能；零售商业网点处于商品流通的最后环节，是消费者购买商品的场所。按照网点的空间布局，可以划分为城市商业网点和农村商业网点：城市商业网点数量少，规模大，业态构成复杂，布局集中；农村商业网点数量多，规模小，分布零散。按网点的经济类型，可以分为国有经济、集体经济、私有经济、个体经济、联营经济、股份制经济、外商投资经济、港澳台投资经济等商业网点。1995年年底，全国批发零售业网点数为1496.2万个，其中国有经济占4.2%，集体经济占7.6%，个体经济商业网点数占86.8%，这些经济类型不同，经营手段各异的商业网点构成了商品流通网络主体的多元化格局。按照商品经营范围划分，有专业性和综合性商业网点：前者经营的商品种类单一，但品种、款式齐全；后者经营种类多种多样，但可供选择的规格、款式单一。其他分类形式还有：按照经营规模可分为大、中、小型商业网点；按经营组织机构的组合情况可分为连锁经营和独立经营的商业网点；按经营方式可分为固定、流动和邮寄商业网点等。

类型、规模、经营品种不同的网点在特定空间上自然联系就形成了商业网点群，其在空间上的聚集程度则因交通状况、区域经济发展水平、人口密集程度等因素的不同而变化。

(二)批发商业网点的发展和布局回顾

批发商业网点处于商品流通的起点或中间环节，既联结着商品的生产企业，更与零售商业网点紧密相连。随着市场体系的发展，一部分中小型批发商业网点批零一体化倾向日益明显，这种批发商业网点在一定程度上也联系着消费者，但主要还是发挥着联系生产、指导消费的职能，是组织城乡之间、地区之间商品流通活动的枢纽。所以，批发商业网点的地点选择和企业规模大小以追求经济效益为前提，通常按所经营商品的种类、构成、流通量的大小和供应对象布局，应设置在商品流通线上适当的地点，或在工农业生产专业化程度较高的商品生产基地，或历史上自然形成的农副产品生产交换中心。

在计划经济体制下，批发商业网点按行政区划依照"一、二、三、零"的商品流通模式布局，并按照固定供应区域、固定供应对象、固定倒扣作价率的"三固定"批发方式组织商品流通。其中，全国工业品各级批发网点称为采购供应站，一级采购供应站是全国性商业批发企业，截至1983年全国共有34个，划分为纺织品、日用工业品和石油燃料等门类，分布于北京、上海、天津、沈阳、武汉等大城市；二级采购供应站为省属企业，到1980年增加到1058个，分散在全国200多个城市中；三级站是市、县所属的地方性基层批发机构，处于商品流通的最后一道批发环节，分布在销售地和临近零售网点的密集区，遍及全国各个县。而农产品收购、批发商业网点多分布在农产品集中产区和交通运输方便的农产品集散地。

改革开放以来，特别是1983年实行商业体制改革以后，我国商业逐步实现了多种经济形式、多种经营方式、多种流通渠道和减少流通环节的"三多一少"流通体制。

从1984年起，国营商业改变了一、二、三级批发站按行政区划多层划分的体制和商品计划分配的方法，将上海、天津、广州等一级批发站全部下放到所在市，采取联营的过渡形式实行双重领导，以市为主；原省、市、自治区所属二级站陆续下放到市，实行站、司合并，专业划细，批零兼营；县属的三级站也积极改革，一是保留专业批发商店，二是改为综合性批发公司，三是将原有的专业批发公司分别并入较大的零售商场，批零兼营；大中城市则增设了专业批发商店。总之，商业改革使批发企业成为自主经营的经济实体，相互之间由从属关系变为平等的业务关系，变单一经营为联合经营，各批发企业之间、批发与零售企业之间都可以建立直接的供货关系，横向经济联合和多种批发形式不断涌现；取消了农副产品统购、派购和日用工业品的统购包销制度，普遍推行合同定购、选购、议购和自销、代销、议销等购销形式。计划管理的商品品种不断减少，市场调节范围不断扩大。

目前，在全国范围内，一个工业品以城市为中心，农副产品以集散地为中心的批发体系已逐步形成，其地域分布也已日趋合理。

(三)中国零售商业网点的发展和布局回顾

零售是商品流通过程中的最后一道环节，它直接与消费者接触，因而具有涉及面广、数量庞大、种类繁多、类型复杂等特点。零售网点利用各种经营业态和营销方法将商品输送到城乡各个角落的居民手中，缩短了消费者与商品的时空距离，既方便了广大人民群众的生活，又实现了商品的价值和使用价值。所以零售商业网点一般要求布局在交通便利的地方，以适应商品的购销与运输的频繁和及时性，还要求做到集中与分散相结合、专业与综合相结合、大中小相结合、固定和流动相结合，从而使零售网点的布局最优化。

近年来，我国零售商业网点发展迅速，1995年零售商业网点总数达到1328.7万个，零售从业人员达到2995.1万人，与1978年相比，分别增长了10倍、4.3倍；从社会零售贸易业每一网点服务的人口数看，1995年为91人，而1978年、1980年、1990年分别为919人、671人和131人，呈明显减少的趋势，这充分反映出零售商业网点设置已逐步与经济发展、人口增长、群众消费水平的提高相适应、相协调。从商业网点的经济类型看，国有、集体经济的网点所占比重在逐年下降，而非国有商业发展较为活跃。1995年在全国零售贸易业网点数中，国有经济占2%，集体经济占5.4%，个体经济占91.5%，而在社会消费品零售总额中，这三者所占比例分别为29.8%、19.3%、30.3%。这说明，以国有商业为主渠道，个体、私营商业、中外合资合作商业为必要补充的多种流通渠道、多种经济成分、多种经营形式的开放式零售格局已经形成。从零售贸易业网点密度来看，沪、京、津、苏、鲁、浙、粤等省市网点数量多、分布密度大，新、青、藏三省区分布密度小，这体现了沿海经济发达、人口稠密的地区网点较多、较密；内陆、边疆经济欠发达、地广人稀的地区网点分布较分散。目前，零售商业网点的发展有两种大的趋势：①在经营规模上，两极分化现象明显。在规模经济效益的吸引下，一方面，城市中大型商业网点的建设速度加快，规模增大，布局日趋集中。1994年，全国年销售额超过1亿元的百货店超过200多家，其中90家超过3亿元，7家超过10亿元。截至1995年年底，北京拥有营业面积万平方米以上的百货店达48家之多；众多中小型零售企业则通过积极发展连锁经营这一手段来扩大自身的经营规模。在零售网点数迅速扩张的同时，网点规模的小型化、分散化、组织程度低的现象也日益明显。1994年，全国零售贸易业网点数为1187.5万个，其中小型企业便占了96.4%。②在经营业态上，我国零售业正处于百货商店的鼎盛时期，连锁经营、超级市场、购物中心、各类专卖店、便民店、仓储式商场等各种组织经营形式正在进入流通网络。

就城市和农村的地区分布来看，我国零售商业网点在营业网点规模、业态构成、布局特征上有很大差别。

在我国各种类型的城市中，零售商业网点的分布一般都以群式集中分布为主，零散分布为辅，相互协调，成龙配套，一般有3~4级设置。

1.一级商业网点群

又称大型商业网点群，是全市商业的中心，主要为全市居民和外地流动人员服务。通常以市内著名的大型综合商店为核心，由几十家甚至几百家规模不等、经营形式多种多样的专业商店和综合商店组成，一般设置在市区位置适中、交通便利的主要街道上，如北京的王府井、西单、前门，上海的南京路、淮海路、金陵路、四川北路、豫园，兰州的西关什字、铁路局、南关什字等。经营商品以高中档商品为主，其商品种类齐全，挑选性强；商店规模以大中型为主，也有小型零售商业网点；商店多为老字号、购物环境优雅的专卖店等。该类商业网点群反映了一个城市经济、文化和社区生活风貌，是全市乃至全国商业的窗口，也形成了所在城市独具特色的游览风景线。

2.二级商业网点群

又称中型商业网点群，是城市中的区域性商业中心，主要为城市内各区居民和部分流动人口服务，对一级商业网点群起一定的分流作用，对更次一级商业网点商品可挑选性不强的缺点起补充作用。网点构成以中型百货商店、各类专业商店为主，小型商业网点和个别大型商店为辅。一般均设置在区内交通便利的地方，如北京的东四、西四、新街口、火车站，兰州的盘旋路、东方红广场、西站等。经营商品种类齐全，高中低档商品齐备，并以中档和低档商品为主要经营对象，网点规模大中小结合，但以中小为主。

3.三级商业网点群

又称小型商业网点群，是居民区的商业中心，主要为附近居民服务。网点规模较小，混合经营，服务项目多种多样，经营品种以居民日常需要、购买次数多、数量零星的生活必需品为主，款式规格单一、挑选性不强；商店类型有小型综合商店、副食杂货商店、方便店、小型超市以及流动摊点。一般设置在小街道的交叉道口和居民居住小区的中心。由于该类网点对方便城市居民就近购买日用必需品有重要作用，所以在各类居民区的设施配套都给予了适当考虑和布局。

4.四级商业网点

即方便店。是城市居民区附近的小网点，是三级商业网点群的必要补充。网点规模小、数量多、靠近消费者、经营时间长，利于群众随时购买，经营类型多为一般方便店和各种流动摊点。经营品种是居民日常生活必需且零星购买的商品。

在中国，只有少数特大城市才有四级网点布局，如北京、上海等。大多数大中城市均以三级设置为主。一部分小城市零售商业网点的布局只分二级设置，即在市中心区位优越，交通便利的地段设置一个全市性商业中心，在各居民区内设若干个小型商业中心。

我国农村地区零售商业网点的分布格局与城市显著不同。首先，农村地区人口密度低于城市地区；其次，居民点分布远较城市分散；最后，农民人均收入水平和购买力普遍低于城市居民。基于这三个特点，零售商业网点在类型上多是一些综合性的，经营商品种类较多，规模较小的网点，其空间布局一般是在人口相对集中的地方形成固定网点，在网点和居民点之间由流动供应网点来补充。其组成多为以县城网点为中心，集镇网点为骨干，联系乡村零散网点的三级商业网。

今后，随着我国农村经济的不断发展和农民生活水平的日益提高，以及城市化进程的明显加快和城市范围的稳步扩大，在城乡接合带将会出现一系列新的商业网点。它们主要以中型百货商店、超级市场和方便店的形式出现。其所经营的商品将会种类齐全，物美价廉，以充分满足城乡居民就近购买的需要。

任务四　我国对外贸易发展与物流

※　活动一　我国对外贸易地理

一、2010—2014年我国对外贸易进出口发展现状

（一）2010—2013年我国对外贸易进出口情况

2010年，我国对外贸易进出口总额同比增长34.7%，由于受到世界经济复苏乏力、国际市场需求降低及国内企业经营成本不断上升等因素的影响，是我国对外贸易进出口总量在2011年下半年出现了增速放缓的现象，2011年对外贸易进出口总量全年同比增长22.5%，比2010年减少12.2个百分点。2012年，我国对外贸易进出口增速继续放缓，上半年同比增长8.0%。2013年，增速在2012年的低增长的状态下继续缓慢增长，只增长了7.6%，见图5-1。

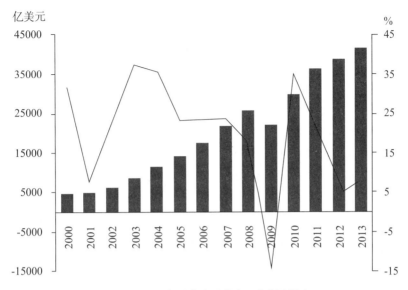

图5-1 2000年以来中国进出口总额及增速

（二）2014年我国对外贸易进出口情况

2014年前三季度，中国进出口总值31626亿美元，增长3.3%。从分季度看，对外贸易进出口的增速在逐渐回升。一季度，受国际市场与上一年同期高基数的影响，进出口下降了1.1%，出口总量下降了3.5%。但是第二和第三季度，随着国际市场需求的增长以及国家外贸政策的影响，第二季度进出口增速上升至3.4%，第三季度进出口增速上升至7.4%，其中第二季度出口增长5%，第三季度出口增长13.1%。但是前三季度进口增速较缓慢，分别同比增长1.6%、1.5%和1.2%。9月份开始，进口增长7%，扭转了7、8月份的下降态势，出现回升迹象。见图5-2。

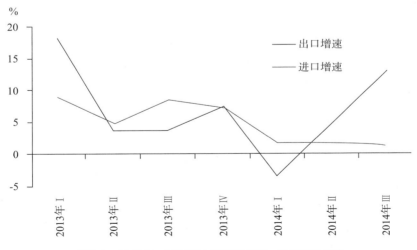

图5-2 2013年、2014年中国各季度进、出口额及增速

1.我国对外贸易发展中存在的问题

（1）对发达市场的出口比重仍然较高

随着出口市场多元化战略的稳步实施，近年来我国对发展中国家市场出口所占比重有所上升，对发达国家市场依赖度有所下降，但是从整体来看，我国对发达市场的出口比重仍然较高，而对发达市场（欧盟、美国、日本、中国香港、东盟）的出口比重仍然在55%左右，见图5-3。其中美国和欧盟是我国主要的出口市场。形成这种贸易结构的主要原因是我国在对外贸易的区域分布上主要倾向于距离较近、地理位置较近的地区或国家，因为这些地区或国家与我国的风俗习惯和文化差异较小，市场需求较为相近，在市场开拓方面更加容易。但是从国家经济发展的程度来看，我国对外贸易主要倾向于发达国家，只要是因为发达国家市场需求比较大，从而使我国对这些发达国家的贸易出口总量不断提升。

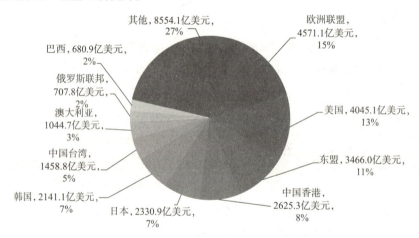

图5-3　2014年前三季度中国与主要贸易伙伴进出口额及其比重

2.对外贸易结构转型尚未完成

近年来，我国要素成本上升较快，在一定程度上削弱了制造业的成本竞争力，但是我国对外贸易出口的产品依旧主要以劳动密集型产品为主。2014年前三季度，我国劳动密集型商品出口增长较快，而机电产品出口增速偏低。2014年前三季度，中国纺织品、服装、箱包、鞋类、玩具、家具、塑料制品等7大类劳动密集型商品出口3593亿美元，增长6.3%，高于整体出口1.2个百分点；而机电产品出口9402亿美元，仅增长1.9%；自动数据处理设备及部件、手机、集成电路等主要电子产品出口额均低速增长甚至负增长。

3.近阶段我国对外贸易的发展

我国对外贸易之中虽然存在问题，但相对来看，我们不难发现近几年来我国对外贸易相对质量有所提升，效益也有所提高，在结构方面也有所优化。

（1）贸易战略伙伴多元化

虽然我国发达市场的出口比重仍然较高，但是从近几年的发展状况来看，欧盟，美国还有日本等传统市场相对出口比重有所下降，2014年相对于2013年对欧盟、美国、日本、中国香港这些国家，出口比重下降了2.6%左右，同期我国相对东盟、俄罗斯和南非增速相对明显。

（2）我国国内贸易区域的布局日趋均衡

2012年以来，相对广东等七个省市在全国占比有所下降，呈现非常活跃状态的为中西部地区。2013年，中西部地区进出口5626亿美元，增长14.3%，高于全国增速6.7个百分点，占进出口总额的比重为13.5%；云南、宁夏、贵州、甘肃、重庆和河南出口增速均超过20%；而东部地区进出口35977亿美元，增长6.6%。2014年前三季度，中西部地区外贸发展成为中国外贸发展的主要动力和最大亮点，进出口增长17.3%，对全国进出口增长的贡献率达68.4%，占进出口总额的比重为14.7%；重庆、广西和湖南出口增速均超过20%；而东部地区外贸增长速度明显放缓，前三季度增长1.2%。可见我们国内贸易区域的布局日趋均衡。

（3）我国对外贸易主体结构更加趋于合理

我国对外贸易主体民营企业相对有所上升，外商投资企业外贸进出口逐渐降低。2013年，民营企业进出口1.49万亿美元，增长22.3%，占进出口总额的35.9%，比2012年提高了4.3个百分点。2014年前三季度，民营企业进出口11480亿美元，增长4.4%，占进出口总额的36.3%，比2013年提高了0.4个百分点。而外资企业进出口14483亿美元，增长3.2%。可见我国对外贸易主体结构更加趋于合理。

（4）我国进口产品结构不断优化

我国对外贸易进口产品增长比较快的是进口消费品和能源类商品，2013年，我国进口机电产品8401亿美元，增长7.3%；高新技术产品进口额5582亿美元，增长10.1%。大豆、铁矿砂、原油进口量分别增长8.6%、10.4%和4%。2014年前三季度，中国进口大豆5274万吨，增长15.3%；进口铁矿砂7亿吨，增长16.5%；进口原油2.3亿吨，增长8.3%；由于受到进口价格增长的影响，前三季度机电产品进口额只增长0.4%。金属加工机床、起重机械等机械设备进口下降。可见，我国进口产品结构不断优化。

4.结束语

总而言之，相对来看，我国近几年来，对外贸易相对质量得到了提升，贸易战略伙伴呈现多元化，国内贸易区域的布局日趋均衡，对外贸易主体结构日益趋于合理，进口产品结构不断优化。从2013年来，我国对外贸易进出口总量开始回升。但是同时我们也要看到我国对外贸易现状中存在的问题，从整体来看，我国对发达市场的出口比重仍然较高，对外贸易结构转型尚未完成。所以面对这样的对外贸易现状，我国仍需要不断地优化对外贸易结构，降低对发达市场的依赖。

（信息来源：中国报告大厅）

二、2014年前三季度对外贸易运行情况

2014年，世界经济继续温和复苏，增速总体弱于预期，不同国家间增长态势分化明显。在结构性矛盾突出、地缘政治紧张、金融市场波动等因素影响下，一些国家经济增长明显下滑。中国经济在新常态下运行平稳，但经济发展仍面临不少困难和挑战。面对错综复杂的国内外经济形势，中国政府及时出台支持外贸稳定增长的政策措施，着力优化外贸结构，改善贸易环境，增强企业竞争力，推动了进出口增速逐步平稳回升、质量效益进一步提高。前三季度，中国对外贸易运行呈现以下特点。

（一）出口增速逐步回升，进口增速低位企稳

前三季度，中国进出口总值31626亿美元，增长3.3%。其中，出口16971亿美元，增长5.1%；进口14655亿美元，增长1.3%；贸易顺差2316亿美元，增长37.8%。分季度看，进出口增速逐季回升。一季度，受国际市场需求不振、上一年同期高基数影响，进出口下降1.1%，其中出口下降3.5%。二、三季度，随着外部需求日趋改善、国家支持外贸稳定增长政策逐步落实，进出口增速分别上升至3.4%和7.4%，其中出口分别增长5%和13.1%。在国内投资需求增长下滑、国际大宗商品价格持续走低的情况下，中国进口增长动力不足，前三个季度分别同比增长1.6%、1.5%和1.2%。但9月份进口增长7%，扭转了7、8月份的下降态势，初步出现企稳回升迹象。

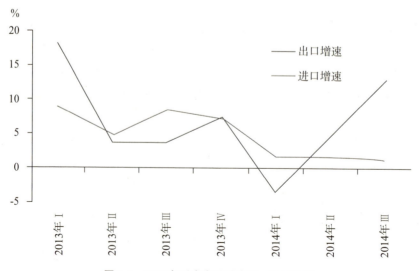

图5-4　2013年以来中国季度进、出口增速

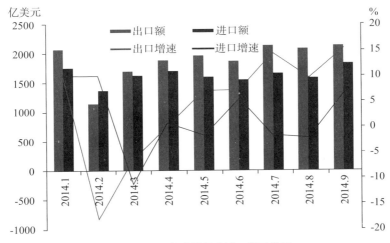

图5-5　2014年中国月度进、出口增速

（二）劳动密集型商品出口增长较好，机电产品出口增速偏低

前三季度，中国纺织品、服装、箱包、鞋类、玩具、家具、塑料制品等7大类劳动密集型商品出口3593亿美元，增长6.3%，高于整体出口1.2个百分点。机电产品出口9402亿美元，仅增长1.9%，自动数据处理设备及部件、手机、集成电路等主要电子产品出口额均低速增长甚至负增长。但随着发达国家特别是美国经济复苏好转，新一代智能手机等电子产品开始出口，三季度中国机电产品出口增长8.5%，扭转了上半年的同比下降局面。外需好转也带动了劳动密集型产品出口增速提高，三季度七大类劳动密集型产品出口增长11.1%，增速较上半年提高7.7个百分点。

（三）民营企业增长较快，一般贸易出口表现良好

前三季度，民营企业进出口11480亿美元，增长4.4%，比外贸总体增速快1.1个百分点，占进出口总额的36.3%，较上年提高0.4个百分点。外资企业进出口14483亿美元，增长3.2%；国有企业进出口5648亿美元，增长1.4%，增速均较上年同期有所回升。

前三季度，一般贸易进出口1.72万亿美元，增长6.5%，高于进出口总体增速3.2个百分点，其中出口增长1.7%，进口增长2.4%。加工贸易进出口1.01万亿美元，增长2.2%，其中出口增长1.3%，进口增长3.5%。其他贸易进出口4309亿美元，下降5.5%，其中出口下降5.8%，进口下降5.3%。

（四）对主要发达经济体进出口增长较快，对新兴经济体贸易走势分化

在美国经济复苏态势趋稳的带动下，前三季度中国对美国出口增长7.5%，自美国进口增长4.9%。由于上年同期基数较低，中国对欧盟出口增长11.3%，自欧盟进口增长12.4%，分别比整体出口和进口增速高6.2个百分点和11.1个百分点。中国对印度、东盟

和俄罗斯出口分别增长9%、9.3%和10.5%，对南非、巴西出口分别下降10.3%和2.6%。自印度、东盟、俄罗斯、巴西进口分别增长8.5%、5.3%、2.9%和2.3%，自南非进口下降15.6%。

（五）中西部地区外贸发展动力强劲，东部地区进出口小幅增长

中西部地区外贸发展潜力继续迸发，成为中国外贸发展的主要动力和最大亮点。前三季度进出口增长17.3%，增速与去年同期基本持平，对全国进出口增长的贡献率达68.4%，占进出口总额的比重为14.7%，较上年提高1.8个百分点。其中出口增长18.1%，高于整体出口增速13个百分点，重庆、广西和湖南出口增速均超过20%。东部地区外贸正处于结构转型阵痛阶段，增长速度明显放缓。前三季度增长1.2%，占全国进出口的比重为85.3%，比上年下降1.8个百分点。其中，出口增长2.8%，进口下降0.5%。

表5-1　2014年前三季度中国东中西部进出口情况

	进出口额（亿美元）	增长(%)	占比(%)	出口额（亿美元）	增长(%)	占比(%)	进口额（亿美元）	增长(%)	占比(%)
全国	31625.8	3.3	—	16970.9	5.1	—	14654.9	1.3	—
东部	26987.3	1.2	85.3	14160.2	2.8	83.4	12827.2	-0.5	87.4
中部	2205.6	7.9	7.0	1260.9	7.8	7.4	944.7	7.9	6.4
西部	2432.8	27.5	7.7	1549.8	28	9.1	883.0	26.6	6.0

注：东部11省市包括北京、天津、河北、辽宁、上海、江苏、浙江、福建、山东、广东和海南；中部8省市包括山西、吉林、黑龙江、安徽、江西、河南、湖北和湖南；西部12省市、自治区包括内蒙古、广西、四川、重庆、贵州、云南、西藏、陕西、甘肃、青海、宁夏和新疆。

（六）大宗商品进口量涨跌不一，进口价格普遍下跌

前三季度，中国进口大豆5274万吨，增长15.3%，以美元计算的单价（下同）下跌3.3%；进口铁矿砂7亿吨，增长16.5%，单价下跌16.7%；进口原油2.3亿吨，增长8.3%，单价上涨0.1%。进口成品油2213万吨，下降27.4%，单价上涨1.7%；进口食用植物油515万吨，下降14%，单价下跌9%。国内工业生产增速下滑拖累中间产品进口，前三季度机电产品进口额仅增长0.4%，其中液晶显示板进口量下降16.3%，自动数据处理设备及部件进口量仅增长1.3%。

表5-2 2014年前三季度中国进口主要商品数量、金额及增速

商品名称	单位	数量	比上年增长（%）	金额（亿美元）	比上年增长（%）
大豆	万吨	5274	15.3	309.1	11.5
食用植物油	万吨	515	−14.0	48.0	−21.7
铁矿砂及其精矿	万吨	69907	16.5	755.7	−3.0
原油	万吨	22850	8.3	1776.2	8.4
成品油	万吨	2213	−27.4	179.6	−26.2
初级形状的塑料	万吨	1920	6.0	392.5	8.9
钢材	万吨	1101	5.0	137.2	8.3
未锻造的铜及铜材	万吨	359	10.5	268.1	5.0
汽车和汽车底盘	万辆	106	26.0	455.6	32.5
*机电产品	—	–	–	6275.8	0.4
*高新技术产品	—	–	–	4022.9	−3.6

注："*机电产品"和"*高新技术产品"包括部分相互重合的商品。

三、2015年中国对外贸易发展环境分析

2015年，中国外贸发展面临的国际环境可能略有改善，但回升幅度有限，风险和不确定因素较为突出；国内环境总体稳定，但经济下行压力依然存在。

从国际看，世界经济温和复苏态势基本确立，经济增速缓慢回升。美国劳动力市场、金融市场持续向好，经济进入稳步增长轨道。欧元区经济爆发系统性风险的可能性下降，随着货币政策宽松力度加大，经济将实现低速增长。日本消费税率上调的影响逐渐减弱，但结构改革效果不容乐观，经济将实现微弱增长。新兴经济体经济增长总体仍快于发达国家，应对经济冲击的能力有所增强。IMF预计，2015年世界经济将增长3.8%，增速比2014年提高0.5个百分点。WTO预计，2015年全球贸易量将增长4%，增速比2014年提高0.9个百分点。联合国贸发会议预计，2015年全球跨国投资规模将从2014年的1.6万亿美元扩大到1.7万亿美元。但金融危机后续影响依然存在，深层次结构性矛盾凸显，发达国家宏观政策分化，贸易保护主义势头上升，热点地区地缘政治冲突加剧，将成为经济波动的重大风险来源。

一是世界经济复苏力度仍然较弱。世界经济处于低速增长的调整阶段，增长动力与危机前相比已明显减弱。发达经济体房地产市场远未恢复繁荣景象，新兴产业的发展前景存在较大不确定性，居民消费和企业投资缺乏新热点，特别是政府债务进一步上升，财政政策空间受到极大限制，需求疲软问题趋于长期化。主要发达经济体中，美国收入差距扩大影响经济可持续增长，欧元区通货紧缩压力增大，日本经济结构性改革面临阻碍。新兴经济体结构性矛盾突出，有的国家产业结构单一，过于依赖能源

资源出口，受国际市场能源资源价格下滑影响严重；有的国家财政和经常账户双赤字问题突出，抵御资本外流冲击能力较弱，整固财政、调整经济结构短期内难免影响经济增速。从全球范围看，科技创新对经济的拉动作用有限，劳动生产率增长出现放缓之势，拉低全球经济潜在增长率。

二是美国货币政策调整产生广泛影响。随着美国经济走上稳步复苏轨道，劳动力市场接近危机前正常水平，美联储已彻底终结量化宽松货币政策。市场普遍预期，美联储将在2015年内进入加息周期。美国货币政策向常态回归，有利于防范通胀压力和资产泡沫积聚，是适应经济复苏的必然举措，但其外溢效应将吸引短期资金流向美国，推高全球金融市场利率。在其他发达经济体增长乏力、尚需宽松货币政策支持的情况下，这将在一定程度上抵消其宽松政策效果，抑制经济增长。一些外汇储备较少、财政和经常账户"双赤字"的新兴经济体则面临资本外流冲击，可能形成新一轮金融动荡，冲击其经济和金融稳定。

三是贸易保护主义尚未得到有效抑制。尽管世界经济增长有所起色，但不少国家失业率较高，发达国家更加重视发展实体经济，新兴经济体大力推进工业化进程，国际市场竞争更加激烈。一些国家采取贸易保护主义措施扶持本国产业，对市场开放态度保守，全球贸易摩擦依然高发，多边贸易体制遭遇新挫折。据世贸组织统计，金融危机以来，二十国集团成员出台的贸易限制措施中，约80%仍在实施，影响全球4%左右的进口。尽管2013年年底世贸组织达成巴厘岛一揽子协议，但由于一些成员态度消极，协议迟迟得不到落实，多哈回合再度陷入困境。与此形成鲜明对比的是，近年来主要经济体之间掀起商签自贸协定潮流，自贸区成员之间的贸易和投资自由化深入发展，为经济全球化提供了新的重要推动力。但一些自贸协定可能导致世贸组织不同成员之间形成相对封闭的经贸集团，对协定之外的国家和地区产生挤出效应等不利影响。

四是地缘冲突给全球经济带来风险。9月份，乌克兰冲突双方达成停火协定，局势出现好转迹象，10月份俄罗斯又采取了一些缓解乌克兰危机的举措。但乌克兰危机源于欧亚地区长期以来的地缘政治矛盾，未来发展仍存在较大不确定性，可能在较长时期内影响相关国家经济和经贸往来。中东地区持续动荡，"伊斯兰国"等极端组织在伊拉克等国兴风作浪，威胁地区稳定，若进一步扩大，还可能威胁全球石油供应安全。

从国内看，中国经济长期向好的基本面没有改变。工业化、信息化、城镇化、农业现代化深入推进，将创造新的消费和投资需求，对经济增长形成有力支撑。产业结构、区域结构、收入分配结构进一步改善，提升了经济增长潜力。全面深化改革稳步推进，"改革红利"逐步释放，将激发广大经济主体的创新动力和经济发展活力。特别是中国积极推进新一轮扩大开放，上海自由贸易试验区取得的改革开放经验将推广到其他地区甚至全国，丝绸之路经济带和海上丝绸之路战略进入实施阶段，将为中国经济特别是对外经济贸易创造新的增长空间。国务院出台的支持外贸稳定增长、加强进口等政策措施深入落实，有利于保持外贸持续稳定增长。但中国工业产能过剩、企业融资难融资贵、劳动力成本快速上涨等矛盾交织，短期内难以化解，将对经济特别是投资增长起到抑制作用。

总体上看，2015年中国外贸发展的国际国内环境基本稳定，但是仍然面临着巨大的压力和挑战。突出体现在三个方面。

第一，外部需求难有明显回升。世界经济低速增长，国际市场需求增幅有限，不确定不稳定因素增多，风险不容低估。近期，全球经济先行指数已有所减弱。9月份，全球制造业采购经理人指数（PMI）为52.2，连续3个月下滑，其中美国、日本略有回调，欧元区跌至2013年6月以来新低，汇丰银行编制的新兴市场指数仍远低于历史平均水平。即使2015年全球贸易量增长达到世贸组织预计的4%，仍远低于过去20年5.3%的平均增速。与此同时，各国普遍把扩大出口当作促进经济复苏的重要手段，采取各种措施支持出口发展，国际市场竞争日益激烈。中国出口占国际市场份额已达11.8%，随着自身规模扩大，稳定和扩大国际市场份额的难度不断增大。

第二，中国外贸竞争优势"青黄不接"。中国劳动力成本处于快速上涨期，近几年年均涨幅超过10%，沿海地区出口产业劳动力成本普遍相当于周边国家的2~3倍甚至更高，劳动密集型出口产业竞争力不断萎缩，制造业利用外资持续下降，出口订单和产能快速向周边国家转移，不仅纺织服装等产品在发达市场份额明显下降，而且低端机电产品对发达市场出口增速也开始落后于部分周边国家，市场份额面临被蚕食的危险。中国装备制造等新兴产业快速发展，但企业开拓国际市场经验不足，支持相关产品出口的财税、金融政策仍不完善，出口潜力难以得到充分发挥。此外，跨境电子商务等新型贸易方式发展面临诸多障碍，贸易便利化程度还需进一步提高。

第三，贸易摩擦形势依然严峻复杂。在国际贸易保护主义回潮的背景下，针对中国产品的贸易摩擦有增无减。2014年前三季度，共有21个国家（地区）对中国出口产品发起救济调查75起，同比增长17%，其中不少摩擦针对中国战略性新兴产业，且涉案金额大，对中国外贸转型升级形成冲击。一些发达国家不断强化贸易执法，放宽立案标准，加严反倾销和反补贴调查规则，往往对中国出口企业裁定以较高反倾销和反补贴税率。新兴经济体经济放缓，一些国家制造业陷入困境，保护本国产业的呼声上升，导致对中国的贸易摩擦也趋于增多。前三季度，发展中国家对中国产品发起的贸易救济案件数量和金额均超过发达国家。

面对外贸发展的复杂形势，中国政府将深入落实稳定外贸增长和加强进口的政策措施，大力培育外贸竞争新优势，进一步提高贸易便利化水平，改善财政和金融服务，有效应对贸易摩擦，增强外贸发展潜力。在市场倒逼作用下，在国家一系列促进外贸发展的政策措施引导、支持下，不少进出口企业加快转型升级步伐，积极优化商品结构、市场结构，探索新型贸易方式，开展对外投资拓展国际营销网络，提升在全球价值链中的地位，一批具有自主创新能力的龙头企业和新的优势产品正在涌现，成为带动外贸发展的新生力量，推动2015年中国对外贸易保持平稳增长态势。

四、我国出口商品基地

我国的出口商品要增强在国际市场的竞争能力，我们必须发展在国际市场适销对路的优质商品，既要发展我国的传统商品，更要大力发展国际市场上竞争能力很强的拳头产品或骨干产品，只有创造出自己的名牌产品，才能在国际市场上立于不败之地。办基地的目的就是提高出口产品质量，改进花色品种和包装装潢，促进出口产品不断升级换代，增加出口数量，以适应国际市场的需求和对外贸易竞争的特点。另外，充分发挥我国各地区、各部门的优势，统筹兼顾，合理布局和建立多种类型的出口商品生产基地。力争基地的产品做到按时、按质、按量地稳定均衡供应出口，提高在国际市场上的竞争能力，达到扩大出口、为国家多创外汇的目的，发挥出口基地的作用。

我国从发展对外经济和贸易需要出发，根据各地区地理特点和优势，因地制宜地在各省、市、自治区陆续建设了一大批各有特色的各种类型的出口商品生产基地。我国的出口商品生产基地有综合基地和单项基地之分。

1.综合基地

综合基地是指在一个地区或省辖市范围内建立的综合性出口商品生产基地，是由国家扶植，根据国际市场的需要，组织和安排生产，为各专业进出口公司提供货源。生产和出口的商品门类齐全，产品多样。我国主要的出口商品综合基地有广东省的佛山、惠阳、湛江、江门、茂名，湖南省的湘潭、株洲，河南省的南阳地区，山东省的青岛、烟台、潍坊、临沂、菏泽，江苏省的苏州、扬州、南通、徐州，浙江省的嘉兴、台州、湖州、绍兴，河北省的石家庄、张家口、唐山，山西省的雁北地区，辽宁省的大连、营口、丹东、黑龙江省的绥化地区，新疆维吾尔自治区的吐鲁番地区，广西的玉林地区，湖北省的荆江，吉林省的吉林市，以及北京、天津和上海等。其中广东省的佛山市是我国第一个出口商品基地。

2.单项基地

单项出口商品生产基地是出口商品综合基地的重要补充。我国目前有单项出口商品生产基地几百个，遍布全国各地，以东部沿海地区为多。

(1)活猪基地。主要分布在全国50多个县和90多个农场，集中于湖南、河南、浙江、湖北、广西、江西等省区。

(2)**活牛基地**。主要分布在黑龙江省的绥化、内蒙古自治区的哲里木、河北承德、湖南邵阳和河南南阳等地区。它们提供的活牛质量好，供应港澳等市场，颇受欢迎。

(3)**小湖羊皮基地**。小湖羊皮是国际市场上颇负盛名的珍贵裘皮，出产于太湖周围各县。浙江的嘉兴、江苏的苏州、上海市郊是我国小湖羊皮最重要的出口生产基地。

(4)**山羊板皮基地**。我国是世界最大的山羊板皮出口国。山羊板皮出口生产基地集中在河南、山东、安徽、河北、内蒙古、山西等地。

(5)**冻兔肉基地**。兔肉是高蛋白、低脂肪、营养丰富的食品，国际市场上很畅销。主要分布在山东潍坊市、内蒙古自治区的哲里木和乌察布盟、河北省张家口和承德地区、河南省的南阳地区、江苏省的徐州和淮阴等地。

(6)**茶叶基地**。茶叶是我国大宗传统出口商品，运销世界各地，主要出口基地分布在浙江、安徽、湖南、福建、四川、云南等省区。

(7)**柑橘基地**。柑橘是典型的亚热带水果，主要分布在四川、广东、广西、浙江、湖南、福建、江西等地。

(8)**苹果基地**。苹果主要分布在渤海湾沿岸、黄河故道、秦岭北麓等地，尤以山东、陕西规模为最大。

(9)**花生基地**。花生主要分布在渤海湾沿岸、冀东和豫东黄泛区和华南丘陵地区。

除上述各项大宗骨干出口商品外，还有大豆、烤烟、猪鬃、肠衣、中药材、皮革、松香、爆竹烟花等。

※　活动二　国际物流流动路径

国际物流是货物在国与国之间的流动，而且国际贸易中的货物交接并不是由卖方直接把货物交到买方手中，而是卖方按合同规定的贸易条件(如FOB、CIP等)将货物交到合同规定的运输工具上，由运输部门来完成货物的流动。所以，国际物流对运输的要求是综合而全面的，国际物流应根据进出口商品的特点、货物量的大小、自然条件、装卸港的具体情况以及国际政治局势变化等因素，合理选择运输方式，使商品能够"安全、迅速、准确、节省"地运到目的地。

一、国际远洋航线及海上通道

海洋运输是国际贸易运输的主要方式，约占世界贸易运输总量的2/3。海洋运输具有运量大、投资省、运费低的特点，适宜于各种大宗货物的远程运输；但航速慢，受自然天气条件影响大。

(一)世界大洋、国际运河和海峡

1.大洋通道

太平洋沿岸有30多个国家和地区，拥有世界1/6的港口，货物运输量居世界第二位，随着亚洲、拉美、大洋洲发展中国家的兴起，太平洋在世界航运中的作用日益增强。大西洋沿岸拥有世界3/4的港口，3/5的货物吞吐量。大西洋周围几乎都是各大洲的发达地区，贸易、货运繁忙，海运量一直居各大洋的首位，约占世界海运总量的2/3。印度洋周围有30多个国家和地区，拥有世界近1/10的港口和1/6的货物吞吐量。印度洋上的货运以石油为主。北冰洋因气候严寒，仅有极少部分有通行条件，其航运意义不大。

2.运河通道

苏伊士运河。位于埃及东北部，居欧亚非三洲交通要冲，它沟通地中海和红海，连接了大西洋和印度洋，是一条具有重要战略和经济意义的水道，目前可通行吃水20.4m、载重25万t的超级油轮，通过运河平均需要10h。运河通行后，大大缩短从欧洲通往印度洋和大西洋西岸的航程。

巴拿马运河。斜贯巴拿马国中部，沟通太平洋和大西洋，航道水深13.5～26.5m，可通行6.5万吨以下船舶。

基尔运河。位于德国东北部横贯日德兰半岛，沟通波罗的海和北海。运河长98.7km，深11.3m，可通行吃水9.4m、载重两万吨级以下船舶。

3.海峡通道

马六甲海峡。位于马来半岛和苏门答腊岛之间，是沟通太平洋和印度洋的海上交通要道。海峡包括新加坡海峡，总长1188km，水深25～113m，可通过25万t满载海轮。

英吉利海峡。位于英法两国之间狭窄处，连同多佛尔海峡总长600km，水深25～55m，是连接北欧与北美的主要航线。

霍尔木兹海峡。位于阿曼半岛和伊朗之间，西接波斯湾，东连阿曼湾，全长约150km，平均水深70m以上，在航运上占有重要地位，是世界著名的石油海峡。

此外，重要的海峡还有地中海通往大西洋唯一的通道——直布罗陀海峡；沟通印度洋、亚丁湾和红海的重要水道——曼德海峡；黑海海峡等等。

(二)海运航线

1.航线种类

世界各地水域，在港湾、潮流、风向、水深及地球球面距离等自然条件的限制下，可供船舶航行的一定路径称为航路。海上运输运营为达到最大的经济效益在许多不同航路中所选定的运营通路称为航线。航线从不同的角度可分为不同的类型。

(1)按照船舶运行的方式，可分为定期航线和不定期航线

定期航线，即班轮航线，有固定的挂靠港口和开航时间，并可预计到达目的港的日期。不定期航线，是临时根据货运的需要而选择的航线，挂靠港口和开航日期都不是固定的。

(2)按照航程的远近，可分为近洋航线和远洋航线

前者航程一般较短，后者较长。各国近洋航线和远洋航线地区的划分不同。例如，我国习惯上把苏伊士运河以东地区包括大洋洲，划分为近洋航线地区；苏伊士运河以西，划为远洋航线地区。而法国则把远东地区划为远洋航线地区。

(3)按照航运的范围，可分为国际大洋航线、地区性国际航线和沿海航线

国际大洋航线。它是世界性的航线，是贯通一个或几个洋的航线，各国船舶均可自由航行。一般地讲，它的航程长，船舶吨位大。

地区性国际航线。它是指一个海域或几个海域的航线。比国际大洋航线范围狭窄，仅属一个地区，可到达地区内各国的港口。地区性的国际航线也可以说是国际大洋航线中的一部分航线。一般地讲，它的航程短，吨位较小。

沿海航线。它是指某个国家内沿岸的航线。

2.国际大洋航线

它包括大西洋、太平洋、印度洋的3大航线，还有从大西洋通过地中海、苏伊士运河、印度洋到太平洋以及通过巴拿马运河的横贯几个大洋的航线。

(1)国际大洋航线

①大西洋航线。大西洋联系着欧洲、北美洲、拉丁美洲和非洲50多个大西洋沿岸国家。大西洋航线穿越巴拿马运河或麦哲伦海峡均可到达东亚和大洋洲，经地中海、苏伊士运河或绕行非洲好望角，又均可到达印度洋沿岸各国。大西洋航线是国际大洋航线中最繁忙的航线，它的贸易额占世界贸易总额的60%多，货物吞吐量占2/3。

大西洋航线又可细分为下列几组航线：

A.北美—欧洲间的航线。它是美国、加拿大与北欧及地中海沿岸各国间贸易海上运输的大动脉。这些国家是世界上经济最发达的，对外经济联系广泛，有大量的货物输入和输出，货运量最多，且航船多。此航线也是世界上发展最早的现代海上运输线。

B.北美东海岸—北美西海岸航线。

C.欧洲—南美洲航线。

D.北美、西北欧—直布罗陀海峡—地中海—苏伊士运河至印度洋或西航线(亦称为苏伊士运河航线)。这条航线是欧洲通往亚洲的海上交通捷径。它是西、北欧，北美对中东和亚太地区战略物资运输的依赖线，向西主要输送农矿原料、粮食等，以及从波斯湾运往西欧的石油；向东主要运送工业制成品。日本进口石油的80%是从波斯湾出发经此航线运输的，因此，该线运输繁忙。

E.北美、欧洲—西非—中南非绕过非洲南端的好望角，穿过印度洋至亚洲航线。该线主要是从波斯湾通往西欧和北美的特大石油运输线，它承担运往西欧的石油运输量的70%，以及运往美国的石油的45%。

②太平洋航线。太平洋地区有30多个国家和地区，居住着世界1/2的人口。太平洋沿岸有许多优良港口，它的许多岛屿是太平洋航线上的中继站，其中较为重要的是夏威夷、关岛等。该线货物吞吐量占世界的1/4；货物周转量占世界货物周转量的3/10，居世界第二位。由于亚太地区的经济迅速发展，对外经济联系日益广泛，使太平洋的货运量增多。

太平洋航线可细分为下列几组：

A.远东—北美太平洋沿岸和经巴拿马运河至北美大西洋沿岸各港航线。在该组线上，日本、美国和加拿大的货运量最多。

B.北美各主要港口—东南亚航线。该线一般经夏威夷、关岛、菲律宾等地，第二次世界大战后，由于日本、远东和东南亚地区经济迅速发展，加之美国生产力的西移，俄罗斯经济重心的东移，使太平洋两岸的贸易往来与日俱增，运输繁忙。

C.远东或北美—澳大利亚、新西兰航线。澳大利亚的资源丰富，可为经济发达的美国、加拿大和远东地区的国家提供各种原料。该线的贸易运输也日益增多。太平洋中的关岛、夏威夷、苏瓦是该线重要的中继站。

D.北美或欧洲—南美太平洋沿岸各港航线。这条航线包括由北美至南美太平洋沿岸和巴拿马运河航线。即由北美、欧洲通过巴拿马运河至南美太平洋沿岸各港航线。

③印度洋航线。印度洋联系着亚洲、非洲、大洋洲，沟通了大西洋和太平洋，在世界航运中起着"海上走廊"的作用。印度洋沿岸有30多个国家和地区，沿岸各港海水终年不冻，一年四季可通航。

印度洋航线可分为以下几组：

A.横贯印度洋东西的大洋航线。该线又可分为两组，一是从亚太和大洋洲西行横贯印度洋的航线；另一条是从欧洲或非洲西岸—直布罗陀—地中海—苏伊士运河—红海或南绕非洲南端好望角东行贯穿印度洋的航线。

B.到达印度洋北部各国的航线。印度洋北部国家主要是包括孟加拉湾和阿拉伯沿海国家。

C.到达波斯湾沿岸各国的航线。它是西方重要的石油运输线。该线可分为以下几组：

曼德海峡—红海—苏伊士运河—直布罗陀至欧洲或北美。

南下印度洋—索马里—肯尼亚—坦桑尼亚—好望角，通过大西洋到达欧洲和北美。

波斯湾东行—印度洋—马六甲海峡或龙目海峡—太平洋到达日本。

D.到达非洲东岸各国的航线。

(2)国际大洋航线的主要货流

大洋航线承担着世界贸易总量90％的运输任务，在总运量中，以石油、煤炭、铁矿石、铝土矿、磷灰石和谷物6类为世界贸易货物运输中的大宗货物。

①石油。原油及其产品是远洋货物运输中的主要货物，约占世界出口货物运输总量的60%。目前，西亚、北非、中部非洲国家是主要输出国。美国因国内消费量大，石油尚需进口。俄罗斯有部分石油出口。

石油运输航线有以下几条：

A.波斯湾沿岸产油国的石油沿印度洋南下，经非洲好望角，由大西洋北上，中间又汇合几内亚湾和北非的石油，然后运往西欧以及部分运至北美和南欧；另一部分经苏伊士运河运往西欧国家。

B.波斯湾沿岸产油国的石油经印度洋向东，过马六甲海峡或龙目海峡北上至日本。

C.南美北岸产油国的石油经大西洋北上至日本。

②铁矿石。铁矿石是仅次于石油的主要货流，一般占干货海运总量的46%。澳大利亚、南美和西非一直是世界铁矿石的3大出口地区。主要出口国有澳大利亚、巴西、委内瑞拉、秘鲁、利比亚、加拿大和印度等。日本、德国、美国、英国、法国等是主要进口国。其中以运往日本的铁矿石最多，约占铁矿石海运总量的1/3以上。

③煤炭。煤炭是海运中仅次于铁矿石和谷物的干货。美国、澳大利亚、波兰、加拿大、俄罗斯是煤炭的主要出口国。日本、意大利、法国、北欧诸国、荷兰、比利时、卢森堡、德国和英国是主要进口国。

④谷物。谷物货流以小麦、玉米、大麦、燕麦、大豆和高粱为主，大米和其他粮食较少。其货流方向主要是美国、加拿大至远东(以日本为主)；美国、加拿大至欧洲；美国至南亚和西亚地区；澳大利亚至远东；阿根廷至欧洲。

⑤铝土和磷灰石。铝土矿主要分布在西非几内亚湾沿岸，拉丁美洲的巴西、牙买加、苏里南和圭亚那，澳大利亚，印度和印度尼西亚4个地区，澳大利亚是主要出口国，其次是牙买加、几内亚和苏里南。美国、日本、俄罗斯和德国是主要进口国。磷灰石主要产在美国、摩洛哥和俄罗斯，其中摩洛哥是最大的磷酸盐出口国。

二、大陆桥与小陆桥

在国际货物运输中，铁路运输是一种仅次于海洋运输的主要方式，海洋运输的进出口货物，也大多是靠铁路运输进行货物集中和分散的。铁路运输有许多优点，一般不受气候条件的影响，可保障全年的货物运输，而且运量较大，速度较快，有高度的连续性，运转过程中可能遭受的风险也较小。铁路货运手续比海洋运输简单，而且发运人和收货人可以在就近的始发站(装运站)和目的站办理托运和提货手续。

目前世界铁路总长度140万km左右，从地理分布上看，美洲铁路约占世界铁路总长的一半，欧洲约占1/3，而非洲、澳洲和亚洲总共只占1/6左右。

1.陆桥运输的优点

大陆桥运输是指利用横贯大陆上的铁路或公路运输系统，把大陆两端的海洋连接起来的中间桥梁。一般是以集装箱为运输单位，所以也可以叫作"大陆集装箱运输"。这种运输方式有以下几个优点：

(1)简化作业手续。大陆桥运输手续简便，可以一次托运，一票到底，一次结汇。货物委托给一个货物运输代理人，即可帮其办理国际集装箱运输的全程手续。可采用"门到门"的方式，货主一旦委托后，便由承运人负责全程运输，因而对货主来讲是大大简便了，这是货主乐于采用这种方式的重要原因。

(2)物流速度快。大陆桥与海运比，不仅运输里程大大缩短，且装卸集装箱时间也大大减少，再加上铁路运输速度本身就高于海运，因而物流速度就大大加快，时间显著缩短。

(3)物流风险小。采用大陆桥运输，气候、季节的影响小，而采用海运，常由于气候等自然因素出现风险，延迟船期。

(4)资金周转速度快、成本低。由于大陆桥运输系统健全，结汇速度快，可提前10~15天结汇，有利于资金的周转，从成本看可降低3%~5%。大陆桥运输同时也极大地减少了行程的迂回，简化了中间环节和包装，降低了运输费用。

(5)运输质量好。由于采用集装箱运输，在装卸搬运过程中，只需换装集装箱，而不需搬动箱内的货物，从而大大保证了货物的运输安全，并为简化货物包装、节约包装材料和费用创造了条件。

2.世界主要的大陆桥

(1)美国大陆桥。包括两条路径：一是从美国西部太平洋的洛杉矶、西雅图、旧金山等港口上桥，通过铁路横贯至美国东部大西洋的纽约、巴尔的摩等港口转海运，铁路全长3200km；另一条路径是从美国西部太平洋港口上桥，通过铁路至南部墨西哥湾的休斯敦、新奥尔良等港口转海运，铁路全长为500~1000km。

(2)加拿大大陆桥。运输路线是：从日本海运至温哥华或西雅图港口后，换装并利用加拿大铁路横跨北美大陆至蒙特利尔，再换装海运至欧洲各港。

(3)西伯利亚大陆桥。该大陆桥的两端连接太平洋与波罗的海的北海，其具体路径是：从俄罗斯远东地区日本海口岸纳霍德卡港或东方港上桥，通过横穿西伯利亚铁路到波罗的海沿岸港口转运至西北欧，或者直接通过白俄罗斯、波兰、德国、比利时和法国的铁路至波罗的海沿岸港口，转海运至西北欧等地或其相反方向运输路线。陆桥部分长达10000多千米。

(4)亚欧第二大陆桥。东起我国连云港等港口，经津浦、京山、京沪、京广、京九等线路进入陇海线，途经我国的阿拉山口国境站进入哈萨克斯坦，最终与中东地区、黑海、波罗的海、地中海以及大西洋沿岸的各港口相连接。

(5)小陆桥和微型陆桥。美国小陆桥路径为从日本或远东至美国东部太平洋口岸，经美国大陆铁路或公路，至南部墨西哥湾口岸或相反方向的路线；美国微型陆桥是指从日本或远东至美国东部太平洋港口，经公路到达美国内陆中西部地区或其相反方向路线。

三、国际航空路线

航空运输与海洋运输、铁路运输相比，有运输速度快、运输路程短的特点，适合鲜活易腐和季节性商品的运送；同时它运输条件好，货物很少产生损伤、变质，适合贵重物品的运输；又可简化包装，节省包装费用；但航空运输运量小，运输费用高，由于新技术的发展和深化，产品生命周期日益缩短，产品由厚、重、长、大向薄、轻、短、小方向发展。因此今后适用航空运输的商品将会越来越多，航空运输的作用也会日益重要。

1.世界重要航空线

(1)北大西洋航空线。 本航线连接西欧、北美两大经济中心区，是当今世界最繁忙的航空线，主要往返于西欧的巴黎、伦敦、法兰克福和北美的纽约、芝加哥、蒙特利尔等机场。

(2)北太平洋航空线。 本航线连接远东和北美两大经济中心区，是世界又一重要航空线，它由香港、东京和北京等重要国际机场经过北太平洋上空到达北美西海岸的温哥华、西雅图、旧金山、洛杉矶等重要国际机场，再接北美大陆其他航空中心。太平洋上的檀香山、阿拉斯加的安克雷奇国际机场是该航线的重要中间加油站。

(3)西欧—中东—远东航空线。 本航线连接西欧各主要航空港和远东的香港、北京、东京、首尔等重要国际机场，为西欧与远东两大经济中心之间的往来航线。

除以上三条最繁忙的国际航空线外，重要的航空线还有：北美—澳新航空线；西欧—东南亚—澳新航空线；远东—澳新航空线；北美—南美航空线；西欧—南美航空线等。

2.国际航空站

在世界各大洲主要国家的首都和重要城市均设有航空站。其中主要的有美国芝加哥欧哈尔机场(为世界机场业务最忙的机场)、英国希斯罗机场、法国戴高乐机场、德国法兰克福机场、荷兰阿姆斯特丹西普霍尔机场、日本成田机场、香港新机场、新加坡樟宜机场等，都是现代化、专业化程度较高的大型国际货运空中枢纽。每年货运量都在数十万吨以上。国际机场协会的会员已包括140个国家的近1000个机场。

四、国际主要输油管道

世界管道运输网分布很不均匀，主要集中在北美和欧洲，美国和苏联管道运输最发达。1993年美国有输油管道31.93万km，原油运输量达9亿多t，周转量达到8299亿吨千米，占国内货物总周转量约20%，世界管道技术以美国最先进。目前，独联体各国的管道总长度20多万km。

除美国和独联体外，加拿大、西欧、中东等国家和地区管道网也很发达。加拿大输油管道3.5万km，管道网把落基山东麓产油区(草原诸省)与消费区(中央诸省与太平洋沿岸)连接起来，并和美国的管道连通。西欧的北海油田管道长度现已超过1万km，中东地区的输油管道最初主要为伊拉克、沙特阿拉伯至叙利亚和黎巴嫩等地中海港口的管线，由于受到战争等因素影响，在20世纪80年代初全部关闭。另外伊拉克于1977年铺设了以土耳其杰伊汉港为终点的新管线，年输油量达5000万t，成为向西欧供应石油的中东战略原油管道；沙特也在1981年建成了自波斯湾横越国境中部至红海岸延布港的输油系统，年输油量达9000多万t。目前，中东地区正在建设由伊朗经巴基斯坦至印度的输气管道。

任务五　我国自贸区建设

※ 活动一　中国（上海）自由贸易试验区概念

中国（上海）自由贸易试验区—China (Shanghai) Pilot Free Trade Zone，简称上海自由贸易区或上海自贸区，是中国政府设立在上海的区域性自由贸易园区，也是中国大陆境内第一个自由贸易区，位于浦东境内，属中国自由贸易区范畴。该试验区于2013年8月22日经国务院正式批准设立，于9月29日上午10时正式挂牌。2014年12月，上海自贸区由原先的28.78平方公里扩至120.72平方公里。

上海自由贸易试验区范围涵盖上海市外高桥保税区、外高桥保税物流园区、洋山保税港区和上海浦东机场综合保税区、金桥出口加工区、张江高科技园区和陆家嘴金融贸易区七个区域。

同时也开启了上海自由贸易试验区微信平台——上海自贸区销售中心，为广大消费者和机构合作者提供一个平台。

截至2014年11月底，上海自贸试验区一年投资企业累计2.2万多家、新设企业近1.4万家、境外投资办结160个项目、中方对外投资额38亿美元、进口通关速度快41.3%、企业盈利水平增20%、设自由贸易账户6925个、存款余额48.9亿元人民币。

2015年3月24日，中共中央政治局审议通过进一步深化上海自由贸易试验区改革开放方案。

※ 活动二　中国（上海）自由贸易试验区的建设背景

中国自贸试验区花落上海并非偶然。在国务院的期许中，上海自贸区将成为推进改革和提高开放型经济水平的"试验田"，上海自贸区很可能以"一国之内"自由贸易区的形式出现，它采取特殊的监管政策和优惠税收，对一国内的转口贸易、离岸贸易将有极大促进作用。

2013年3月底，国务院总理李克强在上海调研期间考察了位于浦东的外高桥保税区，并表示鼓励支持上海积极探索，在现有综合保税区基础上，研究如何试点先行在28平方公里内建立一个自由贸易试验区，进一步扩大开放，推动完善开放型经济体制机制。李克强所指28平方公里即为上海综合保税区范围，其中包括2005年与浙江跨区域合作建设的洋山保税港区、1990年全国第一个封关运作的上海外高桥保税区（含外高桥保税物流园区）以及2010年9月启动运营的上海浦东机场综合保税区。

上海口岸服务办公布的数据显示，2012年，上海口岸外贸货物吞吐量累计达3.6亿吨，同比增长5.9%，上海港继续保持货物和集装箱吞吐量世界第一大港地位。外高桥港区完成1536万标准箱，连续八年蝉联全国国际船舶吞吐量最高的港区。

※　活动三　上海自贸区政策

（一）实施促进投资的政策

1. 注册在试验区内的企业或个人股东，因非货币性资产对外投资等资产重组行为而产生的资产评估增值部分，可在不超过5年期限内，分期缴纳所得税。

该政策可解决投资重组中的企业和个人没有现金流收入却要按照税法的规定缴纳大额所得税的问题。针对企业部分已出台财税〔2013〕91号《财政部、国家税务总局关于中国（上海）自由贸易试验区内企业以非货币性资产对外投资等资产重组行为有关企业所得税政策问题的通知》，"注册在试验区内的企业，因非货币性资产对外投资等资产重组行为产生资产评估增值，据此确认的非货币性资产转让所得，可在不超过5年期限内，分期均匀计入相应年度的应纳税所得额，按规定计算缴纳企业所得税"。针对个人的具体政策目前尚未出台。

2. 对试验区内企业以股份或出资比例等股权形式给予企业高端人才和紧缺人才的奖励，实行已在中关村等地区试点的股权激励个人所得税分期纳税政策。

自贸区实施高端、紧缺人才股权激励个人所得税分期纳税政策，主要目的在于让企业将优秀的人才留住。根据《加快建设中关村人才特区行动计划（2011—2015年）》（京发〔2011〕8号）提出的股权奖励个人所得税政策："对于科技创新创业企业转化科技成果，以股份或出资比例等股权形式给予本企业相关技术人员的奖励，技术人员一次性缴纳税款有困难的，经主管税务机关审核，可在5年内分期缴纳个人所得税"。自贸区的相关具体政策尚未出台。

（二）实施促进贸易的政策

1. 将试验区内注册的融资租赁企业或金融租赁公司在试验区内设立的项目子公司纳入融资租赁出口退税试点范围。

最先试行类似政策的地方是天津，2010年4月6日，财政部、海关总署、国税总局联合下发通知，对融资租赁企业经营的所有权转移给境外企业的融资租赁船舶出口，在天津市实行出口退税试点。该项政策在天津试行以来，极大地促进了当地融资租赁业的发展。

总方案将自贸区纳入融资租赁出口退税试点范围，对于鼓励上海金融租赁企业抢占国内市场、开拓国际市场具有十分重要的意义。该政策具体细则尚未出台。

2. 对试验区内注册的国内租赁公司或其设立的项目子公司，经国家有关部门批准从境外购买空载重量在25吨以上并租赁给国内航空公司使用的飞机，享受《财政部 国家税务总局关于调整进口飞机有关增值税政策的通知》（财关税[2013]53号）和《海关总署关于调整进口飞机进口环节增值税有关问题的通知》（署税发[2013]90号）规定的增值税优惠政策。两文件的主要规定为，自2013年8月30日起，对按此前规定所有减按4%征收进口环节增值税的空载重量在25吨以上的进口飞机，调整为按5%征收进口环节增值税。该项政策已出台，文见《关于中国（上海）自由贸易试验区有关进口税收政策的通知》财关税[2013]75号第一条。

目前，中国已经成为全球最大的飞机交易市场，航空业一直以来备受政府及社会各界的关注。据统计，国内航空公司在册飞机中有58%通过租赁方式取得，其中融资租赁占20%，经营性租赁占38%。而在全部租赁取得的飞机中，由中国租赁公司经营的不到10%，绝大多数的飞机租赁业务被国外租赁公司垄断，主要原因便是国内经营飞机租赁业务税负过重。

根据新政策，对试验区内注册的国内租赁公司或其设立的项目子公司，从境外购买空载重量在25吨以上并租赁给国内航空公司使用的飞机，将享受增值税优惠政策。5%的税率与现行增值税17%的标准税率相比，处于优惠范畴，而且政策的适用范围从航空公司扩展至租赁公司，优惠范围进一步扩大。上海自贸区指向高端的发展方向，要求高效的物流与之配套，而飞机租赁业务正有助于促进资源的迅速高效配置。这些政策将对进一步优化航空租赁行业税负，起到降低交易成本的积极作用。

3. 在现行政策框架下，对试验区内生产企业和生产性服务业企业进口所需的机器、设备等货物予以免税，但生活性服务业等企业进口的货物以及法律、行政法规和相关规定明确不予免税的货物除外。财关税[2013]75号第三条对此已作出规定。

4. 在严格执行货物进口税收政策的前提下，允许在特定区域设立保税展示交易平台。财关税[2013]75号第四条对此已作出规定。

5. 除上述进口税收政策外，中国（上海）自由贸易试验区所属的上海外高桥保税区、上海外高桥保税物流园区、洋山保税港区和上海浦东机场综合保税区分别执行现行相应海关特殊监管区域的税收政策。财关税[2013]75号对此已作出规定。

6. 完善启运港退税试点政策，适时研究扩大启运地、承运企业和运输工具等试点范围。（尚未出台）

此外，在符合税制改革方向和国际惯例，以及不导致利润转移和税基侵蚀的前提下，积极研究完善适应境外股权投资和离岸业务发展的税收政策。（尚未出台）

※ 活动四　上海自贸区政策解读

一、国家战略发展需求

上海自贸区批准建设

上海自贸区于2013年9月29日挂牌成立，发展目标是经过两至三年的改革试验，加快转变政府职能，积极推进服务业扩大开放和外商投资管理体制改革，大力发展总部经济和新型贸易业态，加快探索资本项目可兑换和金融服务业全面开放，探索建立货物状态分类监管模式，努力形成促进投资和创新的政策支持体系，着力培育国际化和法治化的营商环境，力争建设成为具有国际水准的投资贸易便利、货币兑换自由、监管高效便捷、法制环境规范的自由贸易试验区，为我国扩大开放和深化改革探索新思路和新途径，更好地为全国服务。

四大保税区功能给力

上海自贸区获批建设，上海外高桥保税区、上海外高桥保税物流园区、洋山保税港区和上海浦东机场综合保税区等四大保税区囊括其中。并根据先行先试推进情况以及产业发展和辐射带动需要，逐步拓展实施范围和试点政策范围，形成与上海国际经济、金融、贸易、航运中心建设的联动机制。

上海外高桥保税区

上海外高桥保税区于1990年6月经国务院批准设立，同年9月正式启动。是全国第一个规模最大、启动最早的保税区，也是全国15个保税区中经济总量最大的保税区。集自由贸易、出口加工、物流仓储及保税商品展示交易等多种经济功能于一体，外高桥保税区规划面积10平方公里，已开发运作区域8.5平方公里。2010年，外高桥保税区在英国伦敦《金融时报》全球自由贸易区按八大要素综合评比中获得第一名。

上海外高桥保税物流园区

上海外高桥保税物流园区是国务院特批的全国第一家保税物流园区，同时是上海市"十一五"期间重点规划的三大物流基地之一。于2004年4月15日通过海关总署联合验收小组验收，被赋予了国际中转、国际采购、国际配送、国际转口的四大功能。所以，此物流园区定位就是国际中转配送。

洋山保税港区

2005年12月10日，洋山保税港区作为全国第一个保税港区正式启用，规划面积8.14

平方公里，由保税区陆域部分、东海大桥和小洋山岛港口区域三部分组成，其中陆域部分面积6平方公里，设有口岸查验区、港口辅助区、仓储物流区、国际中转区、采购配送区、加工制造区、商贸服务区等功能区，主要发展和提供集装箱港口增值、进出口贸易、出口加工、保税物流、采购配送、航运市场等产业和服务功能，岛域部分是集装箱深水港码头作业区域，包括洋山深水港一期、二期码头，面积2.14平方公里，是集装箱装卸、中转的功能区域。作为国家战略，海运和货运吞吐量排名第一。是全球最大的集装箱运输港。

上海浦东机场综合保税区

上海浦东机场综合保税区于2009年7月经国务院批准设立，规划面积3.59平方公里。机场综保区充分发挥其亚太航空复合枢纽港优势，积极打造"临空服务创新试验区"，已引进包括电子产品、医疗器械、高档消费品等全球知名跨国公司空运分拨中心以及百多个融资租赁项目。浦东机场综保区已逐步形成空运亚太分拨中心、融资租赁、快件转运中心、高端消费品保税展销等临空功能服务产业链。

规划面积3.59平方公里。一期围网面积1.60平方公里，于2010年4月2日顺利通过了国家十部委组成的联合验收组的正式验收，并于9月28日正式运作。

叠加了保税区、出口加工区和保税物流园区等三种特殊监管区域的所有功能政策，区内重点发展国际货物中转、国际采购配送、国际转口贸易、国际快件转运、维修检测、融资租赁、仓储物流、出口加工、商品展示交易以及配套的金融保险、代理等业务，将成为上海国际航运中心和金融中心建设的重要组成部分。

来源：京津冀招商网

二、主要任务和措施

紧紧围绕面向世界、服务全国的战略要求和上海"四个中心"建设的战略任务，按照先行先试、风险可控、分步推进、逐步完善的方式，把扩大开放与体制改革相结合、把培育功能与政策创新相结合，形成与国际投资、贸易通行规则相衔接的基本制度框架。

（一）加快政府职能转变。

1. **深化行政管理体制改革**。加快转变政府职能，改革创新政府管理方式，按照国际化、法治化的要求，积极探索建立与国际高标准投资和贸易规则体系相适应的行政管理体系，推进政府管理由注重事先审批转为注重事中、事后监管。建立一种受理、综合审批和高效运作的服务模式，完善信息网络平台，实现不同部门的协同管理机制。建立行业信息跟踪、监管和归集的综合性评估机制，加强对试验区内企业在区外经营活动全过程的跟踪、管理和监督。建立集中统一的市场监管综合执法体系，在质量技术监督、食品药品监管、知识产权、工商、税务等管理领域，实现高效监管，积极鼓励社会力量参与市场监督。提高行政透明度，完善体现投资者参与、符合国际规则的信息公开机制。完善投资者权益有效保障机制，实现各类投资主体的公平竞争，允许符合条件的外国投资者自由转移其投资收益。建立知识产权纠纷调解、援助等解决机制。

（二）扩大投资领域的开放。

1. 扩大服务业开放。选择金融服务、航运服务、商贸服务、专业服务、文化服务以及社会服务领域扩大开放，暂停或取消投资者资质要求、股比限制、经营范围限制等准入限制措施（银行业机构、信息通信服务除外），营造有利于各类投资者平等准入的市场环境。

2. 探索建立负面清单管理模式。借鉴国际通行规则，对外商投资试行准入前国民待遇，研究制订试验区外商投资与国民待遇等不符的负面清单，改革外商投资管理模式。对负面清单之外的领域，按照内外资一致的原则，将外商投资项目由核准制改为备案制（国务院规定对国内投资项目保留核准的除外），由上海市负责办理；将外商投资企业合同章程审批改为由上海市负责备案管理，备案后按国家有关规定办理相关手续；工商登记与商事登记制度改革相衔接，逐步优化登记流程；完善国家安全审查制度，在试验区内试点开展涉及外资的国家安全审查，构建安全高效的开放型经济体系。在总结试点经验的基础上，逐步形成与国际接轨的外商投资管理制度。

3. 构筑对外投资服务促进体系。改革境外投资管理方式，对境外投资开办企业实行以备案制为主的管理方式，对境外投资一般项目实行备案制，由上海市负责备案管理，提高境外投资便利化程度。创新投资服务促进机制，加强境外投资事后管理和服务，形成多部门共享的信息监测平台，做好对外直接投资统计和年检工作。支持试验区内各类投资主体开展多种形式的境外投资。鼓励在试验区设立专业从事境外股权投资的项目公司，支持有条件的投资者设立境外投资股权投资母基金。

（三）推进贸易发展方式转变。

1. 推动贸易转型升级。积极培育贸易新型业态和功能，形成以技术、品牌、质量、服务为核心的外贸竞争新优势，加快提升我国在全球贸易价值链中的地位。鼓励跨国公司建立亚太地区总部，建立整合贸易、物流、结算等功能的营运中心。深化国际贸易结算中心试点，拓展专用账户的服务贸易跨境收付和融资功能。支持试验区内企业发展离岸业务。鼓励企业统筹开展国际国内贸易，实现内外贸一体化发展。探索在试验区内设立国际大宗商品交易和资源配置平台，开展能源产品、基本工业原料和大宗农产品的国际贸易。扩大完善期货保税交割试点，拓展仓单质押融资等功能。加快对外文化贸易基地建设。推动生物医药、软件信息、管理咨询、数据服务等外包业务发展。允许和支持各类融资租赁公司在试验区内设立项目子公司并开展境内外租赁服务。鼓励设立第三方检验鉴定机构，按照国际标准采信其检测结果。试点开展境内外高技术、高附加值的维修业务。加快培育跨境电子商务服务功能，试点建立与之相适应的海关监管、检验检疫、退税、跨境支付、物流等支撑系统。

2. 提升国际航运服务能级。积极发挥外高桥港、洋山深水港、浦东空港国际枢纽港的联动作用，探索形成具有国际竞争力的航运发展制度和运作模式。积极发展航运金融、国际船舶运输、国际船舶管理、国际航运经纪等产业。加快发展航运运价指数衍生品交易业务。推动中转集拼业务发展，允许中资公司拥有或控股拥有的非五星旗船，先行先试外贸进出口集装箱在国内沿海港口和上海港之间的沿海捎带业务。支持浦东机场增加国际中转货运航班。充分发挥上海的区域优势，利用中资"方便旗"船税收优惠政策，促进符合条件的船舶在上海落户登记。在试验区实行已在天津试点的国际船舶登记政策。简化国际船舶运输经营许可流程，形成高效率的船籍登记制度。

（四）深化金融领域的开放创新。

1. 加快金融制度创新。在风险可控前提下，可在试验区内对人民币资本项目可兑换、金融市场利率市场化、人民币跨境使用等方面创造条件进行先行先试。在试验区内实现金融机构资产方价格实行市场化定价。探索面向国际的外汇管理改革试点，建立与自由贸易试验区相适应的外汇管理体制，全面实现贸易投资便利化。鼓励企业充分利用境内外两种资源、两个市场，实现跨境融资自由化。深化外债管理方式改革，促进跨境融资便利化。深化跨国公司总部外汇资金集中运营管理试点，促进跨国公司设立区域性或全球性资金管理中心。建立试验区金融改革创新与上海国际金融中心建设的联动机制。

2. 增强金融服务功能。推动金融服务业对符合条件的民营资本和外资金融机构全面开放，支持在试验区内设立外资银行和中外合资银行。允许金融市场在试验区内建立面向国际的交易平台。逐步允许境外企业参与商品期货交易。鼓励金融市场产品创新。支持股权托管交易机构在试验区内建立综合金融服务平台。支持开展人民币跨境再保险业务，培育发展再保险市场。

（五）完善法制领域的制度保障。

1. 完善法制保障。加快形成符合试验区发展需要的高标准投资和贸易规则体系。针对试点内容，需要停止实施有关行政法规和国务院文件的部分规定的，按规定程序办理。其中，经全国人民代表大会常务委员会授权，暂时调整《中华人民共和国外资企业法》、《中华人民共和国中外合资经营企业法》和《中华人民共和国中外合作经营企业法》规定的有关行政审批，自2013年10月1日起在三年内试行。各部门要支持试验区在服务业扩大开放、实施准入前国民待遇和负面清单管理模式等方面深化改革试点，及时解决试点过程中的制度保障问题。上海市要通过地方立法，建立与试点要求相适应的试验区管理制度。

三、营造相应的监管和税收制度环境

适应建立国际高水平投资和贸易服务体系的需要，创新监管模式，促进试验区内货物、服务等各类要素自由流动，推动服务业扩大开放和货物贸易深入发展，形成公开、透明的管理制度。同时，在维护现行税制公平、统一、规范的前提下，以培育功能为导向，完善相关政策。

（一）创新监管服务模式。

1. **推进实施"一线放开"。** 允许企业凭进口舱单将货物直接入区，再凭进境货物备案清单向主管海关办理申报手续，探索简化进出境备案清单，简化国际中转、集拼和分拨等业务进出境手续；实行"进境检疫，适当放宽进出口检验"模式，创新监管技术和方法。探索构建相对独立的以贸易便利化为主的货物贸易区域和以扩大服务领域开放为主的服务贸易区域。在确保有效监管的前提下，探索建立货物状态分类监管模式。深化功能拓展，在严格执行货物进出口税收政策的前提下，允许在特定区域设立保税展示交易平台。

2. **坚决实施"二线安全高效管理"。** 优化卡口管理，加强电子信息联网，通过进出境清单比对、账册管理、卡口实货核注、风险分析等加强监管，促进二线监管模式与一线监管模式相衔接，推行"方便进出，严密防范质量安全风险"的检验检疫监管模式。加强电子账册管理，推动试验区内货物在各海关特殊监管区域之间和跨关区便捷流转。试验区内企业原则上不受地域限制，可到区外再投资或开展业务，如有专项规定要求办理相关手续，仍应按照专项规定办理。推进企业运营信息与监管系统对接。通过风险监控、第三方管理、保证金要求等方式实行有效监管，充分发挥上海市诚信体系建设的作用，加快形成企业商务诚信管理和经营活动专属管辖制度。

3. **进一步强化监管协作。** 以切实维护国家安全和市场公平竞争为原则，加强各有关部门与上海市政府的协同，提高维护经济社会安全的服务保障能力。试验区配合国务院有关部门严格实施经营者集中反垄断审查。加强海关、质检、工商、税务、外汇等管理部门的协作。加快完善一体化监管方式，推进组建统一高效的口岸监管机构。探索试验区统一电子围网管理，建立风险可控的海关监管机制。

（二）探索与试验区相配套的税收政策。

1. **实施促进投资的税收政策。** 注册在试验区内的企业或个人股东，因非货币性资产对外投资等资产重组行为而产生的资产评估增值部分，可在不超过5年期限内，分期缴纳所得税。对试验区内企业以股份或出资比例等股权形式给予企业高端人才和紧缺人才的奖励，实行已在中关村等地区试点的股权激励个人所得税分期纳税政策。

2. **实施促进贸易的税收政策。** 将试验区内注册的融资租赁企业或金融租赁公司在

试验区内设立的项目子公司纳入融资租赁出口退税试点范围。对试验区内注册的国内租赁公司或租赁公司设立的项目子公司，经国家有关部门批准从境外购买空载重量在25吨以上并租赁给国内航空公司使用的飞机，享受相关进口环节增值税优惠政策。对设在试验区内的企业生产、加工并经"二线"销往内地的货物照章征收进口环节增值税、消费税。根据企业申请，试行对该内销货物按其对应进口料件或按实际报验状态征收关税的政策。在现行政策框架下，对试验区内生产企业和生产性服务业企业进口所需的机器、设备等货物予以免税，但生活性服务业等企业进口的货物以及法律、行政法规和相关规定明确不予免税的货物除外。完善启运港退税试点政策，适时研究扩大启运地、承运企业和运输工具等试点范围。

此外，在符合税制改革方向和国际惯例，以及不导致利润转移和税基侵蚀的前提下，积极研究完善适应境外股权投资和离岸业务发展的税收政策。

四、扎实做好组织实施

国务院统筹领导和协调试验区推进工作。上海市要精心组织实施，完善工作机制，落实工作责任，根据《方案》明确的目标定位和先行先试任务，按照"成熟的可先做，再逐步完善"的要求，形成可操作的具体计划，抓紧推进实施，并在推进过程中认真研究新情况、解决新问题，重大问题要及时向国务院请示报告。各有关部门要大力支持，积极做好协调配合、指导评估等工作，共同推进相关体制机制和政策创新，把试验区建设好、管理好。

※ 活动五 中国自贸区战略面临两大挑战

11月10日中韩自贸区结束实质性谈判，11日北京APEC会议决定启动和推进亚太自贸区（FTAAP）进程，17日中澳自贸区结束实质性谈判。短短8天时间，中国推动的三大自贸区相继取得重大突破，标志着中国自贸区战略实施全面提速。

中国坚持对外开放、参与经济全球化靠多边和区域的"两个轮子"推进。世贸组织的多哈会议已经谈了13年，迟迟没有进展。中国紧抓上世纪末重新兴起的区域经济一体化浪潮，积极实施自由贸易区（FTA）战略。

中国自贸区战略实施的起步阶段就是以周边国家为基础。上世纪末面对亚洲金融危机的冲击，东亚各国痛感本地区亟须区域经济一体化。在这个背景下，2000年11月，我国时任总理朱镕基提出建立中国——东盟自贸区的设想，两年后双方决定在2010年建成中国——东盟自贸区。随后，中国提出一系列以周边国家为基础的自贸区构想，如10+3（中日韩与东盟自贸区）、中日韩、中韩等自贸区。但是东亚区域一体化的步伐受制于国家间的关系，如中日韩自贸区至今还在谈判之中；中韩自贸区也是十年磨一剑，方才结束实质性谈判，所花时间远远超过中国与拉美三国建立的自贸区。

中国实施自贸区战略不断提速。实施自由贸易区战略第一次出现在中央文件，是党的十七大报告。5年后，在党的十八大报告中则提升为"加快实施自由贸易区战略"，以适应多边贸易谈判受挫、区域经济一体化方兴未艾的经济全球化趋势。党的十八届三中全会进一步细化为，"以周边为基础加快实施自由贸易区战略"，这标志着我国自贸区战略逐渐走向成熟。

中国目前已经签订和实施了10个自由贸易协定或紧密经贸关系协定，分别是中国与东盟、巴基斯坦、智利、新西兰、新加坡、秘鲁、哥斯达黎加、瑞士、冰岛自贸协定，以及内地与港澳更紧密经贸关系安排。基本结束谈判的自贸区有两个，分别是中国与韩国、澳大利亚自贸区。正在商建的自贸区有6个，分别是中国与海湾合作委员会、挪威、斯里兰卡、中日韩自贸区，以及中国东盟自贸协定升级版和区域全面经济合作伙伴关系（RCEP）。通过上述签署和正在谈判的自贸协定，中国自贸区全球布局初步形成。2012年，中国与10个FTA的18个经济体的货物贸易总额达到9885亿美元，超过了中国进出口总额的四分之一。

当前，中国自贸区战略面临两大挑战。一是亚太地区区域合作出现碎片化趋势，该地区有超过56个自贸协定，多个自贸协定的相互重叠，会引起"意大利面碗效应"，削弱自贸区的实际效果；二是中国当前谈判或建设中的自贸区普遍水平较低，主要以关税减让为主，只有与新西兰、瑞士等部分国家的自贸协定涉及知识产权、竞争政策等部分非传统议题，这与高水平自贸协定（如美国的TPP和TTIP）尚有很大差距。如果不提高自贸区建设水平，将面临未来被其他自贸协定排除在外，以及在今后多边谈判的经贸制度构建中被边缘化的不利局面。

为了应对挑战，中国自贸区战略需要考虑进行微调。首先，充分考虑区域整合的势头超过了竞争性开放的势头，在亚太地区应加速区域整合，推动亚太自贸区和区域全面经济合作伙伴关系的谈判和建设，整合亚太地区众多自贸机制安排，减少交易成本，便利投资与贸易，协调RCEP、TPP与FTAAP三者关系，不再单纯追求与周边国家双边的自贸谈判。其次，提高合作水平。去年的"若干决定"就指出，"加快环境保护、投资保护、政府采购、电子商务等新议题谈判，形成面向全球的高标准自由贸易区网络"。中国依然是发展中国家，但是也要认识到，中国已不同于一般的发展中国家，中国要在未来经贸规则制定权中有一席之地。因此，在与自贸伙伴国合作内容方面，应不限于贸易自由化、便利化等传统领域，要向规制合作方向延伸，加强与伙伴国的相关政策协调，必要时以让渡部分贸易利益换取其他发展空间，为未来在更宽领域内国际经贸规则制定权的争夺打下牢固基础。

模块小结

本模块为我国商业经济地理，共设置五大任务，十三个活动的内容。通过学习我国商业发展和布局的基本战略，学习我国商业区和商业网点的发展和布局；努力培养学习我国商业经济地理的兴趣，做好学习规划。熟悉我国对外贸易地理，掌握我国对外贸易政策的发展与策略。通过能力目标的实施，确立正确的学习方向，加强自身素养训练，为我国的商业经济发展和对外贸易发展做出应有的贡献。

思考训练

【名词解释】

商业布局　商品流通　工业品　零售业　流通体制　主渠道　商业区　商业中心
对外贸易　丝绸之路　WTO经济结构　关税　退税　海关　财政　补贴　反倾销
出口　配额　外汇　管理　资本　项目　汇兑

【问答题】

1.中国商业发展和布局有何特征？今后应采取何种发展战略？

2.划分中国商业区的依据主要有哪些？

3.中国商业发展布局的基本战略的内容有哪些？

4.加入WTO后，中国制定的对外贸易政策有哪些？

5.加入WTO后，中国对外贸易政策做了哪些调整？

6.中国的经济特区有什么目的和作用？

7.中国出口配额管理有什么类型？

8.在中国，外汇包括什么内容？

9.中国资本项目的外汇管理主要采取什么形式？

【思考题】

1.以华东商业区为例，谈谈商业区形成的基本条件及划分的依据。

2.简述我国商业网点的布局特点，并分析其成因。

3.试述中国出口退（免）税条件。

4.试述中国财政补贴政策。

【填空题】

1.反映商业（　　　）的主要指标是（　　　）。

2.零售是商品流通过程中的（　　　），它直接与（　　　），因而具有（　　　）、（　　　）、（　　　）、（　　　）等特点。

3.中国的出口管理机制包括（　　　）、（　　　）、（　　　）和（　　　）。

4.海关法是我国（　　　）的重要法律依据。

模块六

我国旅游经济地理

【知识目标】

了解旅游业成为独立产业的原因；了解旅游业的组成部分；了解旅游业的特点。

了解旅游资源的分类方法；了解旅游景区的分类方法；了解旅游业的空间布局。

【能力目标】

掌握旅游业的定义；掌握旅游业的层次划分；掌握旅游资源的特性；掌握旅游景区的定义和特点；掌握旅游业的发展战略；掌握旅游地理区的经济概况。

【素养目标】

努力培养学习旅游经济地理的兴趣，深刻理解旅游资源的概念和内涵，做好学习规划，学会运用

旅游资源的调查和评价方法。通过能力目标的实施，确立正确的学习方向，打好牢固的学习基础，做好职业规划的准备。

【案例导入】

国务院关于促进旅游业改革发展的若干意见（全文）

国发〔2014〕31号

各省、自治区、直辖市人民政府，国务院各部委、各直属机构：

旅游业是现代服务业的重要组成部分，带动作用大。加快旅游业改革发展，是适应人民群众消费升级和产业结构调整的必然要求，对于扩就业、增收入，推动中西部发展和贫困地区脱贫致富，促进经济平稳增长和生态环境改善意义重大，对于提高人民生活质量、培育和践行社会主义核心价值观也具有重要作用。为进一步促进旅游业改革发展，现提出如下意见。

一、树立科学旅游观

(一)创新发展理念。全面贯彻落实党的十八大和十八届二中、三中全会精神，按照建设中国特色社会主义事业"五位一体"总体布局的要求，坚持深化改革、依法兴旅，处理好政府与市场的关系，推动形成政府依法监管、企业守法经营、游客文明旅游的发展格局；坚持融合发展，推动旅游业发展与新型工业化、信息化、城镇化和农业现代化相结合，实现经济效益、社会效益和生态效益相统一；坚持以人为本，积极营造良好的旅游环境，让广大游客游得放心、游得舒心、游得开心，在旅游过程中发现美、享受美、传播美。

(二)加快转变发展方式。以转型升级、提质增效为主线，推动旅游产品向观光、休闲、度假并重转变，满足多样化、多层次的旅游消费需求；推动旅游开发向集约型转变，更加注重资源能源节约和生态环境保护，更加注重文化传承创新，实现可持续

发展；推动旅游服务向优质服务转变，实现标准化和个性化服务的有机统一。到2020年，境内旅游总消费额达到5.5万亿元，城乡居民年人均出游4.5次，旅游业增加值占国内生产总值的比重超过5%。

二、增强旅游发展动力

(三)深化旅游改革。加快政府职能转变，进一步简政放权，使市场在资源配置中起决定性作用。加快推进旅游领域政企分开、政事分开，切实发挥各类旅游行业协会作用，鼓励中介组织发展。建立公开透明的市场准入标准和运行规则，打破行业、地区壁垒，推动旅游市场向社会资本全面开放。各地要破除对旅行社跨省设分社、设门市的政策限制，鼓励品牌信誉度高的旅行社和旅游车船公司跨地区连锁经营。积极培育壮大市场主体，扶持特色旅游企业，鼓励发展专业旅游经营机构，推动优势旅游企业实施跨地区、跨行业、跨所有制兼并重组，打造跨界融合的产业集团和产业联盟，支持具有自主知识产权、民族品牌的旅游企业做大做强。稳步推进建立国家公园体制，实现对国家自然和文化遗产地更有效的保护和利用。抓紧建立景区门票预约制度，对景区游客进行最大承载量控制。统一国际国内旅游服务标准。完善旅游统计指标体系和调查方法，建立科学的旅游发展考核评价体系。取消边境旅游项目审批，将旅行社经营边境游资格审批和外商投资旅行社业务许可下放至省级旅游部门。

(四)推动区域旅游一体化。进一步深化对外合资合作，支持有条件的旅游企业"走出去"，积极开拓国际市场。完善国内国际区域旅游合作机制，建立互联互通的旅游交通、信息和服务网络，加强区域性客源互送，构建务实高效、互惠互利的区域旅游合作体。围绕丝绸之路经济带和21世纪海上丝绸之路建设，在东盟—湄公河流域开发合作、大湄公河次区域经济合作、中亚区域经济合作、图们江地区开发合作以及孟中印缅经济走廊、中巴经济走廊等区域次区域合作机制框架下，采取有利于边境旅游的出入境政策，推动中国同东南亚、南亚、中亚、东北亚、中东欧的区域旅游合作。积极推动中非旅游合作。加强旅游双边合作，办好与相关国家的旅游年活动。

(五)大力拓展入境旅游市场。完善国家旅游宣传推广体系，采取政府购买服务等方式，逐步实现国家旅游宣传促销专业化、市场化。建立多语种的国家旅游宣传推广网站，加强国家旅游形象宣传。研究促进外国人入境过境旅游签证便利化措施，推动符合规定条件的对外开放口岸开展外国人签证业务，逐步优化完善外国人72小时过境免签政策，推动外国人72小时过境免签城市数量适当、布局合理。统筹研究部分国家旅游团入境免签政策，优化邮轮出入境政策。为外国旅客提供签证和入出境便利，不断提高签证签发、边防检查等出入境服务水平。

三、拓展旅游发展空间

（六）积极发展休闲度假旅游。在城乡规划中要统筹考虑国民休闲度假需求。加强设施建设，完善服务功能，合理优化布局，营造居民休闲度假空间。积极推动体育旅游，加强竞赛表演、健身休闲与旅游活动的融合发展，支持和引导有条件的体育运动场所面向游客开展体育旅游服务。推进整形整容、内外科等优势医疗资源面向国内外提供医疗旅游服务。发挥中医药优势，形成一批中医药健康旅游服务产品。规范服务流程和服务标准，发展特色医疗、疗养康复、美容保健等医疗旅游。有条件的城市要加快建设慢行绿道。建立旅居全挂车营地和露营地建设标准，完善旅居全挂车上路通行的政策措施，推出具有市场吸引力的铁路旅游产品。积极发展森林旅游、海洋旅游。继续支持邮轮游艇、索道缆车、游乐设施等旅游装备制造国产化，积极发展邮轮游艇旅游、低空飞行旅游。

（七）大力发展乡村旅游。依托当地区位条件、资源特色和市场需求，挖掘文化内涵，发挥生态优势，突出乡村特点，开发一批形式多样、特色鲜明的乡村旅游产品。推动乡村旅游与新型城镇化有机结合，合理利用民族村寨、古村古镇，发展有历史记忆、地域特色、民族特点的旅游小镇，建设一批特色景观旅游名镇名村。加强规划引导，提高组织化程度，规范乡村旅游开发建设，保持传统乡村风貌。加强乡村旅游精准扶贫，扎实推进乡村旅游富民工程，带动贫困地区脱贫致富。统筹利用惠农资金加强卫生、环保、道路等基础设施建设，完善乡村旅游服务体系。加强乡村旅游从业人员培训，鼓励旅游专业毕业生、专业志愿者、艺术和科技工作者驻村帮扶，为乡村旅游发展提供智力支持。

（八）创新文化旅游产品。鼓励专业艺术院团与重点旅游目的地合作，打造特色鲜明、艺术水准高的专场剧目。大力发展红色旅游，加强革命传统教育，大力弘扬以爱国主义为核心的民族精神和以改革创新为核心的时代精神，积极培育和践行社会主义核心价值观。规范整合会展活动，发挥具有地方和民族特色的传统节庆品牌效应，组织开展群众参与性强的文化旅游活动。杜绝低水平的人造景观建设，规范发展主题公园。支持传统戏剧的排练演出场所、传统手工艺的传习场所和传统民俗活动场所建设。在文化旅游产品开发中，反对低俗、庸俗、媚俗内容，抵制封建迷信，严厉打击黄赌毒。

（九）积极开展研学旅行。按照全面实施素质教育的要求，将研学旅行、夏令营、冬令营等作为青少年爱国主义和革命传统教育、国情教育的重要载体，纳入中小学生日常德育、美育、体育教育范畴，增进学生对自然和社会的认识，培养其社会责任感和实践能力。按照教育为本、安全第一的原则，建立小学阶段以乡土乡情研学为主、初中阶段以县情市情研学为主、高中阶段以省情国情研学为主的研学旅行体系。加强对研学旅行的管理，规范中小学生集体出国旅行。支持各地依托自然和文化遗产资源、大型公共设施、知名院校、工矿企业、科研机构，建设一批研学旅行基地，逐步完善接待体系。鼓励对研学旅行给予价格优惠。

(十)大力发展老年旅游。结合养老服务业、健康服务业发展，积极开发多层次、多样化的老年人休闲养生度假产品。规划引导各类景区加强老年旅游服务设施建设，严格执行无障碍环境建设标准，适当配备老年人、残疾人出行辅助器具。鼓励地方和企业针对老年旅游推出经济实惠的旅游产品和优惠措施。抓紧制定老年旅游服务规范，推动形成专业化的老年旅游服务品牌。旅游景区门票针对老年人的优惠措施要打破户籍限制。

(十一)扩大旅游购物消费。实施中国旅游商品品牌建设工程，重视旅游纪念品创意设计，提升文化内涵和附加值，加强知识产权保护，培育体现地方特色的旅游商品品牌。传承和弘扬老字号品牌，加大对老字号纪念品的开发力度。整治规范旅游纪念品市场，大力发展具有地方特色的商业街区，鼓励发展特色餐饮、主题酒店。鼓励各地推出旅游商品推荐名单。在具备条件的口岸可按照规定设立出境免税店，优化商品品种，提高国内精品知名度。研究完善境外旅客购物离境退税政策，将实施范围扩大至全国符合条件的地区。在切实落实进出境游客行李物品监管的前提下，研究新增进境口岸免税店的可行性。鼓励特色商品购物区建设，提供金融、物流等便利服务，发展购物旅游。

四、优化旅游发展环境

(十二)完善旅游交通服务。高速公路、高速铁路和机场建设要统筹考虑旅游发展需要。完善加油站点和高速公路服务区的旅游服务功能，加快推进高速公路电子不停车收费系统（ETC）建设。将通往旅游区的标志纳入道路交通标志范围，完善指引、旅游符号等标志设置。推进旅游交通设施无障碍建设与改造。重点旅游景区要健全交通集散体系。增开旅游目的地与主要客源地之间的列车和旅游专列，完善火车站、高速列车、旅游专列的旅游服务功能，鼓励对旅游团队火车票价实行优惠政策。加强高铁车站与城市、景区的交通衔接。支持重点旅游城市开通和增加与主要客源地之间的航线，支持低成本航空和旅游支线航空发展，鼓励按规定开展国内旅游包机业务。规划引导沿江沿海公共旅游码头建设，增开国际、国内邮轮航线。制定旅游信息化标准，加快智慧景区、智慧旅游企业建设，完善旅游信息服务体系。

(十三)保障旅游安全。加强旅游道路特别是桥梁、隧道等交通安全和食品安全监督检查，对客运索道、大型游乐设施等旅游场所特种设备定期开展安全检测。完善旅游安全服务规范，旅游从业人员上岗前要进行安全风险防范及应急救助技能培训。旅行社、景区要对参与高风险旅游项目的旅游者进行风险提示，并开展安全培训。景区要加强安全防护和消防设施建设。按照属地管理原则，建立健全旅游景区突发事件、高峰期大客流应对处置机制和旅游安全预警信息发布制度，将其纳入当地统一的应急体系。重点景区要配备专业的医疗和救援队伍，有条件的可纳入国家应急救援基地统筹建设。

(十四)加强市场诚信建设。在社会诚信体系建设中，加快完善旅游相关企业和从业人员诚信记录。行业协会要完善行业自律规则和机制，引导会员企业诚信经营。建立严重违法企业"黑名单"制度，加大曝光力度，完善违法信息共享机制。加强旅游市场综合执法，依法严厉打击"黑导游"和诱导、欺骗、强迫游客消费等行为，依法严肃查处串通涨价、哄抬价格和价格欺诈的行为，积极营造诚实守信的消费环境，引导旅游者文明消费。充分发挥旅游者、社会公众及新闻媒体的监督和引导作用，推进旅游服务质量提升。推动景区景点进一步做好文明创建和文明旅游宣传引导工作，加大景区文明旅游执法，杜绝乱刻乱画、随地吐痰、乱丢垃圾等行为。

(十五)规范景区门票价格。利用风景名胜区、自然保护区、文物保护单位等公共资源建设的景区门票以及景区内另行收费的游览场所、交通工具等项目价格要实行政府定价或者政府指导价，体现公益性，严格控制价格上涨。景区应严格按照规定，对未成年人、在校学生、老人、军人、残疾人等实行门票费用减免。所有景区都要在醒目位置公示门票价格、另行收费项目的价格及团体收费价格。要进一步加强价格监管，坚决制止各类变相涨价行为。

五、完善旅游发展政策

(十六)切实落实职工带薪休假制度。强化全社会依法休假理念，将带薪年休假制度落实情况纳入各地政府议事日程，作为劳动监察和职工权益保障的重要内容，推动机关、企事业单位加快落实职工带薪年休假制度。鼓励职工结合个人需要和工作实际分段灵活安排带薪年休假。在教学时间总量不变的情况下，高等学校可结合实际调整寒、暑假时间，中小学可按有关规定安排放春假，为职工落实带薪年休假创造条件。

(十七)加强旅游基础设施建设。加强景区旅游道路、步行道、停车场、厕所、供水供电、应急救援、游客信息服务以及垃圾污水处理、安防消防等基础设施建设，围绕重点旅游区和旅游线路，进一步完善游客咨询、标志标牌等公共服务设施，集中力量开发建设一批新的自然生态环境良好、文化科普教育功能完善、在国内外具有较强吸引力的精品景区和特色旅游目的地。编制全国生态旅游发展规划，加强对国家重点旅游区域的指导，抓好集中连片特困地区旅游资源整体开发，引导生态旅游健康发展。各级政府要重视旅游基础设施建设。中央政府要加大对中西部地区重点景区、乡村旅游、红色旅游、集中连片特困地区生态旅游等旅游基础设施和生态环境保护设施建设的支持力度。

(十八)加大财政金融扶持。抓紧研究新形势下中央财政支持旅游业发展的相关政策，做好国家旅游宣传推广、规划编制、人才培养和旅游公共服务体系建设。国家支持服务业、中小企业、新农村建设、扶贫开发、节能减排等专项资金，要将符合条件的旅游企业和项目纳入支持范围。政府引导，推动设立旅游产业基金。支持符合条件的旅游企业上市，通过企业债、公司债、中小企业私募债、短期融资券、中期票据、中小企业集合票据等债务融资工具，加强债券市场对旅游企业的支持力度，发展旅游项目资产证券化产品。加大对小型微型旅游企业和乡村旅游的信贷支持。

(十九)优化土地利用政策。坚持节约集约用地，按照土地利用总体规划、城乡规划安排旅游用地的规模和布局，严格控制旅游设施建设占用耕地。改革完善旅游用地管理制度，推动土地差别化管理与引导旅游供给结构调整相结合。编制和调整土地利用总体规划、城乡规划和海洋功能区规划时，要充分考虑相关旅游项目、设施的空间布局和建设用地要求，规范用海及海岸线占用。年度土地供应要适当增加旅游业发展用地。进一步细化利用荒地、荒坡、荒滩、垃圾场、废弃矿山、边远海岛和石漠化土地开发旅游项目的支持措施。在符合规划和用途管制的前提下，鼓励农村集体经济组织依法以集体经营性建设用地使用权入股、联营等形式与其他单位、个人共同开办旅游企业，修建旅游设施涉及改变土地用途的，依法办理用地审批手续。

(二十)加强人才队伍建设。实施"人才强旅、科教兴旅"战略，编制全国旅游人才中长期发展规划，优化人才发展的体制机制。加强旅游学科体系建设，优化专业设置，深化专业教学改革，大力发展旅游职业教育。建立完善旅游人才评价制度，培育职业经理人市场。推动导游管理体制改革，建立健全导游评价制度，落实导游薪酬和社会保险制度，逐步建立导游职级、服务质量与报酬相一致的激励机制。加强与高等院校、企业合作，建立一批国家旅游人才教育培训基地，加强导游等旅游从业人员培训，不断提高素质和能力。鼓励专家学者和大学生等积极参加旅游志愿者活动。把符合条件的旅游服务从业人员纳入就业扶持范围，落实好相关扶持政策。支持旅游科研单位和旅游规划单位建设，加强旅游基础理论和应用研究。

各地区、各有关部门要高度重视促进旅游业改革发展工作，加强组织领导，确保各项任务措施落到实处。各地要结合本地区实际，制定具体实施意见，大胆探索，勇于创新，推动本地区旅游业改革发展不断迈上新台阶。各地要加强规划引导，重视对旅游资源和生态环境的保护，防止重复建设。各有关部门要抓紧制定相关政策措施的实施细则。要深入贯彻实施《中华人民共和国旅游法》，落实配套法规。发展改革委、旅游局要定期汇总各地区及有关部门对本意见的贯彻执行情况并开展督促检查。各级旅游行政管理及相关部门要充分发挥职能优势，加强协调配合，促进旅游业健康可持续发展。

任务一 我国旅游业概述

※ 活动一 我国旅游业的界定

旅游业包括旅行社、住宿、餐饮、娱乐、旅游交通、购物、景区等行业。目前旅游业所创造出的产值在全球GDP中所占的比重已超过10%，因此旅游业被誉为永远的朝阳产业和国际经济贸易的新增长点。随着旅游市场需求变化及旅游产业结构升级，旅游业的内涵及边界也不断在调整。因此，对于旅游业概念的科学界定与探讨至为重要。

一、旅游业定义

旅游业亦称为旅游产业，在英文中一般称为"TourismIndustry"，但在北美地区，特别是在美国，则习惯使用"TravelIndustry"这一表述，有时也称之为"接待业(Hos-pitalityIndustry)"。但对于什么是旅游业，或如何界定旅游业，人们有一个认识的过程，对其定义逐渐趋于成熟。

近代旅游业的创始人托马斯·库克(Thomas Cook)从对旅游业经营的实践出发，提出旅游业就是"让旅行者获得最大的社会情趣，举办人尽最大责任的事业"。在早期的旅游研究中，日本旅游学者土井厚也曾提出旅游业就是在旅游者和交通、住宿及其他有关单位中间，通过办理旅游签证、中间联络、代购代销，通过为旅游者导游、交涉、代办手续，此外也利用本商社的交通工具、住宿设施提供服务，从而取得报酬的行业(《旅游概论》编写组，1983)。这两种观点将旅游业中的某一特定行业与旅游业相混淆。而在我国，也曾有人认为旅游业部门只包括有旅游局和旅行社。这种过于狭窄的定义将现实旅游活动中很多为游客提供服务的经济部门均排除在外，不利于开展旅游对经济影响方面的研究。

日本学者前田勇在《观光概论》中认为旅游业就是为适应旅游者需要由许多不同的独立的旅游部门开展的多种多样的经营活动。美国旅游学家伦德伯格在解释旅游业时则认为旅游业是为国内外旅游者服务的一系列相互有关的行业。旅游关联到游客、旅行方式、膳宿供应设施和其他各种事物。它构成一个综合性的概念——随着时间和环境不断变化的、一个正在形成和正在统一的概念(《旅游概论》编写组，1983)。利珀(Leiper，1979)亦认为"旅游业包括所有服务于旅游者需求的企业、组织和设施"。

库珀、弗莱彻、法伊奥、吉尔伯特和万希尔(Cooper，Fletcher，Fyall，Gilbert&Wanhill，2007)对旅游业从两个角度——"一次旅游全过程所需要的产品和服务组合"和"提供产品的对象和市场关系"——进行了分析，并最终对旅游业定义为以旅游者为服务对象，以旅游市场为联系纽带，以旅游资源和设施为基础，以旅游经营活动为中心，将相关行业和企业集合起来，向旅游者提供旅游过程中所需要的产品和服务的综合性产业。

目前旅游业标准定义都已将旅游活动六要素"吃、住、行、游、购、娱"的相关供给部门囊括在内。

二、"产业"的界定和争论

要清楚认识旅游业这一概念，亦需要对"业"，即"产业"进行了解。"业"是经济生产范畴的概念，主要是指因社会分工而形成的各种经济生产职能与组织的分类。"Industry"一词一般有两种含义，第一个是指"工业"；第二个释义则是指"产业"，即其主要业务或产品大体相同的企业类别的总称(李天元，2009)。从后一种解释可以看出，一个产业应是由生产同类产品的企业构成的，只有经营相同业务或生产具有替代性同类产品的企业才能被归为产业。正因为产业中的各个企业具有这种相似性，不论是从微观的企业角度，还是较为宏观的产业角度，这些企业为经营此项业务或生产此类产品所进行的投入，以及最终所实现的产出都是可以计算并进行加总的，这也是对某一特定产业进行统计，以取得相关数据从而对其进行研究的必要条件。

显然，旅游业的实际情况与上述的"产业"定义并不相符，因此对旅游业是否可以算做一个独立的产业存在着争议，如托马斯·李·戴维森在《何谓旅游：它真是产业吗？》中认为旅游根本不是一个产业，充其量只是一个产业组合(Davidson，1998)。对于此种观点可具体从以下三个方面来认识：

①旅游业并非由同类企业所构成，因此这些企业从事的主要业务或生产的产品亦不相同。例如，以饭店为代表的住宿企业经营的主要业务是住宿服务，以航空公司为代表的交通客运企业的主要业务是运输服务，旅行社所经营的是旅行代理和包价组团业务，商业性景区的主要业务则是游览接待和娱乐。旅游业的综合性、多样性也决定了各类旅游业务和产品之间不具有可替代性，并且是相辅相成的。游客通常是同时对这些要素产生需求，而其中任何一类企业的业务或产品发生问题，都会降低游客的旅游体验。这些互相无替代性的饭店、餐饮、交通、旅行社等产品的供给企业，依据"产业"的一般定义是难以归属于同一产业内的。

②旅游业中，由于旅游业务开展或旅游产品生产而发生的投入和产出难以精确确定和测算。首先，在微观层面上，几乎所有旅游企业的服务对象都不局限于游客，一般都包含当地居民。因此这些企业在经营过程中的投入不仅仅针对旅游业务，也包含有非旅游业务投入。确定这两部分投入的所占比重很难，甚至很多时候都无法清楚区分这两种投入。同样，要清楚区分和计算企业通过真正意义上的旅游业务而实现的产出也十分困难。其次，从宏观层面看，由于旅游服务和产品是由诸多相关产业或行业

协同供给的，因此旅游产业的界限十分模糊。在确定和测算旅游业的投入和产出时，不能简单将相关联的住宿、餐饮、交通、旅行社、景区等行业的投入和产出情况进行加总，只能通过调查和分析，估计这些行业中真正意义上旅游业务各自所占的比例，从而估算出旅游业的投入和产出。

③在旅游业中，绝大多数旅游企业均隶属于某一标准产业。我国《国民经济行业分类与代码(GB/T4754—2002)》中，旅游饭店归属于住宿和餐饮业，铁路旅客运输归属于交通运输、仓储和邮政业，旅行社归属于租赁和商务服务业等。由于存在以上这些问题，世界上绝大多数国家(包括我国)所颁布的本国标准产业分类，以及联合国制定的《国际标准产业分类》(InternationalStandardIndustrialClassification，ISIC)均没有将旅游业列为独立的产业。总之，从理论上，旅游业不能构成一项标准产业。这种旅游业与其他标准产业间的高度关联性和交叉性也造成了旅游统计的复杂性和不确定性。因此，世界旅游组织(WTO)、经济开发合作组织(OECD)和欧共体统计局(Eurostat)联合发布了《旅游附属账户：推荐方法框架》(TourismSatelliteAccount：RecommendedMethodologicalFramework，TSA：RMF)，力图通过基于国民经济投入产出表而构建的旅游附属账户，实现对旅游业的准确统计。

在各国的宏观经济实践中，旅游业又是客观存在的一个产业。在大多数国家，旅游业都已成为国民经济中的重要组成部分。很多国家和地区，都将旅游业作为重点产业、先导产业、支柱产业进行发展，通过制定有针对性的旅游发展产业规划、政策，促进了旅游不发达地区旅游业的整体提高。2009年12月，我国国务院办公厅发布了《关于加快发展旅游业的意见(国发[2009]41号)》，亦将旅游业定位为我国的战略性支柱产业。

尽管各类旅游企业的主要业务或产品存在很大差异，但其在设计旅游业务方面，所面对的顾客均为旅游者，业务的开展都是通过提供产品或服务以满足同一市场，即旅游者的需求。因此旅游业的定义是一个需求取向的定义，而非传统产业供给取向的定义；界定标准基于相同的服务对象，而非基于相同的业务或产品(李天元，2009)。

此外，从产业发展的角度，一个新产业的形成有三种路径：一是从旧产业内部独立出一个新的产业；二是从各产业内部分化出一部分企业，经过重新组合而形成一个新的产业；三是相关产业之间有一定的业务关系，在不分化或难以分化的情况下，以某种中介关系联系起来而形成一个新的产业。旅游业就是属于第三种情况(库珀、弗莱彻、法伊奥、吉尔伯特、万希尔，2007)。

旅游业虽然不满足传统的产业划分标准，但这是由于旅游业自身特点决定的，其存在是客观事实，目前旅游学界基本已将其作为一个独立产业来对待。

※ 活动二　我国旅游业组成和划分

有关旅游业的争论不仅局限于其是否符合传统的产业定义，即便承认是一个独立产业，但对其具体构成也存在着不尽相同的认识和归纳。

一、旅游业组成

(一)"三大支柱"说

联合国的《国际标准产业分类》，对其中参与旅游业务经营的具体经济部门进行分析，认为旅游者的大部分消费支出流入了三个经济部门，即旅行社部门、交通客运部门和住宿业部门，而这三个部门中的企业也构成了三种主要类型的旅游企业。因此，国际上通常认为旅游业主要是由旅行社部门、交通客运部门和住宿业部门所构成，一般也将旅行社、饭店业和交通运输业称之为旅游业的"三大支柱"。

(二)"五大部门"说

由于旅游业通常以特定的区域(国家或地区)为单位进行划分，如中国旅游业、美国旅游业、北京旅游业等，因此，从一个国家或地区的旅游业发展，特别是从旅游目的地市场营销的角度来说，旅游业主要由五大部分组成，即旅行社部门、交通客运部门和住宿业部门这"三大支柱"，以及以旅游景点为代表的游览场所经营部门(即旅游吸引物)和各级旅游管理组织(Middleton，1988)，可称为"五大部门"，见图6-1。

之所以对旅游业的构成进行这种归纳，是因为就一个国家或地区的旅游业发展来说，这五个部门之间存在相同的目标，相互间联系紧密，相辅相成。这一目标就是通过吸引、招徕和接待外来旅游者，促进该国或地区的经济发展，这与很多国家或地区的旅游业规划和政策的目的相一致。各级旅游管理组织与其他四个部门不同，不是作为盈利部门存在，但在促进和扩大其他四大商业性经营部门的盈利方面具有重要的积极作用。

二、旅游业层次的划分

(一)国外对旅游业层次划分的讨论

在所有为旅游者的需求提供供给的各类企业中，有些企业的主要盈利是来自于旅游业务，也有很多企业虽然也从事为旅游者提供服务的业务，但并不将此作为主要的收入来源，在其总收入中所占比重较小。由于存在这种问题，在旅游研究中往往根据旅游业务在其总业务中的比例对旅游企业进行层次划分。

史密斯(Smith，2000)将旅游业划分为两个层次：第一层次，旅游业的企业是指如果不存在旅游，则将不会存在的企业；第二层次，旅游业则是指如果不存在旅游，将会发生显著衰退的那些企业。这一层次划分实际上也界定了旅游业的产业范围，将那些虽为旅游者提供产品，却对旅游依赖不显著的行业剔除在外。但有些行业虽然不依赖于旅游生存、发展，却也为旅游者提供产品和服务，故有部分的旅游花费是流向这些行业的。因此，在史密斯分类的基础之上可以增加第三个层次的旅游业，即指旅游的存在有利于其发展，但其对旅游的依赖并不显著的企业。

住宿接待部门：
饭店、宾馆
乡村农舍客房
出租公寓/别墅
分时度假公寓
度假村
会展中心(供食宿)
野营营地/旅行拖车度假营地
提供住宿设施的船坞……

游览场所经营部门：
主题公园
博物馆
国家公园
野生动物园
花园
自然历史遗产旅游点……

交通运输部门：
航空公司
铁路公司
海运公司
公共汽车/长途汽车公司……

旅行业务组织部门：
旅游经营商
旅游批发商/经纪人
旅游零售代理商
会议组织商
预订服务代理商(如代订客房)
奖励旅游代理商……

东道地(主)旅游组织：
国家旅游组织(NTO)
地区/州旅游组织
地方旅游组织
旅游协会……

图6-1　旅游业的五个主要组成部分

资料来源：Middleton.T.C.MarketinginTravelandTourism.London：Heineman，1988

库珀等(2007)的层次划分即是按照以下思路进行的：

①直接旅游业的组合——狭义的旅游业构成。

包括旅行社、住宿和交通，这三者与旅游者的关系最为直接，是旅游活动顺利进行的基本保障，也是依赖旅游者生存的产业，亦即前述的旅游业"三大支柱"。

②相关旅游业的组合——广义的旅游业构成。

相关旅游业包括餐饮、娱乐、旅游吸引物、旅游购物、金融、保险、旅游管理机构等。这些行业虽然为旅游者提供产品和服务，但其主要经营业务和服务对象是非旅游者，其存在可为旅游者提供更加完善的服务和更丰富的产品。但旅游活动的存在与否并不影响它们的生存，只是会发生经营规模和数量上的变动。

③间接旅游业的组合——大旅游业构成。

间接旅游业指基础设施、公共服务和支持性行业和部门。它们的服务对象以社区居民为主，同时也为旅游者和直接旅游企业、相关旅游企业提供服务和设施。间接旅游部门主要包括供水、供电、电信、环保、道路、医院、治安、边检、教育、培训、科研、文化、信息、农业、建筑业、轻工业等一切为旅游者和旅游业提供支持、协调和整体环境的部门总称，也是旅游业赖以生存和发展的基础和前提。可以发现，各个传统产业绝大部分都可以归入间接旅游业的范围之内，旅游的发展和繁荣将会对这些产业产生或多或少的促进作用，这也是很多国家和地区将旅游业视为先导产业、支柱产业的原因之一。

(二)我国旅游业的构成

李天元在其编著的《旅游学概论(第6版)》中基于旅游者活动内容的涉及要素（吃、住、行、游、购、娱）进行反推，指出我国旅游业的基本构成包括八个部门：①交通运输部门；②旅游景点部门；③住宿服务部门；④餐饮服务部门；⑤旅游纪念品/用品零售部门；⑥娱乐服务部门；⑦旅行社部门；⑧旅游行政机构和旅游行业组织。

如果与格德纳和瑞奇的划分进行对比，可以发现其中增加了旅游纪念品/用品零售部门和不属于经营性部门的旅游行政机构和旅游行业组织，同时缺少节庆盛事部门、探险与户外娱乐部门和支持性服务部门。受我国旅游业发展水平限制，这些国际上较为成熟的旅游项目在我国尚属于新兴事物，而旅游纪念品零售部门作为一个独立部门出现，也反映出旅游购物在我国旅游产业发展中的重要性。

※ 活动三 我国旅游业的特点

一、旅游业是资源和设施依托型产业

旅游业离不开各式各样的旅游资源，作为旅游者游览的对象和客体，旅游资源是旅游业赖以生存和发展的凭借和依据。一个国家或地区只有具备了一定数量和质量的旅游资源，才谈得上旅游业的生存和发展。如果没有旅游资源或旅游资源较为匮乏，就难以吸引游客，旅游业的生存发展就成为空中楼阁。旅游资源的性质决定了它不是旅游业的组成部分，而是一种相对独立的主体，但旅游业对旅游资源的依赖性是旅游业的本质特征之一。

旅游设施是指为保障旅游供给，满足旅游需求而设立的机构、组织、建筑物及其备件等系统的总和。旅游产品是由多个行业和部门提供的各类单项产品和服务共同构成的。旅游基础设施是旅游者实现旅游目的的手段和供给，没有旅游设施，旅游者将寸步难行。

二、旅游业是综合型和交叉型产业

旅游业是一系列相关产业活动的综合体，包括吃、住、行、游、购、娱等多项要素。这一特征需要旅游业提供满足旅游者多种需要的组合型产品。因此，旅游产品必然是各个行业和众多部门通力协作的结果。从这个意义上说，旅游业是一个出售自然风光、风景名胜、民俗风情、特色服务、美食和购物品等多种产品的大产业，在产业结构上具有高度的综合性和交叉性，产业界限十分模糊。

旅游业的经营目的在于通过为旅游消费者提供其所需的产品或服务，在满足旅游者需要的同时，实现自身的获利与发展。与制造业产品的购买者有所不同的是，旅游消费者的需要明显具有多样性特点。具体表现在，旅游消费者在外出旅游期间有着吃、住、行、游、购、娱等多方面的多重需要，这意味着旅游者出游经历的实现需要由多种不同的旅游企业分别为其提供相应的产品或服务。正因如此，有些学者称旅游业是一个集合性产业或集群产业。

这一特点对旅游业的经营和管理有两方面的现实意义：

①在以旅游目的地为单位的旅游业中，各个旅游行业具有木桶效应。在该地旅游业的整体链条上，任何一个行业的发展滞后，都会造成旅游消费者对该地旅游产品的评价差异，从而影响其他旅游行业的市场。只有各相关行业的产品和服务都能让旅游消费者感到满意，该地的旅游业才能兴旺发达。旅游业中各行业应相互支持以及开展联合营销的必要性也在于此，这就是相关行业间的相互依赖性(Inter-dependence)。

②一方面，旅游企业所有权的分散性以及各企业为追求自身利益而各行其是的自由性，使得它们之间不存在自动的协调；而另一方面，相关旅游企业间的协调又为旅游消费者满意的实现所必需，这意味着促成这一协调的实现将成为旅游目的地管理者的一项重要职责。

旅游属于高级生活享受的消费特点决定了旅游者的开支标准明显高于日常生活。这促使旅游者必须接受比往日更多的服务，而常规的专项服务行业可能只能提供某一种服务，全方位、高档次消费的旅游需求导致具有不同专业特点的旅游企业必须具备提供综合服务的能力，旅游需求决定旅游业的生产必须向多元化发展。一些饭店管理集团组建成跨国公司，实力雄厚的民航企业斥巨资吞并著名的旅行社或饭店，都是为了最大限度地占领旅游市场份额。

三、旅游业是劳动密集型产业

旅游企业的核心产品是服务，其中绝大部分的服务是无法用机械代替，需要由专人提供相应的服务。旅游者服务需求的多样性以及旅游淡旺季变化都决定了旅游业需要有众多劳动者同时提供直接或间接服务，又或是做出待机服务的准备。而且旅游业的就业门槛较低，包容性强，对不同类型、不同层次的劳动力都有需要，既可以为具有专业知识和技术专长的高层次人才创造就业机会，也能给仅经过较短时间培训、不具备技术专长的人员提供工作岗位。

国际上在判断一家企业是否属于劳动密集型时，所采用的标准一般是工资成本在其全部营业成本和费用中所占比例的高低，工资成本所占比重越高，其劳动密集程度也相应越高。由此分析，旅游企业作为旅游服务的提供者，其大部分产品均以劳务的形式体现，在生产过程中不需要投入大规模的消耗性原材料，因此其生产经营成本中工资成本的比重较高，如在某些旅游发达国家或地区，旅游企业的工资支出在总经营成本中可高达40%，这就决定了旅游业的劳动密集特性。

四、旅游业具有较强的政策性

任何国家或地区的旅游业发展都会受到该国家或地区出入境政策，及其主要客源国出境政策的影响，出入境政策上的变化会使得游客数量出现较大的波动，因此旅游业发展的政策性较强。如在我国，随着改革开放后外交政策、侨务政策、统战政策，特别是入境政策的逐步放宽，入境旅游呈现出爆发式的增长，这正是政策变化给旅游业带来的新的旅游消费需求，为其发展提供了动力。同样，伴随因私出境的放开，港澳自由行、出国游日益兴盛，我国旅游者能够更容易、更频繁、更方便地到其他国家或地区进行旅游活动，对这些旅游目的地国家或地区的旅游业发展都起到了促进作用。很多旅游发达国家或地区所采取的免签证、落地签证、游客退税等政策，其实施目的都是为吸引更多外来游客，提高对当地旅游业的需求，从而拉动当地经济发展，这是旅游业政策性的体现。

五、旅游业具有敏感性

旅游业的发展会受到多种因素的影响，因此具有较强的敏感性，一旦其所处的环境发生变化，都有可能对它产生负面效应。从旅游业的内部来看，它是由不同产品、不同服务的供给厂商相互协作而构成的，各个组成部分又是相对独立的，因此其中任何部门出现了问题，都将造成整个旅游业的供给失调，影响旅游业的进一步发展。从旅游业的外部经营环境来看，由于旅游是以人在不同地区间的流动作为前提的，所以会阻碍人流动的经济、社会、政治以及自然环境的不利变动都将对旅游业有所损害。

例如，2001年美国"9·11"事件的发生，使得美国的安全局势不稳，阻碍了大批国际游客的访美计划；2003年"非典"在我国的爆发，对国内和国际的旅游需求都产生了极大的抑制作用；2008年汶川大地震的发生，使得四川省的旅游业受到重创；2011年日本地震也使得赴日旅游的访客数量大幅下滑。同样，客源地发生的重大变故也会使某些旅游目的地的旅游业遭遇挫折，如在"非典"期间，对我国旅游者依赖较大的目的地国家其旅游业发展也都发生了下滑。

任务二　我国旅游资源

※　活动一　我国旅游资源概述

一、旅游资源的概念和内涵

(一)旅游资源的定义

资源是指一切可被人类开发和利用的物质、能量和信息的总称，它广泛地存在于自然界和人类社会中，是一种自然存在物或能够给人类带来财富的源泉。既包括自然界的土地资源、矿产资源、森林资源、海洋资源等，也是人类社会的资本资源、人力资源、信息资源、技术资源等。

旅游资源(touristresources)是资源的一种类型，是伴随现代旅游活动和旅游产业的发展而产生的新概念。旅游资源是旅游活动的载体，是旅游业可持续发展的物质基础和旅游生产力增长的潜力所在。但是，由于旅游学还不够成熟，学科的理论体系和框架尚不完善，且旅游资源的内涵非常丰富，因此旅游资源这一概念也未能够形成全面统一的认识。目前，国内外对旅游资源概念的界定有多种表述方式，其中，较有代表性的概念如表6-1所示：

表6-1　旅游资源的定义

提出者及年份	旅游资源概念表述
普列奥布拉曾斯基，1926	旅游资源即在现有技术和物质条件下，能够被用作组织旅游活动的自然的、技术的和社会经济的因素
郭来喜，1985	凡是能为人们提供旅游观赏、知识乐趣、度假疗养、娱乐休息、探险猎奇、科研考察以及人们之间友好往来和消磨闲暇时间的客体和劳务都可以称为旅游资源
卢云亭，1988	凡是对旅游者产生吸引力，并具备一定旅游功能和价值的自然与人文因素的原材料，统称为旅游资源

提出者及年份	旅游资源概念表述
孙文昌，1989	凡能激发旅游者旅游动机的，能为旅游业所利用的，并由此产生经济效益和社会效益的自然和社会的实在物
陈传康，1990	旅游资源是在现实条件下，能够吸引人们产生旅游动机并进行旅游活动的各种因素的总和
保继刚，1993	旅游资源是指对旅游者具有吸引力的自然存在和历史文化遗产，以及直接用于旅游目的地的人工创造物
杨振之，1996	所谓"旅游资源"，是指由旅游地资源、旅游服务及其设施、旅游客源市场三大要素构成的相互吸引、相互制约的有机系统，是有关这三大要素相互间吸引性的总和
霍洛韦(J.C.Holloway)，1997	将旅游资源称为旅游吸引物(touristattraction)，指那些给旅游者以积极的效益或特征的东西，可以是海滨或湖滨、山岳风景、狩猎公园、有趣的历史纪念物和文化活动、体育运动以及令人愉悦舒适的会议环境
杨开忠、吴必虎，1998	可以将一切参与或有利于旅游生产过程的要素与条件视为旅游资源。它们包括自然资本资源、物质资本、人才资源、金融资本、制度资本、市场资本等
王兴斌，2000	在广义上，旅游资源包括旅游景观资源、资金资源、设备资源、设施资源、商品资源、人力资源、智力资源、信息资源和环境资源等，凡是能为旅游活动提供支撑和保证的一切物质和非物质的资源，都属于旅游资源。在狭义上，旅游资源仅指旅游景观和环境资源。构成旅游资源的核心因素是对旅游者具有吸引力，因而在经济效益、社会效益和生态环境效益上具有开发价值的一切事物和现象都属于旅游资源，包括自然的和社会的，历史的和现代的，物质的和精神的，有形的和无形的，有限的和无限的，现实的和潜在的
吴必虎，2001	旅游资源是一个开放的系统，如果说有标准或有定义核心，那么这个核心就是旅游产品，只要是具有开发为旅游产品潜力的事物和现象，无论是有形的还是无形的，都可以视为旅游资源
国家旅游局，《旅游资源分类、调查与评价》，2003	自然界和人类社会凡能对旅游者产生吸引力，可以为旅游业开发利用，并可产生经济效益、社会效益和环境效益的各种事物和因素，都可以视为旅游资源

(二)旅游资源的内涵

综合上述定义,可以看出,虽然每个定义的出发点和强调内容有所不同,但就旅游资源的基本内涵来看,大体是一致的。主要表现在以下三个方面:

1.旅游资源的核心是旅游吸引力

旅游资源应具有激发旅游者产生旅游动机的吸引性,这是旅游资源区别于一切其他资源的最重要的特征。欧美学者将旅游资源也称为"旅游吸引物",这足以说明,吸引功能是决定某一事物能否成为旅游资源的重要标准。同其他资源相比,旅游资源最显著的特点就是能够激发旅游者的旅游动机,吸引旅游者到异地进行旅游观赏、消遣娱乐、休憩疗养、登山探险、科学考察、文化交流等旅游活动,以此来陶冶性情,丰富自己的文化生活。相反,任何不具有吸引力的资源不可能成为旅游资源。

2.旅游资源必须能为旅游业所利用,并产生三大效益

市场经济条件下,旅游业对旅游资源进行开发利用的根本目的在于谋求其带来的社会、经济和生态环境三大效益。旅游活动的目的是要实现经济增长与资源环境保持的协同发展,以尽可能少的资源消耗、尽可能小的环境代价,实现最大的经济效益和社会效益,力求把经济社会活动对自然资源的需求和生态环境的影响降低到最低程度。旅游业比任何行业都更加依赖生态环境的保持,旅游资源的适度开发也对生态平衡起着积极的作用。从长远来看,没有社会效益和环境效益的旅游资源是不能吸引旅游者,也不能为旅游业所利用的。

3.旅游资源的内涵是在不断变化的

旅游资源并不是一成不变的,它本身是带有发展性质的概念。①从阶段性来看,任何作为旅游资源的自然和人文的现象和因素,完全是由于其他的原因而存在的,当人们对它们产生浓厚的审美兴趣时,它们才成为旅游资源;②从开发程度来看,旅游资源从状态上分为两种,未开发的和已开发的旅游资源,旅游资源的开发实际上是将潜在的旅游资源转变为现实的旅游资源。同时,那些过度开发导致人为损坏严重的旅游资源,有些已经不能作为旅游资源了;③随着人们生活方式的转换和视野的开拓,传统旅游方式已不能满足人们的旅游需求,从而要求旅游资源范畴继续扩大,过去不是旅游资源的,已经成为或将会成为旅游资源,旅游的方式也向多样化方向发展,如工业旅游、海底旅游、太空旅游等。

本书所强调的旅游资源是狭义的旅游资源,特指在现有技术条件下,能够直接或者间接被人类利用的,对旅游者具有吸引力的,并能够产生经济效益和社会效益的自然事物、文化事物、社会事物或其他客观事物。该定义强调旅游资源是存在于旅游目的地单一吸引旅游者前去游览的资源,而不包括饭店、机场、公路等其他旅游基础设施。在欧美等西方国家,学术界也把旅游资源称为旅游吸引物,指的是旅游地吸引旅游者的所有

因素的总和，不仅包括传统观念的旅游资源，还把旅游接待设施和优良的服务设施，甚至把快速舒适的旅游交通条件也包括在内。在今后的外文阅读中要注意区别理解。

二、旅游资源的特征

旅游资源的特征是指旅游资源固有的、区别于其他资源的属性。旅游资源作为"资源"的一部分，不仅具有资源的共性，同时由于受地理环境、旅游活动和人类审美观差异等因素的影响，旅游资源还具有若干区别于其他资源的特征。

(一)多样性

作为旅游资源的客观存在极为广泛，既有自然的，也有人文的；既有景观性的，也有文化性的；既有古代遗存的，也有现代兴建的；既有实物性的，也有体察性的。随着社会的发展，旅游者的兴趣和出游动机的多样性决定了旅游需求的多样性和个性化。旅游者的足迹已经从世界最高峰到海底，从城市到沙漠，甚至外太空。从某种程度上来说，旅游资源的范畴已经非常广泛。

(二)区域性

旅游资源的存在依托于一定的地域空间，具有强烈的地方特色和地域特点，因此，区域独特性是旅游资源最本质的特征。总体来看，旅游资源类型多样，任何一个地方都不可能包含所有的旅游资源类型和内容。旅游资源也并非普遍存在于各处，而是某个地域在自然和人类历史变化过程中形成了某些特定的旅游资源。例如，南极的冰川地貌、北美的科罗拉多大峡谷、我国海南的热带风光和海滨景观。

(三)群体组合性

每一个旅游地都是由多种类型的旅游资源组成，孤立的景观要素很难形成具有吸引力的旅游资源。一个地区不同类型、不同层次景点的数量越多，比例越协调，联系越紧密，就越能显示出其观赏价值，对旅游者的吸引力也就越大。

(四)季节性

旅游资源的季节性是由自然地理条件，特别是气候的季节性变化所决定的，同时也受人为因素的影响。首先，某些旅游资源只有在特定的季节和时间里才会出现，例如"春赏樱花、秋赏红叶"是日本旅游的独特的季节性景色。其次，同样的旅游资源在不同的季节里表现出不同的特点，例如同一座山"春山艳冶而如笑，夏山苍翠而如滴，秋山明净而如洗，冬山惨淡而如睡"，其春夏秋冬四时之景各不相同。最后，人类活动的节律性也决定了人们外出旅游的时间。例如，加拿大魁北克的冰雪节、巴西的狂欢节、我国青岛的啤酒节等都会引起突发的旅游高峰。

(五)时代性

旅游资源是随着时代的需求而产生、发展或消亡的。不同的历史时期，旅游资源的含义是不同的。例如帝王的宫殿和陵墓、古城的城墙、宗教寺庙，以及火山喷发的岩浆、地质遗迹等，其建造或发生并不是为了旅游，但是随着时间的推移和旅游者需求的变化，许多已经成为极具吸引力的旅游资源。

(六)永续性和不可再生性

大多数旅游资源是不会被旅游者的旅游活动所消耗的，旅游者只是在旅游活动中使用这些资源获得自身需要的美好感受。因此，旅游资源一般不存在耗竭的问题，大多可以无限重复利用。但是有些资源在开发过程中因利用不当而使资源质量下降，甚至完全破坏。因此，旅游资源又具有不可再生性。所以，需要在旅游资源开发的同时做好旅游资源的保护工作。

(七)观赏性

观赏性是旅游资源区别于其他资源的一个重要特征。虽然旅游动机因人而异，旅游内容丰富多彩，但是观赏活动几乎是一切旅游过程中不可或缺的内容，有时更是全部旅游活动的核心内容。旅游资源的观赏性越强，对旅游者的吸引力也就越大。

※　活动二　我国旅游资源的分类

旅游资源的分类，是一个涉及面广，且比较复杂的理论和实践相结合的问题。对旅游资源进行科学的分类，不仅是旅游资源的管理和对比、调查和评价、开发和利用的客观需要，也是旅游管理者、旅游开发者和旅游决策者制定旅游规划、保护旅游资源和旅游环境所必不可少的科学资料和重要依据，有利于为旅游规划的编制和实施提供系统资料和判断标准。

一、1990—1992年我国旅游资源分类方案

我国自改革开放以来，随着旅游资源的开发和保护的进程，旅游学者们对旅游资源的开发和利用认识不断深化，旅游资源的分类标准和方法也随之变化。

《中国旅游资源分类系统》的研究表明，传统的旅游资源分类方法是两分法，即分为自然旅游资源和人文旅游资源。其中，自然旅游资源是指大自然天然赋存并具有观赏价值的，以自然为吸引力的旅游资源。它主要由地貌、水体、大气、生物、天象等自然地理要素构成，依照自然规律天然形成的，是能使人产生美感，能吸引人们前往进行旅游活动的自然景观和自然地理环境的地域组合。人文旅游资源是指以社会文化事物为吸引力本源的旅游资源，是在人类社会历史发展进程中由人类的社会行为促使形成的文化成就，是具有人类社会文化属性的有旅游价值的物质和精神财富。

在两分法的基础上，再根据旅游资源的组合要素进一步细分，又有各种不同的分法。最具代表性的是1990年由中国科学院地理研究所和国家旅游局原资源开发司公布

的我国第一部《中国旅游资源普查分类表》，根据旅游资源的景观属性及其组成要素将旅游资源划分为两个级别，8大类，108种基本类型。1992年，中国科学院地理所和国家旅游局原资源开发司制订了《中国旅游资源普查规范(试行稿)》，仍然依据旅游资源的景观属性和组成要素，但将旅游资源普查分类体系进一步优化，划分为6类，74种基本类型，即旅游资源首先划分为自然旅游资源和人文旅游资源两大类；其中自然旅游资源又分为地文景观类、水域风光类和生物景观类；人文旅游资源，分为古迹与建筑类、消闲求知健身类和购物类。(表6-2)

表6-2 中国旅游资源分类

大类	类	基类	大类	类	基类
自然旅游资源	地文景观类	(1)典型地质构造	人文旅游资源	古迹与建筑类	(12)碑碣
		(2)标准地层剖面			(13)建筑小品
		(3)生物化石点			(14)园林
		(4)自然灾害遗迹			(15)景观建筑
		(5)名山			(16)桥
		(6)火山熔岩景观			(17)雕塑
		(7)蚀余景观			(18)陵寝陵园
		(8)奇特与象形山石			(19)墓
		(9)沙(砾石)地风景			(20)石窟
		(10)沙(砾石)滩			(21)摩崖字画
		(11)小型岛屿			(22)水工律筑
		(12)洞穴			(23)厂矿
		(13)其他地文景观			(24)农林渔牧场
	水域风光类	(1)风景河段			(25)特色城镇与村落
		(2)漂流河段			(26)港口
		(3)湖泊			(27)广场
		(4)瀑布			(28)乡土建筑
		(5)泉			(29)民俗街区
		(6)现代冰川			(30)纪念地
		(7)其他水域风光			(31)观景地

大类	类	基类	大类	类	基类
自然旅游资源	生物景观类	(1)树林	人文旅游资源	古迹与建筑类	(32)其他建筑或其他古迹
		(2)古树名木		消闲求知健身类	(1)科学教育文化设施
		(3)奇花异草			(2)休、疗、养和社会福利设施
		(4)草原			(3)动物园
		(5)野生动物栖息地			(4)植物园
		(6)其他生物景观			(5)公园
人文旅游资源	古迹与建筑类	(1)人类文化遗址			(6)体育中心
		(2)社会经济文化遗址			(7)运动场馆
		(3)军事遗址			(8)游乐场所
		(4)古城和古城遗址			(9)节日庆典活动
		(5)长城			(10)文艺团体
		(6)宫殿建筑群			(11)其他消闲求知健身活动
		(7)宗教建筑与礼制建筑群		购物类	(1)市场与购物中心
		(8)殿(厅)堂			(2)庙会
		(9)楼阁			(3)著名店铺
		(10)塔			(4)地方产品
		(11)牌坊			(5)其他物产

资料来源：《中国旅游资源普查规范(试行稿)》，1992

　　《中国旅游资源普查规范(试行稿)》(1992)的制定主要是依据传统实物类资源，而一些非实物类的资源尚未被确认，很难采用一套统一的测量指标进行量化处理，使旅游资源的定量评价较难采用《中国旅游资源普查规范(试行稿)》所提供的数据进行具体可比性的分析(高峻，2007)。

二、2003年我国旅游资源分类方案

　　《中国旅游资源普查规范(试行稿)》(1992)向全国普及实施之后，中国科学院地理科学与资源研究所的研究人员和其他科研单位和高校的地理工作者，对全国不同地区不同类型资源进行了考察，经过十余年的实践和理论探索，对旅游资源的类型划分、调查、评价的认识越来越深刻。2003年，由中国科学院地理科学与资源研究所和国家旅游局规划发展与财务司起草，国家质量监督检验检疫总局发布了中华人民共和国国家标准《旅游资源分类、调查与评价》(GB／T18972—2003)(以下简称"国标")。该国

标依据旅游资源的性状(即现存状况、形态、特征、特性)将旅游资源划分为8个主类，31个亚类，155个层次。

从总体上看，旅游资源的分类是开展旅游资源普查、制定旅游发展规划和确定旅游开发重点的基础性工作。《国标》突出了普适性和实用性，其类型划分更加合理，更具操作性，也更加容易辨别区分，为我国旅游资源的调查、分类和评价提供了规范性指导。在实际应用中，《国标》仍存在一些局限性。随着旅游业的飞速发展，旅游资源的范畴也在不断扩大，《国标》也将不断根据社会的变革进行调整和改进。

2003年颁布的《旅游资源分类、调查和评价》(GB／T18972—2003)中将旅游资源评价体系设为"评价项目"和"评价因子"两个档次，依据"旅游资源共有因子综合评价系统"赋分，采用打分评价的方法对旅游资源单体进行评价，得出该单体旅游资源共有综合因子评价赋分值。依据旅游资源单体评价的总分值，将旅游资源划分为五级，从高到低分别为：五级旅游资源，得分值域≥90分；四级旅游资源，得分值域为75～89分；三级旅游资源，得分值域为60～74分；二级旅游资源，得分值域为45～59分；一级旅游资源，得分值域为30～44分。此外，还有未获得等级的旅游资源，得分≤29分。其中，将五级旅游资源称为"特品级旅游资源"；五级、四级、三级旅游资源被通称为"优良级旅游资源"；二级、一级旅游资源被称为"普通级旅游资源"。

旅游资源是旅游业产生和发展的基础，区域旅游业的繁荣和兴旺在一定程度上取决于旅游资源的赋存状况，旅游资源的调查和评价是旅游开发的前提和基础性工作。

※ 活动三 我国旅游资源的调查和评价

旅游资源调查是服务于旅游资源评价、旅游资源开发规划、旅游资源整合利用和旅游资源有效保护的前期基础工作。它是按照旅游资源分类标准，对旅游资源单体进行的研究和记录。其目的在于围绕旅游业发展的需要，查明旅游资源的基本类型、数量、质量、特点、级别、组合情况、开发价值和开发利用的现状等，服务于旅游业。

一、我国旅游资源的调查

(一)旅游资源调查的内容

旅游资源调查的内容主要是调查旅游资源的形成背景、赋存状况及开发状况等情况。

旅游资源形成背景的调查是指对旅游资源的自然环境和人文环境的调查。自然环境包括旅游资源的位置、范围、面积、地形、地质地貌、水系、气候特征、动植物要素等；人文环境包括调查区的历史沿革、经济发展状况、政策制度状况、基础设施和公共服务、社会民俗等。

旅游资源赋存状况的调查是指对旅游资源的类型、规模、分布和等级的调查。类型调查主要是参考《旅游资源分类、调查与评价》(GB18972—2003)进行分类。规模调查包括对旅游资源的体量、数量、分布范围、面积及分布密集程度等的调查。分布调查是对旅游资源空间分布和空间组合状况的调查，影响到旅游功能分区的布局，是进行旅游产业布局和战略空间布局的重要依据。等级调查是根据旅游资源的范围、规模、保护状况和组合情况等特征，评定旅游资源等级。等级调查能够在一定程度上表明旅游资源的优良性。

旅游资源开发状况的调查是对旅游交通、旅行社、旅游食宿业、旅游餐饮业、旅游景区、旅游购物业、旅游娱乐业等行业的调查，是对旅游资源整体开发程度的反映。

(二)旅游资源调查的程序

旅游资源调查是一项复杂而细致的基础工作，只有经过规范的程序，才能保证旅游资源调查工作有条不紊地进行，从而提高工作效率和调查质量。根据旅游资源调查工作的详略程度，旅游资源调查可以分为概查和详查两个层次。旅游资源概查是对旅游资源进行一般性的调查，工作程序相对简化，资料收集也有一定的范围；旅游资源详查是为了了解和掌握区域旅游资源全面详细的情况，按照全部既定调查程序进行的旅游源调查(表6-3)。

表6-3 旅游资源详查和概查的比较

类型	旅游资源详查	旅游资源概查
性质	区域性的	专题性的
目的	为地区旅游开发的综合目的服务	为地区旅游开发的一种或少数几种特定目的服务
技术支撑	全国或区域旅游调查规范文件	全国或区域旅游调查规范文件，或自定调查技术规程
适用范围	适用于区域旅游规划、旅游资源研究、旅游开发、旅游信息管理等各种单项任务	全国或区域旅游调查规范文件，或自定调查技术规程
组织形式	成立调查组，成员专业组合完备	一般不需要成立调查组
工作方式	对所有旅游资源进行全面调查，执行调查规定的全部程序	按照调查规定的程序进行，按实际需要确定调查对象并实施调查，可简化工作程序
提交文件	标准要求的全部文件和图件	部分有关文件和图件
成果处理	建立区域旅游资源信息库，直接处理、转化为公众成果，为广大社会提供服务	成果直接为专项任务服务

资料来源：尹泽生.旅游资源调查需要注意的若干问题〔i〕.旅游学刊.2006, 21(1): 14

一般而言，较为典型的旅游资源调查分为三个阶段，即旅游资源调查准备阶段、旅游资源调查阶段和旅游资源调查成果汇编阶段(图6-2)。

1.调查准备阶段

旅游资源调查首先需要成立调查小组。调查结果通常由承担旅游资源调查工作的部门或单位负责组建，吸收不同单位的工作人员、专业人员及普通调查人员组成；调查小组的第一任务就是收集资料和准备物资，包括各类文字描述资料、照片、图片及影像资料，准备实地调查所需要的设备；在调查工作开始前制定调查的工作计划和方案，包括调查目的、调查区范围、调查对象、调查方式和时间安排等；最后是拟定旅游资源分类体系，编制"旅游资源单体统计表"，用于对旅游资源单体基本信息的汇总和编排。

2.实地调查阶段

实地调查阶段的主要任务是在准备工作的基础上，由调查人员通过各种调查方法获得调查区的尽可能相近的第一手资料。首先，要设计调查区的调查小区和调查线路；其次，选定调查目标和重点调查对象；最后，填写"旅游资源单体调查表"，该表对之后旅游资源的评价、旅游资源调查成果的质量，以及根据旅游资源调查成果所进行的旅游资源开发都起到重要作用。

3.调查成果汇编阶段

该阶段是在数据和资料收集阶段的工作完成后，将所调查的资料全部汇总，进行整理和分析，最后完成图文资料的编辑工作，并呈送相关部门审阅和参考执行。

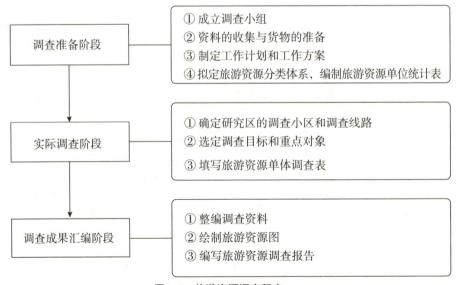

图6-2　旅游资源调查程序

资料来源：吴国清，宋玲，高娜.旅游资源学[M].北京：清华大学出版社，2009.

(三)旅游资源调查的方法

旅游资源调查方法的选用和调查手段的运用直接影响到旅游资源调查的有效度和可信度，因此，选择科学的旅游资源调查方法有利于顺利完成调查任务。旅游资源调查常用的方法见表6-4。

表6-4　常见的旅游资源调查方法

方法名称	内容
资料分析法	通过收集旅游资源的各种现有信息数据和情报资料，从中筛选与旅游资源调查项目有关的内容，进行分析提炼的一种调查方法
实地考察法	根据旅游开发和规划的性质和任务要求，组织专家队伍，对调查区域进行实地情况调查
询问调查法	通过面谈、电话、邮件、会议、问卷等方式对代表人群进行询问访谈，获取需要的资料信息，该法是旅游资源调查的一种辅助方法，包括座谈访问和问卷调查
现代技术分析法	使用声像摄录设备(摄像机、照相机等)可以将野外考察过程全面记录下来，真实的显示出旅游资源地的原貌；使用遥感技术(RS)、全球定位系统(GPS)和地理信息系统(GIS)有利于获取大量旅游资源信息，对旅游资源类型做出准确的判断，还可以发现一些野外考察不易发现的潜在旅游资源，特别是能够有效地对人迹罕至的区域进行调查，大大推动了旅游信息资源的现代化管理
统计分析法	一个旅游资源区是由多种景观类型和环境要素组成，对旅游资源的景观要素、地质地貌要素、天气气候要素、水要素、人文景观要素进行分析统计，这对于确定一个调查区的旅游资源特色和旅游价值具有重要意义

二、我国旅游资源的评价

旅游资源评价是在旅游资源调查的基础上按照某些评价体系和评价方法，对一定区域内的旅游资源自身的价值及其外部开发的自然、社会、经济条件等进行研究和剖析、评判和鉴定的过程。旅游资源评价是以科学发展和利用旅游资源为前提，以旅游资源调查成果为基础所进行的更深入的研究。

(一)旅游资源评价的目的和原则

1.旅游资源评价的目的

①明确旅游资源的质量。通过对旅游资源的类型、规模、组合、质量、数量、分布、功能和条件的评估鉴定，为已开发的旅游区的发展、提高、改造、扩大规模和推进新产品提供依据。

②确定旅游地的性质。为国家和地区分级规划、管理提供准确的资料和判断的标准。

③确定旅游资源开发的顺序。为合理利用资源，发挥区位、区域优势提供规划、

计划思路。

④为新旅游区的开发利用提供科学根据。

2.旅游资源评价的原则

①标准化原则。旅游资源的评价应依据《旅游资源分类、调查与评价》(GBl8972—2003)标准中的旅游资源分类体系对旅游资源单体进行评价。

②客观实际原则。在旅游资源调查的基础上，对旅游资源的形成、本质、属性、价值、功能等核心内容，做出实事求是的评价，不能任意夸大也不能随意低估，要做到客观实际、恰如其分。

③全面系统原则。就旅游资源的价值和功能来说，需全面系统衡量文化、美学、科考、观赏、历史、社会和观光、度假、娱乐、健身、商务、探险、科普等方面；就旅游资源开发来说，要综合考虑自然、社会、经济、环境和区位、投资、客源、施工等。

④动态发展原则。旅游资源的评价不能只局限于现状，必须用动态发展的眼光，考察不同时间阶段旅游资源所呈现的变化趋势及变化规律，从而对旅游资源及其开发利用前景做出积极、全面和正确的评价。

⑤综合效益原则。在旅游资源开发利用效益评价时，要兼顾经济效益、社会效益和生态效益，既要保证增加旅游收入，促进当地经济发展，又要做到美化环境，为人们提供一种有利于身心健康的场所，为旅游地提供绿色、文明、健康的生活环境和社会环境。

(二)旅游资源评价的内容

旅游资源评价的内容极为广泛和丰富，主要涉及旅游资源的特点和结构评价、旅游资源环境的评价和旅游资源开发条件的评价等三个方面，见图6-3。

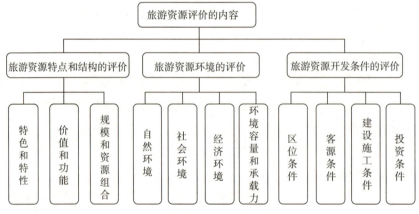

图6-3　旅游资源评价内容

1.旅游资源特点和结构评价

(1)特点和特性评价。旅游资源的特点和特性及旅游资源的特质或个性，是旅游资源生命力之所在。旅游资源的个性化程度是评价旅游资源特点和特性的重要因素，评价指标主要是旅游资源的特殊度和奇特性。

(2)**价值和功能评价**。旅游资源的价值主要包括美学、观赏、文化、科学、经济、社会、市场等价值。功能包括娱乐、度假、休憩、健身、医疗、探险、商务等功能。旅游资源所拥有的功能越多，其价值也越大。

(3)**规模和资源组合评价**。旅游资源的规模包括景点数量、景区面积、景区容量等指标；资源组合是指旅游资源的密度和丰度、多类型资源协调的布局和组合等。只有在一定的地域和时间内，多种类型的旅游景观协调布局和组合，形成一定规模的旅游资源，才具有开发可行性，构成一定规模的旅游景观。

2.旅游资源环境的评价

(1)**自然环境评价**。自然环境是由旅游资源所在地的地质地貌、气象气候、水文、土壤、植被等要素构成的，它是旅游活动的重要外部条件之一，关系到旅游资源的品质和开发前景。

(2)**社会环境评价**。社会环境条件评价内容主要包括：交通条件、通信条件、政治环境、经济条件、城镇分布与功能、基础设施、投资环境、施工条件等。这些要素往往关乎旅游者的生命和财产安全、社会稳定、卫生条件等。

(3)**经济环境评价**。经济环境是指能够满足旅游者开展旅游活动的一切外部经济条件，主要包括劳动力、物产和物资供应及基础设施等条件，对旅游资源开发和旅游经济效益有着极为重要的影响。

(4)**环境容量和承载力评价**。环境容量是指旅游区内对人类活动造成影响的最大容纳量，环境承载力是指保持系统内各要素平衡发展的对人类活动所能支持的最大值。这两个要素为规划旅游区的规模、发展速度、资源利用等方面提供科学依据。

3.旅游资源开发条件的评价

(1)**区位条件评价**。旅游资源的区位条件是指旅游资源所在区域的地理位置、交通条件以及与周边旅游区的关系。旅游资源区位条件的优劣往往影响着旅游资源的吸引力、开发资源的规模与方向。

(2)**客源条件评价**。游客数量与经济效益是紧密联系在一起的。一定数量的客源是维持旅游经济活动的必要条件。旅游资源的客源条件可以从时间和空间上来分析。

(3)**建设施工条件评价**。对建设施工条件的评价主要涉及两点内容：一是工程建设的自然基础条件；二是工程建设的供应条件。需要综合考虑经费、时间的投入和效益的关系，才能确定合理的建设施工方案。

(4)**投资条件评价**。

旅游资源的开发需要大量的资金支持。资金来源是否充裕、财力储备是否雄厚，直接关系到旅游开发的深度、广度和开发的可能性。

(三)旅游资源评价方法

评价方法的演进大约有两个阶段:一是定性的经验评价和单因子评价;二是建立数学模型进行多因子的定量评价。目前,我国旅游资源评价方法的发展已由初始的经验评价或定性评价发展为以定量评价为主、定性评价为辅的评价方法,同时引入了较多其他学科的理论与方法,如层次分析法、专家征询法、模糊数学和价值工程法等。

1.旅游资源定性评价方法

旅游资源定性评价是基于评价者(旅游者或专家)对于旅游资源质量的个人体验进行的,通过人们的感性认识对旅游资源做出定性的评价或分级,一般无具体数量指标。我国许多学者对旅游资源的定性评价进行了研究,具体的评价方法见表6-5。

表6-5　常见的旅游资源评价方法

方法名称	学者或机构	内容
"六个标准"综合评价法	魏小安 (1984)	提出六个评价标准:游览地的资源构成要素种类的多少;要素的单项评价问题;要素的组合情况;可能容纳的游客量,即空间比较;人文资源的比较;开发的难易程度
"六字七标准"评价法	黄辉实 (1991)	对旅游资源分别从两个方面来进行评价。一方面是从旅游资源本身来评价;另一方面是从旅游资源所处的环境来评价。在旅游资源本身方面,采用六个标准:美、古、名、特、奇、用。在旅游资源所处的环境方面,使用的是季节、污染、联系、可进入性、基础结构、社会经济环境、市场等七个指标
"三三六"评价法	卢云亭 (1998)	"三三六"评价法即"三大价值""三大效益""六大开发条件"评价体系。"三大价值"指旅游资源的历史文化价值、艺术观赏价值、科学考察价值;"三大效益"指旅游资源开发之后的经济效益、社会效益、环境效益;"六大开发条件"指旅游资源所在地的地理位置和交通条件、景象地域组合条件、旅游环境容量、旅游客源市场、投资能力、施工难易程度等六个方面
等级评价法	王兴斌 (2002)	从资源的科学文化价值、美学观赏价值、康体休闲价值及其开发的社会条件和自然环境加以分析,大致分为四个等级:世界级、国家级、省级、地方级
基于国家标准的评价法	《旅游资源分类、调查和评价》(GB/T 18972—2003)	将旅游资源评价体系设为"评价项目"和"评价因子"两个档次,根据"旅游资源共有因子综合评价系统"赋分,运用打分评价的方法对旅游资源单体进行评价,得出该单体旅游资源共有综合因子评价赋分值

2.旅游资源定量评价方法

旅游资源定量评价法是在考虑构成旅游价值的诸多因素的基础上，运用较为复杂的数学方法，通过建模分析对旅游资源及其环境、客源市场和开发条件等进行定量评价，评价结果为数量化的指数值。定量评价与定性评价相比较，其结果更直观、更准确。旅游资源定量评价法主要包括层次分析法、特尔菲法、模糊综合评价法、主成分分析法和人工神经网络模型等。

任务三　我国高铁旅游与物流

※ 活动一　高速铁路对我国旅游业的预期影响与对策思考

（一）高铁对我国旅游业的预期影响

1. **改变客源市场的空间格局**　高速铁路给我国旅游业带来的最大影响，就是改变了原有的交通运输格局，极大地降低了游客对于客源地与目的地之间的感知距离。入境游方面，高度发达的交通工具意味着旅游时间比的降低，这将吸引更多的境外游客来华旅游，同时由于各地通达性的提高，主要入境旅游目的地将从北京、上海、西安等地扩展到其他省市，从而使各地入境游收入水平趋于平均，收入结构更加合理；国内游方面，便捷的交通将使得以往难以实现的跨省游变为感知上的短线游，高铁连接的相对发达的地区的散客化、同城化、区域化趋势将更加突出，这将极大地扩展各旅游目的地的市场半径。以武汉为例，往年在其旅游客源市场中，200km以内的周边省市游客能够占据一半左右的比重，而对于200km以外的省市，则主要作为客源地。武广高铁开通后，武汉至长沙只需一个小时，至广州三个小时。仅春节七天，乘坐高铁来汉的广东游客便超过3万人，在黄鹤楼公园、东湖风景区等景点，广东游客的数量占到了游客总量的80%。武汉市自1998年以来，首次出现了游客量"进"大于"出"的现象。

2. **改变城市旅游空间格局**　高铁使得城市之间的空间感知距离缩短，也同时意味着旅游资源吸引力范围的扩张，增加了城市休闲旅游资源的需求基础。因而，可以预见的主要影响有二：第一，城市旅游的内涵将有更充足的消费基础，以往提供给都市内部消费需求的产业供给将获得额外的外来消费支持；第二，高速铁路连接的主要城市将会迎来环城市游憩带的空间扩张，以往的环城市游憩带或许将会出现空间扩展、类型增加等一系列新的变化。

3. **加剧区域旅游业的竞争，并促进合作**　特定区域的旅游业在发展水平上虽然存在着不平衡性，但在资源禀赋、旅游环境、发展模式等多方面又有很多共性，也从客观上加剧了景点间的替代性。高铁开通后，拉近了各景区之间的空间距离，使得游客"用脚投票"的趋势更加明显。为了尽可能多地吸引旅游者，一方面，各省市、各景点"八仙过海，各显其能"，通过差异化道路发展自己，形成相对优势。市场竞争的结果是那些资源禀赋好、项目吸引人的景区会越做越强，而档次较低的景区会逐渐被淘汰，从而实现旅游资源的优化配置；另一方面，各省市、各景点又"唇齿相依"，不能离开区域品牌的共同塑造而独立生存，必须通过区域联动，形成规模效应，实现互惠共赢。

4. 加剧旅游交通工具的竞争 一方面，时速350公里的"陆上飞机"对于航空业来说无疑会产生强大的竞争力，火车与飞机的竞争会日益白热化，良性竞争的结果是双方定价的降低及服务质量的提高，进而带来游客数量的增长，旅游交通工具硬件和软件的升级将有利于旅游业的蓬勃发展；另一方面，高铁的存在也使得机场之间的竞争更加激烈，例如天津滨海机场就分流了很大一部分北京首都机场的客源。远期来说，在高铁覆盖的范围之内，建设廉价小型航空机场的可能性也大大提升了。一些小型机场将能够汇集更大地域范围内的客源，从而支撑基础的运营，这对普及我国的旅游航空是一个长期的利好。因此，有必要在全国范围内建立和完善临空经济区。

（二）高铁时代的旅游业发展对策分析

1. 做大做强旅游景区，延长游客停留时间 前文提到，高铁使跨省旅游变为感知上的短线游，高效率的现代旅游会大大降低游客在景区的停留时间，过夜游客数量将大幅减少。另外，激烈的竞争会淘汰大批档次较低的景区，而凸显出一些实力雄厚、规模庞大的强势企业。因此，我国旅游业在未来的发展中，应重点支持那些知名度高、能够代表区域旅游形象的景区，同时，为适应风起云涌的市场变化，举全市、全省甚至全国之力，花大力气、下大手笔地建设一批创意新颖、特色鲜明、能够留住游客的旅游项目。

2. "软硬兼施"，提高城市接待能力 高铁时代的到来，必将带来游客"爆棚"式的发展。因此，必须不断提高高铁所到城市的接待能力，逐步吸纳缓解蜂拥而至的游客对于城市的冲击。

3. 设置旅游团队客人接待餐厅 高铁加速了团队客人数量的增长，这种趋势在三四月的武汉旅游市场上初见端倪：武大樱花开放的几天里，平均每天要接待100个左右的旅游团。团队客人具有行程紧、效率高的特点，由于武汉多数酒店缺少接待团队客人的经验，使得游客吃不上饭、吃不饱饭的情况时有发生，由此产生了许多旅游纠纷。各地在未来的旅游建设中，应该吸取武汉的经验教训，设置一定数目的旅游团队客人接待餐厅，统一进行培训。这是国内外许多旅游名地经常采用的一种卓有成效的方法。

4. 建立旅游集团化电子网络系统（松散型） 集团化是经济科技发展到一定阶段的必然产物。目前，在我国旅游业中，只有饭店业的集团化趋势比较明显。而在高铁时代，旅游企业若想"各家自扫门前雪"将会变得十分困难。因此，有必要使旅游业涵盖的"食、住、行、游、购、娱"等诸多企业向集团化方向发展，并通过高度发达的互联网得以实现，构建一个庞大的、彼此联系的集团化电子网络系统。初期采用自愿加盟、自主经营的松散形式，发展到一定阶段后改为紧密型管理模式，集票务、宾馆预订于一体，实现导游、车船等的统一调配。

5. 加强区域合作，注重品牌建设 高速铁路使得各地区之间的联系越来越密切，以北京、武汉、广州、上海等大城市为中心的几个1小时城市群将逐步形成。高铁所到之地应该借此机会加强与其他地区之间的联系，在高铁大动脉周围辅以高速公路、城际铁路建设，使省内、省际各大景区之间的交通连线畅通无阻，加强区域景区间的合作，使区域内各大景区形成一个互惠共赢的利益联合体，打破各自为政的僵化局面，形成规模效应，统一"打包"推向市场。

各地旅游业在未来发展中应注重品牌建设，要顺应游客的兴趣取向开展休闲娱乐活动、做大做强旅游项目以增加游客停留时间，并在此过程中深入挖掘地方特色，打造丰富多彩的旅游节庆活动，塑造地区旅游形象。

6. 积极探索临"站"经济区建设，注重临空经济区的完善 临"站"经济区是继临空经济区、临港经济区之后新派生出来的一个概念，目前国内对其研究还基本为零。大力探索临"站"经济区的建设，原因有二：其一，传统的交通节点过于强调站点的运输功能与集散功能，而忽略了节点周围配套设施设备的建设与完善，拥挤的人群使得城市车站往往成为该地"脏乱差"的典型代表。而事实上，交通节点是游客"初来乍到"时对该地最直观的印象承载。因此，有必要对车站周边地区进行科学规划和整体改造；其二，高铁沿线车站一般都在远城区选址，而每建设一个火车站就会迅速在其周围形成"一座城"。新城除了车站周边道路配套外，医院、学校、银行、电影院、酒店等配套设施都是必需的。参考临空经济区、临港经济区的思路和经验，我们应该未雨绸缪，着力打造临"站"经济区。

同时，前文提到，高铁将与航空业形成激烈的竞争，良性竞争的结果是两者票价的下降和服务质量的提高。在我国，相对于火车而言，飞机对普通老百姓的吸引力显然更大。航空业价格弹性指数较大，根据市场需求规律，其价格的降低必然导致选择乘坐飞机的游客数量大幅增加。因此，应充分考虑到高铁对于其他交通方式的后续影响，在探索临"站"经济区的同时，注重临空经济区软硬件的跟进完善。

总之，高速铁路对于我国旅游业的影响将是全面而深刻的，如何抓住机遇、迎接挑战，构筑高铁经济圈下的新旅游格局，还有待于旅游主管部门和各旅游企业在实践中去反复摸索、努力探究。

※ 活动二　我国高铁行业发展现状

　　1992年，铁道部完成了"京沪高速铁路线路方案构想报告"，中国正式提出兴建高速铁路；1997到2007年间，中国铁路完成了六次铁路大提速，铁路高速化的概念进入中国；2004年中长期铁路网规划发布后，中国开始进入高速铁路的大规模建设时期，即"高铁大跃进"。相比于日本、法国，我国的高铁建设正处于蓬勃发展时期，将会给社会经济的发展带来巨大变革。

　　截至2011年底，中国铁路营业里程已达9.3万公里，复线率和电气化率分别达到42.4%和49.4%。截至2012年10月底，投入运营的高速铁路总里程达7735公里，占世界高铁总里程超过30%，稳居世界第一。中国铁路完成的旅客周转量与铁路货物周转量在过去七年内复合增长率分别为6.8%与5.1%，周转量在2012年底居世界第一位。铁路建设，尤其是高铁建设，对于我国经济发展具有举足轻重的地位。

　　图6-4：2004—2011年全国铁路旅客周转量与货物周转量。2008年，国务院根据对经济形势的判断对原《规划》进行调整，形成了更为合理的《中长期铁路网规划（2008年调整）》，各地高铁建设以四横四纵三系统为核心快速展开。

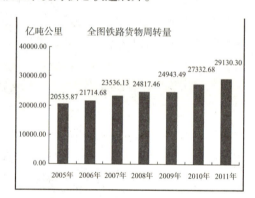

表6-6：《调整方案》主要调整内容

	原目标	新目标	重点
全国铁路里程规划 电化率客运专线建设目标 规划建设新线	10万公里 50% 1.2万公里 1.6万公里	12万公里 60% 1.6万公里 4.1万公里	扩大铁路网规模，以投资拉动经济增长 加速铁路现代化，带动高新科技的发展 加大繁忙干线客货分线的力度 完善区间布局和西部开发性新线

　　截至2012年底，我国已经完全开通的四横四纵客动专线包括京沪客动专线，京港客运专线共两纵。建设进度较快，能够在2013年全国通车的客运专线包括杭福深客运

专线、沪昆客运专线与沪汉蓉客运专线；而京哈客运专线，徐兰客运专线与青太客运专线建设进度较慢。

表6-7：我国高铁建设现状

四纵	京沪客运专线	京沪高速铁路（2011/06/30）　合蚌客运专线（2012/10/16）	四横	徐兰客运专线	郑徐客运专线（2015）　郑西客运专线（2010/02/06） 西宝客运专线（2012）　宝兰客运专线（2017）
	京港客运专线	京石客运专线（2012/12/20）　石武客运专线（2012/12/20） 武广客运专线（2009/12/26）　广深港高速铁路（2011/12/26）		沪昆客运专线	沪杭城际高速铁路（2010/10/26）　杭长客运专线（2013/06/30） 长昆客运专线（2013/06/30）
	京哈客运专线	京沈客运专线（待定）　哈大客运专线（2012/12/01） 盘营客运专线（2013/10）		青太客运专线	胶济客运专线（2008/12/20）　石济客运专线（2015/12） 石太客运专线（2009/04/01）
	杭福深客运专线	杭甬客运专线（2013/05）　甬台温铁路（2009/09/28） 温福铁路（2009/09/28）　福厦铁路（2010/04/26） 厦深铁路（2013/06）		沪汉蓉客运专线	沪宁高速铁路（2010/07/01）　合宁客运专线（2008/04/18） 合武铁路（2009/04/01）　汉宜高速铁路（2012/07/01） 宜万铁路（2010/12/22）　渝利铁路（2013） 遂渝铁路二线（2012）　达成铁路（2009/07/07）

注：括号内为该高铁通车时间

※ 活动三　高铁将改变中国旅游发展格局

2015年1月1日，当日早上7时58分，重庆至北京的首趟高铁动车G310次由重庆火车北站发出，预计当晚20时20分抵达北京。这趟高铁动车组全列编组16辆，定员1061人，将经由渝利线、宜万线、汉宜线、京广高铁运行，横跨三省两市，沿途停靠汉口、郑州、石家庄等站。列车全程运行时间12.5小时，将实现重庆至北京朝发夕至。

"乘着高铁去旅行"。随着中国高铁网络的日益完善，"高铁旅游"作为一种新兴的休闲娱乐方式走入寻常百姓家。在13日举行的中国旅游产业发展年会"高铁旅游传播论坛"上，与会专家提出，高铁将改变中国旅游发展格局。

大众旅游的兴起与交通的发展密切相关。北京交通大学旅游系主任张辉表示，随着中国高铁的快速发展，中国旅游发展格局将迎来巨变。

高铁的快速发展成为中国旅游发展模式和发展格局发生巨变的重要动力。张辉认为，高铁将改变中国旅游市场的客源结构，体现为团队数量降低、散客数量增加；高铁将促使中国旅游空间结构趋于均衡化；与此同时，高铁将促使旅游消费者的出游方式和时间发生改变，旅游产品开发也将向深度发展。

中国广告协会铁路分会副会长张继宏说，随着高铁网络化的逐步拓展，人们的出行变得更为简单，它让原本相隔千里的城市不再遥不可及，让双城生活变成现实。高铁时代缩短了"旅"的时间，延长了"游"的时间，成为目前旅游方式中最为"惹火"的选择。

中国旅游报社社长高舜礼也认为，高铁旅游时代已经来临，高铁拉近了城市与城市的距离，使过去中长线旅游变成中短线旅游，将极大改变中国旅游格局，将对中国旅游产品开发规划和组合产生重大影响。

三清山景区管委会党委书记陈晓平介绍说，三清山和婺源两个5A级景区同在一个高铁线上，两个景区的距离只有70公里。为了迎接高铁时代的到来，已经开始整合资源进行联合营销推广了。

2014年中国高铁营业里程已突破1.5万公里。专家预计，到2020年，中国高铁有望连接所有省会城市和50万人口以上的城市。

来源：新华网

※ 活动四　我国旅游地理区

一、旅游地理区划的方案

迄今为止，中国尚未进行正式的旅游区划。一些学者出于科研或教学的需要，提出了各有千秋的区划方案。本教材依据科学区划原则，在吸取前人已有研究成果的基础上，以地理方位或地名加自然、人文景观特色资源(各选1~2种，地位突出者在前)的命名法，将全国划分为10个一级旅游区，即：Ⅰ.东北冰雪风光近代名城旅游区；Ⅱ.中原华夏文明山海形胜旅游区；Ⅲ.华东名山秀水园林都市旅游区；Ⅳ.华中峡谷名山文化胜迹旅游区；Ⅴ.华南热带海滨现代风貌旅游区；Ⅵ.西南奇山异水民族风情旅游区；Ⅶ.西北丝路古迹大漠绿洲旅游区；Ⅷ.塞外草原风光民族风情旅游区；Ⅸ.青藏雪山高原宗教文化旅游区；Ⅹ.台港澳中西文化海岛风光旅游区。

二、各大旅游区资源特色和发展方向

（一）东北冰雪风光近代名城旅游区。位于我国大陆东北部，包括辽宁、吉林和黑龙江等3省。相对发达的经济和便利的交通，为其旅游业的发展提供了良好的物质基础；毗邻东北亚的地缘优势，则为其开发国际旅游提供了有利条件。本区旅游资源的突出特色在于冰雪风光和近代名城。由于纬度偏高，冬季严寒漫长，大地银装素裹，

冰清玉洁，一派典型的北国风光。这里遂成为全国开展冰雪旅游的最佳地区。吉林"江城树挂"和松花湖滑雪场、哈尔滨冰雪节和亚布力滑雪场，是本区最令人神往的自然景观旅游资源(哈尔滨冰雪节同时也是人文景观旅游资源)。而近百年的沧桑岁月，给本区的哈尔滨、长春和大连等近代名城留下了不可多得的独特建筑风貌和厚重的文化积淀。"东方小巴黎"哈尔滨的欧式建筑和欧陆风情在全国独一无二的中央大街，"塞北春城"长春的"宽马路，四排树，圆广场，小别墅"城市风貌和伪满洲国皇宫及"八大部"建筑，"北方明珠"大连的俄国建筑、欧式花园广场和日俄战争遗址，构成了本区独具魅力、但目前开发力度明显不足的人文景观旅游资源。此外，大、小兴安岭和长白山的茫茫林海，五大连池的火山熔岩景观，白头山天池和镜泊湖的湖光山色，漠河的"北极村"奇观，大连的海滨风光和宜人气候，长春的"电影城"和"汽车城"，沈阳的前清古迹，延边的朝鲜族风情以及3省均有的边境风光，也是区内的优势旅游资源。本区今后旅游发展的方向，冬季应以冰雪观赏、冰雪运动和狩猎旅游为主，夏季应以森林、生态、边贸、界江、科考、垂钓、疗养、度假等多种特色旅游为主，全年则适宜开展近代名城欧陆(东洋)风情旅游。

（二）**中原华夏文明山海形胜旅游区**。位于黄河中下游地区，包括北京、天津、河北、山西、陕西、河南和山东等2市5省。适中的区位、雄厚的经济实力、便捷的立体交通和颇具国际垄断性的旅游资源，使之成为我国很重要的旅游区之一。其旅游资源的突出特色在于华夏古今文明和山海形胜。本区是中华民族的主要发祥地，几千年的华夏文明史，给这里留下了以万里长城、北京故宫、秦陵兵马俑、曲阜三孔、白马寺和泰山为代表的博大精深、富甲一方的文物古迹旅游资源，堪称世界最大的天然历史博物馆。中国现有的13处世界文化遗产和3处世界自然与文化双重遗产，本区就分占7处和1处；我国七大古都，本区居其五，三大石窟，本区占其二；全国重要的古墓葬，绝大部分都在本区；区内地上地下所保存的其他价值颇高的文物古迹，更是数不胜数。而首都北京作为新中国近50年建设新成就的荟萃之地，其日新月异的都市风貌和规模宏大的现代设施，无疑也是中原人文景观旅游资源的重要组成部分。本区的自然景观以蜚声中外的名山胜景和夏季凉爽宜人的海滨风光为佳：华夏五岳占其四，"清凉佛国"五台山、"山海奇观"崂山则是信徒向往的宗教名山；秦皇岛、青岛和烟台是中国最优良的海滨避暑胜地。本区今后旅游发展的方向，应以华夏文明怀古、首都观光购物、名山朝觐览胜和海滨休闲度假旅游为主。

（三）**华东名山秀水园林都市旅游区**。地处长江下游，位于我国东部沿海地区，包括上海、江苏、浙江和安徽等1市3省。优越的自然环境，良好的区位条件，繁荣的经济，丰饶的物产，密集的城市和人口，便利的水陆交通和相映生辉的自然与人文景观，使这里成为全国的热点旅游区。其旅游资源的突出特色在于名山秀水、古典园林和都市风貌。大自然赋予本区山、湖、江、海之利：世界遗产黄山景色瑰丽，奇绝天下，"海天佛国"普陀山、"莲花佛国"九华山、"寰中绝胜"雁荡山和"海上仙山"嵊泗列岛早已闻名遐迩；烟波浩渺的太湖、景致如画的杭州西湖和扬州瘦西湖、水碧山青的"两江一湖"、瀑多岩奇的楠溪江、岁月悠悠的大运河和涛声如雷的钱塘海潮等更是美不胜收。这里历史上曾是一些封建王朝偏安避难之所，本区古文化遗存亦相当丰富：除"十朝都会"南京、"人间天堂"杭州两大古都外，还拥有苏州、扬州、上海、绍兴、宁波、歙县等一大批国家历史文化名城和周庄、同里等诸多江南水乡古镇，其中以精美绝伦的苏州园林为代表的本区古典宅第园林，无论是保存数量还是艺术价值，皆冠于神州，饮誉全球，是当之无愧的华夏建筑艺术瑰宝。而中国的东方门户和最大工商业中心、崛起中的国际贸易和金融中心——上海，则以其气势恢宏的世界大都会风貌、国内一流的现代设施和丰富无比的饮食购物旅游资源，对海内外游客有着愈益强烈和经久不衰的吸引力。本区今后旅游发展的方向，应以名山避暑朝圣、古城名镇观光、水乡休闲度假、园林艺术欣赏、都市采风购物和会议商务旅游为主。

（四）华中峡谷名山文化胜迹旅游区。位于中国腹地的长江中上游，包括重庆、湖北、湖南和江西等1市3省。本区是全国十大旅游区中唯一既不沿海、又不沿边的区域，但却向为九省通衢之地，水陆交通方便，加之开发历史悠久，自古就是富庶的"鱼米之乡"，近些年来经济增长速度又名列全国前茅，对旅游业的发展颇为有利。其旅游资源的突出特色在于峡谷名山和文化胜迹。幽深壮丽的"山水画廊"长江三峡横贯本区西部，构成了华夏乃至全球最为亮丽的一道峡谷风景线，举世瞩目的三峡水利枢纽工程竣工后，从三斗坪到重庆600多千米长的"高峡平湖"更是游人仰慕的世界级旅游胜地；鬼斧神工的大自然杰作武陵源、"一柱擎天"武当山、五岳独秀的衡山、革命摇篮井冈山、碧水丹岩的龙虎山和方竹遍野的金佛山，皆景色奇丽，引人入胜；原始险峻的神农架，是珍稀动植物汇聚的生物资源宝库；而洞庭湖、鄱阳湖和武汉东湖等绰约多姿的大小湖泊，则呈现一派水乡泽国的壮美风光。由于历代文人墨客为这里的名山大川所吸引、宗教文化源远流长和历史上魏蜀吴三国长期逐鹿于此，加之钟灵毓秀，名人辈出，本区形成了诸多在全国独树一帜的高品位文化胜迹：我国古代江南三大名楼全都荟萃华中，宋代四大书院居其三(岳麓、白鹿洞和石鼓书院)，更有轰动世界的长沙马王堆西汉古墓，"水下碑林"白鹤梁石刻带，"仙山琼阁"武当山古建筑群，"世界文化景观"庐山，"世外仙境"桃花源，以及屈原、王昭君和毛泽东等历史名人故里、故居，白帝城、古隆中、荆州古城和赤壁古战场等三国遗迹。它们为本区积淀了丰厚深邃的历史文化内涵。本区今后旅游发展的方向，应以山水风光、历史文化、宗教朝圣旅游和三国寻踪、生态、漂流、科考等专项旅游为主。

（五）华南热带海滨现代风貌旅游区。位于中国南部沿海，包括福建、广东和海南等3省。本区毗邻港澳台，面向东南亚，区位优越，交通便捷，又是全国最大侨乡，向为众多海外华侨华人归国和港澳台同胞还乡首到的必经之地，客源异常充足，加之对外开放度高，经济充满活力，因而是我国发展国际旅游条件最好和旅游业最发达的地区之一。其旅游资源的突出特色在于热带海滨和现代风貌。近20年来经济的迅猛发展，使本区展现出全国其他任何地区都无法比拟的崭新现代风貌。诸如广州、深圳、厦门、海口等各具风采的现代都市，锦绣中华、中国民俗文化村和世界之窗等主题突出的人造景观，洋溪酒家和"蛇王满"等久负盛名的广州美食餐馆，石狮、顺德等地商品琳琅满目的特色市场，珠海、中山等环境优美的花园城市，珠江三角洲和闽南"金三角"令人羡慕的乡村新貌，武夷山、亚龙湾等档次颇高的国家旅游度假区，都使海内外游客倾心向往，慕名而至。此外，区内的海南五指山、热带雨林和黎苗风情、"奇秀甲东南"的武夷山、北回归线上的"绿宝石"鼎湖山、"世界宗教博物馆"泉州和台胞敬仰的湄洲岛妈祖庙，也都是高品位的优势旅游资源。本区今后旅游发展的方向，应以热带海滨避寒度假、现代都市游乐购物、侨乡故土寻根朝觐旅游为主。

（六）**西南奇山异水民族风情旅游区**。位于中国西南边陲，包括四川、云南、贵州和广西3省1区。毗邻东南亚的地缘优势，日益改善的交通条件，世界一流的旅游景观，四季如春的宜人气候(云贵高原)，使本区成为我国开发潜力最大的旅游区之一。其旅游资源的突出特色在于天造地设的奇山异水和绚丽多姿的民族风情。本区是全球著名的喀斯特地貌集中分布区域，在此基础上所形成的桂林山水和阳朔风光、路南石林和九乡溶洞、九寨梯湖和黄龙彩池、黄果树瀑布和龙宫水洞，是国内乃至世界独有的岩溶山水奇观；本区又是中国山高谷深、地势起伏最大的地区，峨眉山、三江并流、虎跳峡和玉龙雪山、苍山洱海、西山滇池、大瑶山及马岭河峡谷等世所罕见的奇山异水，都足以震撼人心和令人叹为观止。而作为中国少数民族种类和人口最多的地区，这里古朴浓郁、神秘撩人的少数民族风情向来更具诱惑力。各民族能歌善舞，习俗迥异，宗教信仰各不相同，节日喜庆终年不断，人称"民族博物馆"。西双版纳的傣族风情，大理的白族风情，泸沽湖畔的摩梭"女儿国"，柳州的壮族风情，东兴的京族三岛，凯里的侗乡苗寨，阿坝的藏羌风情，早已名扬中外，令人心驰神往。此外，区内的西双版纳"植物王国"和"动物王国"、蜀南竹海、卧龙大熊猫自然保护区、北海银滩和涠洲岛、丽江古城、乐山大佛、自贡恐龙博物馆等，也都是颇具国际垄断性的旅游资源。本区今后旅游发展的方向，应以山水、民俗、宗教、边境观光旅游和高山探险滑雪、熊猫观赏、生态科考等专项旅游为主。

（七）**西北丝路古迹大漠绿洲旅游区**。位于中国西北部。包括甘肃、宁夏和新疆等一省二区。本区拥有辽阔的土地和丰富的资源，地接中亚的区位和业已开通的新亚欧大陆桥使其向西开放更加便利。但经济基础薄弱、景点较为分散、交通尚不发达和远离国内外主要客源地则制约了西北旅游业的发展。其旅游资源的突出特色在于丝路古迹和大漠绿洲。开拓于2000多年前、在世界文明史上地位显赫的亚欧商贸大道——丝绸之路自东向西横贯本区，沿线保存至今的文物古迹历史之久，数量之多，品位之高，涵盖民族之广，实为世所罕见。诸如"东方雕塑陈列馆"麦积山石窟，错落有致的青铜峡108塔，"东方金字塔"西夏王陵，中国旅游标志——东汉铜奔马及其出土地武威雷台汉墓，万里长城西起点嘉峪关，"东方艺术宝库"敦煌莫高窟，曾经辉煌一时的吐鲁番高昌、交河故城遗址，中国古代四大水利工程之一的坎儿井，集东西方文化艺术精髓于一体的拜城克孜尔千佛洞，建筑宏伟的喀什艾提尔尔清真寺，都是举世珍稀的无价之宝，引得无数海内外游人前来访古抒怀。本区是全国气候最为干旱的地区，与此相伴而生的雄浑苍凉、别具情趣的大漠风光和唯此独有、生机盎然的绿洲美景，正愈来愈成为吸引中国东南沿海和日本、韩国、东南亚及欧美游客远征西北、探险观光的优势旅游资源。诸如敦煌鸣沙山——月牙泉和银川沙湖芦荡，神秘莫测的塔克拉玛干大沙漠，瓜果飘香的戈壁绿洲葡萄沟，"瑶池仙境"博格达天池，"水晶世界"天山冰川，都无不给人以新奇刺激的感受，已经和正在成为本区的旅游热点。西北又是中国第二大多民族区域，尤其是全国信奉伊斯兰教的10个少数民族基本上都聚居在这里，淳朴多姿的民族风情，成为本区的第三大旅游资源。诸如甘南的藏族风情，宁夏的回族风情，吐鲁番和喀什的维吾尔风情，伊犁的哈萨克风情，都令人回味无穷。本区今后旅游发展的方向，应以丝路胜迹、大漠绿洲、民族风情观光旅游和沙漠探险、登山、狩猎、滑翔及跨国汽车拉力赛等专项、特种旅游为主。

（八）塞外草原风光民族风情旅游区。位于长城以北的中国北部边疆，空间范围与内蒙古自治区的行政区域界线一致。地接俄罗斯和蒙古，沿边优势明显。其旅游资源的突出特色在于草原风光和蒙古族风情。内蒙古草原东西狭长，广袤无垠，夏秋时节千里绿海，牛羊如云，骏马奔腾，蒙古包点点，真实地再现了古代民歌所描述的"天苍苍，野茫茫，风吹草低见牛羊"的情景(以呼伦贝尔、锡林郭勒和希拉木伦等地最典型)。世代居住于此的"马背上的民族"——蒙古族的独特风情令人耳目一新，其热情豪放的性格更使人难以忘怀。区内还有大兴安岭原始森林、阿尔山温泉、呼伦池、响沙湾等自然美景和成吉思汗陵、五当召等人文胜迹，以及鄂伦春和鄂温克民族风情。本区今后的旅游发展方向，应以草原、民俗、边境观光旅游和森林、疗养等专项旅游为主。

（九）青藏雪山高原宗教文化旅游区。包括青海省和西藏自治区。是世界上不多几块迄今未受大的环境污染的"净土"之一和独一无二的具有神秘色彩、极富魅力的旅游区。但由于受自然、历史、经济和交通等因素的制约，目前基本处于待开发状态。本区旅游资源的突出特色在于雪山高原和宗教文化。青藏高原平均海拔4000米以上，向有"世界屋脊"之称。其边缘和内部喜马拉雅等雪山重叠，珠穆朗玛等高峰耸峙，冰川发育典型，又是江、河源头，引得无数不同肤色的登山探险勇士年年岁岁为之竞折腰。高原上湖泊众多，草原宽广，河谷地带阡陌纵横，无限田园风光，青南藏北人迹罕至，野生动物出没，一派粗犷原始、雄浑神奇的雪域壮景。这里是笃信喇嘛教的藏族人民世居之地，城乡各地佛塔、佛寺分布广泛，到处香火缭绕，经幡猎猎，宗教文化厚重，宗教氛围浓烈，为其他各区所不及。诸如布达拉宫、大昭寺、扎什伦布寺和塔尔寺等建筑宏伟、风格独特的寺庙宫院，皆为藏民心中的神殿圣地；而他们对宗教的虔诚程度，更是其他任何民族自愧莫如。与此相伴而生的藏族风情古朴自然，分外迷人。本区今后的旅游发展方向，应以雪山高原、宗教文化、民族风情观光旅游和登山探险、狩猎、科考及汽车越野拉力赛等专项旅游为主。

（十）**港澳台中西文化海岛风光旅游区**。位于中国南部沿海，包括香港特别行政区、澳门特别行政区和台湾省。由于历史的原因，这3地长期与祖国大陆分隔而治，却与西方文化融合甚多，形成了中西文化珠联璧合的人文景观，以港、澳两地较为典型。又因地处南亚热带和热带海岛、海滨，其南国风光浓郁，亦不乏阿里山、日月潭这样的山水美景，以台湾最为集中。本区历来是世界重要的金融中心，高度开放的自由贸易港，经济繁荣，又是远东著名的旅游中心，会议商务、美食购物和博彩旅游发达。这里是我国一个非常独特的旅游区。

※ 活动五　高铁改变市民出行方式带动旅游业发展

2010年2月6日，郑西高铁正式投入运营，截至2012年2月6日，洛阳龙门站共发送旅客约207万人次。短短两年间，郑西高铁改变了洛阳人的出行方式，促进了我市旅游产业提升，为我市旅游业发展注入了新的活力。

改变市民出行方式：

郑西高铁的开通，缩短了洛阳人到郑州、西安的旅行时间。以前从洛阳到郑州需要两三个小时车程，到西安需要五六个小时车程，高铁开通后，洛阳市民到郑州只需半个多小时，到西安不足两个小时。

由于生意往来，家住洛阳新区的杨女士每周要在洛阳与郑州之间往返两三次。杨女士说，以前早上出发去郑州，办完事后一般晚上才能回来。现在坐高铁，早晨出发，中午就能回来，既方便又快捷。

郑西高铁正式投入运营以来，像杨女士这样选择高铁出行的乘客越来越多。洛阳龙门站有关负责人介绍，截至2012年2月6日，洛阳龙门站自投入使用以来共发送旅客约207万人次，日均发送旅客3000多人次。春运期间，高铁的上座率达八九成。

随着客流量不断攀升，洛阳龙门站先后4次调图，停靠该站的动车组总数由最初的7对13趟增至15对30趟，最短发车间隔时间不到20分钟。

随着公共交通更加完善，方便了到洛阳龙门站乘车的游客和市民。目前，洛阳市有33路、49路、75路等多趟公交车开往龙门站。

带动旅游业发展：

郑西高铁开通之初，一些旅游业内人士就表示，高铁的开通是把"双刃剑"，对洛阳旅游发展既是机遇，也是挑战。由于高铁极快的运行速度，游客可能只在洛阳市参观一到两个景点，就迅速转往下一个城市，在洛阳市的停留时间缩短。

但事实证明，随着高铁为洛阳市带来的巨大旅客数量，郑西高铁在一定程度上成了"赏花专线"。

近两年牡丹文化节期间，大批西安、郑州等高铁沿线城市的游客纷纷来洛阳赏花、旅游。2011年牡丹文化节期间，洛阳龙门站日均发送旅客4000人次以上。去年4月17日这一天，洛阳龙门站发送旅客7416人次，创下该站运营以来单日发送旅客数量的最高纪录。

如今，"高铁游"已成为洛阳市旅游市场的亮点。在郑西高铁沿线城市，"乘高铁、游洛阳、赏牡丹"已成为最流行的旅游方式之一。据不完全统计，2011年牡丹文化节期间，乘坐郑西高铁来洛的西安和郑州游客均超过20万人次。五一、十一等节假日期间，高铁上座率更是达到95%以上。

洛阳旅游部门一份抽样调查报告显示，去年来洛阳游客中，乘坐火车的占游客总数40.41%，比2010年提高近15%；人均在洛阳停留天数为2.57天，比高铁开通前也有所增加。

如何进一步挖掘商机：

郑西高铁的开通给洛阳旅游业带来了巨大商机，但是，如何让延长游客在洛阳的停留时间，从而拉动旅游、餐饮、会展等行业的发展？

洛阳市旅行社行业协会认为，一是整合优化旅游产品，进一步增加特色旅游线路，如将郑西高铁与小浪底观瀑节、河洛文化旅游节、伏牛山滑雪节等旅游节会紧密结合，打造独具特点的高铁旅游产品和旅游线路。

二是加强区域合作，挖掘高铁客源。应加强与郑西高铁沿线城市之间的宣传互动，开展多渠道、多形式的旅游区域合作，进一步挖掘客源。

三是旅游相关部门应对高铁沿线游客有计划、有技巧地宣传促销，如组织试乘体验活动，对高铁游客实行优惠政策等，以提升洛阳旅游在游客心中的形象和吸引力，取得良好宣传效果。

四是进一步丰富夜间旅游项目，同时不断完善旅游基础设施建设，为游客提供"吃、住、行、游、购、娱"的一站式和全方位旅游服务。

模块小结

本模块我国旅游经济地理，共设置三大任务，十一个活动的内容。对旅游业的各类概念性问题进行了讨论，主要内容包括旅游业的定义、组成部分和层次划分。重点介绍了旅游资源和旅游景区的基础理论。介绍了旅游资源的特征、分类。介绍了旅游资源的调查和评价方法。通过学习我国旅游经济地理，掌握其基础知识，通过能力目标的实施，提升自身素养，确立正确的职业规划。

思考练习

【名词解释】

旅游业　旅游产业结构　旅游资源　劳动密集型　产业空间布局　旅游产品
地区结构　行业管理　可持续发展　旅游环境　旅游地理　人文景观　民族风情

【问答题】

1.旅游业的定义是什么？

2.旅游业是怎么组成的？

3.我国旅游业是怎么构成的？

4.旅游资源的定义是什么？

5.旅游资源的内涵有哪些？

6.我国旅游资源的分类方法有哪些？

7.我国旅游资源的调查方法有哪些？

8.中国旅游资源都有哪些特征？

9.中国旅游业发展与布局的主要特征有哪些？

【思考题】

1.试述中国旅游业的发展战略。

2.对比分析中国各个旅游地理区的差异。

【填空题】

1.旅游资源是资源的（　　　），是伴随（　　　）和（　　　）的发展而产生的（　　　）。

2.旅游资源是随着（　　　）的需求而（　　　）、（　　　）或消亡的。

3.中国旅游业的发展是以（　　　）为主要特征的。

4.可持续发展是（　　　）的必然抉择。